北大社·普通高等教育“十二五”规划教材

# 项 目 管 理

主　编　程　敏

副主编　徐　森　许学国　刘　鹏

北京大学出版社
PEKING UNIVERSITY PRESS

## 内容简介

本书融合新的教学思路编写，采用“案例导入—理论讲解—应用举例—习题巩固—案例分析”的结构，系统阐述项目管理的理论、方法和应用。本书共分11章，第1～3章介绍了项目管理的基本情况和背景，包括项目管理概论、项目生命周期及项目管理过程、项目组织管理；第4～11章详细介绍了项目管理各个知识领域的基本概念、内容和方法，包括项目范围管理、项目时间管理、项目质量管理、项目成本管理、项目沟通和冲突管理、项目风险管理、项目资源管理、项目采购与合同管理。

本书可作为高等院校经济、管理类专业本科生的教材，也可作为项目管理工程硕士和工商管理硕士等专业学位的实用教材，还可作为理工类专业学生学习相关知识的教材或作为从事项目管理工作有关人士的学习参考用书。

**图书在版编目(CIP)数据**

项目管理/程敏主编.—北京：北京大学出版社，2013.1

(北大社·普通高等教育“十二五”规划教材)

ISBN 978-7-301-21448-0

Ⅰ.①项… Ⅱ.①程… Ⅲ.①项目管理—高等学校—教材 Ⅳ.①F224.5

中国版本图书馆CIP数据核字(2012)第246397号

**书　　名：项目管理**

著作责任者：程　敏　主编

策 划 编 辑：卢　东　吴　迪

责 任 编 辑：卢　东

标 准 书 号：ISBN 978-7-301-21448-0/C・0819

出 版 发 行：北京大学出版社

地　　址：北京市海淀区成府路205号　100871

网　　址：http://www.pup.cn　新浪官方微博:@北京大学出版社

电 子 信 箱：pup_6@163.com

电　　话：邮购部010-62752015　发行部010-62750672　编辑部010-62750667

印 刷 者：北京虎彩文化传播有限公司

经 销 者：新华书店

787毫米×1092毫米　16开本　20.75印张　482千字

2013年1月第1版　2024年6月第13次印刷

定　　价：49.00元

# 前　言

项目管理是近几十年来迅速发展的一门学科，是现代管理学的重要组成部分。在发达国家，项目管理已成为许多高等院校的公共课程。我国进入 20 世纪 90 年代后半期后，项目管理成为继 MBA、MPA 以后的另一大热点领域。

在项目管理的发展历程中，项目管理的应用范围不断拓展，目前已被广泛应用在国防、航天、建筑、计算机、电子、通信、制药、金融等各行各业乃至政府部门，并且还与人们的日常生活紧密相连。项目在人们工作和生活中无处不在，大到一个国家航空航天计划的实施、一家企业信息化项目的开展、一所科研机构研发项目的进行、一个政府投资道路项目的建设，小到一所学校主题晚会的举办、策划一次家庭聚会、规划一次升学考试、进行家庭装修，这些都是项目。项目是现代社会的基本活动，是企业跨越式发展的重要载体。因此，越来越多的人希望了解和学习项目管理的基本理论和基本方法。许多组织将项目管理作为提高效率、节约资金、控制时间、降低风险的有效手段，并将项目管理作为其员工培训的核心课程之一。学习项目管理知识和方法，可以提高管理人员处理跨知识领域复杂问题的效率，帮助人们在资源有限、时间有限的条件下，以科学的方法来解决问题、做好工作，取得成功。

本书吸收了国内外项目管理的最新成果，以理论性、实用性和可操作性为指导思想，从以下几方面着手开展编写工作。

1. 力求内容新颖科学

本书编写以便于读者阅读理解为出发点，方法、案例和图文三者结合，力求内容新颖科学。在介绍技术和方法后以项目实例或相关阅读材料展示应用的要点、步骤和技巧，以达到举一反三的效果。

2. 强化案例分析

每章章前以真实的案例导入，从而激发学生对学习内容的兴趣；章末案例设置讨论题，启发学生用该章理论知识分析实际问题，拓展思维。实际的项目事例及应用也会穿插在各章节中，以确保学生不断接触具体的、相关的、可激发起兴趣的内容。

3. 突出实用性

本书以 PMBOK 为基础，融项目管理知识体系和实务为一体，注重方法、技术和技能与项目管理思想和理念的结合。书中列举大量基于日常实践项目的简明事例，启发学生运用项目管理方法和技术。本书还应用大量的图表来说明要点和项目管理工具，从而清晰地展示项目管理思想。

4. 知识模块丰富

每章除介绍理论知识外，还提供本章小结、习题和案例分析，增强学生对相关知识的理解。

本书由上海大学的程敏任主编，浙江理工大学的徐森、上海大学的许学国和刘鹏任副主编。参加本书编写工作的还有：浙江理工大学的刘勇、郎启贵，上海大学的陈辉、李晋。全书具体编写分工为：第1、8章由刘鹏编写，第3、4章由程敏、许学国编写，第5、7章由程敏、李晋编写，第2、6章由程敏、陈辉编写，第9章由刘勇编写，第10章由郎启贵编写，第11章由徐森编写。全书由程敏、徐森统稿。

本书在编写过程中得到了北京大学出版社、上海大学教务处的大力支持，研究生朱前程、张利娟、曹义敏、禹云怀也为本书的编辑和校对做了不少工作，谨向他们表示衷心的感谢！

为了能够全面、系统地介绍项目管理领域的知识和方法，在编写过程中，编者参阅了大量的相关资料和论著。在此，对这些资料和论著的作者表示真诚的感谢。

由于项目管理是一门正在快速发展的学科，加之作者水平有限，因此，本书难免会有不妥之处，恳请广大读者批评指正，不吝赐教。

编　者

2012年11月

# 目　　录

# 第1章 项目管理概论

## 学习目标

| 知识目标 | 技能目标 |
|---|---|
| (1) 了解项目定义、特点和分类<br>(2) 了解项目管理的定义、要素和特性<br>(3) 了解项目管理的知识体系<br>(4) 了解项目管理的发展历程和趋势<br>(5) 了解项目管理资格认证 | (1) 掌握项目和项目管理的特点<br>(2) 学会区分项目和日常运营 |

## 知识结构

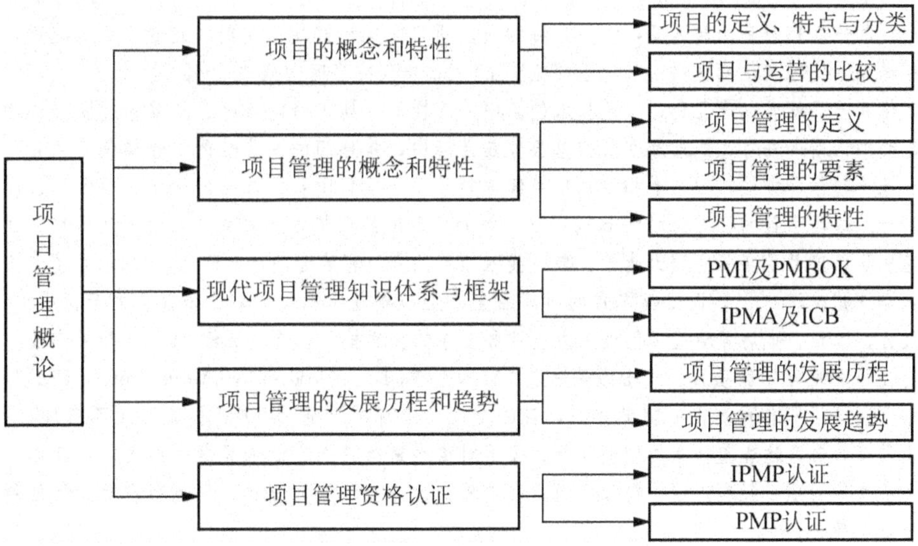

## 导入案例

### 天士力制药股份有限公司的项目管理

天士力制药股份有限公司(以下简称“天士力”)是一家现代的中药制造企业，快速经历了由小变大的过程。在规模高速扩张的过程中，公司曾面临管理复杂性和不确定性的问题。天士力虽通过上市解决了股权结构和治理结构问题，但管理过程中组织功能的深层缺陷、企业战略与组织结构的矛盾仍成为企业发展的障碍。从2000年开始，天士力开始在新建工程、新产品开发、生产制造、市场营销及工艺改造等方面进行项目化管理的探索，按项目管理的工作方式进行工作。经过4年的实践和持续改进，成功地进行了变革，建立了一套项目化管理的运作体系。

首先，将企业中的活动和任务项目化。在天士力，项目被定义为一个计划要解决的问题，或是一个计划要完成的任务，有开始的起点和结束的终点，可以分解为多个子任务，对于企业来说就是在预定的期限和适当的预算下要完成的目标，是一个涉及跨部门、跨行业的团队的组织活动。根据项目的定义，通过项目化的理念和方法将企业中的各种跨部门的管理活动转化为有具体目标、预算、进度和控制的项目，将公司战略分解为项目。在实际工作中，天士力将开发中药提取新技术、弹性工作制提高生产率及改善水电设施减少能耗、新产品的市场调查、员工对公司的满意度，以及激励性提案、薪酬改革方案等原来视为管理活动和任务的行动进行汇集、甄选，确认为项目，按项目的标准和要求进行管理。

其次，实行项目分级管理。天士力将企业的3个方面的经营管理活动转化为项目。

一是企业发展战略所计划的由上而下准备实施的项目。这类项目的公司评级为A级项目。例如，现代物流配送中心项目是2002年公司的重点项目，也是国家信息化863项目，此项目运用现代化物流管理方式，采用准时生产(Just In Time，JIT)模式将生产与物料供应紧密结合在一起，用倒流程的方式实现柔性生产，加快库存资金周转速度，减少呆滞物料。项目完成后实现了定时、定量、定点配送，将生产所需物料送到指定地点，使送料人员比以前减少10人，送料响应时间缩短50%。

二是将新产品研发、产业化、工艺技术创新中一次性的，具有明确目标、预算和进度要求的原来被视为职能管理活动的任务，或潜藏在日常基层作业活动中的跨部门的一次性的工作转化为项目，按项目管理的专业化技术和方法，由临时指定的项目经理领导下的项目团队在确定的资源、预算和进度内完成预期的目标。这类项目的公司评级为B级项目。例如，新产品荆花胃康胶丸产业化生产项目，通过项目的方式完成了新产品从实验室到大生产，最终投入市场的全过程的管理，时间为12周，是传统方式的一半，投入资源减少了60%；而传统方式的新产品生产上市要逐一经过计划、采购、生产、质保、质检、技术、设备、工程、市场等职能部门的反复会议和复杂的报送批示，总共历经24周才能够完成。

三是公司评级为C级项目。天士力采用全员绩效改善(Total Progressive Movement，TPM)的现代管理思想精心设计了一套系统化的制度体系，目的是在各个环节上通过TPM提案持续不断地进行改善，积小善为大善，最终达成整体上的创新飞跃。公司对提案进行评选，优秀提案由提案人申请作为项目立项，由提案人作为项目经理。这一类项目通常占用较少的资金和人力资源，周期也较短，但创新的成分居多，数量也最多。

最后，公司建立矩阵式的项目化管理组织结构。项目经理都来自于各部门的职能经理，既要承担职能部门的绩效指标，又要承担项目的责任，形成了组织中交叉平衡的扁平结构。这是一个复杂的矩阵运作复合体系，是对各种复杂性的回应，也是企业根据多变的环境和持续增长的内在需求所进行的组织管理模式的创新，是一个完全从实践中摸索出来并通过4年持续改进所形成的一套较完整的组织管理系统。这样的组织形式具有更大的灵活性和柔性，减少了部门间工作的冲突，降低了每个项目的执行成本，加强了横向沟通，在对其的评价和考核中除了对所在部门工作的业绩考核外，也加入了对其所领导的项目的考核。解决了以往矩阵式组织管理中“一个人，两个老板”的现象，使部门经理有机会通过领导和参与各种项目，获得更多领域的知识和技能，丰富多部门、多专业管理的经验和阅历，其个人价值得到提高，能够胜任未来的高层职务，获得职业上的发展。

（资料来源：http：//finance.sina.com.cn/knexam/20041014/09521078906.shtml）

项目普遍存在于人们的工作和生活中，并对人们的工作和生活产生着重要的影响。人们关心项目的成功，探寻使项目满意完成的方法。本章将阐述项目和项目管理的基本概念和特点，介绍现代项目管理的知识体系与框架，回顾项目管理的发展历程并分析未来发展趋势。这些内容是学习项目管理的基础。

## 1.1 项目的概念和特性

“项目”一词是一个专业术语，有科学的定义，只有首先用科学的定义解释项目的概念，搞清项目的特点和规律，才有可能发现管理项目的科学方法。

### 1.1.1 项目的概念

人们从不同的角度给出了项目的定义，其中有代表性的有如下几种。

1. 美国项目管理协会的定义

美国项目管理协会(Project Management Institute，PMI)对项目的定义是，项目是为创造特定产品或服务的一项有时限的任务。其中，“特定”是指一个项目所形成的产品或服务在关键特性上不同于其他的产品和服务；“时限”是指每一个项目都有明确的起点和终点。

2. 国际项目管理协会的定义

国际项目管理协会(International Project Management Association，IPMA)对项目的定义是，项目是受时间和成本约束的、用以实现一系列既定的可交付物(达到项目目标的范围)、同时满足质量标准和需求的一次性活动。

3. 国际标准化组织的定义

国际标准化组织(International Organization for Standardization，ISO)在国际标准《质量管理——项目管理质量指南(ISO 10006)》中给出了项目的定义，项目是一组有起止时间的、相互协调的受控活动所组成的特定过程，该过程要达到符合规定要求的目标，包括时间、成本和资源的约束条件。

4. 德国标准化委员会的定义

德国标准化委员会(Deutsches Institut für Normung，DIN)在德国国家标准《项目控制、项目管理、概念》(DIN 69901)中给出项目的定义，项目是指在总体上符合下列条件的唯一任务：①具有预定的目标；②具有时间、财务、人力和其他限制条件；③具有专门的组织。

现代项目管理认为，项目是一个组织为实现既定的目标，在既定的资源和要求的约束下，为实现某种目的而相互联系的一次性工作任务。项目是人类社会特有的一类经济、社会活动形式，是为创造特定的产品或服务而开展的一次性活动。

从上述定义可以看出，项目的定义包含三层含义：第一，项目是一项有待完成的任务，且有特定的环境与要求；第二，在一定的组织机构内，利用有限资源(人力、物力、财力等)在规定的时间内完成任务；第三，任务要满足一定性能、质量、数量、技术指标等要求。项目可以是建造一栋大楼，开发一个油田，或者建设一座水坝，如金茂大厦的建设、杭州湾大桥的建设、三峡工程建设都是项目；项目也可以是一项新产品的开发，一项科研课题的研究，或者一项科学试验，如调频空调的研制、艾滋病新药的研究、转基因作物的实验研究都是项目；项目还可以是一项特定的服务、一项特别的活动，或一项特殊的工作，如组织一场婚礼、安排一项体育比赛、筹办一场演唱会等也都是项目。

在当今社会中，一切都是项目，一切也将成为项目。

——美国项目管理专业资质认证委员会主席保罗·格雷斯(Paul Grace)

### 1.1.2 项目的特性

**阅读材料**

#### 草船借箭

三国时期，曹操率80万大军想要征服东吴。孙权、刘备便打算联手伐魏。孙权手下有位大将叫周瑜，智勇双全，可是心胸狭窄，很妒忌诸葛亮的才干。有一天，周瑜请诸葛亮商议军事，说："我们就要跟曹军交战。水上交战，用什么兵器最好？"诸葛亮说："用弓箭最好。"周瑜说："对，先生跟我想的一样。现在军中缺箭，想请先生负责赶造10万支。这是公事，希望先生不要推却。"诸葛亮说："都督委托，当然照办。不知道这10万支箭什么时候用？"周瑜问："10天造得好吗？"诸葛亮说："既然就要交战，10天造好，必然误了大事。"周瑜问："先生预计几天可以造好？"诸葛亮说："只要3天。"周瑜说："军情紧急，可不能开玩笑。"诸葛亮说："怎么敢跟都督开玩笑。我愿意立下军令状，3天造不好，甘受惩罚。"周瑜想，3天不可能造出10万支箭，正好利用这个机会来除掉诸葛亮。于是他一方面叫军匠不要把造箭的材料准备齐全；另一方面叫大臣鲁肃去探听诸葛亮的虚实。

鲁肃见了诸葛亮，诸葛亮说："这件事要请你帮我的忙。希望你能借给我20只船，每只船上30个军士，船要用青布幔子遮起来，还要一千多个草靶子，排在船两边。不过，这事千万不能让你家都督知道，否则就不灵了。"鲁肃信以为真，并按诸葛亮的要求把东西准备齐全。两天过去了，不见一点动静，到第三天四更时候，诸葛亮秘密地请鲁肃一起到船上去，说是一起去取箭。诸葛亮吩咐把船用绳索连起来向对岸开去。

那天江上大雾迷漫，对面都看不见人。当船靠近曹军水寨时，诸葛亮命船一字摆开，叫士兵擂鼓呐喊。曹操以为对方来进攻，又因雾大怕中埋伏，就从旱寨派6000名弓箭手朝江中放箭，雨点般的箭纷纷射在草靶子上。过了一会儿，诸葛亮又命船掉过头来，让另一面受箭。太阳出来了，雾要散了，诸葛亮令船赶紧往回开。此时顺风顺水，曹操想追也来不及。这时船的两边草靶子上密密麻麻地插满了箭，每只船上至少五六千支箭，总共超过了10万支。鲁肃把借箭的经过告诉周瑜时，周瑜感叹地说："诸葛亮神机妙算，我不如他。"

（图片来源：http：//www.nipic.com/）

诸葛亮面临的挑战就是典型的项目，即要在规定的时间和预算内完成某种具有特定质量性能要求的一次性、多任务的工作。虽然各种不同专业领域中的项目在内容上可以说是千差万别，不同项目都有自己的特点，但是项目是具有共同特点的，其根本特点是相同的。项目的这些共同特点可以概括如下。

1. 目的性

项目的目的性是指任何一个项目都是为实现特定的组织目标服务的。因此，任何一个项目都必须根据组织目标确定出项目的目标。例如，对于一栋建筑物的建设项目而言，项目工作的目标包括项目工期、造价、质量和安全等方面的目标，项目产出物的目标包括建筑物的功能、特性、使用寿命和使用安全性等方面的目标。同样，对于一个软件开发项目而言，项目工作的目标包括软件开发周期、开发成本、质量、软件开发的文档化程度等方面的目标，项目产出物(软件产品)的目标包括软件的功能、可靠性、可扩展性、可移植性等方面的目标。在许多情况下项目的目的性是项目最为重要和最需要项目管理者关注的特性。

2. 独特性

项目的独特性是指项目所生成的产品或服务有一定的独特之处。项目所生成的产品或服务，有某些方面是以前所没有做过的、是独特的。例如，举办婚礼是一个项目，但每个人的婚礼总会有许多独特的地方，虽然按照一定的习俗，婚礼会有一些相同的成分，但是这并不影响个人婚礼的独特性。再如，人们建造了许多商业大楼，这些大楼有不同的业主、不同的设计、不同的位置和方位、不同的承包商、不同的施工方法和施工时间等。

3. 一次性

项目的一次性是指每一个项目都有自己明确的项目开始和项目完成或中止的时间，不是不断重复的。项目的一次性与项目持续时间的长短无关，不管项目持续多长时间，一个项目都是有始有终的。例如，筹备一场体育比赛所用的时间是短暂的，各种信息系统的开发时间相对比较长，但是其都有各自的起点和终点。项目的一次性是项目活动不同于一般日常运营活动的关键特点。

4. 制约性

项目的制约性是指每个项目都在一定程度上受客观条件和资源的制约。项目的资源包括人力资源、财力资源、物力资源、时间资源、技术资源、信息资源等。由于任何一个项目都有时间限制和预算限制，而且一个项目的人员、技术、信息、设备条件、工艺水平等也都是有限制的，这些限制条件和项目所处环境的一些制约因素构成了项目的制约性。

5. 过程性

项目是由一系列项目阶段、项目工作包和项目活动所构成的完整过程。在项目过程中人们可以通过不断地计划、组织、实施、控制和决策而最终生成项目的产出物并实现项目目标。例如，一个研究生的培养过程可以被看做一个项目，其过程性表现在每个学生先要修完课程学分，然后进入学位论文研究和撰写，最终在完成每项活动并且合格后才能最终获得学位。由于项目具有过程性，人们在项目管理中需先将项目划分成阶段，进而分解成工作包和活动，然后根据这种过程性管理一个项目全过程的每一项活动。

6. 不确定性

任何项目都包含一定程度的不确定性，即在项目的具体实施过程中，由于环境(内部环境和外部环境)时刻都在发展变化，因而项目的具体实施必然与实施前的项目计划有所不同。例如，要开发一项新产品，其中原油是重要的生产条件，在做计划的时候，成本按原油当时的市场价格计算，结果随着项目的进行，全球原油价格发生了猛烈的上涨，于是项目的最终成本可能比预计成本高得多。再如，某部门打算进行一次户外活动，虽然定好了时间、地点和行程，结果由于暴雨，不得不改变计划，做出一定的调整。这类现象都可以看做是项目所包含的不确定性，也可称之为项目风险。因此，在项目实施之前充分地分析影响项目的内部因素和外部环境是非常必要的。在项目的实施过程中，要进行有效的管理和控制，以防止项目目标出现过大的偏差。

7. 项目组织的临时性和开放性

项目组织在项目的全过程中，其人数、成员、职责是不断变化的。某些项目班子的成员是借调来的，项目结束时要解散，人员要转移。参与项目的组织往往有多个，这些组织相互之间或同其他的社会关系组织通过协议或合同组合到一起，在项目的不同时段、不同程度地介入项目活动。可以说，项目组织没有严格的边界，具有临时性和开放性，这一点与一般企事业单位和政府机构组织很不一样。

8. 成果的不可挽回性

项目的一次性特点决定了项目不同于做坏了可以重来、可以反复试做的某些事情，也不同于生产合格率达到99.99%就是很好的批量产品。项目在一定条件下，一旦失败，损失可能是巨大的，也可能永远失去了重新进行原项目的机会，因此具有不可挽回性。

### 1.1.3 项目的分类

项目可按照不同的性质进行如下分类。

1. 按行业不同分类

按行业不同可分为制造业项目、建筑业项目、IT 项目、服务业项目和其他行业项目等。例如，纳米技术与材料的研究与开发项目、世博会信息平台的开发项目、奥运会场馆建设项目、为客户提供一项独特的旅游等。

2. 按业主性质不同分类

按业主性质不同可分为企业项目、政府项目和非营利机构的项目。企业项目是由企业提供投资或资源，并作为项目业主，为实现企业的特定目标所开展的各种项目，如企业出资的新产品开发项目。政府性项目是由国家或地方政府提供投资或资源并作为业主，为实现政府的特定目标所开展的各种项目，如国家投资的国防项目。非营利机构的项目是指学校、社团、社区等非营利性组织提供投资或资源，为满足这些组织的需要而开展的各种项目，如学校出资的建设项目。

3. 按营利性质分类

按营利性质可分为营利性项目和非营利性项目。营利性项目是以获得利润为目标而开展的项目，非营利性项目是以增加社会福利或公益为目标所开展的项目。例如，商品的开发与生产项目和商业服务项目、商用计算机的开发与生产、管理咨询公司的咨询服务项目等都属于营利性项目；而城市基础设施建设项目和希望工程项目等则都属于非营利性项目。这种项目分类的标志是项目本身的目的性。

4. 按项目规模分类

按项目规模可分为大项目、项目和子项目。大项目可以与项目和子项目并列而构成一个体系，大项目是由一系列项目构成的一个集合，而项目是大项目的一个子集。同时，任何一个项目又可以进一步划分为多个可管理的部分，即子项目。子项目多数是可以分包出去由其他企业或本企业的其他职能部门完成的一个项目的子集。一个项目可以组合分解成各种不同层次的子项目。

### 1.1.4 项目与运营的比较

人类的社会经济活动可分为两大类：一类是在相对封闭和确定的环境下所开展的重复性的、周而复始的、持续性的活动或工作，如企业定型产品的生产与销售、铁路与公路客运系统的经营与运行、影院与宾馆的日常营业、政府的日常办公等，通常人们将这种活动或工作称为日常运营(Operation)；另一类是在相对开放和不确定的环境下开展的独特性、一次性活动或工作。项目和日常运营有许多本质的不同，充分认识两者的不同之处，有助于人们对于项目和项目管理的认识与掌握。项目与日常运营最主要的不同之处包括下述几个方面。

1. 根本目的和作用不同

项目从根本上说是为实现独特性目的所开展的一种独特性的任务。因此，项目的根本目的是为创造具有某种独特性的新成果。但是运营的根本目的是通过使用特定项目的成果开展周而复始的日常工作从而获得相应的回报。实际上，在人类社会中常常是先有项目投入，后有运营开展和项目与运营投入的回收，如只有先完成新产品开发项目才能投入新产品的生产运营，只有建成了体育运动场馆才能投入使用。

2. 结果和收回模式不同

项目工作的结果是人们获得的创新性成果，运营工作的结果是通过开展周而复始的运营活动，不断获得收益并最终收回项目和运营投入。例如，工厂建设项目的完成是这一项目的成果，工厂建成后可以投入运营，并且人们通过这种运营收回建设工厂的项目投入，并创造更多的额外收入。

3. 工作性质与内容不同

一般在日常运营中存在着大量的确定性、程序性、常规性和不断重复的工作或活动，而在项目中则存在较多创新性、一次性和具有不确定性的工作或活动。因为运营工作通常是不断重复、周而复始的，所以运营中的工作基本上是重复进行的常规作业，但是每个项目都是独具特色的，其中的许多工作是创新性的，所以两者的工作性质与内容是不同的。例如，企业日常生产经营一种产品或服务的工作内容多数时间是相同的，很少有创新的成分；而企业新产品的研究与开发项目的工作多数是不同的，基本上都是创新性的工作。因此，如果没有创新就不会有这种项目，也就不会有新产品。

4. 工作环境与方式不同

一般日常运营工作的环境是相对封闭和相对确定的，而项目的环境是相对开放和相对不确定的。因为运营工作的很大一部分是在组织内部开展的，所以它的运营环境是相对封闭的，如企业的生产活动主要是在企业内部完成的，销售是在经过多次重复以后形成的相对确定的外部环境中完成。由于工作环境的这种相对封闭性，加上运营工作的重复性，使运营中的不确定性较低，而且在不断重复的作业过程中还可以使许多不确定性因素逐步得以消除。然而，项目工作基本上是在相对开放的环境下开展的，如工程建设项目只能在露天环境中完成，而新产品研制项目主要是针对外部市场新的需求开发的。由于项目所处环境的这种相对开放性，再加上项目工作的一次性和独特性，就使得项目的不确定性较高。

5. 组织管理模式不同

由于运营工作是重复的和相对确定的，因此，一般运营工作的组织是相对不变的，运营的组织形式基本上是分部门成体系的。由于项目是一次性的和相对不确定的，因此，一般项目的组织是相对变化的和临时性的，项目的组织形式多数是团队性的。同时，运营工作的组织管理模式以基于部门的职能性和直线指挥管理系统为主；而项目的组织管理模式主要是以基于过程和活动的管理系统为主。例如，一项产品的生产经营管理基本上是按照供应、生产、销售部门的供产销计划，组织和开展人、财、物、信息的控制的，而一个工程项目的管理基本上是按照项目建议书、可行性分析、工程设计、工程施工、完工交付的过程，以及其中的各项具体活动展开的。

# 1.2 项目管理的概念和特性

**阅读材料**

### 建塔游戏

你正在参加一次管理技巧的培训，学员被分成几个由5人组成的小组，培训师发给每个小组1把剪刀、1卷透明胶带、10张A4打印纸。要求每个小组在15分钟的时间内，利用给定的工具和材料，制作出一种塔。要求把塔固定在桌面上，站在一尺以外吹不倒，看看哪个小组搭的塔最高。你如何与你的小组一起成为所有小组中的赢家？

在建塔游戏中，各小组需要开展项目管理。第一，完成任务有严格的时间、质量性能的要求，每个小组必须在15分钟内搭出一座吹不倒的塔，因而需要规划时间，如用多长时间确定方案、多长时间建塔、多长时间检查，即需要计划、执行和控制；第二，在这个游戏中，资源是有限的，每个小组只有1把剪刀、1卷透明胶带、10张A4打印纸、5个人，如何利用这些有限的资源去构筑比其他小组更高的塔，这就需要开展项目管理，合理、有效地配置和利用资源；第三，建塔需要团队协作才能完成，如何对小组的5个人分工，如何调动每个人的积极性，怎样才能保证比其他小组更快、更高地建出塔，这需要分工与合作、沟通与协调，需要统一指挥和领导。事实上，任何项目要取得预期成果和成功都需要进行必要的管理，本节将讨论项目管理的概念和内涵。

## 1.2.1 项目管理的定义

现代项目管理认为：项目管理是运用各种知识、技能、方法与工具，为满足或超越项目有关各方对项目的要求与期望所开展的各种计划、组织、领导和控制等方面的活动。根据这一定义，项目管理包括以下几方面的内涵。

(1) 项目管理的根本目的是满足或超越项目有关各方对项目的要求与期望。项目有关各方是指一个项目的所有相关利益者，包括一个项目的业主或用户、项目的承包商或实施者、项目的供应商、项目的设计者或研制者、项目所在社区、项目的政府主管部门等。这些利益相关者对项目有不同的要求和期望。例如，项目业主期望以最小的投资获得最大的收益；承包商期望以最小的成本获得最大的利润；供应商期望能获得更多的销售收入和收益；项目设计者或研制者期望能留下传世之作并有所收益；项目所在的社区期望项目能给社区带来好处；政府主管部门期望项目能扩大就业和提高社会福利等。因此，项目管理必须努力使这些不同的要求和期望都能得以均衡和实现，并最终使项目成果能够最大限度地满足和超越这些不同利益相关者不同的要求和期望。这是项目管理的难点，也是对项目管理者的要求和挑战。

(2) 项目管理的根本手段是运用各种知识、技能、方法和工具开展管理活动。为了使项目的目标得以实现，就必须开展各种各样的管理活动。项目管理需要运用各种知识、技能、方法和工具开展项目的计划、组织、领导、控制等活动，项目管理所需要运用的知识、技能、方法和工具既包括专门用于项目时间、质量、成本、范围、风险等各个项目专项管理的知识、技能、方法和工具，又包括项目所涉及的专业领域的知识、技能、方法和工具等。

### 1.2.2 项目管理的要素

要深刻理解项目管理定义就必须理解项目所涉及的各种要素。资源是项目实施的最根本保证，目标和需求是项目实施的基本要求，项目组织是项目实施运作的核心实体，项目环境是项目取得成功的可靠基础。

#### 1. 资源

资源包括自然资源和人造资源、内部资源和外部资源、有形资源和无形资源，如人力和人才、原料和材料、资金和市场、信息和科技等。此外，专利、商标、信誉，以及某种社会联系等，也是十分有用的资源。由于项目固有的一次性特点，项目资源不同于其他组织机构的资源，它多是临时拥有和使用的。资金需要筹集，服务和咨询力量可采购(如招标发包)或招聘，有些资源还可以租赁。在项目过程中，资源需求变化甚大，有些资源用毕后要及时偿还或遣散，任何资源积压、滞留或短缺都会给项目带来损失。资源的合理、高效的使用对项目管理尤为重要。

#### 2. 目标和需求

项目要求达到的目标可分为两类，即必须满足的规定要求和附加获取的期望要求。规定要求包括项目实施范围、质量要求、利润或成本目标、时间目标，以及必须满足的法规要求等。在一定范围内，质量、成本、进度三者是互相制约的。当进度要求不变时，质量要求越高，则成本越高；当成本不变时，质量要求越高，则进度可能越慢；当质量标准不变时，进度过快或过慢都会导致成本增加。项目管理的目的是谋求快、好、省的有机统一和均衡。

但是，项目要求达到的目标是依据利益相关者对项目的需求和现实可能性这两方面共同确定的。一个项目的不同利益相关者对项目有着各自不同的需求，有的相去甚远，甚至相互冲突。这就要求项目管理者对这些不同的需求加以协调，统筹兼顾，充分调动各个项目利益相关者的积极性，尽可能减少其阻力和消极影响。

#### 3. 项目组织

项目组织是把多个人联系起来，做一个人无法完成的事，这是管理的职能之一。项目组织与其他组织一样，要有好的领导、章程、沟通方式、人员配备和激励机制等。但项目组织也有与其他组织不同的特点。例如，由于项目的临时性，项目组织具有生命周期，要经历建立、发展和解散的过程；项目要获得成功，必须具有灵活的组织形式和用人机制，即实行柔性管理。

#### 4. 项目环境

这里的项目环境指项目所处的外部环境，包括自然环境和社会环境等广泛的内容。在一定条件下，外部环境的某些方面对项目会产生重大的、甚至决定性的影响。这里仅就政治和经济、文化和意识、规章和标准 3 个方面进行说明。

1）政治和经济

政治和经济包括国际、国内的政治、经济形势，涉及多方面的因素，大到政局的稳定、经济的发展和金融危机等，小到物价的涨落、某项政策和规定的变更等。国际、国内的政治、经济形势对项目产生重大影响的事例非常多。例如，举世瞩目的英吉利海峡隧道，投资达 100 亿英镑，是 20 世纪的一项巨型工程。从拿破仑时代起近 200 年来，这个项目的起伏至少有 26 次，主要原因是英国方面担心来自欧洲大陆国家的入侵。直到 20 世纪 80 年代，在当时英国首相撒切尔夫人和法国总统密特朗的推动下，才促成了这个项目的实施。一些评论家认为，是否建造英吉利海峡隧道的决策始终不是取决于科学技术方面，而是取决于围绕这个计划的政治和经济环境，这是一个典型的例子。再如，当众多的项目投资者受到东亚经济奇迹发展的鼓舞，预期亚洲世纪、太平洋世纪即将到来时，来势凶猛的东南亚金融危机给了投资者沉重的打击，使许多项目陷入困境，投资者不得不重新审视自己的投资方向，并对未来的政治、经济形势做出新的估计。

2）文化和意识

文化是人类在社会历史发展进程中所创造的物质财富和精神财富的总和，这里特指精神财富，如文学、艺术、教育、科学，也包括行为方式、信仰、制度、惯例等。开展项目管理要了解当地的文化，尊重当地的习俗。例如，制订项目进度计划时必须考虑当地的节假日习惯；在项目沟通中，善于在适当的时候使用当地的文字、语言和交往方式，也往往能取得理想的效果。

意识也属于文化，会对项目产生影响。例如，过去我国缺乏环境意识、节水意识，尽管国家制定了相关的环保法规，但不少项目在规划中没有考虑相应的环保措施，导致了严重的污染后果；有些项目投入运行后，竟然用廉价的净水稀释污水，以“达到”污水排放标准。随着近年来水资源的减少和水价的调高，人们环保意识和节水意识的逐步提高，污水处理回收和其他节水项目也陆续启动。

3）规章和标准

规章和标准都是对产品、工艺或服务的特征做出规定的文件。两者的区别在于，前者是必须执行的，而后者多带有提倡、推广和普及的性质，并不具有强制性。规章包括国家法律、法规和行业规章，以及项目所属企业的章程等。规章和标准对项目的规划、设计、合同管理、质量管理等都有着重要影响。标准虽然不具有强制性，但大都已被公认，项目要想满足市场需求，就必须采用这些标准，否则将寸步难行。

### 1.2.3 项目管理的特性

由于每个项目都被作为一个特定的任务来进行计划、预算、安排进度和控制，因此，项目管理与一般管理的区别很大，其最大的特点是注重综合管理，并且项目管理工作有严格的时间期限。项目管理必须通过事先不能完全确定的过程，在确定的期限内生产出事先不能完全确定的产品，日程安排和进度经常给项目管理造成很大的压力。项目管理的特性主要有以下几方面。

1. 普遍性

项目管理作为一种组织创新活动普遍存在于人类的社会生活之中，人们现有的各种物质文化成果最初都是通过“项目”的方式实现的，现有的各种经济活动、组织活动都是各种项目活动的延续和发展，人的各种创新的思想、建议和方案迟早都要转化成项目，并通过项目的方式得到实践证明。由于项目的这种普遍性，使得项目管理具有了普遍意义。在人类社会中，小到个人的一项活动安排，大到阿波罗登月计划、太空飞行等都可以被归为项目，都需要进行项目管理。同时，不论企业、政府、集团或个人的项目，都需要实行有效的项目管理。

2. 目的性

项目管理的另一个重要特性是它的目的性。一切项目管理活动都是为实现“满足或超越项目有关各方对项目的要求与期望”这一目的服务的。其中，“有关各方对项目的要求”是一种已经明确和清楚规定的项目目标，而“有关各方对项目的期望”是一种有待识别、未明确的、潜在的项目追求。项目管理的目的性不但表现在要通过项目管理活动保证满足或超越那些项目有关各方已经明确提出并清楚规定的项目目标，而且要通过项目管理识别、满足和超越那些尚未识别和明确的潜在需要。例如，一个私人别墅的建设项目，业主会提出一些要求和目标，但是由于业主并不是建筑专业人士，因此，他提出的要求会在一些方面存在着疏漏或不足，而业主又期望房子建得比自己想得更好，尤其在房子的结构和功能方面，这就要求项目的设计者和施工者要努力运用自己的专业知识和技能找出这些期望的内容，并设法满足甚至超越这些期望。

3. 独特性

项目管理的独特性是指项目管理既不同于一般的生产服务运营管理，又不同于常规的行政管理，它有自己独特的管理对象——项目，有自己独特的管理活动，有自己独特的管理方法和工具，是一种全新的管理活动。虽然项目管理也会使用一般管理的一些原理和方法，但是项目管理活动有自己独特的规律和方法，如项目计划管理中使用的关键路径法、项目成本管理中的挣值管理方法等。

4. 创新性

项目管理的创新性，一方面是指项目管理是对于创新的管理；另一方面是指任何一个项目的管理都没有一成不变的模式和方法可以采用，必须通过创新管理方式去实现具体项目的有效管理。例如，现实生活中的一个工业或民用建设项目，尽管以前有类似的建设项目，但是由于存在新的建设地点、新的业主、新的建设材料与施工方法等新的因素，仍然需要各种各样的管理创新。

5. 集成性

项目管理的集成性是相对于一般运营管理的专门性而言的，指在项目的管理中必须根据具体项目各要素或各专业之间的配置关系做好集成性的管理，而不能孤立地开展项目各个专项或专业的独立管理。主要体现在以下几个方面：项目管理中的不同知识领域的活动相互关联和集成；项目工作和组织的日常工作相互关联和集成；项目管理活动和项目具体活动(如和产品、技术相关的活动)相互关联和集成；项目范围、时间、成本、质量、风险、采购等各个专项管理的关联和集成等。

## 1.3 现代项目管理知识体系和框架

现代项目管理知识体系是指在现代项目管理中开展的各种管理活动所要使用的各种理论、方法和工具，以及所涉及的各种角色的职责和角色之间的相互关系等一系列项目管理理论与知识的总称。目前有两大项目管理研究体系，即国际项目管理协会(International Project Management Association，IPMA)和美国项目管理协会(Project Management Institute，PMI)，它们过去几十年来卓越成效的工作推动了国际项目管理的发展。项目管理知识体系是从事项目管理职业需要的知识的总和。上述两个国际项目管理组织分别提出了各自的项目管理知识体系，下面对两个知识体系的构成分别进行介绍。

### 1.3.1 PMI及其《项目管理知识体系指南》

PMI成立于1969年，是全球最大的由研究人员、学者、咨询和管理人员构成的项目管理专业组织，一直致力于项目管理领域的研究工作，它创造性地制定了行业标准，由PMI组织编写的《项目管理知识体系指南》已经成为项目管理领域最权威教科书，被誉为项目管理“圣经”。该协会推出的项目管理专业人员资格 (Project Management Professional，PMP)认证已经成为全球权威的项目管理资格认证，受到越来越多人的青睐。

项目管理知识体系(Project Mangement Body of Knowledge，PMBOK)是项目管理专业领域知识的总称，它由PMI总结项目管理实践中成熟的理论、方法、工具和技术所提出。1981年PMI开始立项，1987年推出第一部《现代项目管理知识体系指南》。1994年8月，发布了《项目管理知识体系指南》草稿，1996年正式颁布《项目管理知识体系指南》，现在使用的是2008年发行的第4版。

在PMBOK中，项目管理被划分为9个知识领域，即项目集成管理、项目范围管理、项目时间管理、项目成本管理、项目质量管理、项目人力资源管理、项目沟通管理、项目风险管理和项目采购管理，每个知识领域包括数量不等的项目管理过程。

#### 1. 项目集成管理

项目集成管理(Project Integration Management)是在项目管理过程中为确保各种项目工作能够很好地协调与配合而开展的一种整体性、综合性的项目管理工作。开展项目集成管理的目的是要通过综合与协调，管理好项目各方面的工作，以确保整个项目的成功，而不是某个项目阶段或某个项目单项目标的实现。这项管理的主要内容包括项目集成计划的编制、项目集成计划的实施和项目总体变更的管理与控制。

#### 2. 项目范围管理

项目范围管理(Project Scope Management)是在项目管理过程中开展的计划和界定一

个项目或项目阶段所需完成的工作，是在项目实施过程中所开展的控制和变更项目范围的管理工作。开展项目范围管理的根本目的有两个：其一是要在项目开始之初很好地界定一个项目的范围；其二是在项目实施过程中能够很好地控制项目的范围，最终通过项目范围管理确保一个项目的成功。项目范围管理的主要对象有两个：其一是项目产出物范围的管理；其二是项目工作范围的管理。这一项目管理工作的主要内容包括项目起始和项目的界定、项目范围的规划、项目范围的界定、项目范围的确认、项目范围变更的控制和项目范围实施的监督与控制。

3. 项目时间管理

项目时间管理(Project Time Management)是在项目管理过程中为确保项目按既定时间成功完成而开展的项目管理工作。其目的是保证按时完成项目、合理分配资源、发挥最佳工作效率。其主要工作包括项目活动的定义、项目活动的排序、项目活动的时间估算、项目进度计划的编制和项目进度的控制等内容。

4. 项目成本管理

项目成本管理(Project Cost Management)是在项目管理过程中为确保项目在不超出预算的情况下完成全部项目工作而开展的项目管理。开展项目成本管理的根本目的是全面管理和控制项目的成本。这项管理的主要内容包括项目资源的计划、项目成本的估算、项目成本的预算和项目成本的管理与控制。

5. 项目质量管理

项目质量管理(Project Quality Management)是在项目管理过程中为确保项目的质量所开展的项目管理工作。其根本目的是通过对项目的工作和项目的产出物进行严格的控制和有效的管理，以确保项目的成功。这一部分的主要内容包括项目质量计划、项目质量保障和项目质量控制。

6. 项目人力资源管理

项目人力资源管理(Project Human Resource Management)是在项目管理过程中为确保更有效地利用项目所涉及的人力资源而开展的项目管理工作。开展项目人力资源管理的根本目的是通过对项目组织和项目所需人力资源进行科学的确定和有效的管理，以确保项目的成功。这项管理的主要内容包括项目组织的规划、项目人员的获得与配备和项目团队的建设等。

7. 项目沟通管理

项目沟通管理(Project Communication Management)包括为了确保项目信息及时适当地产生、收集、传播、保存和最终配置所必需的过程。项目沟通管理在成功所必需的因素——人、想法和信息之间建立联系。涉及项目的任何人都应准备以项目“语言”发送和接收信息，并且必须理解其以个人身份参与的沟通怎样影响整个项目。对于项目来说，要科学地组织、指挥、协调和控制项目的实施过程，就必须进行项目的信息沟通。好的信息沟通对项目的发展和人际关系的改善都有促进作用。项目沟通管理的主要内容包括项目信息需求的确定、项目沟通的计划、项目信息的加工与处理、项目信息的使用和项目信息报告等。

8. 项目风险管理

项目风险管理(Project Risk Management)是指对项目风险从识别到分析乃至采取应对措施等一系列过程，包括将积极因素所产生的影响最大化和使消极因素产生的影响最小化两方面内容。项目风险管理的目的是要对项目所面临的风险进行有效识别、控制和管理，是针对项目的不确定性而开展的降低项目损失的管理。项目风险管理的主要内容包括项目风险的识别、项目风险的定量分析、项目风险的对策设计和项目风险的应对与控制等。

9. 项目采购管理

项目采购管理(Project Procurement Management)是指在项目管理过程中为确保能够从项目组织外部寻求和获得项目所需的各种商品与劳务的项目管理工作。开展项目采购管理的根本目的是通过对项目所需的物质资源和劳务的获得与使用进行有效地管理，以确保项目的成功。该项管理的主要内容包括项目采购计划的管理、项目采购工作的管理、采购询价与采购合同的管理、资源供应来源选择的管理、招投标和合同履行管理。

项目管理知识体系的这 9 个方面的内容又可以分成 3 个部分。其一是涉及项目全局性和综合性管理的部分，包括项目集成管理、项目范围管理和项目风险管理；其二是涉及项目目标性和核心性管理的部分，包括项目成本管理、项目时间管理和项目质量管理；其三是涉及项目专项性或保障性管理的部分，包括项目沟通管理、项目采购管理和项目人力资源管理。

### 1.3.2 IPMA 及其《国际项目管理专业资质标准》

IPMA 成立于 1965 年，总部设在瑞士洛桑。IPMA 的成员主要是各个国家的项目管理协会，宗旨是促进全球项目管理发展。国际项目管理专业资质(International Project Management Professional，IPMP)认证是 IPMA 在全球推行的 4 级项目管理专业资质认证体系的总称。IPMP 认证的基准是 IPMA 编制的项目管理知识体系标准，即《国际项目管理专业资质标准》(IPMA Competence Baseline，ICB)。由于各国项目管理发展情况不同，各有各的特点，因此，IPMA 允许各成员国的项目管理专业组织结合本国特点，参照 ICB 制定在本国认证国际项目管理专业资质的国家标准(National Competence Baseline，NCB)，这一工作授权于代表本国加入 IPMA 的项目管理专业组织完成。ICB 的特点有以下几点。

(1) 对项目管理者的素质要求有 40 个方面，28 个为核心要素，6 个为辅助要素。

(2) 容许各成员组织(国)变更除 28 个核心要素之外其他要求的 20%，照顾不同民族、不同文化及新职业发展的需求。

(3) 特别强调从事项目管理人员的实践背景。

(4) 特别注意项目管理学科与具体专业知识的结合。

(5) 认证极为严格，尤其是对高级项目管理人员的认证。

## 1.4 项目管理的发展历程和趋势

**阅读材料**

对项目的管理是人类最古老、最值得尊重的成就之一。当我们站在伟大的金字塔、巍巍的古城、雄伟的天主教堂和清真寺、凝结了无数智慧和劳动的万里长城，以及世界上其他那些令人惊叹的奇迹面前时，我们感到深深的敬畏。

——彼得·莫里斯(Peter Morris)

项目和项目管理的实践从人类社会开始形成并开展社会活动时就已经开始了，只是到了近代，人们才将项目管理发展成了管理方面的单独专业或学科。

### 1.4.1 项目管理的发展历程

项目管理的发展基本上可以划分为两个阶段：20世纪80年代之前被称为传统项目管理发展阶段，80年代之后被称为现代项目管理阶段。

#### 1. 传统项目管理发展阶段

从20世纪40年代中期到60年代，项目管理主要是应用于发达国家的国防工程建设和工业、民用建设工程建设方面。此时采用的传统项目管理方法被认为主要致力于项目预算、规划和为达到特定目标而借用的一些运营管理的方法，在相对较小的范围内所开展的一种管理活动。20世纪50年代，在美国出现了关键路径法(Critical Path Method，CPM)和计划评审技术(Program Evaluation and Review Technique，PERT)。1957年美国杜邦公司把CPM应用于设备维修，使维修停工时间由125小时锐减为7小时；1958年美国人在北极星导弹设计中，应用PERT技术，竟把设计完成时间缩短了两年。

20世纪60年代，美国阿波罗登月计划使用了PERT技术。该项目耗资300亿美元，2万多家企业参加，40多万人参与，动用了700万个零部件。由于使用了网络计划技术，使各项工作进行得有条不紊，取得了很大的成功。在此之前，大多数公司仅将项目当做偶然的事情，凡遇到项目，就将其临时交由常设的职能部门管理。项目管理因在阿波罗登月计划中取得巨大成功，由此风靡全球，并逐渐形成了两大项目管理的研究体系，即以欧洲为首的体系——IPMA和以美国为首的体系——PMI。在过去的几十年中，这两大体系都做了卓有成效的工作，为推动国际项目管理现代化发挥了积极的作用。

进入20世纪70年代，各类项目日益复杂、规模日益增大，项目外部环境也经常变幻莫测，以往那种随时应付的办法已经行不通了。项目管理成为各大企业、政府部门经常性的事务，成为其管理工作的主要组成部分。同时，计算机技术的广泛应用也极大地推动了项目管理的发展。

#### 2. 现代项目管理阶段

现代项目管理阶段始于20世纪80年代。随着全球性竞争的日益加剧、项目活动的日益扩大和更为复杂、项目数量的急剧增加、项目团队规模的不断扩大、项目相关利益者的冲突不断增加、降低项目成本的压力不断上升等情况的出现，迫使作为项目业主的一些政府部门和企业，以及那些作为项目实施者的政府机构和企业，先后投入大量的人力和物力研究和认识项目管理的基本原理、开发和使用项目管理的具体方法。

进入20世纪90年代以后，随着信息系统工程、网络工程、软件工程、大型建设工程，以及高科技项目的研究与开发等项目管理新领域的出现，促使项目管理在理论和方法等方面不断地发展和现代化，使得现代项目管理在这一时期获得了快速的发展和长足的进步。同时，项目管理的应用领域在这一时期也迅速扩展到了社会生产与生活的各个领域和各行各业，而且项目管理在企业的战略发展和例外管理(这些都属于企业高层管理者所做的管理工作)中的作用越来越重要。例如，欧洲的ABB公司要求其绝大部分工作都开展项目管理；IBM公司公开承认项目管理是对其未来发展起关键作用的因素；摩托罗拉公司在90年代中期启动了一个旨在改善其项目管理能力的计划；北京奥运会要求进行项目风险论证；上海世博会创建了项目管理信息平台。现在，项目已经成为社会创造精神财富、物质财富和社会福利的主要生产方式(以前主要是运营和生产)，现代项目管理也成为发展最快和使用最为重要的管理领域之一。

### 1.4.2 项目管理的发展趋势

#### 1. 项目管理理论、方法、手段的科学化

项目管理的科学化是项目管理现代化的显著特点。现代项目管理吸收并使用了现代科学技术的最新成果，其具体表现如下。

(1) 现代管理理论的应用。现代项目管理理论是在现代管理理论，特别是信息论、控制论、系统论、行为科学等基础上产生和发展的，项目管理实质上就是这些理论在项目管理实施过程中的综合运用。

(2) 现代管理方法的应用。现代管理方法，如预测技术、决策技术、数学分析方法、数理统计方法、模糊数学、线性规划、网络技术、图论、排队论等，可以用于解决各种复杂的项目管理问题。

(3) 现代管理手段的应用。最显著的是计算机和现代通信技术，包括现代图文处理技术、通信技术、精密仪器、多媒体技术和互联网等的使用，大大提高了项目管理效率。

#### 2. 项目管理的全球化

知识经济时代的一个重要特点是知识与经济的全球化，因为竞争的需要和信息技术的支撑，促进了项目管理的全球化发展，其具体表现如下。

1) 国际间的项目合作日益增多

国际间的合作与交流往往都是通过具体项目实现的。通过这些项目，使各国的项目管理方法、文化、观念也得到了沟通与交流。

2）国际化的专业活动日益频繁

现在每年都有许多项目管理专业学术会议在世界各地举行，吸引着各行各业的专业人士参加。

3）项目管理专业信息的国际共享

由于互联网的发展，许多国际项目管理组织已在国际互联网上建立了自己的网站，各种项目管理专业信息可以在网上很快查阅，实现项目管理专业信息的国际共享。

### 3. 项目管理的多元化

项目管理的多元化发展表现在以下几个方面。

1）行业多元化

项目管理实践最初是在建筑业、军事和国防工业中。进入 20 世纪 80 年代，各行各业各个领域，包括许多高科技产业及各种大型社会活动，也都引入并开始应用项目管理技术。如今，项目管理正逐渐渗透到各个行业。

2）项目类型多元化

在项目类型方面有各种不同角度的理解，如宏观、微观，重点、非重点，工程、非工程，硬项目、软项目等。

3）项目规模多元化

项目管理的应用范围已经从以前的大型、巨型项目，向中、小规模扩展。目前项目管理的规模和涉及范围有大有小，时间有长有短，涉及的行业、专业、人员差别也很大，难度也有大有小，呈现明显的多元化趋势。

### 4. 项目管理的专业化

项目管理的广泛应用促进了项目管理的专业化发展，这也是项目管理学科逐渐走向成熟的标志。具体体现在以下几个方面。

1）知识体系

PMBOK 在不断发展和完善之中。PMI 从 1984 年提出《项目管理知识体系指南》至今，数易其稿，并已将其作为组织专业证书制考试的主要内容。IPMA 和其他各国的项目管理组织也纷纷推出了自己的体系。

2）学历教育

项目管理目前已纳入许多国家的学历教育中，从学士、硕士到博士都设置了相应的专业课程。非学历教育也从基层项目管理人员到高层项目经理形成了层次化的教育培训体系。

3）学科探索

对项目与项目管理的学科探索正在积极进行之中，有分析性的，也有综合性的；有原理概念性的，也有工具方法性的。世界各国关于项目管理的专业书籍大量涌现，有关学科发展问题的呼声也很高。

### 5. 项目管理的标准化和规范化

项目管理是一项技术性非常强、十分复杂的管理工作，要符合社会化大生产的需要，项目管理必须标准化、规范化。这样才能逐渐摆脱经验型的管理状况，才能专业化、社会化，才能提高管理水平和经济效益。项目管理的标准化和规范化体现在许多方面，如规范化的定义和名词解释；规范化的项目管理工作流程；统一的成本划分方法；统一的工程计量方法和结算方法；信息系统的标准化；网络表达形式的标准化；标准的合同条件、标准的招投标文件等。

6. 项目管理的社会化

在现代社会中，项目的数量越来越多，规模越来越大，技术越来越新颖，参加单位越来越多，社会对项目的要求越来越高，使得项目管理越来越复杂，需要专业化的项目管理公司专门承接项目管理业务，为业主投资者提供全过程的专业化咨询和管理服务。项目管理发展到今天已不仅是一门学科，而且已成为一个职业。

## 1.5 项目管理资格认证

项目管理资格认证是伴随着 PMBOK 的发展和应用的需要而产生的。在国际上，最早是在 1984 年由 PMI 提出的项目管理专业人员 PMP 认证，随后英、法、德等国也纷纷提出了相应的证书体系，IPMA 于 1996 年在各个国家证书发展的基础上提出了 ICB，世界各国开展的 IPMP 就是基于这一能力基准进行的。

### 1.5.1 IPMP 认证

IPMP 是 IPMA 在全球推行的 4 级项目管理专业资质认证体系的总称。IPMP 是对项目管理人员知识、经验和能力水平的综合评估证明，根据 IPMP 认证等级划分获得 IPMP 各级项目管理认证的人员，将分别具有负责大型国际项目、大型复杂项目、一般复杂项目或具有从事项目管理专业工作的能力。

1. 认证体系

IPMA 依据 ICB，针对项目管理人员专业水平的不同将项目管理专业人员资质认证划分为 4 个等级，即 A 级、B 级、C 级、D 级，每个等级分别授予不同级别的证书。

A 级(Level A)证书是认证的高级项目经理(Certificated Project Director，CPD)。获得这一级认证的项目管理专业人员有能力指导一个公司(或一个分支机构)，包括诸多项目的复杂规划，有能力管理该组织的所有项目，或者管理一项国际合作的复杂项目。

B 级(Level B)证书是认证的项目经理(Certificated Project Manager，CPM)。获得这一级认证的项目管理专业人员可以管理一般复杂项目。

C 级(Level C)证书是认证的项目管理专家(Certificated Project Management Professional，CPMP)。获得这一级认证的项目管理专业人员能够管理一般非复杂项目，也可以在所有项目中辅助 CPM 进行管理。

D 级(Level D)证书是认证的项目管理专业人员 (Certificated Project Management

Practitioner，CPMF)。获得这一级认证的项目管理人员具有项目管理从业的基本知识，并可以将其应用于某些领域。

IPMA 全球 4 级证书体系如图 1-1 所示。

| 头衔 | 能力 | | 认证程序 | | | | 有效期 |
|---|---|---|---|---|---|---|---|
| | | | 阶段1 | 阶段2 | | 阶段3 | |
| 认证的<br>高级项目经理<br>Certificated Project Director<br>(Level A) | 能力<br>=知识<br>+经验<br>+素质 | A | 申请<br>履历<br>自我评估<br>证明材料<br>项目清单 | 可选择： | 项目<br>报告 | 面试 | 5年 |
| 认证的<br>项目经理<br>Certificated Project Manager<br>(Level B) | | B | | 案例<br>研讨<br>或<br>研讨会 | | | |
| 认证的<br>项目管理专家<br>Certificated Project Management Professional<br>(Level C) | | C | | 案例<br>研讨<br>或<br>报告 | 考试 | | |
| 认证的<br>项目管理专业人员<br>Certificated Project Management Practitioner<br>(Level D) | 知识 | D | 申请<br>履历<br>自我评估 | 考试 | | | 无时<br>间限<br>制 |

**图 1-1　IPMA 全球 4 级证书体系**

*2. 考核方式*

IPMP 注重经验、能力的考核，“能力=知识+经验+素质”是 IPMP 考核的最基本定义。IPMP 认证有一套严格、科学、规范化的程序，每个级别有其相应的认证程序，包括笔试(涵盖理论知识及与经验有关的问题)、研讨会、项目报告和面试。

*3. 引进方式*

由于各国项目管理发展情况不同，各有各的特点，因此，IPMA 允许各成员国的项目管理专业组织结合本国特点，参照 ICB 制定 NCB，这一工作授权由代表本国加入 IPMA 的项目管理专业组织完成。

我国的 IPMP 认证是经 IPMA 授权，由中国项目管理研究委员会(Project Management Research Committee China，PMRC)引进的。PMRC 代表中国加入 IPMA，成为 IPMA 的会员国组织，IPMA 授权 PMRC 在中国进行 IPMP 的认证工作。PMRC 已经根据 IPMA 的要求建立了“中国项目管理知识体系(C-PMBOK)”及“国际项目管理专业资质认证中国标准(C-NCB)”，这些均已得到 IPMA 的支持和认可。PMRC 作为 IPMA 在中国的授权机构，于 2001 年 7 月开始全面在中国推行国际项目管理专业资质认证工作。PMRC 已将 IPMP 认证程序、认证培训、认证考试等全部汉化。

4. 证书的管理

IPMA 全权授权 PMRC 负责中国的 IPMP 认证工作。因此，认证学员是否通过认证考核、是否获得证书，以及对证书的发放与管理，都是在 IPMA 的指导与监督下，由 IPMP 中国认证委员会负责的。IPMP 中国认证委员会负责对认证学员培训并组织 IPMP 考试，培训结束后颁发 IPMP 课程进修结业证，通过考试的学员将获得由 IPMA 颁发的国际认可的专业资质证书，证书编号与获得者姓名会在 IPMA 网站上向全世界公布。

### 1.5.2 PMP 认证

PMP 认证是由 PMI 发起的严格评估项目管理人员知识技能是否具有高品质的资格认证考试，其目的是为了给项目管理人员提供统一的行业标准。1999 年，PMP 认证考试在所有认证考试中第一个获得 ISO 9001 国际质量认证。

1. 认证体系

PMP 认证只有一个级别，对参加 PMP 认证学员资格的要求与 IPMP 的 C 级相当。

2. 考核方式

PMI 的资格认证制度从 1984 年开始，通过认证的人员成为“项目管理专业人员”。PMI 项目管理专业人员认证与 IPMA 资格认证的侧重点不同，它虽然包含对项目管理能力的审查，但更注重知识的考核。PMP 认证申请者必须通过两种形式的考核。

1）项目管理经历的审查

要求参加 PMP 认证考试者必须具有一定的教育背景和从业经历。申请者具有学士学位或同等的大学学历的，须至少具有 4500 个小时的项目管理经验，并且在申请之日前 6 年内，累计项目管理月数至少达 36 个月；申请者如不具备学士学位或同等大学学历的，须至少具有 7500 个小时的项目管理经验，并且在申请之日前 8 年内，累计项目管理月数至少达 60 个月。

2）要求申请者必须经过笔试考核

笔试考核主要是针对 PMI 的 PMBOK 中的 9 大知识模块进行考核，要求申请者参加并通过包括 200 道选择题的考试，其中有 175 道计分题，需答对 106 道试题。

3. 引进方式

PMP 在中国的认证，是完全学习 PMI 的做法。有关 PMP 认证的培训、考试，既可以选择中文，也可以选择英文。由国家外国专家局的直属事业单位国家外国专家局培训中心负责代理在国内组织和实施 PMP 资格认证和考试。

4. 证书的管理

PMP认证在中国认证的代理机构只负责培训与考试，至于认证学员是否通过认证考核、是否获得证书，以及对证书的发放与管理，必须上报至PMI，由PMI审核批准。

## 本章小结

项目是一个组织为实现既定的目标，在既定的资源和要求的约束下，为实现某种目的而相互联系的一次性工作任务。项目具有目的性、独特性、一次性、制约性、过程性、不确定性、组织的临时性与开放性、成果的不可挽回性等特点。

项目管理是运用各种知识、技能、方法与工具，为满足或超越项目有关各方对项目的要求与期望所开展的各种计划、组织、领导和控制等方面的活动。项目管理具有普遍性、目的性、独特性、创新性和集成性等特点。

现代项目管理的知识体系是指在现代项目管理中开展的各种管理活动所要使用的各种理论、方法和工具，以及所涉及的各种角色的职责和角色之间的相互关系等一系列项目管理理论与知识的总称。现代项目管理知识体系包括项目集成管理、项目范围管理、项目时间管理、项目成本管理、项目质量管理、项目人力资源管理、项目沟通管理、项目风险管理和项目采购管理9个方面。

## 习　　题

### 一、单项选择题

1. 对项目而言，“一次性”是指(　　)。

A. 每个项目都有明确的起止时间　　B. 项目周期短

C. 项目将在未来不能确定的时候完成　　D. 项目随时可能取消

2. 项目是一系列(　　)的活动和任务。

A. 具有特定目标　　B. 具有明确开始和终止日期

C. 消耗资源　　D. 以上皆是

3. 下列属于项目的是(　　)。

A. 生产线上生产汽车　　B. 管理一个公司

C. 修建一座水库　　D. 信息系统的维护

### 二、多项选择题

1. 项目管理的基本特性有(　　)。

A. 目的性　　B. 独特性　　C. 普遍性

D. 创新性　　E. 集成性

2. 以下关于项目和日常运营说法正确的是(　　)。
   A. 项目中存在较多创新性、一次性的工作和活动
   B. 日常运营中存在较多确定性、程序性、常规性和不断重复的工作或活动
   C. 项目的环境是相对不确定的
   D. 项目的组织形式多数是团队性的
   E. 运营工作的组织管理模式主要以基于过程和活动的管理系统为主

## 三、简答题

1. 什么是项目？项目有哪些特点？
2. 什么是项目管理？项目管理有哪些特点？

## 四、论述题

1. 项目与日常运营有哪些不同点？
2. 随着知识经济和网络化社会的发展，你认为项目管理会有哪些大的变化？

## 案例分析

### 市场上最好的移动电话

20年前，谁能想到拥有百年历史的欧洲“老字号”——芬兰的诺基亚公司已经处于一片风雨飘摇之中，背负着造纸、化工、橡胶和电缆等十几个领域的臃肿包袱，又受到美国和日本的强大竞争对手的夹击，真可谓是内忧外患，情况不容乐观。到1991年，诺基亚公司又遇到了冬天里的寒流：先是首席行政总裁凯拉莫自杀，然后摩托罗拉又率先开始规模生产竞争产品，这一切都让诺基亚公司难以招架。与此同时，诺基亚公司的电视和电脑生意一落千丈，挣扎生存。苏联的解体使这个芬兰的最大贸易伙伴在一夜之间荡然无存，芬兰经济随之跌入低谷。这时的诺基亚公司面临的问题不再是增长还是放缓，而是生存还是死亡。

这时，约玛·奥里拉的加盟和变革扭转了诺基亚公司的局面。奥里拉创造的神话就是把诺基亚公司现有的业务看做一个个项目进行管理。他先后把造纸和橡胶制品扫地出门，接着把电线电缆停产，然后从电视和电脑市场渐渐地淡出，数年后开始脱钩。同时，奥里拉和他的团队集中精力和资源发展一个项目——电信产业，以手机和手机网络设备为发展方向，始终保持技术领先。目前，诺基亚公司已经成为世界最大的电信器材生产商之一。

1996年春天，诺基亚公司的一个紧张工作的团队里，研究人员聚集在赫尔辛基郊外。这个项目团队的宗旨是，产生蜂窝电话的一种新的“象征图标”——某种让人心跳的东西，类似苹果计算机的第一台麦金托什计算机的东西。营销部提出了所希望的产品的规格列表：非常轻、电池寿命长，以及吸引技术人才的新特质。而后就是紧箍咒：它必须在1997年11月在北京正式发布，仅仅剩下20个月的时间了。“我们知道时间是我们的敌人”，项目经理阿托·基马说。

诺基亚公司最后交出的是诺基亚6100序列——强有力的4.5盎司电话，大小和形状类似于细长的香烟盒。6100的传奇为征服高技术市场设立了一个新标准。项目开发者开始于一个简单的规则：首先，为了节省资金和时间，开发者向更早的2100电话序列借用了从复杂的解码软件到铃声选单的一切；对于装饰，开发者增加了新的特征，将创新限制在不会使电池负担过重的范围内，如简单的计算机游戏、一个闹钟，以及一个红外线调制解调器，以便从数据网络上下载电子邮件等。

最重要的是，诺基亚公司倾听了关键客户的声音，那些芬兰人直接到大的服务提供商那里聆听，如AT&T，购买数以千计的蜂窝电话，在赠送包里销售。这些服务提供商希望客户能够使用不同制式的频

段通信，如模拟和数字移动之间，以及与个人计算机之间，同时还希望电话的电源接通时间能足够长，以便使收听的电话数尽可能多。

项目人员将注意力集中到降低听筒的能量消耗上。为了得到帮助，项目人员联络了德克萨斯仪器设备公司这个总部在达拉斯的芯片巨人，得到了其拥有知识产权的能量节省电路，将诺基亚听筒的能量要求从 6 瓦降到 3 瓦，而后诺基亚急忙重新设计其他组件，以便在更小的能量下运行。

诺基亚公司所面临的最艰难的任务是要为所有主要市场定制电话。开发者为亚洲内置了初步的语言识别功能，解决了键盘存在的问题，并提高音量以便电话声音能在拥挤的亚洲街道上被人们听清。更大的挑战是内置额外的接收器，以便区域模式能容纳所有不同的制式：欧洲和大多数亚洲的全球移动通信系统(Global System for Mobile communication，GSM)标准，分割的美国市场上有一个模拟模式和两个数字模式。“完成所有这些协议是件痛苦的事。”基马说：“有时它们彼此冲突。”

基于项目管理的成功，这一电话如期在中国登场了，从此以后，全球消费者购买了估计超过 300 万个单位的诺基亚产品。AT&T 的首席执行官丹尼尔·赫斯宣称，诺基亚 6100 是“市场上最好的移动电话，没有什么能加以阻拦”。

问题：根据以上案例，分析诺基亚公司项目成功之道。

# 第2章　项目生命周期及项目管理过程

## 学习目标

| 知识目标 | 技能目标 |
| --- | --- |
| (1) 项目生命周期的概念及阶段划分<br>(2) 了解项目管理过程的组成及各子过程间的关系<br>(3) 了解项目决策的原则、过程和程序 | (1) 对项目生命周期进行阶段划分<br>(2) 学会遵照项目决策的基本过程进行项目决策 |

## 知识结构

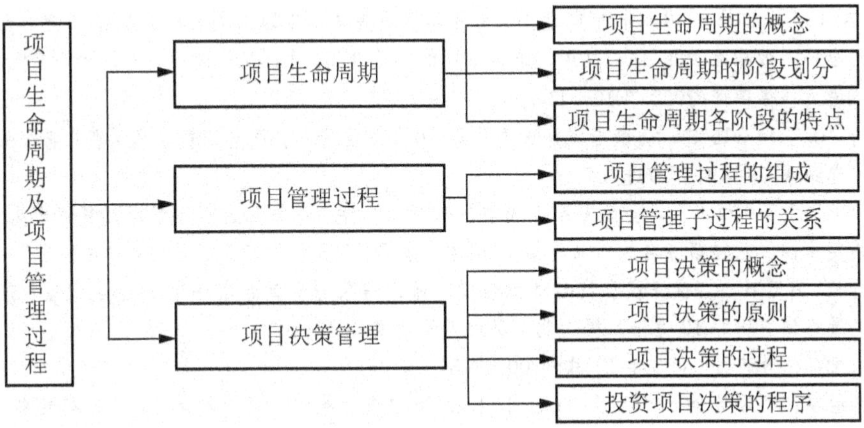

导入案例

## 北京2008年奥运会会徽“中国印”的诞生

2003年8月3日晚，在北京天坛祈年殿前，第29届奥林匹克运动会组织委会员，简称北京奥组委，举行了隆重的第29届奥林匹克运动会会徽发布仪式，2008年北京奥运会会徽揭开了神秘的面纱。当回顾2008年北京奥运会会徽诞生历程的时候，人们发现它经历了启动准备、作品征集、会徽评选、修改审批和会徽发布5个阶段，历时1年4个月。

第一阶段：启动准备(2002年4～7月)

2001年7月13日，国际奥委会主席萨马兰奇宣布，北京获得了2008年奥运会举办权。从这一时刻起，把29届奥运会举办成历史上最出色的奥运会的光荣使命落到了中国人的肩上。而举办一届出色的奥运会，首先要创造一个出色的会徽。

2002年4月5日和6日，北京奥组委组织召开了“北京2008年奥运会视觉形象设计研讨会”。这次会议的举行标志着北京2008年奥运会视觉形象工程正式启动。奥运会视觉形象工程包括制定奥运会形象与景观的总体战略，通过奥运会标志和吉祥物等一系列系统设计，来完成奥运会的创作理念。

2002年7月2日和3日，北京奥组委在北京国际会议中心举办了“北京2008”奥林匹克设计大会，来自世界各地和全国的著名设计师和设计公司代表等共计500多人参加了会议。在会上，北京奥组委公布了《2008年奥运会会徽设计大赛规则和程序》，向全球1500多名专业设计师正式发出邀请，征集2008年北京奥运会会徽作品。这次会议标志着2008年北京奥运会会徽作品征集工作正式拉开序幕。

第二阶段：作品征集(2002年7～10月)

2002年10月8日是2008年北京奥运会会徽作品征集的截稿日期。从7月4日到10月8日，北京奥组委共收到应征有效作品1985件，其中，来自中国的作品1763件，国外设计公司的作品有222件。

第三阶段：会徽评选(2002年10～11月)

2002年10月14～16日，会徽专家评选委员会(国内评委7人、国外评委4人)对应征作品进行了初评。根据评选结果，102件作品进入复评。

2002年11月3日和4日，会徽专家评选委员会对102件入围作品进行了复评。复评产生了前10名设计大赛获奖作品，获得第一名的作品是第1498号，就是2008年北京奥运会会徽“中国印”的原型。

2002年11月6日，会徽评议委员会举行会议，评选结果与会徽专家评选委员会完全一致。专家评选委员会将最终评选出的10件作品提交北京奥组委执行委员会。

第四阶段：修改审批(2002年12月～2003年3月)

北京奥组委执行委员会于2002年11月21日和26日先后组织了两次研讨会，会议确定将“中国印”作为会徽备选作品进行修改。

2002年12月下旬～2003年2月8日，“中国印”的原创作者及有关专家对“中国印”作品进行反复修改和完善。

2003年1月下旬，北京奥组委委托国家商标局和国际奥委会知识产权顾问公司对会徽备选作品进行国内国际商标注册在先权检索，以免在局部细节上与现有徽标出现雷同。

2003年2月11日，会徽特别评选委员会召开会议，修改后的会徽备选作品在会上获得国内外专家评委的一致认可。

2003年2月17日，北京奥组委执行委员会再次对会徽备选作品进行审议，确认“中国印”为会徽备选作品。

2003年2月28日，北京奥组委将会徽备选作品报送2008年北京奥运会工作领导小组(国务院)审批，获得批准。

2003年3月28日，北京奥组委将会徽备选作品报送国际奥委会审批。同日，会徽得到国际奥委会的一致认可。

第五阶段：会徽发布(2003年8月3日)

2003年8月3日，2008年北京奥运会会徽的发布仪式在天坛祈年殿前隆重举行。发布仪式由时任北京市代市长、北京奥委会执行主席王岐山主持。在发布仪式上，中共中央政治局常委、全国人大常委会委员长吴邦国与第29届奥运会协调委员会主席一起为2008年北京奥运会会徽——“中国印”揭幕。国际奥委会主席罗格发表了电视讲话，他说：“今晚揭幕的北京奥运会会徽将成为世界上最引人注目且最为人们所熟悉的标识之一，将成为奥林匹克运动史上最出色且最有意义的标识之一。”

(资料来源：张立友，汪晓，金林．项目管理实战剖析与PMP攻略[M]．北京：机械工业出版社，2007.)

项目是在一定的时间内，在既定的资源约束下，为实现预定目标所开展的一次性工作任务。因此，任何项目都有自己的生命周期。一个项目的过程可以划分成一系列的项目阶段，这些项目阶段构成了项目的生命周期(Project Life Cycle)。了解项目的生命周期，把握项目管理的过程和各阶段目标及任务，对做好项目管理工作十分重要。

## 2.1 项目生命周期

项目如同人一样，有生老病死的生命周期。项目的生命周期体现项目从产生到完成的内在规律性。长期以来，人们发现，项目虽然是一次性的，但在国民经济活动中，项目又是层出不穷的，并且项目之间是交错运转的。项目运动的这种单体的独立性和群体的交叉性使新项目不断产生。项目生命周期理论在国外发展很快，一些发达国家和世界经济组织在投资活动领域总结出了一套科学、严密的项目生命周期理论和方法。每一项投资活动都必须按科学的项目生命周期依次进行，从而减少投资风险和失误。

### 2.1.1 项目生命周期的概念

项目从始到终的过程可以划分为一系列的阶段，这些项目阶段的时限、目标、任务和里程碑等内容构成了一个项目的生命周期。项目生命周期既是对项目的一种描述，也是一种项目管理工具。人们为开展项目管理而将项目划分成一系列的项目阶段，从而产生了项目生命周期的管理方法。项目生命周期的描述一般包括4个要素。

#### 1. 项目阶段

人们可以将一个项目分成一系列前后连接且便于管理的项目阶段，并给出项目阶段的可交付成果，从而使人们可以据此开展项目的管理。如图2-1所示的工程建设项目的生命周期包括4个阶段，即定义/决策阶段、计划/设计阶段、实施/控制阶段、完工/交付阶段。

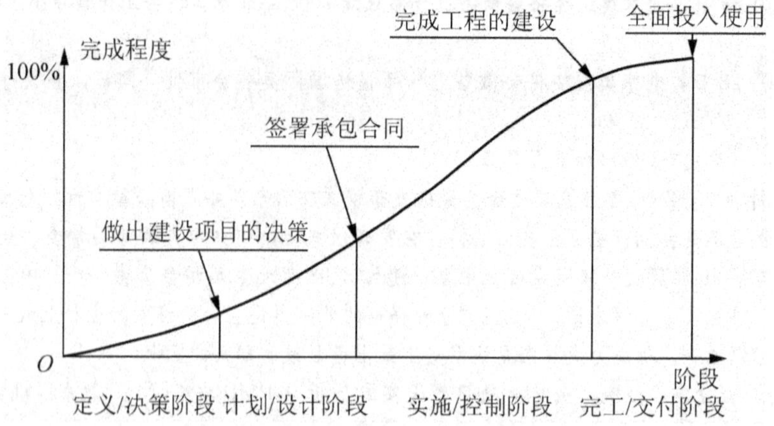


**图 2-1 工程建设项目的生命周期**

2. 项目时限

项目时限是指一个项目的起点和终点，或项目各阶段的起点和终点。这些项目或项目各阶段的起点和终点，既有时点性的要求(项目或项目阶段开始的时点和结束的时点)，又有时期性的要求(项目或项目阶段持续的时间长度)。

3. 项目任务

项目任务包括项目各阶段的主要任务和项目各阶段主要任务中的主要工作。如图 2-1 所示的工程建设项目生命周期中定义/决策阶段的主要任务包括项目建议书的编制、建议书审查批准、项目可行性研究、项目可行性研究报告评审等；计划/设计阶段的主要任务包括设计、造价预算、计划安排、合同订立、详细计划等；实施/控制阶段的主要任务包括构件制造、构件发运、土建工程施工、安装工程施工、试车等；完工/交付阶段的主要任务包括最终试车完毕、进入使用阶段等。

4. 项目成果

项目成果指一个项目各个阶段的里程碑。例如，图 2-1 中的定义/决策阶段的成果包括项目可行性研究报告和项目最终决策等，这是项目生命周期阶段必须给出的成果。

**应用举例 2-1**

不同的项目通常有不同的生命周期描述。图 2-2～图 2-4 分别为美国国防部项目生命周期、美国新药物开发项目生命周期、软件开发项目的生命周期。

1) 美国国防部项目的生命周期描述

美国国防部 1993 年修订的项目管理规程中，给出了图 2-2 所示的项目生命周期的项目阶段划分和对阶段性里程碑的说明和描述。

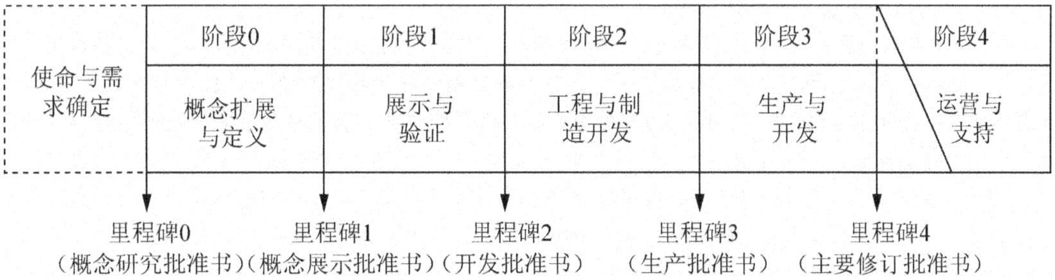


**图 2-2　美国国防部项目生命周期**

这种项目生命周期的描述，不但给出了项目的阶段和时限，而且给出了项目各个阶段的任务和里程碑新的成果。这些内容的详细说明如下：使命与需求确定阶段(完成项目的“概念研究批准书”(Concept Studies Approval)，并使该文件获得批准)、概念扩展与定义阶段(完成项目的“概念展示批准书”(Concept Demonstration Approval)，并使该文件获得批准)、展示与验证阶段(完成项目的“开发批准书”(Development Approval)，并使该文件获得批准)、工程与制造开发阶段(完成项目的“生产批准书”(Production Approval)，并使该文件获得批准)、生产与开发阶段(主要修订批准书，完成项目的生产条件建设和生产技术的开发工作)、运营与支持阶段(基于上一阶段的工作，使整个项目投入日常运营，并获得相应的技术支持)。

2) 美国新药物开发项目的生命周期描述

在新产品研究与开发项目中，新药物研究与开发项目的生命周期是最具代表性的。图 2-3 给出了美国食品与药品管理局(Food and Drug Administration，FDA)规定的新药物开发项目生命周期的流程图描述。这一项目生命周期的描述方法较为详细地给出了新药物开发项目生命周期的全过程。这种项目生命周期包括如下几个阶段：发现和搜寻阶段(包括通过基础研究和应用研究，发现可用于前期临床应用的药物原型)、临床前开发阶段(包括通过实验室试验和动物实验以决定药物的效果和安全性，同时准备和提交新药物研究调查申请)、注册实验阶段(包括药物的一期临床实验、二期临床实验、三期临床实验，以及有关准备和递交新药申请的工作)、后期审验阶段(包括由食品与药品管理局对递交的新药申请的审查中所做的各种工作)。

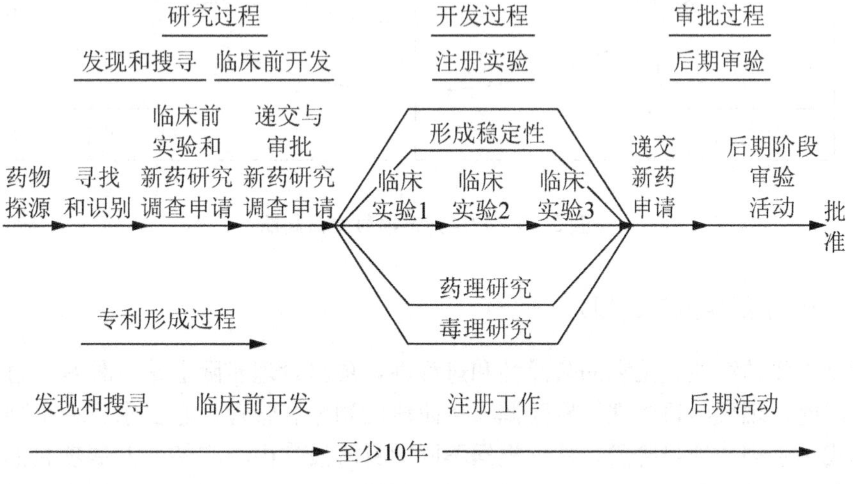


**图 2-3　美国新药物开发项目生命周期**

3) 软件开发项目的生命周期描述

软件开发项目是另一种典型的研究与开发性项目，这类项目的生命周期描述也是非常典型的，图2-4给出了这种项目的生命周期的一种图示描述。这种生命周期的描述具体地给出了软件开发的如下阶段：概念验证循环阶段(包括找出项目业主/用户的需求、定义系统概念、验证项目目标、做出概念性系统设计、设计和构造概念验证的内容、做出可接受的测试计划、完成项目风险分析并做出项目风险管理方案)、初始系统建设循环阶段(包括分析确定出信息系统的初始需求、定义出初始的系统目标、做出系统的逻辑设计、设计和构造出初始的系统、做出系统测试计划、评价初始系统并提出改进建议)、中间系统建设循环阶段(包括分析确定出系统的基本需求、定义中间系统目标、做出系统物理设计、设计和构造出中间系统、做出系统测试计划、评价中间系统并给出系统改进建议)、最终系统建设循环阶段(包括实现用户的各项需求，做出最终系统设计，构造出最终系统，运行各个单元、子系统和系统，并对系统进行全面测试)。

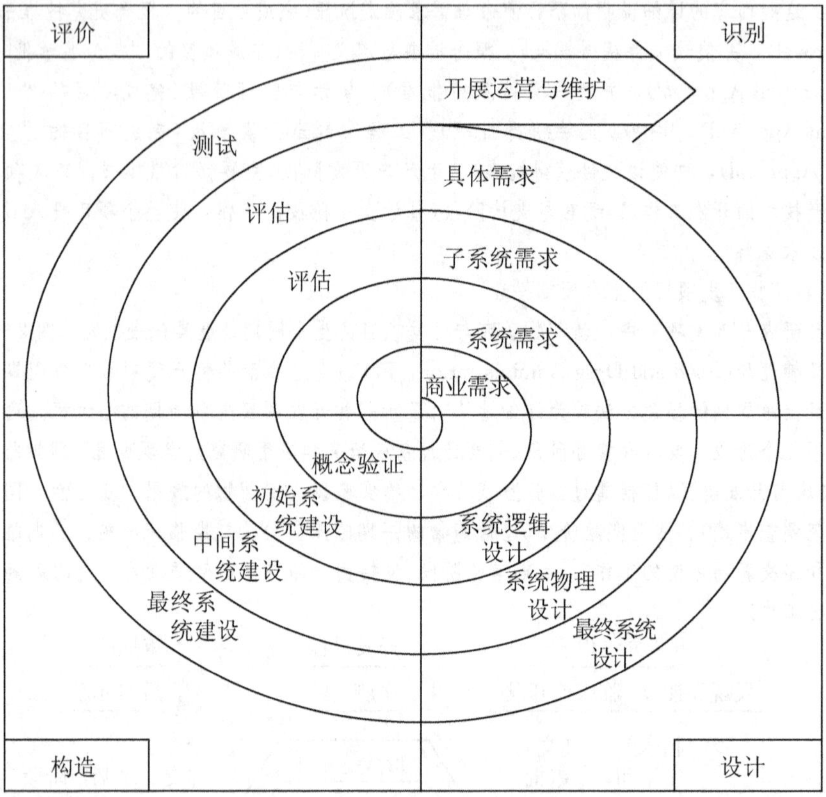


**图2-4 软件开发项目生命周期**

### 2.1.2 项目生命周期的阶段划分

项目最主要的特性就是它的阶段性和过程性，项目管理实际上是一种基于过程和活动的管理。因此，现代项目管理特别强调项目阶段的划分和管理。它要求将一个项目的生命周期分解成一系列的项目阶段，然后根据不同项目阶段的内容和特性开展项目的计划、组织、实施和控制等管理活动。划分项目阶段的首要标志是整个项目阶段工作在时间上的一致性和内容上的相似性，即在时间和内容上具有一致性和相似性的项目工作应划分在一个项目阶段中。项目阶段划分的第二个标志是项目阶段性成果的整体性，即一个项目阶段全部工作应能生成一个完整的标志性成果。一般来说，项目生命周期可大致分为 4 个阶段：项目定义与决策阶段、项目计划与设计阶段、项目实施与控制阶段、项目完工与交付阶段。

#### 1. 项目定义与决策阶段

项目定义与决策阶段是项目生命周期的首要阶段。在这一阶段中，人们提出一个项目的提案或项目建议书，在项目建议书或提案获得批准后进一步开展项目可行性分析，找出项目的各种可行备选方案，然后分析评价这些备选方案的损益与风险情况，最终做出项目方案的抉择和项目决策。具体来说，这一阶段的工作包括分析和识别项目的机遇与需求、提出项目提案或项目建议书、评价项目提案或项目建议书、开展项目可行性研究并做出项目决策等。

#### 2. 项目计划与设计阶段

项目计划与设计阶段是设计和安排整个项目方案的工作阶段。在这一阶段中人们要为项目设计项目产出物、制定项目的实施组织方案、编制项目的各项计划、进行项目对外发包与合同订立。

#### 3. 项目实施与控制阶段

项目实施与控制阶段的主要工作是生成项目产出物，这一阶段的工作是依据项目各项计划及项目设计进行的，主要任务包括项目控制标准的制定、项目实施工作的开展、项目实施的绩效度量、项目实施中的纠偏行动等。

#### 4. 项目完工与交付阶段

项目实施完成以后还需要经过一个完工与交付的阶段，只有经过这个阶段，项目才能够最终结束。此时，人们需要对照项目定义与决策阶段提出的项目目标，以及项目设计与计划阶段提出的项目计划和项目产出物设计要求，做好项目管理终结和项目合同终结工作。一般是由项目团队全面检验项目工作和项目产出物，然后由项目团队向项目业主/客户进行验收和移交，直至项目业主/客户最终接受项目的结果并办理相应手续后项目才能最终结束。

对于一个具体的项目来说，也可以根据项目的复杂程度和项目所属的行业领域划分成各种不同的项目阶段。每个阶段以一个或多个可交付成果的完成为标志，一个项目阶段的结束常常标志着下一个阶段的开始。在本章导入案例中，北京奥组委 2002 年 4 月 5 日召开的“北京 2008 奥运会视觉形象设计研讨会”和 2002 年 7 月 2 日和 3 日举办的“北京 2008 奥林匹克设计大会”是该项目启动阶段的可交付成果，这些可交付成果的完成意味着项目将进入下一个阶段“作品征集阶段”。“102 件作品进入复评”和“专家评选委员会将最终评选出 10 件作品提交北京奥组委执行委员会”是“会徽评选阶段”的可交付成果，这些可交付成果的完成意味着“会徽评选阶段”的结束，也意味着“修改审批阶段”的开始。

### 2.1.3 项目生命周期各阶段的特点

图 2-5 给出了一个典型的 4 阶段项目生命周期的模型。

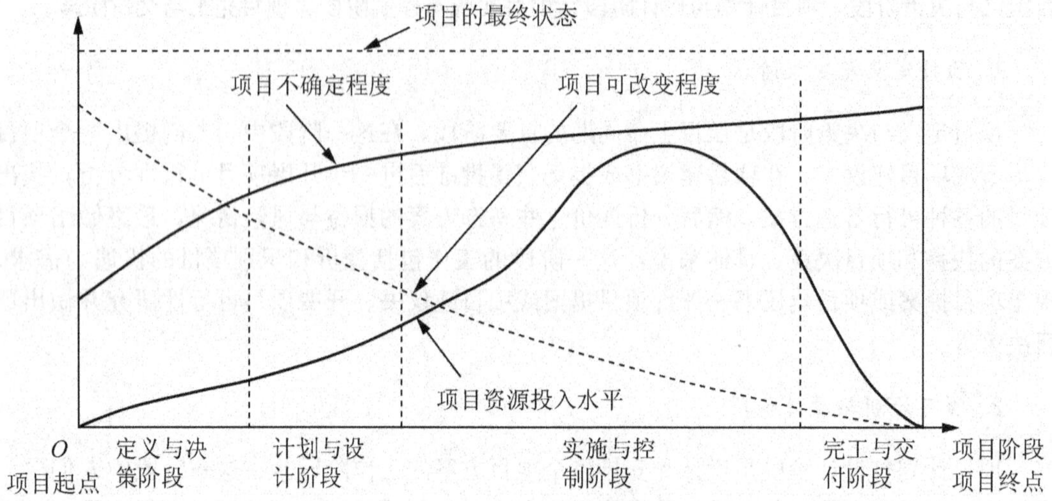


**图 2-5 典型的项目生命周期模型**

从图中可知，项目生命周期各阶段的特性如下。

1. 项目资源投入的变化

在项目初期阶段，资源的投入水平很低；而在项目的实施与控制阶段，资源的投入水平很高；到项目完工与交付阶段，资源的投入水平又会急剧下降。

2. 项目不确定性的变化

项目初期阶段的不确定性和风险性都很高，随着项目实施的进展，这种项目的不确定性和风险性会不断降低，一直到最后项目才能变成完全确定性的。

3. 项目可变性的变化

在项目初始阶段项目相关利益主体有能力去改变项目产出物和项目工作，但项目实施后其可变性不断降低，到最后项目就会变得无法变更了。

## 2.2 项目管理过程

每个项目生命周期都包含两类基本过程：一类是项目的业务过程；一类是项目的管理过程。这里的“过程”是指能够生成具体结果的系列活动组合，业务过程是指生成项目产出物的业务活动，管理过程则是指项目全过程及各个阶段所开展的项目管理活动。这可以由图 2-6 给出示意。

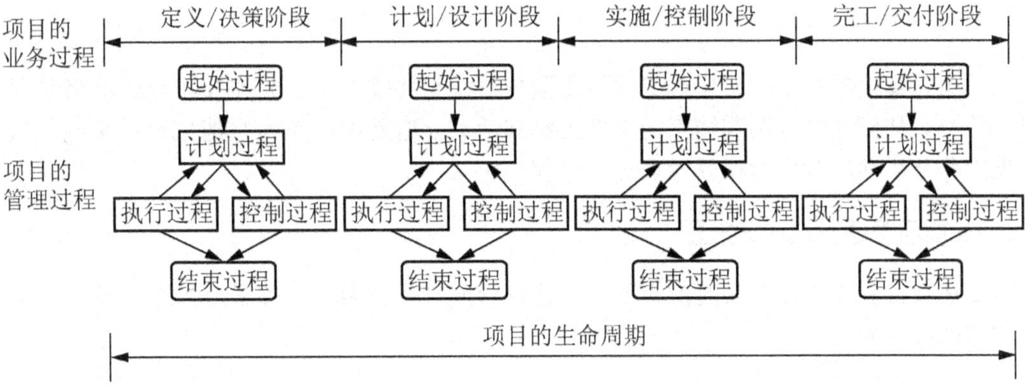


**图 2-6　项目业务过程和项目管理过程示意图**

### 2.2.1　项目管理过程的组成

由图 2-6 可知，虽然不同项目的业务过程会有所不同，但是每个项目和项目阶段都需要有一个完整的项目管理过程。这种项目管理的过程一般包括 5 个不同的管理子过程。

1. 起始过程

起始过程包括定义一个项目阶段的工作与活动、决策一个项目或项目阶段的起始与否，以及决定是否将一个项目或项目阶段继续进行下去等工作。这是由一系列决策性的项目管理工作与活动所构成的项目管理工作过程。

2. 计划过程

计划过程包括拟定、编制和修订一个项目或项目阶段的工作目标、工作计划方案、资源供应计划、成本预算、计划应急措施等方面的工作。这是由一系列计划性的项目管理工作与活动所构成的项目管理工作过程。

3. 执行过程

执行过程包括组织和协调人力资源和其他资源、组织和协调各项任务与工作、激励项目团队完成既定的工作计划、生成项目产出物等方面的工作。这是由一系列组织性的项目管理工作与活动所构成的项目管理工作过程。

4. 控制过程

控制过程包括制定标准、监督和测量项目工作的实际情况、分析差异和问题、采取纠偏措施等管理工作和活动。这些都是保障项目目标得以实现、防止偏差积累而造成项目失败的管理工作与活动。这是由一系列控制性的项目管理工作与活动所构成的项目管理工作过程。

5. 结束过程

结束过程包括制定一个项目或项目阶段的移交与接收条件，并完成项目或项目阶段成果的移交，从而使项目顺利结束的管理工作和活动。这是由一系列文档化和移交性的项目管理工作与活动所构成的项目管理工作过程。

## 2.2.2 项目管理子过程的关系

上述项目管理子过程共同构成了一个项目管理过程的循环，各子过程之间具有信息交换和时间依存的关系。

1. 项目管理子过程之间的信息关系

项目管理子过程之间的信息关系表现在 3 个方面：一是前一个项目管理子过程的信息输出是下一个项目管理子过程的信息输入，比如起始子过程的输出就是计划子过程的输入；二是两个项目管理子过程之间的信息反馈关系，比如计划子过程与控制子过程之间的信息反馈关系；三是两个项目阶段的管理过程之间的信息传递关系，比如项目计划与设计阶段的结束子过程的输出就是项目实施与控制阶段起始子过程的输入。这种项目管理子过程之间的信息关系如图 2-7 所示。

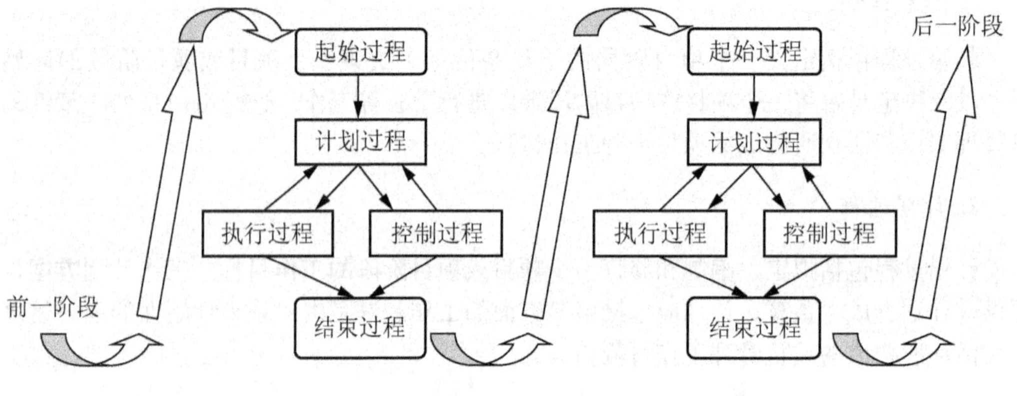


图 2-7 项目管理子过程之间的信息关系

2. 项目管理子过程之间的时间关系

项目管理过程中各个管理子过程在时间上并不完全是一个子过程完成后另一个管理子过程才开始，而是会有不同程度的交叉和重叠。图 2-8 描述了一个项目阶段中，各项目管理子过程之间在时间上的交叉和重叠关系。“起始过程”最先开始，但是在“起始过程”尚未完全结束之前，“计划过程”就开始了。“控制过程”在“计划过程”开始之后，先于“执行过程”开始，因为在“控制过程”中有很大一部分管理工作是事前控制工作，必须在“执行过程”开始之前完成。另外，“结束过程”在“执行过程”还未结束之前就已经开始了，这就意味着结束工作的许多文档的准备工作可以提前开始准备，在“执行过程”完成后的工作只是这一过程中的移交性工作。

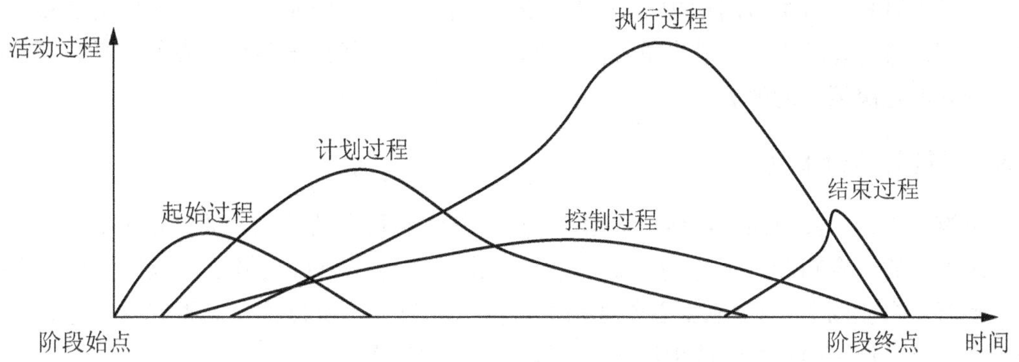


**图 2-8　项目各阶段之间管理子过程之间的时间关系**

## 2.3　项目决策管理

**阅读材料**

### 如何清理核废料

1994 年，西屋汉福德公司(Westinghouse Hanford Co.)与汉福德核燃料基地签订合同，提出对关闭设备和清理基地的工作进行“项目化”。这个项目的主要任务是清理基地 2100 吨核废料块，这些核废料块被装在两个高 25 英尺(1 英尺＝0.3048 米)、半个足球场大的长方形容器里沉入水下 16 英尺(作为辐射保护层)。在这 105 000 多块核废料中，有大约 6000 块被严重毁坏或腐蚀，对水质造成一定的辐射。这两个容器的设计寿命为 20 年，但实际使用了 40 年，在 20 世纪 70 年代和 1993 年发生了两次严重的泄漏，而发生泄漏的位置距华盛顿州非常洁净的哥伦比亚河仅仅 400 码(1 码＝0.9144 米)远，每天的运转成本和为防止事故发生而支出的成本为 10 万美元。

为了解决这个问题，西屋汉福德公司调查了该基地的各种项目利益相关者，包括 3 个印第安纳部落、媒体、活动家、政府调节员、监管人员、议会和汉福德基地的职员等，以征询处理这个棘手问题的意见。公司用了 5 个月的时间让有关人员讨论，了解事实真相并使公司获取其信任。公司和各利益相关者又用了两个月拟定了 4 个解决方案。

① 把核废料密封起来，然后将其放入水中。

② 把核废料放在汉福德任何一处潮湿的储存环境中。

③ 把核废料放在汉福德干燥的储存环境中。

④ 把核废料运到海外再加工。

经过 3 个月的项目方案评估工作，第 3 个方案被选中，公司开始准备用 11 个月时间完成环境影响报告(Environmental Impact Statement，EIS)(这只是正常环境影响报告所需时间的一半)。该项目最终按当初的计划于 1999 年 12 月前完成，比原计划提前 3 年时间，节约纳税人支出 3.5 亿美元。同时，保管核废料的成本也大大降低，降至每天只需 3000 美元。

该项目的成功实施，体现了在项目立项前听取各利益相关者的意见和需求，对项目进行认真的调查、分析和可行性研究的重要性。

(资料来源：杰克·R. 梅瑞狄斯，小塞缪尔·J. 曼特尔 . 项目管理：管理新视角[M]. 周晓红，译 . 北京：电子工业出版社，2006)

项目决策是项目生命周期中的重要阶段，项目决策的正确与否直接关系到项目的成败。决策是所有管理工作中最为重要的工作之一，诺贝尔经济学奖获得者赫伯特甚至提出了“管理就是决策”的说法。

### 2.3.1 项目决策的概念

决策是指为了实现某一目标，根据客观的可能性和科学的预测，通过正确的分析、计算及决策者的综合判断，对行动方案的选择做出的决定。项目决策是指投资主体(国家、地方政府、企业或个人)对项目必要性和可行性进行技术经济评价，对不同方案进行比较选择，以及对项目的技术经济指标做出判断和决定的过程。

### 2.3.2 项目决策的原则

为保证项目决策成功，避免失误，在决策过程中必须遵循下列原则。

#### 1. 科学化决策原则

在决策过程中必须尊重客观规律、按照科学决策程序、运用科学的决策方法进行决策，坚持“先论证，后决策”的原则，做到先对项目进行调查研究和论证，然后进行决策，杜绝“边投资，边论证”，更不应该采取“先决策，后论证”的违反客观规律的做法。投资项目如果不按科学程序进行，不能正确反映客观实际，将导致事倍功半。

#### 2. 民主化决策原则

项目决策应避免单凭个人主观经验决策，应广泛征求各方面的意见，在反复论证的基础上，由集体做出决策。民主决策是科学决策的前提和基础。

#### 3. 系统性决策原则

项目决策要根据系统论的观点，全面考核与项目有关的各方面的信息。因此，要进行深入细致的调查研究，包括对市场需求信息、生产供给信息、技术信息、政策信息、自然资源与经济社会基础条件、项目的产品在市场上的竞争能力与发展潜力等信息的调查。

#### 4. 效益决策原则

项目决策要讲求项目总体效益最优、微观效益与宏观效益的统一、近期效益与远期效益的统一。

### 2.3.3 项目决策的过程

项目决策是人们在项目活动中所开展的一系列管理活动所构成的过程，这是一种首先发现问题或机遇，然后分析问题和解决问题或抓住机遇的管理过程。每个项目决策过程都包括一系列的决策活动或步骤，项目决策的过程如图 2-9 所示。

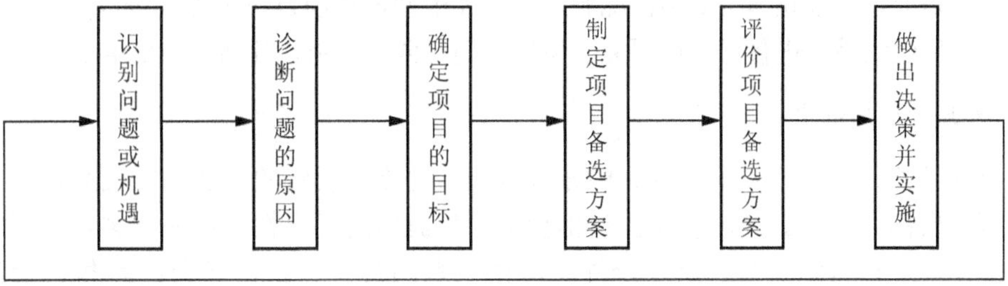


图2-9 项目决策过程

1. 识别问题或机遇

这是为了找出解决什么问题或抓住哪个机遇而开展的项目。项目决策者必须充分调查研究和全面收集信息，然后提出问题或抓住机遇以做好项目的决策。

2. 诊断问题的原因

这是根据各种信息分析与诊断问题或机遇成因，找出解决问题或抓住机遇的办法。项目决策者必须通过诊断来发现问题或机遇成因，然后找出解决问题或抓住机遇的方法。

3. 确定项目的目标

在分析清楚问题、机遇及其成因后就可确定项目目标了。项目目标是指人们通过解决问题或抓住机遇要达到何种目的和效果。有了项目目标就能为项目决策制定备选方案了。

4. 制定项目备选方案

正确做出项目决策的前提是找出可行的多种项目可替代方案。因此，这是项目决策的重要步骤之一，这一步骤的结果是给出足够的能相互替代的项目备选方案以供选优。

5. 评价项目备选方案

首先要根据项目目标对可替代项目备选方案进行分析和评价，给出项目各可行备选方案的利弊评价和分析结果，以便为最终选择项目方案提供依据。

6. 做出决策并实施

这是项目决策过程的最后一个步骤，此时人们根据项目评估意见并加上自己的判断而做出项目实施方案的选择，然后人们就可以开始项目实施并开展项目监督和控制了。

### 2.3.4 投资项目决策的程序

科学的决策必须建立在符合客观规律的决策程序的基础上，这样才能避免主观性和盲目性。投资项目的决策程序是指投资项目在决策过程中各工作环节应遵循的符合其自身运动规律的先后顺序。我国的投资项目决策程序是在借鉴西方经济发达国家的决策经验和科学的评价方法的基础上，结合我国的实际情况制定的。大中型投资项目决策主要按以下几个程序进行：提出项目建议书、进行可行性研究、编制计划任务书、项目评估、项目审批。

1. 提出项目建议书

提出项目建议书是投资前对项目的轮廓设想，主要从投资的必要性方面来衡量，同时初步分析投资的可行性。其内容主要包括投资项目提出的必要性，产品方案，项目规模和地点的初步设想；资源状况、建设条件、协作关系的初步分析；投资估算和资金筹措设想、偿还贷款能力测算、项目的大体进度安排；经济效益和社会效益的初步估算。

2. 进行可行性研究

项目可行性研究是指在项目决策前，通过对项目有关的技术、经济等各方面条件和情况进行调查、研究、分析，对各种可能的技术方案进行比较论证和对项目的经济效益进行预测和评价，来考查项目技术上的先进性和适用性、经济上的营利性和合理性、实施的可能性和可行性，并编写出可行性研究报告。

3. 编制计划任务书

根据可行性研究报告中所提供的项目投资若干方案，包括其中的最佳方案，经再调查、研究、补充、修正、挑选确定，即可作为编制计划任务书的可靠依据。

4. 项目评估

邀请有关技术、经济专家和承办投资贷款的银行，对项目的可行性研究报告进行预审，然后由投资银行的咨询机构或计划决策部门委托有资格的咨询公司进行项目评估，即对项目的可行性研究报告进行全面、认真、仔细地审查、计算和核实，根据审核、评估的结果，编写出项目评估报告。

5. 项目审批

完成上述程序后，决策部门应对可行性研究报告和计划任务书及评估报告等文件进一步加以审核，如果项目是可行的，即可批准。可行性研究报告一经批准，就已经立项了，投资项目决策就基本定下来了。至于投资项目何时纳入年度计划、动工实施，还需要由计划部门经过综合平衡予以确定。

随着投资体制改革的深入和投资项目业主责任制的逐步推广，国家进一步下放了投资项目审批权。除了关系到国家经济和社会生活的大型项目和特大型项目外，一般性的中小项目的投资立项权和审批权都下放给地方和企业。

## 本章小结

项目作为一种创造独特产品与服务的一次性活动是有始有终的，项目从始到终的整个过程构成了一个项目的生命周期。项目的生命周期是描述项目从开始到结束所经历的各个阶段，最一般的划分是将项目分为定义与决策、计划与设计、实施与控制、完工与交付4个阶段。实际工作中根据不同领域或不同方法再进行具体的划分。在项目生命周期运行过程中的不同阶段里，不同的组织、个人和资源扮演着主要角色。每个项目生命周期和项目阶段都包含由起始、计划、执行、控制、结束5个子过程组成的管理过程。

# 习　　题

## 一、单项选择题

1. 以下属于项目定义与决策阶段的工作的是(　　)。

A. 设计项目产出物　　B. 项目控制标准的制定

C. 可行性研究　　D. 项目工作的对外发包与合同订立

2. 一个项目管理过程循环包括五种具体管理过程，其中属于计划过程管理活动的是(　　)。

A. 定义一个项目的工作与活动　　B. 拟定一个项目的工作目标

C. 组织和协调人力资源　　D. 制定标准

## 二、判断题

1. 划分项目阶段的首要标志是整个项目阶段工作在时间上的一致性和内容上的相似性。　(　　)

2. 在决策过程中必须尊重客观规律、按照科学决策程序、运用科学的决策方法进行决策，坚持“先论证，后决策”的原则。　(　　)

## 三、简答题

1. 什么是项目生命周期？项目生命周期一般分为哪几个阶段？

2. 项目决策应遵循哪些原则？

## 四、论述题

1. 描述项目管理子过程及其之间的关系。

2. 举例说明项目决策的过程。

## 案例分析

### 一家中型医药公司

詹妮弗·切尔德斯(Jennifer Chids)是一家中型医药公司的所有者、总裁。在某年10月份的一次人事会议上，她告诉公司的经理，公司年利润将超过预计的20万美元。她想投资公司内部的项目，通过投资得到额外的利润，并使公司增加销售或降低成本。她要求3名主管经理合作建立一份有关潜在项目的并按重点排列的一览表，然后向她“推销”其想法。她明确告知这3名主管经理，不应当假定资金在3个人中均等地分配。她也说明如果项目合适的话，她愿意把所有的资金都只投入到一个项目中去。

朱丽·陈(Julie Chen)，产品开发经理，她的部门已有一些科学家正在研制一种新处方的药物。这项研制任务已经大大超出预计的成本。令她焦虑的是，其他较大的公司也正在研制类似的药物，那些公司有可能会首先把产品推向市场，而她的团队至今还没有做出重大的突破，进行过的一些测试并没有收到预期的效果。她知道这是一个有风险的项目，但是她觉得现在还不应当停下来。朱丽认为，公司的长期发展依赖于这种新的药物，它能够销往全世界。她尽量在人事会议上对这个开发项目的进展表现出乐观的态度，但是她知道詹妮弗已经变得没有耐心了。她的同事也认为，在最初的测试失败后，她就应当结束这个项目了。朱丽想要追加资金来加速项目的发展，她想从其他较大的公司雇用德高望重的科学家，并且再购买一些先进的实验仪器。

泰勒·里普根(Tyler Ripken)，生产经理，已经来公司6个月了，他的早期观察结果是生产线效率非常低下。他认为这是计划不周的结果，因为随着公司的成长，近几年来增加了许多工厂。泰勒认为应当组成几个职能团队，优化工厂内的设备布局工作。他认为这样可以在降低成本的同时，提高工厂的生产能力。当泰勒把这个主意说给他的主管听时，主管提醒他，当詹妮弗的父亲经营企业时，詹妮弗就在主管生产，正是她负责目前工厂布局的设计。主管还提醒泰勒，詹妮弗并不热衷于采用职能团队的方式，她认为生产职员是按劳付酬的，同样，她希望经理能够提出并执行新的思想。

杰夫·马修斯(Jeff Matthews)，执行经理，负责公司的计算机信息系统和会计工作。杰夫认为公司的计算机系统过时了，在企业发展中，旧的计算机设备无法处理大宗的交易。他认为一套新的计算机系统能够更好地追踪客户订货，减少客户的不满、报怨，更及时发送发票，提高现金流量。杰夫手下的雇员嘲笑那已经过时的计算机，并给杰夫施加压力，让他购买新的设备。而詹妮弗曾对杰夫说过，她对那种只为了跟上最新的设备潮流而把钱花在新计算机上的举动不感兴趣，特别是在当前系统正常工作的情况下。她建议杰夫调查一下是否可以雇用外部服务，来做完工作并设法减少她自己的职员。杰夫却想用今年超出的利润购买新的计算机，并雇用计算机编制人员升级将在新的计算机上运行的软件。他觉得此举将会产生效益。

在詹妮弗的10月人事会议后，乔·桑切斯(Joe Sanchez)，销售经理，走进詹妮弗的办公室，他说虽然他没被要求为额外的利润提出项目建议，但他的感想是，应当忘掉这个无意义的项目，而只要给他一笔更大的预算，再多雇用一些销售代表就可以了，“这将比任何方式都更快地增加销售量，”乔告诉她，“况且，如果是你父亲，他肯定会这么做!”乔与其他3名按重点建立项目次序的经理意见不一致，他希望如果詹妮弗看到这种缺乏一致意见的状况之后，能够决定给他资金去雇用一些销售代表。

问题：

1. 詹妮弗应该怎样进行决策?

2. 詹妮弗应该收集什么样的额外数据或信息?

3. 你认为詹妮弗应怎样处理这20万美元?解释你的答案，并讨论朱丽、泰勒、杰夫和乔的关注点和立场。

# 第3章 项目组织管理

## 学习目标

| 知识目标 | 技能目标 |
| --- | --- |
| (1) 了解项目主要利益相关者<br>(2) 了解项目组织的特征<br>(3) 了解不同类型的项目组织形式<br>(4) 了解项目团队的特点<br>(5) 了解项目团队创建和发展的过程<br>(6) 了解项目团队精神和团队绩效<br>(7) 了解项目经理的角色、职责和权力<br>(8) 了解项目经理的技能和素质要求 | (1) 学会分析项目利益相关者<br>(2) 学会选择项目组织形式<br>(3) 熟悉项目团队创建和发展过程及各阶段的管理要点 |

## 知识结构

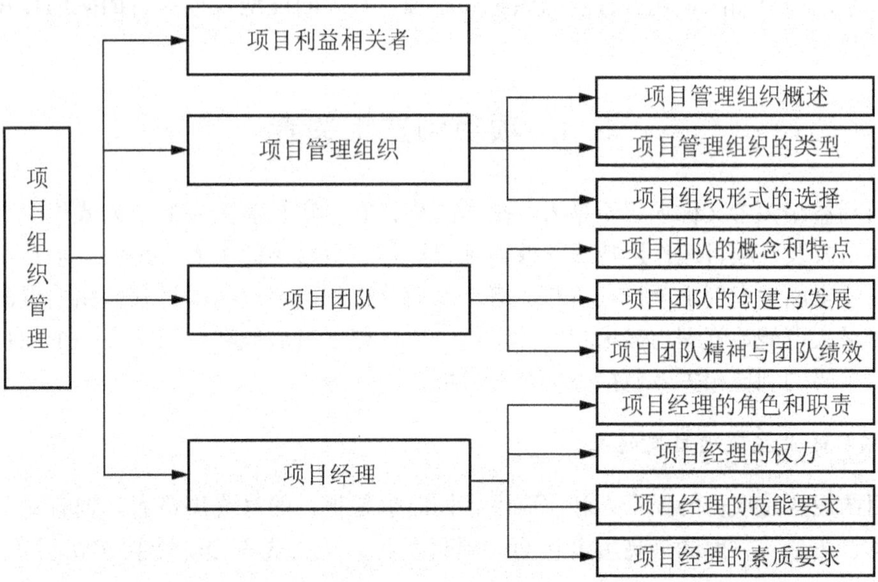

导入案例

## L1011 项目的问题

Lockheed 的宽体 L1011 飞机受到了飞行员和乘客的赞扬，飞行员和乘客认为这是一架优秀的飞机。但是，Lockheed 的股东和债主们却不高兴，因为 L1011 在财务上来说是失败的，它几乎让公司濒临破产。L1011 在技术上是一个赢家，在很多方面都大大超过了其竞争对手 DC-10。那么为什么在财务上是失败的呢？造成这一切的主要原因是组织内部根深蒂固的冲突。原本报告给总经理的职能部门经理现在却被要求报告给一个职员级别的项目经理，总经理负责给各个职能部门分配资源，如市场部、工程部、制造部、质量部和产品测试部门。之后要求项目经理去管理这些职能部门，而项目经理既没有资源控制权也没有其他的授权。L1011 项目团队的成员们也提到工程经理确实曾经阻碍项目经理去参加变更控制会议，这种低效的组织结构导致项目经理对于发生的变更束手无策。同时，飞机基线的变革并没有进行销售价格的调整。总经理本来应该尽早地、明确地定义项目经理的角色，而且应该对项目经理进行授权，使其可以控制财务资源，并且有权力从最好的资源那里购买必要的服务。如果真的这样做，项目经理就会成为职能部门的客户。

（资料来源：凯文·福斯伯格，哈尔·穆兹，翟华德·科特曼．可视化项目管理[M]．许江林，刘景梅，译．北京：电子工业出版社，2006）

彼得·德鲁克(Peter Drucker)说："选择最佳的组织结构可以避免一些问题的发生。"对于项目而言，不科学的组织管理和错误的组织结构不仅会带来麻烦，甚至会摧毁项目。项目的组织管理包括 3 个方面：一是识别和分析与项目利益相关的组织，开展与其他项目利益相关者之间的全团队组织管理；二是确定项目与公司的关系，建立项目组织结构，项目组织是否合理将直接制约项目经理权利和能力的发挥，对项目管理的整体效率有重要影响；三是组建项目团队，通过有效的激励和管理，最大限度地发挥项目团队的作用，以实现项目的目标。

## 3.1 项目利益相关者

项目利益相关者又称项目干系人，是指与项目有一定利益关系的个人或组织，也就是项目的参与方及受项目运作影响或能够对项目运作产生影响的个人或组织。项目的组织管理者首先要全面地识别出项目利益相关者，然后分析和确定这些项目利益相关者的需求和期望，尽最大可能地管理与需求相关的影响，以获得项目的成功。通常在一个项目的组织管理中，主要的利益相关者包括下面几个方面。

### 1. 项目的业主或项目发起人

项目的业主是项目的投资人和所有者，同时也是项目的最终决策者，拥有对项目的工期、成本、质量等方面的最高决策权力。项目发起人是首先发出命令要求执行项目的人。项目的业主或发起人可能是项目的直接用户甚至是项目的实施者。但这三者也可能是各自独立的组织。例如，对于一个住宅建设项目，房地产开发商并不是项目的最终用户(它不使用房屋，其所开发的房子是为了销售)和实施者(承包商盖房子)，但一个企业的技术攻关项目的项目业主、用户和实施者则可能就是企业自身。对于一个项目的管理，首先要确定谁是项目的业主或发起人，因为这对项目的管理和决策起决定性作用。

2. 项目的客户或用户

项目的客户或用户是使用项目成果的个人或组织，任何项目的开发都是为项目的客户或用户服务的。因此，在项目管理中必须认真识别和分析项目客户或用户的需要、期望和要求。项目的客户或用户有时是单一的，有时可能比较广泛。例如，一个管理信息系统开发项目的客户或用户是一个企业，而一个大型文娱活动的客户或用户则会包括现场观众、电视转播的观众和广告商等。同样，一个项目的成功需要识别和确认项目的客户或用户，对于那些客户或用户涉及面广而且层次多的项目，更需要很好地确认项目的客户或用户。

3. 项目经理

项目经理是负责管理整个项目的人。项目经理既是一个项目的领导者、管理者和项目决策的制定者，又是项目决策的执行者。项目经理需要领导和组织好自己的项目团队，做好项目的计划、组织、实施和控制等一系列的项目管理工作。但是，在有关项目工期、质量和成本等方面的重大决策上，项目经理要听命于项目业主和客户。项目经理对于项目的成功非常重要，一个项目成功与否和项目经理的能力关系密切。因此，需选派一位合适的项目经理负责项目的管理。

4. 项目实施组织

项目实施组织是指承担实施责任并由其项目团队完成项目实施的企业或组织。项目的实施组织可能是项目业主委托的独立业务组织，也可能是项目业主自己内部的单位或机构。例如，一个企业管理信息系统开发项目的实施组织，可以是外部的某个信息系统集成公司，也可以是企业内部的信息部或计算机中心等部门。

5. 其他项目的利益相关者

除了以上项目利益相关者外，还会有供应商、贷款银行、政府有关部门、合作伙伴、项目所涉及的市民和社区等都与项目存在各种关系。

项目的不同利益相关者对项目有不同的期望和需求，其所关注的问题和需求也不尽相同。例如，业主一般关注项目完成的进度、质量和成本，而设计师关注技术，政府部门关心税收、环境，附近社区的公众则更关注项目对自身生活的影响等。对于项目管理者来说，弄清楚哪些是项目利益相关者，以及各自的需求和期望非常重要。只有这样，才能对项目利益相关者的需求和期望进行管理并施加影响，调动其积极因素，化解其消极影响，以确保项目获得成功。

看图学项目管理

## 管理利益相关者

项目的管理者在开始项目时应留出时间考虑：谁对项目的成败至关重要并具有影响力。除了项目组成员外，与项目存在利益关系的人和组织也需要管理。

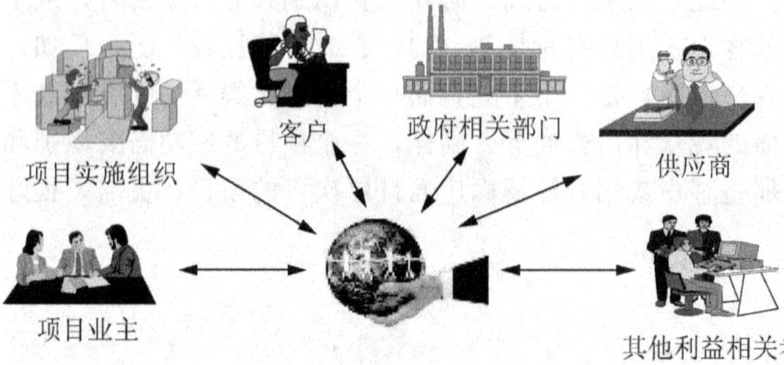


项目管理者识别出关键的利益相关者之后，可进一步分析各利益相关者的目标，各利益相关者过去对项目的反应，目前预期各利益相关者会做什么，项目引起的变化将对其产生积极、消极还是综合影响，各利益相关者将来可能做出什么反应，以及准备如何管理与此利益相关者的关系等。表 3-1 简要列出一个识别和分析利益相关者的例子。

**表 3-1 利益相关者识别和分析表**

| 利益相关者 | 目标 | 过去的反应 | 可期望的行为 | 消极/积极影响 | 将来可能的反应 | 想法 |
| --- | --- | --- | --- | --- | --- | --- |
| 生产经理 | 使生产按计划进行 | 对变更的好处持怀疑态度，担心新系统出问题 | 如果转换中出现差错，利益相关者会很生气 | 如果进展不顺利，会有负面影响；如果进展顺利，则影响是积极的 | 如果利益相关者仍然对成功持怀疑态度，则其可能会拒绝改用新系统 | 使利益相关者跟上进度，使其参加新系统的试运行及测试 |

**应用举例 3-1**

图 3-1 是某负责在公司内安装一套新型财务软件系统的项目经理所绘制的利益相关者分析图。在描绘该图后，项目经理认识到她可能会与收据部门经理之间产生严重的问题，而后者将成为软件的一个主要用户。她没有与收据部门经理打过交道，但她从小道消息得知这位经理对所选的软件很不满意，还认为这一项目对部门运作造成了不必要的损害。在项目开始之前，项目经理与这位经理共进午餐，期间她耐心地坐在那里倾听他的烦恼。此外，项目经理又投入了额外的时间和精力就新软件的好处对他及其员工进行了指导，她试图将转换系统给收据部门造成的损害减少到最低限度。项目经理改变了执行时间表，目的是满足收据部门经理对软件实际安装时间和培训时间的偏好。反过来，收据部门经理及其成员则更愿意接受这一改变。于是，向新软件的转换比预期的更顺利。

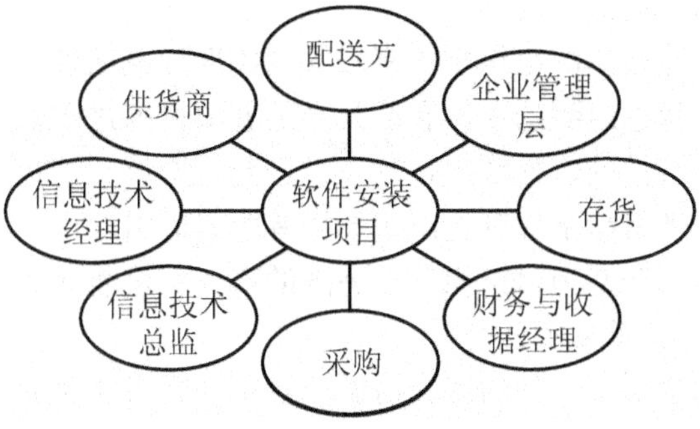


图 3-1 财务软件安装项目的利益相关者

## 3.2 项目管理组织

项目是由人来执行的，为了使人们能为实现目标而有效地分工协作，就必须设计合理的项目管理组织。项目管理组织是项目管理的主要内容之一，其主要目的是充分发挥项目管理职能，提高项目管理的整体绩效，以达到项目管理的目标。

### 3.2.1 项目管理组织概述

#### 1. 组织和项目管理组织的概念

组织是管理的一种重要职能，其一般概念是指各生产要素相结合的形式和制度。通常，前者表现为组织结构，后者表现为组织的工作制度。组织结构一般又称组织形式，反映了生产要素相结合的结构形式，即管理活动中各种职能的横向分工和层次划分。

项目管理组织是指为了完成某个特定的项目任务而由不同部门、不同专业的人员所组成的一个特别的临时性组织，通过计划、组织、领导、控制等过程，对项目的各种资源进行合理配置，以保证项目目标的成功实现。

#### 2. 项目管理组织的特征

项目管理组织作为组织的一种类型，具有一般组织所具备的特征。由于项目与项目管理的特殊性，项目管理组织又具备以下特点。

1）临时性

项目管理组织是为完成项目而组建、为项目而服务的组织。一旦项目结束，成功地实现了项目目标，项目管理组织的使命也就完成，项目管理组织随着项目的结束而解散。

2）任务导向性

项目管理组织是为了满足顾客的需求，以项目为组织单元，围绕任务来配置各种资源的组织。因此，项目管理组织是面向任务而建立起来的，所有项目管理的目标都指向要完成的工作任务。

3）柔性与灵活性相结合

项目管理组织与其他类型的组织相比有较大的柔性和灵活性。项目管理组织中的成员来自不同的部门，项目管理组织的主体和成员会随着项目的进展而发生变化。各个项目相关者之间的联系都是有条件的、松散的，是通过合同、协议、法规，以及其他各种社会关系结合起来的。项目管理组织不像其他组织那样有明确的组织边界，项目利益相关者及其个别成员在某些事务中属于某项目组织，在另外的事务中可能又属于其他组织。

4）既强调统一领导又重视团队合作

项目经理是项目的负责人，是沟通和协调项目所有利益相关者的核心人物，对项目组织的组建、项目实施的进度与费用控制、项目目标的实现起重要作用。但影响项目成功的另外一个关键因素是必须具有有主动性、创造性的项目团队。项目的成功需要成员之间团结一致、密切配合，强调团队的协作精神。

3. 项目管理组织设计

项目管理组织设计的一般过程包括3个阶段：第一阶段是工作划分，即将组织要承担的任务按照目标一致性及高效性原则进行分解；第二阶段是工作分类，即将分解得到的诸多工作进行合理有序的分类；第三阶段是形成组织结构，即将分类工作结合组织中的人员、岗位要求、职责与权力，以及信息管理的需要，进行组织设计。

与一般组织设计类似，项目管理组织设计也需遵循有效管理幅度原则、权责对等原则、人职匹配原则、命令统一原则等。但项目的组织设计还需考虑一些特殊的问题，如考虑项目的性质和规模，以有效保持项目组织形式的灵活性和创造性；明确项目组织在企业中的地位，以减少企业内部摩擦和资源的争夺等。

### 3.2.2 项目管理组织的类型

每个组织都是为了完成一定的使命和实现一定使命和目标而设立的。由于每个组织的使命、目标、资源条件和所处的环境不同，因此，其组织结构也会不同。项目组织的形式对项目的成败有很大的影响。一般来说，典型的项目管理组织结构形式有职能式、项目式、矩阵式和组合式4种。每一种组织形式都有各自的优点、缺点和一定的适用范围。

1. 职能式组织结构

1）职能式组织结构的形式

职能式项目管理组织形式是指按照职能及其相似性来划分部门，如企业一般会设置计划、采购、生产、营销、财务、人事等部门。采用职能式项目管理组织形式的企业在进行项目工作时，各职能部门根据项目需要承担本职能范围内的工作，也就是企业主管根据项目任务需要从各职能部门抽调人员实施项目，如新产品开发项目可以从营销、研发、生产等部门各抽调一定数量的人员组成产品开发小组。

在这种组织结构中，项目是在组织目前的职能等级结构下加以管理，各职能部门的人员主要承担其日常职能工作，有部分人员被临时安排承担项目工作，大多数项目工作在具体职能部门完成。这样的项目实施组织没有明确的项目主管或项目经理，项目的协调及各职能部门间的合作通过正规渠道，由处于职能部门顶层的部门主管或经理负责。职能式组织形式如图3-2所示。

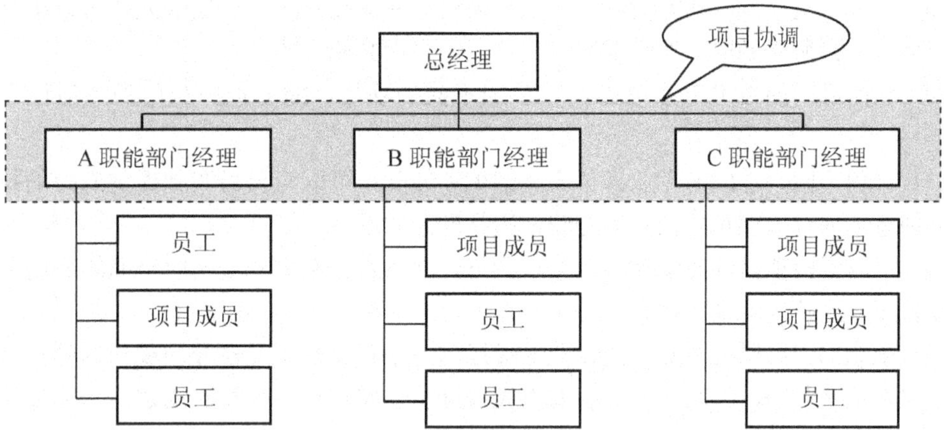


图3-2 职能式组织形式

**应用举例3-2**

某工具生产商决定生产一系列专门为左撇子设计的工具，使其产品线差异化。高管层决定实施此项目，并将项目的各部分分配给适当的部门。工业设计部负责修改产品规格，满足左撇子的需要；生产部根据新的规格计划新工具的生产方式；营销部则衡量新产品的需求与价格，确定分销渠道。整个项目是在常规的等级制度下管理的，是高管层工作日程的一个组成部分。

**应用举例3-3**

图3-3为某制造公司职能式组织，该公司组织项目的方式是在企业目前的职能等级结构下实施。一旦管理层决定实施一个项目，项目的不同组成部分便会被分派到各不相同的职能部门，每个部门负责完成特定项目内容。

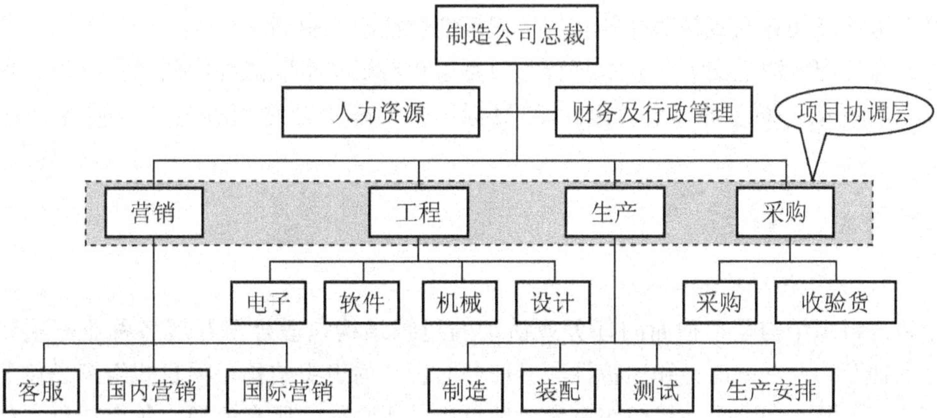


图3-3 某制造公司职能式组织

2）职能式组织结构的优点

（1）在人员的使用上具有较大的灵活性。只要选择了一个合适的职能部门负责项目的某个部分，那么这个部门就能为项目提供所需要的专业技术人员。这些人员可以被临时地调配给项目，待所要做的工作完成后，又可以回来做其原来的日常工作。

（2）职能部门的技术专家可以同时参加不同的项目，提高资源利用的灵活性和降低成本。

（3）有利于同一部门的专业人员交流知识和经验，可以为项目实施提供有力的技术支持，对创造性地解决项目的技术问题非常有帮助。

（4）可以保持项目的连续性。当有人员离开项目组甚至离开公司时，职能部门可作为保持项目技术连续性的基础。

（5）职能部门可以为本部门的专业人员提供一条正常的晋升途径。成功的项目虽然可以给参加者带来荣誉，但其在专业上的发展和进步还需要有一个相对固定的职能部门作为基础。

3）职能式组织结构的缺点

（1）缺乏对客户利益的关注。职能部门有其自己的日常工作，这种组织结构使得客户不是活动和关心的焦点，项目及客户的利益往往得不到优先考虑。

（2）工作方式有缺陷。职能部门的工作方式常常是面向本部门活动的，而一个项目要取得成功，其采取的工作方式必须是面向问题的。

（3）责任不明确。在这种项目管理组织结构中，有时会发现没有一个人承担项目的全部责任，这将导致协调的困难和混乱的局面。

（4）与客户沟通效率低下。由于在项目和客户之间存在着多个管理层次，会使对客户要求的响应变得迟缓和艰难。

（5）项目常常得不到很好的对待。项目中与职能部门利益直接有关的问题可能得到较好的处理，而那些超出其利益范围的问题则很有可能遭到冷落。

（6）项目成员积极性不高。对于分配做项目的人员，常认为项目不是其主要工作。有些人甚至将项目任务当成是额外的负担，积极性往往不是很高。

（7）各部门间缺乏交流。技术复杂的项目通常需要多个职能部门的共同合作，但其往往更注重本领域，而忽略了整个项目的目标，并且跨部门之间的交流沟通也是比较困难的。

### 2. 项目式组织结构

1）项目式组织结构的形式

项目式组织结构是一种面向任务或活动的组织结构，适合于开展各种业务项目的组织，是一种专为开展一次性和独特性项目任务而设计的组织结构。项目式组织是按照项目来划归所有资源，即每个项目组织有完成项目任务所必需的所有资源，每个项目实施组织有明确的项目经理。项目经理对上直接接受企业主管或大项目经理领导，对下负责本项目资源的运用以完成项目任务。每个项目组织之间具有相对独立性。

**应用举例 3-4**

20世纪80年代，苹果电脑与IBM都是利用项目式组织方式开发了个人电脑。在苹果电脑公司，Macintosh电脑(麦金塔电脑，苹果电脑其中一系列的个人电脑)开发小组被隔绝在一幢独立的建筑内，远离公司的噪音与干扰，任务是尽快开发具有突破性的计算机。

项目式组织结构中也有专门的职能部门负责整个组织的职能业务管理，但是这些职能部门一般不行使对项目经理的直接领导，而是为项目团队提供各种支持或服务。这是一种非常适合开展项目活动的组织形式。因此，对于建筑施工企业、管理咨询企业、信息系统集成企业等项目是其主要业务形式的组织，多采用这种组织结构。项目式组织结构形式如图3-4所示。

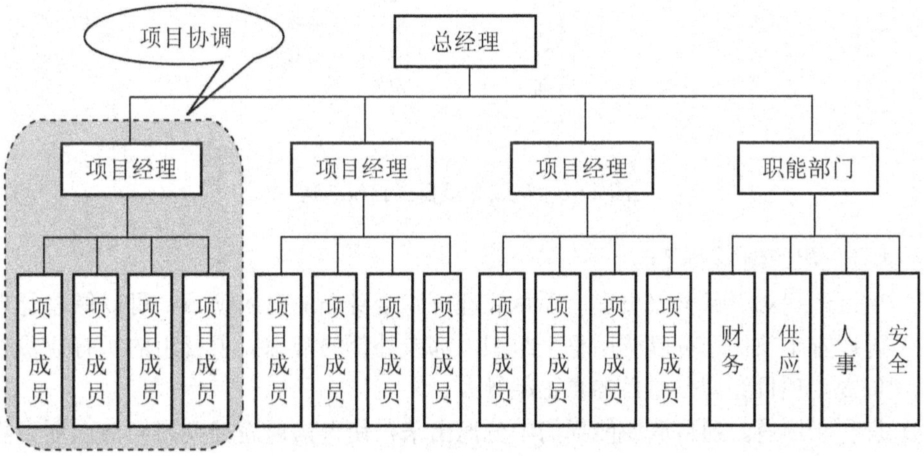


**图3-4 项目式组织结构形式**

**应用举例 3-5**

图3-5为某公司项目式组织结构，该公司的业务是向城市和乡村提供快速运输服务。一个普普通通的客户订单就是一项几百万美元的项目，需要花几年时间进行设计、制造及安装。这个公司的经营业务就是项目，不生产标准产品。在任何一个时段，它都在进行好几个处于不同阶段的项目。随着项目逐步结束并完成，公司希望得到新的项目合同，组织要为具体项目招聘人员。如果有合适的专业技能知识，这些人员可以在项目一完工就重新分配任务。每个项目团队致力于一个项目。完成项目后，团队成员要么被分派到另一个项目中去，要么被解雇。每个项目就如同一个卫星公司那样运作，完成每个项目目标所需的所有资源完全分配给这个项目，专门为这个项目服务，专职的项目经理对项目团队拥有完全的项目权利和行政权力。

(资料来源：杰克·吉多，詹姆斯·P. 克莱门斯. 成功的项目管理[M]. 张金成，译. 北京：电子工业出版社，2009)

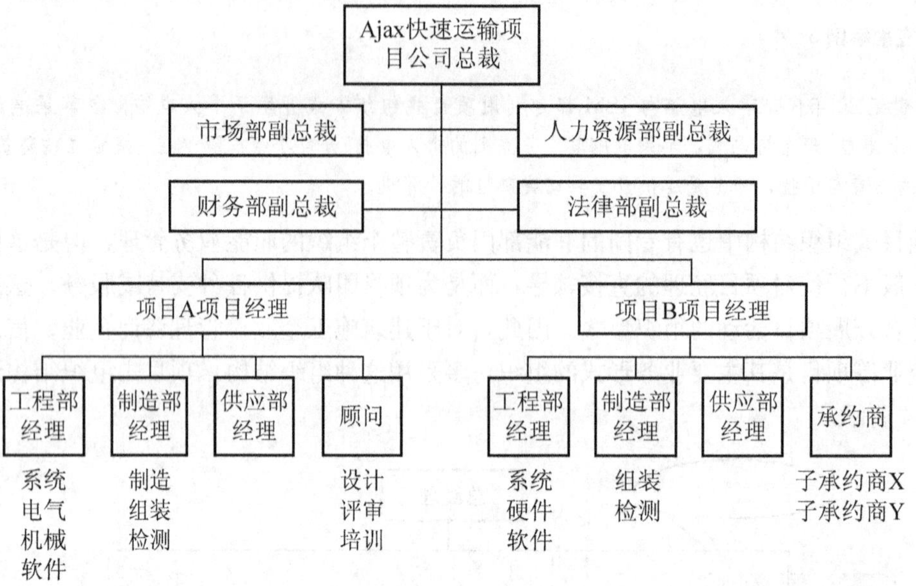


**图 3-5 某公司项目式组织结构**

2）项目式组织结构的优点

(1) 项目经理对项目全权负责。项目经理可以全身心地投入项目，可以像总经理管理公司一样管理整个项目，可以调用整个组织内部或外部的资源。项目组的所有成员直接对项目经理负责，项目经理是项目的真正领导人。

(2) 有利于沟通。项目从职能部门中分离出来，使得沟通途径变得简洁。项目经理可以避开职能部门直接与公司的高层管理者进行沟通，提高了沟通的速度，也避免了沟通中的错误。

(3) 能充分发挥团队精神。项目式组织结构中，项目成员能够集中精力于项目目标，团队精神得以充分发挥。

(4) 决策速度快。权力的集中使决策的速度得以加快，整个项目组织能够对客户的需求和高层管理的意图做出更快的响应。

(5) 命令的协调一致。在项目式组织结构中，每个成员只有一个上司，避免了多重领导、无所适从的局面。

(6) 便于项目控制。项目式组织从结构上来说简单灵活、易于操作，在进度、成本和质量等方面的控制也较为灵活。

3）项目式组织结构的缺点

(1) 资源重复配置。当一个公司有多个项目时，每个项目都有自己一套独立的班子，这会造成人员、设施、技术及设备等的重复配置。

(2) 容易造成组织规章制度执行上的不一致。这种形式将项目从职能部门的控制中分离出来，行政管理比较松散，可能会造成企业规章制度执行上的不一致。

(3) 在项目式组织结构中，成员与项目之间及成员相互之间都存在很强的依赖关系，但项目成员与公司的其他部门之间却有较清楚的界限。这种界限不利于项目与外界的沟通，同时也容易引起一些不良的矛盾和竞争。

(4) 对项目成员来说，缺乏一种事业的连续性和保障，项目成员缺乏归属感。项目一旦结束，项目成员会担心失去"家"，不知道接下来会发生什么，如会不会被暂时解雇、会不会被安排去做低档的工作、会不会被其他项目看中、原来的项目组会不会解散等。

**阅读材料**

## 项目式组织的"炎症"

项目式组织的优势是各职能领域的项目参与者能组成一个凝聚力很强的工作小组，他们下定决心要完成项目。虽然在项目完成过程中，项目团队会做出超人的努力，但这种执着也有消极的一面，在文献中被称为项目"炎症"。在项目团队成员与组织的其他成员之间会出现"我们—他们"的分界线，项目团队会产生傲慢情绪，最后招来母体组织的抱怨。没有参与项目的人员则嫉妒给予项目团队的大量关注和名誉，特别是当这些人认为是其辛勤工作资助了项目的完成时。另外，授予项目团队异乎寻常的称号，如"银弹"、"老虎小组"，以及给予特殊的照顾，都会拉大项目团队与母体组织之间的距离。

这种情况在苹果公司高度成功的 Macintosh 电脑开发小组(以下简称"Mac 小组")身上得到了证实。那时史蒂夫·乔布斯(Steve Jobs)既是苹果公司的总裁又是 Mac 小组的项目经理，他为项目团队提供特殊的优待，包括伸手可及的信息、装满新榨橙汁的冰柜、一架钢琴，以及头等舱飞机票，苹果公司的其他雇员没有人获此殊荣乘头等舱旅行。乔布斯认为这个小组是苹果公司的精华所在，并倾向于认为其他人是"头脑简单的家伙"，不能享受如此高的待遇。苹果Ⅱ部是苹果电脑的主要收入来源，那里的工程师对其同事得到的特殊待遇倍感恼火。

一天晚上，在当地一个叫 Ely McFly 的酒吧，苹果Ⅱ部的工程师坐在一张桌子旁，而 Mac 小组的成员坐在另一张桌旁。两个小组之间的对立升级了。阿伦·戈德堡(Aaron Goldberg)是一名老资格的产业顾问，坐在凳子上看到了争吵的升级："Mac 组那些人大声尖叫'我们是未来!'而苹果Ⅱ部的叫道'我们是金钱!'然后是激烈的争吵，瓶盖与笔到处乱飞。我期待着天上掉下一个笔记本来，这样他们就会停止争吵，将散落的文件捡起来。"

虽然旁观者觉得很好笑，但苹果Ⅱ部与 Mac 小组之间的分歧严重妨碍了苹果公司在 20 世纪 80 年代的业绩。接替乔布斯任苹果公司董事长职位的约翰·斯卡利(John Sculley)观察到，苹果公司已经演化为两个"敌对的团队"，他将苹果Ⅱ部与 Mac 小组办公楼之间的街道形容为"DMZ"(非军事区 Demilitarized Zone)。

(资料来源：克里福德·格雷，埃里克·拉森．项目管理教程[M]．徐涛，张杨，译．北京：人民邮电出版社，2005)

### 3. 矩阵式组织结构

#### 1) 矩阵式组织结构的形式

矩阵式项目组织形式是将按照职能划分的纵向部门与按照项目划分的横向部门结合起来，构成类似矩阵的管理系统。矩阵式项目组织是职能式组织结构和项目式组织结构的混合，既有项目式组织注重项目和客户的特点，又保留了职能式组织结构的职能特点。矩阵式组织结构中每个项目和职能部门各司其职，共同为公司和每个项目的成功贡献力量。项目经理直接对最高管理层负责，并由最高管理层授权，对项目的结果负责，而职能部门经理则负责为项目的成功提供所需的资源。矩阵式项目组织形式如图 3-6 所示。

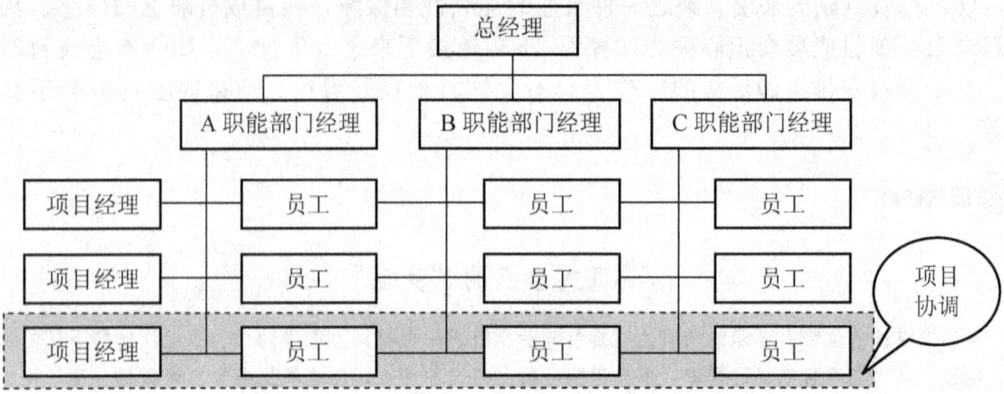


**图 3-6　矩阵式项目组织形式**

矩阵式组织可以从不同职能部门抽调各种专业人员，组成一个个项目团队去开展项目工作，当这些项目团队的任务结束后项目人员又回到原来的专业职能部门中去。因此，这种组织具有很大的灵活性。例如，一个综合性医院会有内科、外科、脑外科等各种各样的医疗科室，但是当需要组织各种救灾、外援医疗队的时候，医院会从不同的科室中抽调出各种专业医护人员，任命专门的医疗队长，组成专门的医疗队去完成一项救灾或外援任务，一旦任务完成，医疗队就会解散，这些医护人员就各自回到原来的科室。再如，一个企业为开发某种新产品，从原有组织中的各相关职能部门调取有关的不同专业人员，组成开发新产品的项目班子，由新产品项目经理负责。参加该项目的人员，就要接受双重领导。项目经理负责新产品的总体开发，有权调动各种力量，为实现项目目标而集中精力工作。产品部门可以是临时的，完成任务以后就撤销，并不打乱原来设立的职能部门及其隶属关系，具有较大的机动性和适应性。这种结构形式加强了各职能部门的横向联系，便于沟通信息。组织内部有两个层次的协调，为完成一项特定工作，首先由产品经理或项目经理与职能经理进行接触协调，当协调无法解决时，矛盾或问题才提交高层领导。

**应用举例 3-6**

图 3-7 为一家销售用户计算机终端自动信息系统公司的组织结构。该公司所接的每个顾客订单都是一个独立要求的系统，有些系统很小，仅售 5 万美元，设计、生产需要 4～6 个月；但有些系统要耗资好几百万美元，用 3 年左右的时间完成。项目经理来自组织的项目部门。公司接到新系统的订单后，项目副总裁为项目委派一个项目经理。一个项目经理可以同时管理几个小型项目，但大型的项目就要由专职的项目经理负责。

接下来，项目经理要与有关职能经理协商，从各个职能部门中为项目分配工作人员。这些人员根据实际需要，为项目工作一定时间。部分人员专职为项目工作，其他人员只为项目某个部分工作，甚至只在项目中出现一两次，这要根据项目何时需要其技术及项目预算允许其工作时间长短而定。某个职能部门的人员通常在几个同时进行的项目中兼职工作，如 Jack、Cathy、Rose、Chris 和 Alex 都在两个项目中兼职。有些项目不需要某种专门技术，如项目A和项目C不需要任何机械工程作业，项目A也不需要培训。这样，几个项目可以共享员工的工作时间，从而能有效利用资源，使全公司及每个项目的全面成本减至最低。

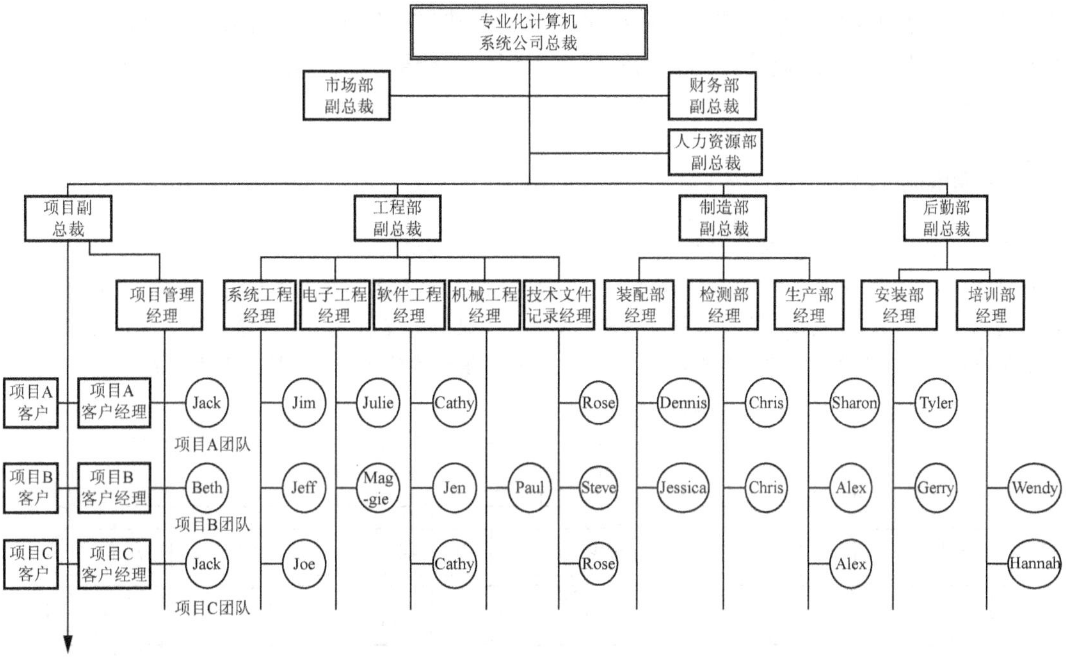


**图3-7　某公司矩阵式组织结构**

项目副总裁作为项目经理的汇报对象，可以解决组织内两三个项目之间在先后次序问题上的冲突。例如，如果两个项目都需要使用某一特定资源(可能是一位技术专家或一台检测设备)，项目副总裁就要根据对公司和客户关系影响最小的原则决定优先次序。

(资料来源：杰克·吉多，詹姆斯·P. 克莱门斯. 成功的项目管理[M]. 张金成，译. 北京：电子工业出版社，2009)

2) 矩阵式组织结构的类型

根据项目经理与职能经理相对权力的不同，实践中存在不同种类的矩阵类型。

(1) 职能矩阵(弱矩阵)。职能矩阵与职能式组织非常相似，不同的是职能矩阵有正式授权的项目经理负责协调项目活动、监督项目完成。职能经理负责项目有关部分的管理，具体决定哪些人及何时完成工作，权力天平明显倾斜于职能经理。项目经理督促项目的权力是间接的和有限的，基本上是个助手，负责列时间表及检查表，搜集有关工作状况的信息，方便项目的完成。

(2) 平衡矩阵。项目经理负责设定需要完成的工作，而职能经理则关心完成的方式。更具体地讲，项目经理制订项目的总体计划，整合不同领域，制定时间表并监督工作进程；职能经理则根据项目经理设定的标准和时间表负责人事的安排并执行分配给他的项目任务。双方密切合作，共同进行技术与操作方面的决策。

(3) 项目矩阵(强矩阵)。项目矩阵类似于项目式组织，项目经理控制项目的大多数方面，包括项目范围及职能人员安排，项目经理还控制专家何时工作、做什么工作，并对主要项目决策有最终发言权。职能经理辅助分配人员，权力天平明显倾斜于项目经理。

选择项目矩阵或职能矩阵主要取决于项目和不同职能部门的共同需求。一般来说，如果项目技术问题复杂，需要较多专业技术人员，则选择项目矩阵；如果项目对技术没有太高要求则可以选择职能矩阵，需要的时候可以利用职能部门的技术力量，不需要专门分配技术人员到项目团队。

**应用举例 3-7**

图 3-8 为某公司强矩阵式组织结构，项目 1 的项目经理要向同时还负责其他一些项目的总项目经理汇报。该项目有 3 人来自制造部门，1 个半人来自营销部门，半个人来自财务部门，4 人来自研发部门，半个人来自人事部门，此外可能还包括其他没有列出来的人员。这些人有的是全职的，有的是兼职的，主要是听从项目的需要。应该强调的是，这些人在什么时候做些什么是由项目经理决定的，而职能经理则决定参加项目的人选和采用的技术。

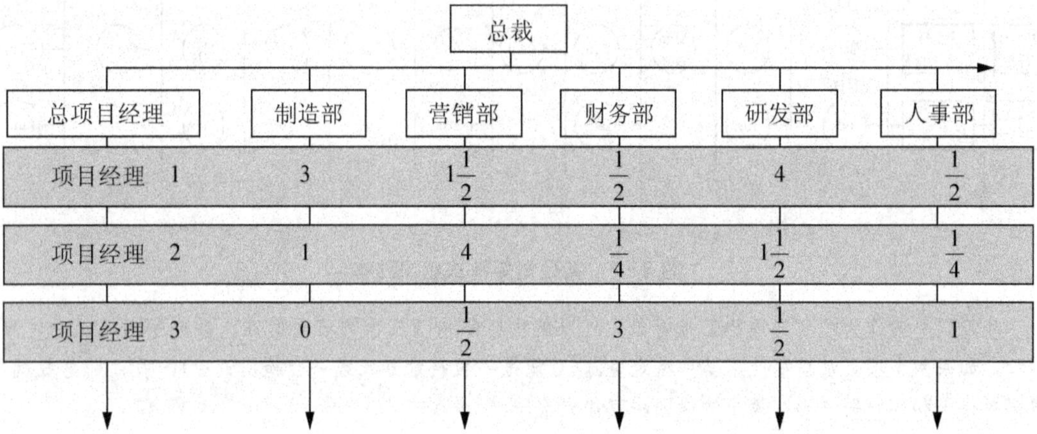


**图 3-8 某公司强矩阵式组织结构**

从参与人员来自于制造和研发部门的数量来看，项目 1 可能与设计和推行的一种全新制造工艺有关；项目 2 可能涉及新产品或营销研究方面的问题；项目 3 可能涉及全新电算化财务控制系统的安装。所有这些并不影响各职能部门的日常活动。

（资料来源：杰克·R. 梅瑞狄斯，小塞缪尔·J. 曼特尔．项目管理：管理新视角[M]. 周晓红，译．北京：电子工业出版社，2006）

3）矩阵式组织结构的优点

（1）项目是工作的焦点。矩阵式组织具有项目式组织的长处，有专门的人即项目经理负责管理整个项目，负责在规定的时间、经费范围内完成项目的要求。

（2）可以分享各部门的人才储备。由于项目组织是覆盖在职能部门上的，可以临时从职能部门抽调所需的人才，因此，项目可以分享各个部门的技术人才储备。当有多个项目时，这些人才对所有项目都是可用的，从而可以大大减少类似项目式组织中出现的人员冗余情况。

(3) 减少了项目组成员对项目结束后的忧虑。虽然项目组成员与项目具有很强的联系，但其对职能部门也有一种“家”的亲密感觉。

(4) 对客户要求的响应快捷灵活，而且对公司组织内部的要求也能做出较快的响应。

(5) 便于领导对项目的控制。项目中会有来自职能部门的人员，这些人员会在公司规章制度的执行过程中保持与公司的一致性，从而增加公司领导对项目的控制力。

(6) 有利于公司对多个项目统筹安排。当有多个项目同时进行时，公司可以平衡资源以保证各个项目都能达到其各自的进度、费用及质量要求。

(7) 应用广泛。矩阵式组织具有很大的灵活性，可以被许多不同类型的项目采用。

4) 矩阵式组织结构的缺点

(1) 权利的均衡使工作受到影响。在矩阵式组织中，权力是均衡的。由于没有明确的负责者，项目的一些工作就会受到影响。当项目成功时，大家会争抢功劳，而当项目失败时，则又会争相逃避责任。

(2) 很少关注组织整体目标。虽然矩阵式组织能够在几个项目之间进行进度、费用和质量方面的平衡，但这一优势也有其不利的一面，每个项目经理都更关心自己项目的成功，而不是整个公司的目标。

(3) 项目经理间易产生矛盾。资源在项目之间流动容易引起项目经理之间的争斗。

(4) 项目与职能部门责权不清。项目经理在执行项目过程中要将项目和职能部门的责任及权利分清楚，这不是件容易的事。项目经理必须就各种问题，如资源分配、技术支持及进度等，与部门经理进行谈判。项目经理的这种谈判、协调能力对一个项目的成功是非常重要的，如果项目经理在这方面没有很强的能力，那么项目的成功将受到怀疑。

(5) 违背了统一命令的管理原则。项目成员至少有两个上司，即项目经理和部门经理。当两者的命令有分歧时，会令人感到左右为难、无所适从。项目成员需要对这种窘境有清楚的认识，否则会无法适应这种工作环境。

#### 4. 组合式组织结构

所谓组合式项目组织形式有两方面的含义：一是指企业的项目组织形式中存在职能式、项目式或矩阵式两种以上的组织形式；二是指在一个项目的组织形式中包含两种结构以上的模式，如在职能式项目组织结构的子项目中采取项目式的项目组织结构。如图 3－9 所示的就是一个组合式的项目组织形式。有很多公司先将刚启动但还未成熟的小项目放在某个职能部门的下面，当其逐渐成熟并具有一定的地位后，再将其作为一个独立的项目，最后甚至有可能发展成一个独立的部门。

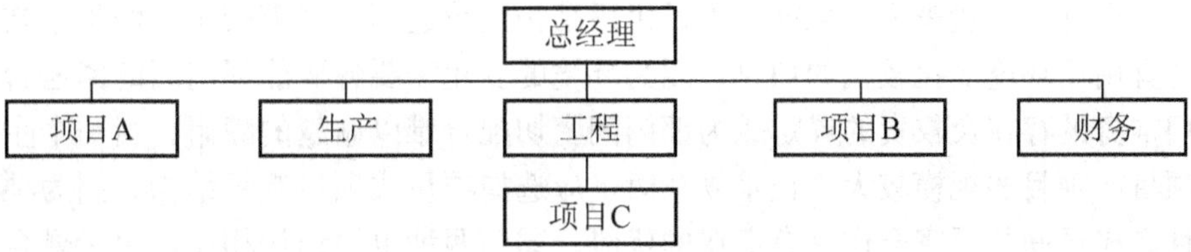


**图 3－9　组合式项目组织形式**

组合式项目组织形式的最大特点是比较灵活，企业可以根据具体项目与自身的具体情况确定项目管理的组织形式，不受现有模式的限制，可以更好地发挥项目优势和人力资源优势。该种形式的不足之处在于企业的项目管理容易造成混乱，项目的信息、沟通等容易产生障碍，由于利益分配上的不一致性还容易产生资源的浪费和各种矛盾。

### 3.2.3 项目组织形式的选择

前面介绍了项目的 4 种主要组织结构形式，即职能式、项目式、矩阵式和组合式，前 3 种形式的主要特征对比见表 3-2。这 3 种组织形式有内在的联系，可以表示为一个变化的序列，职能式结构在一端，项目式结构在另一端，而矩阵式结构介于职能式和项目式之间。随着某种组织结构的工作人员人数在项目团队中所占比重的增加，该种组织结构的人员特点也渐趋明显，如图 3-10 所示。

**表 3-2 主要项目组织结构的特征**

| 组织形式<br>特征 | 职能式 | 矩阵式 | | | 项目式 |
|---|---|---|---|---|---|
| | | 职能矩阵式 | 平衡矩阵式 | 项目矩阵式 | |
| 项目经理的权限 | 很低 | 较低 | 中等 | 较高 | 很高 |
| 项目全职人员 | 很少 | 较少 | 中等 | 较多 | 很多 |
| 项目经理任务 | 兼职 | 兼职 | 全职 | 全职 | 全职 |
| 项目经理称谓 | 项目协调人 | 项目协调人 | 项目经理 | 项目经理 | 项目经理 |
| 项目管理人员 | 兼职 | 兼职 | 兼职 | 全职 | 全职 |

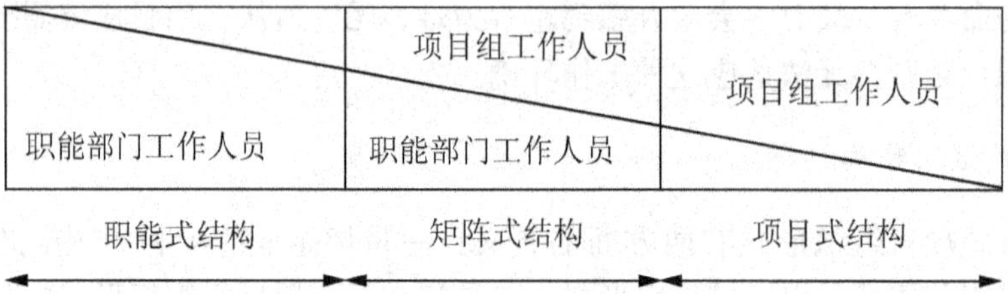


**图 3-10 组织结构的人员变化**

在实践中，如何选择项目的组织形式并没有一个固定的原则，只能在充分考虑各种组织结构的特点、企业的特点、项目的特点和项目所处的环境等因素的条件下，做出较为适当的选择和设计。一般来说，职能式项目组织结构比较适用于规模较小、偏重于技术的项目，不适宜用于环境变化较大的项目。因为环境的变化需要各职能部门间的紧密合作，而职能部门本身的存在及权责的界定成为部门间密切配合难以逾越的障碍。当一个企业中包括许多项目或项目的规模较大、技术复杂时，应选择项目式项目组织结构。因为项目团队的整体性和成员间的紧密合作具有潜在的优势。同前两种组织结构相比，由于融合了两种结构的优点，矩阵式项目组织结构在充分利用企业资源上具有很大的优势，适用于技术复杂、规模巨大的项目管理。

阅读材料

## 某计算机公司的项目组织结构选择

某计算机生产企业面临着一个项目，其项目目标是：设计、制造、销售多功能便携式计算机，配置包括：2.0GB处理器、2G内存、120GB以上硬盘，重量不超过1.5千克以及点阵式彩色显示器，电池正常操作下可用20小时以上，零售价不超过2万元。经过分析，项目的任务分解如表3-3所示。

**表3-3　项目的任务和相应职能单位**

| 主要任务 | 职能单位 |
|---|---|
| A. 描述产品的需求 | 市场部和研发部 |
| B. 设计硬件，并进行初试 | 研发部 |
| C. 筹备硬件生产 | 生产部 |
| D. 建立生产线 | 生产部 |
| E. 小批量生产，进行质量和可靠性测试 | 生产部、质保部 |
| F. 编写(或采用已有的)操作系统 | 软件开发部 |
| G. 测试操作系统 | 质保部 |
| H. 编写(或采用已有的)应用程序 | 软件开发部 |
| I. 测试应用程序 | 质保部 |
| J. 编写所有文档，包括用户手册 | 生产部、软件开发部 |
| K. 建立服务体系，包括备件、手册等 | 市场部 |
| L. 制定营销计划 | 市场部 |
| M. 准备促销演示 | 市场部 |

这些任务可以分成以下4类。

(1) 设计、生产、测试硬件。

(2) 设计、编制、测试软件。

(3) 建立生产和服务/维修体系。

(4) 营销策划，包括演示、宣传等。

根据以上分析，项目需要下面一些要素。

(1) 设计软件的小组和设计硬件的小组。

(2) 测试软件的小组和测试硬件的小组。

(3) 组织硬件生产的小组。

(4) 营销策划小组。

(5) 文档编写小组。

(6) 管理以上各小组的行政小组。

这些子系统涉及公司的5个部门，其中，软件设计小组和硬件设计小组的工作关系非常密切，而测试小组的工作则相对独立，但测试的结果对软件和硬件设计的改善很有帮助。

该公司在人力上完全有能力完成这个项目，在硬件和操作系统的设计上也能达到当前的先进水平，但要将零售价控制在2万元以下，需要在工艺上进行改进。这个项目需要6～8个月，是目前为止该公司投资最大的项目。

根据以上的信息可以看出，职能式项目组织不适合该项目，因为项目涉及多个部门，很难将它划归为某一个部门。项目式组织结构或矩阵式组织结构都是可行的，如果要做选择的话，只要人员费用增加不是太大，项目式组织更好，因为项目式组织的管理更简单，容易集中人力、物力，便于管理。如果项目需要非全职的专家，或者这只是由普通员工参与的项目之一，可考虑采用矩阵式组织形式。

(资料来源：池仁勇．项目管理[M]. 北京：清华大学出版社，2009)

# 3.3 项目团队

**阅读材料**

## 《西游记》中的“项目团队”

我国古代有一个成功的项目团队，这就是古典文学名著《西游记》记载的由唐僧、孙悟空、猪八戒和沙和尚组成的“西天取经团队”。这个团队的高层领导是观音菩萨，项目经理是唐僧，小组成员有孙悟空、猪八戒和沙和尚。唐僧负责带领这个队伍取回真经，孙悟空负责一路上除魔降妖，猪八戒负责牵马，沙和尚负责挑担，观音菩萨则在危难之时鼎力相助。正是由于这支队伍分工明确、各负其责，才能够使其在一次又一次的磨难中突出重围，完成其西天取经的艰巨任务。

项目团队是项目组织的核心，建设一个高效的项目团队对项目的成功起着非常重要的作用。现代项目管理十分强调项目团队的组织和建设，注重按照团队的方式开展项目工作，这就使得项目团队建设和发展成为项目组织管理中的一项重要内容。

### 3.3.1 项目团队的概念和特点

1. 项目团队的定义

项目团队是由一组个体成员为实现一个具体项目的目标而组建的协同工作队伍。项目团队的根本使命是实现具体项目的目标和完成具体项目所确定的各项任务。项目团队是一种临时性的组织，一旦项目完成或者中止，项目团队的使命即告完成或中止，随之项目团队即告解散。

2. 项目团队的特性

一般认为，项目团队作为一种临时性的组织，主要具有以下几个方面的特性。

1）目的性

组建项目团队的目的就是完成某个项目和实现项目的既定目标。因此，这种组织具有很强的目的性，只承担与既定项目目标有关的使命或任务，而不承担与此无关的使命和任务。

2）临时性

项目团队在完成特定项目的任务以后使命即告终结，甚至在出现项目中止的情况时，项目团队也会临时解散或是暂停工作，在重新启动项目时项目团队才会重新开展工作。

3）团队性

项目团队是按照协同工作的团队作业模式开展项目工作的，这种团队性的作业要求强调团队精神与团队合作。因此，团队精神与合作是项目成功的保障。

4）开放性

开放性指项目团队成员在项目实施期间“能进能出”，只要项目需要即可加入或退出。这使得项目团队成员数量和人选会随着项目的发展与变化而不断调整，这与运营组织的特性完全不同。

5）双重领导特性

多数情况下项目团队的成员既受原职能部门领导，又受项目经理领导。这会使项目团队成员的发展受限，甚至会出现双重领导者的意见不同而使项目团队成员无所适从的现象。

### 3.3.2 项目团队的创建和发展

项目团队的创建与发展是个动态和有规律的过程，一般会经历如图 3－11 所示的形成、震荡、规范和辉煌 4 个阶段。

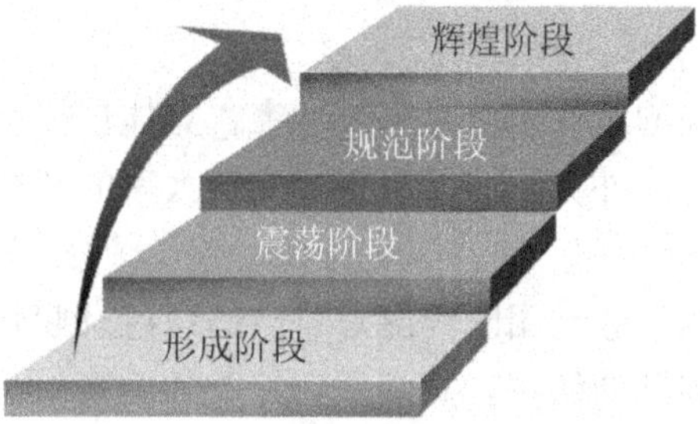


**图 3－11　项目团队创建与发展的阶段**

1．形成阶段

形成阶段是项目团队的初创和组建阶段，团队成员从不同的组织被调集到一起组成项目团队，团队成员往往由于被选到项目团队中来而情绪高涨，但也由于彼此互不了解而工作效率不理想。

在这个阶段中，项目团队成员总体上有一种积极向上的愿望并急于开始工作和展示自己。然而由于还不太了解自己的职责、角色及团队伙伴的角色与职责，因此，在这一阶段中团队每个成员都有一个适应全新的团队环境和成员关系的问题。项目团队成员的心理处于一种高度焦虑状态和极不稳定的阶段，团队成员的情绪特点包括激动、希望、怀疑、焦急和犹豫。项目团队的每个人在这个阶段都有很多疑问，每个人都急于展示自己和了解其他团队成员，每个人都担心自己的角色是否与个人能力、职业与兴趣等相一致。

在这一阶段中，项目经理的主要工作是进行团队指导和构建，具体包括以下几个方面。

（1）为团队明确方向、目标和任务。

（2）为每个成员确定职责和角色并将其组成项目团队。

（3）进行组织构建，确立团队工作的初始操作规程，如沟通渠道、审批及文件记录工作等。

2. 震荡阶段

在这一阶段，项目目标更加明确，项目成员开始执行分配到的任务。但是，由于立场、观念、方法、行为等方面的差异，有一些团队成员发现和遇到各种各样的问题，如有的成员发现项目工作与自己期望的不一致，有的成员感觉到团队成员间的关系存在许多矛盾和问题。这些问题使有些团队成员与项目经理和项目管理人员之间产生矛盾和抵触，团队成员越来越不满意项目经理的指挥或命令，越来越不愿意接受项目管理人员的管理，结果项目团队就进入了震荡阶段，项目团队成员的思想和人际关系等都处于一种动荡的状态。

震荡阶段团队成员的情绪特点是紧张、挫折、不满、对立和抵制等并存。因为有些团队成员在这一阶段中因原有预期未能达到或者是差距较大而产生挫折感，这种挫折感使人们产生愤怒、对立和冲突的情绪，这些情绪又造成了项目团队中的关系紧张、气氛恶化，以及矛盾、冲突和抵触等。

在震荡阶段，项目经理的工作重点是解决冲突，具体包括以下几个方面。

（1）容忍一些不满并解决冲突与协调关系，安抚大家的情绪，消除团队中的各种震荡因素。

（2）引导项目团队根据任务和团队情况对自己的角色及职责进行调整。必要时，邀请项目团队的成员积极参与问题的解决，共同做出相关的决策。

3. 规范阶段

经历了震荡阶段的考验后，项目团队成员之间、团队成员与项目管理人员和经理之间的关系已经理顺和确立，绝大部分个人之间的矛盾已得到了解决，项目团队进入了规范阶段。此时的项目团队内部矛盾低于震荡阶段，因为项目团队成员个人的期望得到了调适，项目团队成员的不满情绪大大减少。在这一阶段中项目团队成员接受并熟悉了工作环境，项目管理的各种规程得以改进和规范，项目经理和管理人员逐渐掌握了对项目团队的管理和控制，项目团队的凝聚力开始形成，项目团队全体成员获得了归属感和集体感，每个人觉得自己已经成为了团队的一部分。

规范阶段项目团队成员的情绪特点是信任、合作、忠诚、友谊和满意。随着团队成员之间相互信任关系的建立，团队成员开始大量地交流信息、观点和感情，团队合作意识增强。项目团队成员之间可以自由地、建设性地表达自己的情绪、评论和意见，成员之间和成员与项目经理之间在信任的基础上发展了相互之间的忠诚并建立了友谊。项目团队经过了这个规范阶段之后，其团队成员会更加支持项目管理人员的工作，整个项目团队的工作效率得到了提高。

这一阶段，项目经理应尽量减少指导性工作，更多扮演支持者的角色，对项目团队成员进行激励，采纳并积极支持项目团队成员的各种建议和参与，努力地规范团队和团队成员的行为，从而使项目团队不断发展和进步，为实现项目目标和完成项目团队的使命而努力工作。

4. 辉煌阶段

辉煌阶段是项目团队不断取得成就的阶段。此时项目团队的成员积极工作，努力为实现项目目标而做出贡献。这一阶段中项目团队成员间的关系更为融洽、团队的工作绩效更高、团队成员的集体感和荣誉感更强，项目团队全体成员能开放地、坦诚地、及时地交换信息和思想，项目团队也根据实际需要以团队、个人或临时小组的方式开展工作。此时项目团队成员之间相互依赖程度提高，项目经理给项目团队成员的授权增多，甚至在项目工作出现问题时多数由项目团队成员自行解决，因此项目团队成员有了很高的满意度。这一阶段项目团队成员的情绪特点是开放、坦诚、依赖。

项目经理在这一阶段的工作重点是帮助团队成员执行项目计划，并对团队成员的工作成绩给予表扬。项目经理应该积极授权从而使项目团队成员更多地进行自我管理和自我激励，加强对团队成员的培养，维持团队行为的稳定性。

团队形成的4个阶段及其特征见表3-4。

**表3-4 团队形成的四个阶段及其特征**

| 特征 | 形成阶段 | 震荡阶段 | 规范阶段 | 辉煌阶段 |
|---|---|---|---|---|
| 团队任务 | 队员不了解团队的工作和团队对其的期望 | 在工作中有许多不同的意见。有些队员过分关心团队给其的成功机会 | 团队的工作正向好的方面发展 | 团队的目标正在实现，时间充分利用 |
| 信息共享 | 队员共同分享许多信息资源 | 队员只为自己着想 | 队员各抒己见，并不断提出问题，从其他成员处获得信息 | 队员探究各自观点，并从团队中或外界听取新的建议 |
| 工作情况 | 队员各自隐藏自己的工作情况 | 队员开始相互了解各自的工作情况 | 队员真正了解各自的工作情况 | 队员已经相互接受各自的工作情况 |
| 冲突 | 队员避免引起冲突 | 队员经常表达不同意见，并引起冲突 | 队员学会如何相互面对，进而解决冲突 | 队员以诚相待，不怕争论和意见分歧 |

续表

| 特征 | 形成阶段 | 震荡阶段 | 规范阶段 | 辉煌阶段 |
| --- | --- | --- | --- | --- |
| 参与 | 只有少数队员参与讨论，其他人很少说话 | 当有些队员保持沉默或等待事态发展时，一些人则设法影响其观点 | 大多数队员提出建议和意见，并积极参与团队讨论 | 由于每个队员的积极参与，团队会议变得活跃 |
| 人际关系 | 队员之间害羞、犹豫与警觉 | 队员之间既合作又竞争 | 队员互助信任并开始传递和接收反馈信息 | 队员相互信任，成为一个紧密的整体 |

**阅读材料**

## “老鼠传真”激励了报社的ELITE团队

20世纪90年代，就像美国其他许多报社一样，骑士集团的“塔莫哈西民主党人”(Tallahasse Democrat)也因收入的日益下降而苦苦挣扎。弗雷德·莫特(Fred Mott)是该报的总经理，他坚信，报社的未来关键在于是否能以客户为中心。尽管他为此做了最大的努力，但成为客户驱动型的报社的进程却不尽如人意。问题最严重的一个领域是广告。在这里，由于错误导致的损失每月可高达10 000美元。

弗雷德·莫特决定组建一个由12人组成的团队。他们都是报社各部门最优秀的员工，因为他们的使命是“消除错误”，所以他们被称为ELITE团队(Eliminate the Errors，消除错误)。起初，团队成员用了大量时间相互指责，而不是一起抓住报社的错误问题。当一位成员拿出了一份被称为“老鼠行迹传真”的东西，并讲述了其背后的故事后，关键的转折发生了。它证明一份制作粗糙的广告通过传真机发送后看起来好像有“一只老鼠在纸面上跑过”。之后，这份广告经过7位雇员之手，只要不是完全没法看，它就可能印刷出版。这一传真的介入打破了僵局，团队成员开始承认，每个人——而不是其他人——都有错误。有一位成员回忆说，“于是，我们开始了异常艰难的讨论，在有些会议上大家激动得都流泪了”。

情绪上的反应激发群体成员积极解决当前问题，并将其紧紧团结在一起。ELITE团队仔细检查广告的销售、制作、印刷和开账单的整个过程，检查完毕后，成员开始探讨错误的模式，发现许多错误源自不良的沟通、时间压力及恶劣的态度。成员提出了一系列建议，这将完全改变“塔莫哈西民主党人”的广告处理过程。在ELITE的领导之下，广告的准确率直线上升，达到了99%的水平，因错误而遭受的损失也降为零。调查显示，广告商的满意度也大为上升。

但是，ELITE的影响远不止如此。ELITE团队对客户负责的态度影响到了报社的其他部门。实际上，这个由一线人员组成的团队成为报社文化转向重视客户服务的先锋。

(资料来源：克里福德·格雷，埃里克·拉森．项目管理教程[M]．徐涛，张杨，译．北京：人民邮电出版社，2005)

### 3.3.3 项目团队精神和团队绩效

1. 项目团队精神与团队绩效的关系

项目团队并不仅仅是一组集合在一起的人，没有团队精神不可能形成真正的项目团队。项目团队需要有自己的团队精神，成员相互依赖和忠诚，人人齐心协力地工作，为实现项目目标而开展团队工作。一个项目团队的绩效与团队精神紧密相关，图 3－12 给出了项目团队在形成、震荡、规范和辉煌 4 个阶段团队精神与团队绩效的关系。

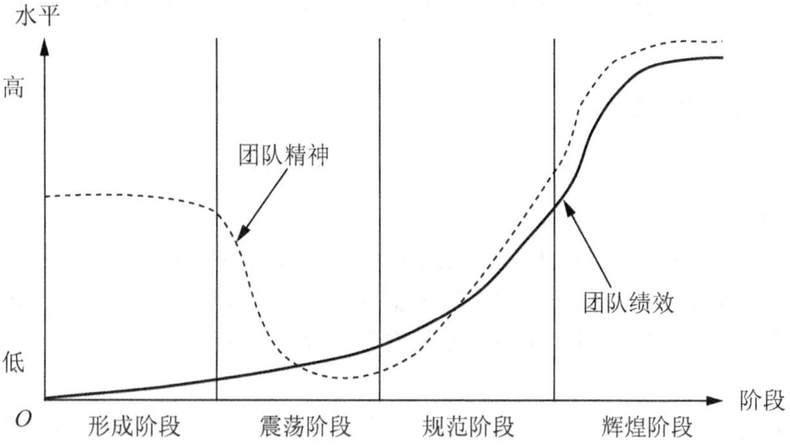


**图 3－12　项目团队发展各阶段团队精神与团队绩效的关系**

2. 项目团队精神的内涵

项目团队精神是项目团队成员为了团队的整体利益和目标而相互协作、共同努力的意愿和作风，其内涵包括下述几个方面。

1）项目团队成员之间高度信任

高度信任表现在每个团队成员都相信团队的其他人所做的事情是为了实现项目的目标和完成团队的使命。同时，团队成员也承认彼此之间的差异，只是这些差异与团队目标没有冲突，而且这些差异反而会使每个成员感到自我存在的必要和自己对团队的贡献。

2）强烈的相互依赖

一个项目团队的成员只有充分理解每个团队成员都是项目成功不可或缺的重要因素之一，才会很好地合作并且相互依赖。团队成员之间的这种依赖性会形成团队的凝聚力，而这种凝聚力就是团队精神的一种最好的体现。

3）一致的目标

一致的目标是指项目团队全体成员所具有的相同目标，以及都希望能够为实现项目目标而付出自己的努力。在这种情况下，项目团队的目标与团队成员的个人目标相对一致，大家都会为共同的目标而努力。

4）全面的互助合作

一个有效的项目团队通常会进行开放、坦诚且及时的沟通。项目团队成员们能够成为彼此的力量源泉，大家都希望看到其他团队成员的成功，都愿意在其他成员陷入困境时提供自己的帮助，并能提出和接受批评、反馈和建议。

5）平等与积极参与

项目团队成员之间的关系是平等的，每个人都有权利和义务积极参与项目的工作和管理，项目团队成为一种民主和分权的团队。

6）自我激励和管理

项目团队成员自我激励和自我管理的模式是项目团队不断辉煌的保障，只有这样，项目团队成员才能够积极承担责任和约束自己，努力完成任务和实现整个项目团队的目标。

3. 团队绩效的影响因素

在项目的运作中，常有一些因素会影响团队绩效，这些因素包括以下几个方面。

1）领导不力

领导不力是指项目经理不能够充分运用职权和个人权力去影响团队成员的行为，并带领和指挥团队为实现项目目标而努力。这是影响项目团队绩效最根本的一个因素。作为一个项目经理应该懂得依据项目团队内的多种准则来调整其领导方式。

2）目标不明

目标不明将使成员对项目产生多种不同理解，有的甚至与项目目标不一致，从而加剧冲突的产生。项目经理应详细说明项目目标及项目工作范围、质量标准、预算和进度计划，并经常了解团队成员对要完成的任务存在的疑问，努力使项目团队成员清楚地知道项目的目标。

3）缺乏沟通

缺乏沟通是指项目团队成员对项目工作中发生的事情知之甚少，项目团队内部和团队与外部之间的信息交流严重不足。项目经理应采用各种信息沟通手段，使项目团队成员及时地了解项目的各种情况，使团队与外界的沟通保持畅通和有效。

4）职责不清

项目职责不清是指项目团队成员对其角色和责任的认识含糊不清，或者是在管理上存在一些团队成员的职责重复问题。项目经理在项目开始时就应该使项目团队的每位成员明确自己的角色和职责，以及自己与其他团队成员之间的角色联系和职责关系。项目团队成员也可以积极地要求项目经理界定和解决职责模糊不清的地方，以及明显存在的责任重复问题。

5）激励不足

激励不足是指项目经理在项目管理中所采用的各种激励措施力度不够，或者是缺乏激励机制和工作。这会使项目团队成员产生消极思想，从而严重地影响团队的绩效。项目经理需采取各种各样的激励措施，分析每个成员的激励因素，创造出一个充满激励的工作环境。

6）规章不全

规章不全是指项目团队没有合适的规章去规范整个团队及其成员的行为和工作。在这种情况下，团队成员会觉得一个团队里每个人的工作都无章可循。这种局面同样会造成项目绩效的低下。因此，项目经理在项目开始时就要制定基本的管理规章和工作规程，并把规程以书面形式传达给所有团队成员。

7）成员流失

过于频繁的人员流动往往不利于团队凝聚力的形成。因此，项目经理应从人员选拔、激励手段等方面着手，挑选能力强且能长期为项目工作的成员。同时，与各职能部门经理保持良好的工作关系，以便能提前知晓团队成员的动态，从而提前做好替换人员的准备。

4. 有效领导项目团队

组成一个团队后，项目经理的任务是保证项目在工作绩效的稳定期内运作。同时，团队领导和组织的职能管理部门一定要保证实现项目和个人的目标。有效地领导项目团队应从以下几方面着手。

1）选择合适的项目成员

一个高效的团队不仅需要一个优秀的项目经理，还需要配备合适的项目成员。项目经理在组建项目之后的第一个重要任务就是挑选项目组成员。项目经理在组建项目团队时必须综合考虑团队成员的教育背景、工作经历、性格特点、专业技术等，还要考虑项目组成员之间的互补性。

2）选择合适的激励手段

对于项目组的成员来说，培训、富有挑战性的工作任务，以及允许个体参与决策都是积极的激励手段。对于消极的激励手段，项目经理应节制地使用，因为积极激励比消极激励更趋向于产生持续的影响，但也不能过于频繁地使用积极激励，以免冲淡了其效果。

3）建立沟通机制，有效避免内部冲突

要建立一个高效的项目团队，内部的沟通是非常重要的。如果产生矛盾或是冲突，首先，要识别沟通问题的来源；其次，通过各种渠道与相关人员沟通，并且使用有效倾听的技巧；最后，要用团队文化的压力来避免和减少冲突。

4）有效提升团队成员的凝聚力

一个好的项目团队应该是一个具有较高凝聚力的团队，要让团队成员感受到团队的凝聚力。首先，要在组建团队时强调每一个人都是团队不可分割的一部分；其次，要统一团队目标，并强调集体奖励和培养团队成员的集体荣誉感。

5）有效利用授权

利用完善的授权系统，团队能够自主完成任务。首先，要确认适合授权的工作范围；其次，要明确授权的对象，只有了解团队成员才能正确授权；再次，要向授权对象说明授权的原因及任务完成后的验收标准；最后，要适当地加以控制并进行有效的评估。

## 3.4 项目经理

项目经理是一个项目团队的灵魂和领导者，其能力、素质、知识结构、经验水平、领导艺术等都对项目的成败起着决定性的影响。

**看图学项目管理**

项目经理的作用类似乐队的指挥。乐队的指挥将各种乐器的声音结合到一起，来演奏一首乐曲。同理，项目经理将不同专家的才能与贡献整合到一起来完成项目。两者都几乎完全依赖参与者的专业知识和对工作的了解。指挥并不使用所有的乐器，同理，项目经理通常只具备制定决策所必需的一小部分技术知识。可见，指挥和项目经理都是利用他人的技能，而不是自己实际去操作。

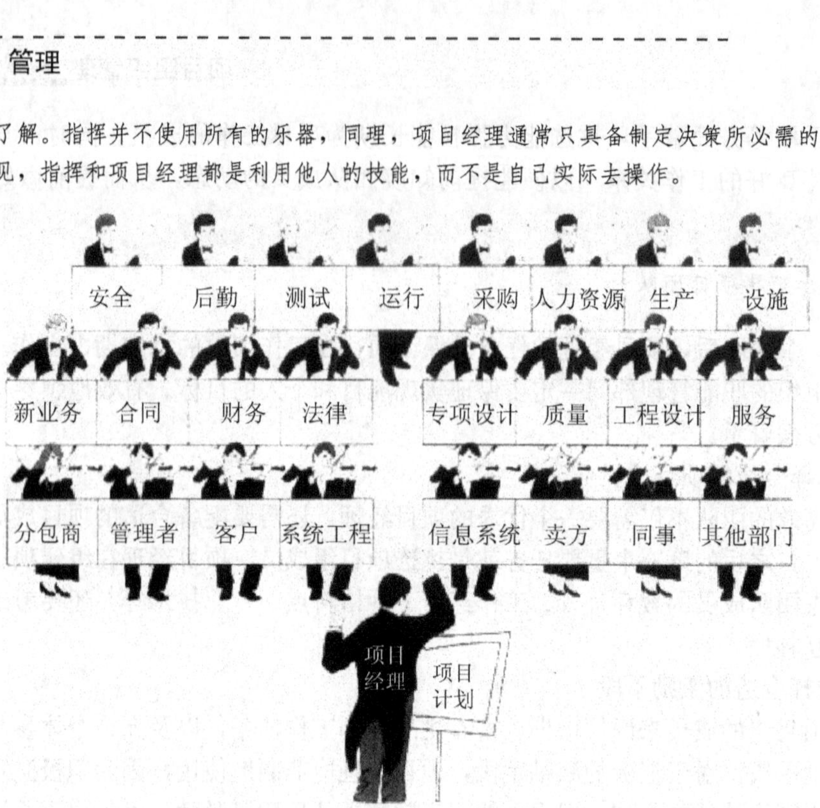


（图片来源：凯文·福斯伯格．可视化项目管理[M]．许江林，刘景梅，译．北京：电子工业出版社，2006）

### 3.4.1 项目经理的角色和职责

项目经理是项目的主管，其根本职责是带领项目团队按时优质地完成项目任务，从而使项目业主或顾客能够对项目的结果感到满意。项目经理的核心地位使其承担着诸多不同的角色，其主要角色和职责包括下列几方面。

1）团队领导者和管理决策人

项目经理承担领导项目团队完成项目任务的重要角色，他要充分运用自己的权力去影响他人，使整个团队为实现项目的目标而努力。同时，项目经理在项目实现过程中还需要制定各种项目管理方面的决策，如确定项目及项目各阶段的目标、范围、任务和工作要求。因此，项目经理还是项目管理的决策者，但是项目经理只是项目管理中的决策者，项目业主或客户才是项目的最终决策者。

2）项目计划者和项目分析师

项目经理是一个项目计划的主要制定者，项目的计划工作由项目经理主持制订。同时，在项目的计划编制和实施过程中，项目经理还必须全面地分析项目计划的可行性和项目计划实施的绩效情况，然后根据分析制定各种具体的应对措施。因此，项目经理还承担着项目分析师的角色和职责。

3）项目组织者与合作促进者

项目经理还是项目的组织者，他需要组织和建设项目团队。这包括设计项目团队的构成、分配成员的角色、安排人员的职责、积极进行授权、组织和协调团队成员等方面的组织工作。项目的实现过程是一种基于团队合作的过程，这既包括利益相关者间的合作，也包括项目团队成员间的合作，项目经理具有促进整个这种合作的职责。

4）项目控制者和预测评价者

项目经理也要在项目全过程中全面、及时地控制项目的各项工作。项目经理既要根据项目目标和项目业主或客户的要求与期望制定出项目各项工作的控制标准，又要对照管理控制标准度量项目的实际绩效和确定项目出现的各种偏差，并决定所要采取的纠偏措施。同时，项目经理还需要扮演项目预测者和评价者的角色，要不断地客观预测、衡量和评价项目进度、质量、成本与预算的实际完成情况，及时预测、评价和判断各种偏差对项目的影响，并根据分析和评价做出各种项目变更以实现项目的优化。

### 3.4.2 项目经理的权力

项目经理担负着保证项目成功的重大责任。因此，必须赋予项目经理一定的权力，使其在一定范围内行使这权力，保证项目得以顺利实施。项目经理权力的大小取决于项目在组织中的地位，以及项目的组织结构形式，项目经理的权力大小是相对于职能部门经理而言的。例如，项目如果是职能式组织结构，项目经理的权力可能在职能部门经理之下；项目如果是项目式组织结构，而且不存在职能部门，这时项目经理的权力可能仅次于公司高层管理人员。项目经理所拥有的权力大小与项目本身的规模也有关，大规模的项目，项目经理的权力相应地也会大些。一般来说，项目经理权力表现在以下3个方面。

（1）对项目进行组织、挑选项目组成员的权力。项目经理对项目组成员的挑选与任务分配有最大的决策权。

（2）制定项目有关决策的权力。项目在实施过程中必然会面临各种决策，而制定决策是项目经理所拥有的权力。

（3）对项目所获得的资源进行分配的权力。资源一旦分配给项目，其具体使用与分配的权力完全在项目经理手中。

### 3.4.3 项目经理的技能要求

**阅读材料**

#### 任命谁当项目经理

智力电脑公司是一家科技应用企业，现有员工300名。周新已在该公司的电脑服务部工作了8年，在电脑应用及智能化工程实施方面积累了丰富的经验，具备较高的技术水平，是该领域的专家，也是公司技术攻关的骨干。

半年前公司雇用了一名刚获得MBA的叶小姐，她能力强、基础扎实、性格果断、有开拓性、人际关系也很好，工作不久便表现出在管理方面的优势。

公司最近接到一个较大定单，客户需要一批特殊的电脑，由于时间紧、任务重，公司董事决定成立专门的项目小组进行技术攻关，但在任命项目经理的问题上出现了意见上的分歧，有的董事主张，应任命周新为项目经理，理由是他是老员工，又是技术专家，提升他当项目经理顺理成章，也能激励其他员工刻苦钻研技术；其他的董事却认为，任命叶小姐为项目经理更有助于项目的成功，理由是她有激情，有开拓精神，应该让她在管理的岗位上获得锻炼和成长的机会。

任命谁做项目经理呢？

（资料来源：周小桥．突出重围——项目管理实战[M]．北京：清华大学出版社，2003）

项目能否成功在很大程度上取决于项目经理的领导和管理工作。因此，项目经理必须具备保证项目成功所需的各种技能，主要包括 3 个方面。

1．概念性技能

概念性技能是指项目经理在项目实现过程中遇到各种特殊情况时能够根据具体情况做出正确的判断、提出正确的解决方案和做出正确的决策并合理解决问题的技能。这项技能要求一个项目经理必须具备：发现和分析问题的能力、处理和解决问题的能力、制定和做出决策的能力、灵活应对和变更的能力。

2．人际关系技能

人际关系技能是指项目经理与利益相关者和项目团队进行沟通与合作等的能力，项目经理要具有激励项目成员和因人而异的领导和管理的能力，要能够有效地影响他人的行为和处理好各种人际关系。这方面的技能包括沟通能力、激励能力、交际能力、协调能力等。

3．专业技能

专业技能是指项目经理处理项目所属专业领域技术问题的能力。因为项目经理要开展项目管理就必须要有项目所属专业领域的知识和技能。例如，软件开发项目经理应具备一定的计算机和软件方面的专业知识和技能，施工项目经理应具备一定的土建和安装专业知识和技能。一般来说，项目经理都应由具有项目所属专业领域的管理者担任。

### 3.4.4 项目经理的素质要求

1．项目经理应具备的素质特征

（1）有管理经验，是一个精明而讲究实际的管理者。

（2）拥有成熟的个性，具有个性魅力，能够使项目小组成员快乐而有生气。

（3）与高层领导有良好的关系。

（4）有较强的技术背景。

（5）有丰富的工作经验，曾经在不同岗位、不同部门工作过，与各部门之间的人际关系较熟，这样有助于其展开工作。

（6）具有创造性思维。

（7）具有灵活性，同时又具有组织性和纪律性。

2．项目经理应具备的性格特征

（1）诚实、正直、热情。

(2) 遇事沉着、冷静、果断。
(3) 善于沟通。
(4) 敏感、反应敏捷。
(5) 多面手。
(6) 精力充沛、坚韧不拔。
(7) 自信、具有进取心。
(8) 善解人意。

## 本章小结

项目要顺利开展，必须先进行组织管理。一方面是对项目识别并管理项目的利益相关者；另一方面是建立相应的项目组织机构，对项目组织的各种资源进行有效配置。项目组织设计出来后，还要组建项目团队。由于项目的临时性、独特性特点，项目的组织、团队建设和管理与企业组织、团队管理有着明显的区别，本章主要阐述了项目组织和团队管理的相关问题，包括项目利益相关者管理、不同项目组织的特点和选择、项目团队的创建与发展过程、项目团队精神与团队绩效、项目经理的职责、权力和要求等。

## 习　　题

### 一、单项选择题

1. 一栋住宅建设项目的建筑承包商是该项目的(　　)。
A. 业主　B. 客户　C. 实施组织　D. 用户
2. 以下组织结构中，适用于开展各种业务项目的企业、专门为开展一次性和独特性项目任务而建立的是(　　)。
A. 职能式组织结构　B. 项目式组织结构
C. 矩阵式组织结构　D. 组合式组织结构
3. 概念性技能要求项目经理具备(　　)。
A. 人际交往能力　B. 专业技能
C. 激励能力　D. 发现和分析问题的能力

### 二、多项选择题

1. 项目团队的主要特性有(　　)。
A. 独立性　B. 临时性　C. 目的性
D. 开放性　E. 团队成员的双重领导性
2. 项目团队精神的内涵包括(　　)。
A. 高度的相互信任　B. 团队成员强烈的相互依赖

C. 统一的共同目标　　D. 团队成员互相激励和互相约束

E. 全面的互助合作

## 三、判断题

1. 项目经理是项目的最终决策者。（　）
2. 项目组织应具有柔性和灵活性。（　）
3. 强矩阵式组织中的绝大多数人员是专职从事项目工作的。（　）
4. 采用职能式组织时，项目常常得不到很好的对待。（　）
5. 团队就是在一起的一群人。（　）

## 四、简答题

1. 一般项目有哪些主要的利益相关者？
2. 项目管理组织有哪几种类型？各有何优缺点？
3. 什么是项目团队？项目团队有什么特点？

## 五、论述题

1. 讨论职能式组织在开发新产品时可能会遇到的一些问题。
2. 为什么项目式组织被认为像微型企业？矩阵式组织为什么会促进职业生涯？
3. 项目团队发展一般要经历哪些阶段？各阶段有哪些特点？项目经理如何针对各阶段开展项目团队建设？

## 案例分析

### Codeword 公司

Codeword 公司是一家为战斗机设计电子设备的中型公司，通过与其他公司竞争来获得提供这种系统的合同，其主要客户是政府。Codeword 公司获得合同后就成立项目，完成工作。大多数项目的成本是 1000 万～5000 万美元，期限是 1～3 年。Codeword 公司能同时开展 6～12 个项目工作，并处于不同阶段，有些刚开始，有些则临近尾声。Codeword 公司拥有众多项目经理，他们向总经理负责，其他人员向其职能经理负责。例如，电气工程师全都向电气工程经理负责，电气工程经理又向总经理负责。职能经理把具体人员分配到每个项目中去。有些人全职参与一个项目工作，有些人则同时在两三个项目中工作。尽管人员在具体项目中指定为该项目经理工作，但其仍然受职能经理的领导和管理。

杰克·科瓦尔斯基已经为公司工作了 8 年。他在大学获得电气工程的理学学士学位，毕业后，一直做到高级电气工程师，由电气工程经理负责。他从事过各种项目工作，在公司里深受尊重，有希望成为项目经理。不久，Codeword 公司获得一个 1500 万美元的合同，为一种新型飞机设计制造先进电子系统。这时，总经理将杰克提升为项目经理，并让他负责这一项目。

杰克与职能经理一起为这一项目配备了现有最好的人员，这些人大多数是杰克亲密的伙伴，以前曾与杰克一起在项目中工作过。然而杰克被提升为项目经理后，高级电气工程师这一职位空缺，电气工程经理无法为杰克的项目分配合适的人员，于是总经理招聘了一位新员工阿尔弗雷德·布赖森，是从公司的竞争对手那里挖过来的。她是电气工程的博士，有 20 年的工作经验，其薪水标准很高，比杰克高。阿尔弗雷德被委派到杰克的项目中，专任高级电气工程师。

杰克对阿尔弗雷德的工作给予特别的关注，并提出与她会谈，讨论她的设计方法。然而这些会谈几乎全由杰克一个人说，他建议怎样设计，完全不理会阿尔弗雷德的说法。

最后阿尔弗雷德质问，为什么杰克检查她工作的时间要比检查项目中其他工程师的时间多得多。杰克回答说："我不必去检查他们的工作，我了解他们的工作方法，我和他们在其他项目上一起工作过。你是新来的，我想让你理解我们这里的工作方法，这也许会与你以前雇主的工作方法不大一样。"

另一次，阿尔弗雷德向杰克表示，她有一个创新性设计方案，可以使系统成本降低。杰克告诉她："尽管我没有博士头衔，我也知道这个方案没有意义，不要这样故作高深，要踏实地做好基本的工程设计工作。"

丹尼斯·弗里曼(Dennlis Freeman)是另一位分配到项目中工作的工程师。他认识杰克已经6年了。在与丹尼斯·弗里曼的一次出差旅行中，阿尔弗雷德说，她为杰克对待她的方式感到苦恼："杰克在项目中的作用，与其说是项目经理，倒不如说是电气工程师。另外，对于电子设计，我忘记得比他知道得还多，他的电子设计方法早已过时。"她还说，她打算向电气工程经理反映这一情况，她要早知道这个样子，决不会来Codeword公司工作。

问题：

1. 你认为杰克能够胜任项目经理吗？说明原因。杰克应为这一新岗位做哪些准备工作？

2. 杰克与阿尔弗雷德交往过程中的主要问题是什么？

3. 为什么阿尔弗雷德没有与杰克开诚布公地交谈他对待她的方法？如果阿尔弗雷德与杰克直截了当地讨论，杰克会怎样反应？

4. 电气工程经理对这一情况的反应将会是什么？他应当做些什么？

5. 怎样补救这一不良局面？应当怎样做以防止出现这一情况？

# 第4章 项目范围管理

## 学习目标

| 知识目标 | 技能目标 |
|---|---|
| (1) 了解项目范围和项目范围管理的定义<br>(2) 了解项目范围管理的过程<br>(3) 了解项目启动的内容<br>(4) 了解项目范围计划制订的依据、方法和结果<br>(5) 了解项目范围定义的依据、方法和结果<br>(6) 了解项目范围确认的依据、方法和结果<br>(7) 了解项目范围变更控制的依据、方法和结果 | (1) 学会合理描述项目目标<br>(2) 学会编制项目范围说明书<br>(3) 掌握进行项目工作分解的方法<br>(4) 掌握绘制项目 WBS 图的技巧<br>(5) 熟悉制定责任分配矩阵的方法<br>(6) 熟悉利用项目核检清单法进行项目确认的方法<br>(7) 熟悉项目变更控制的方法 |

## 知识结构

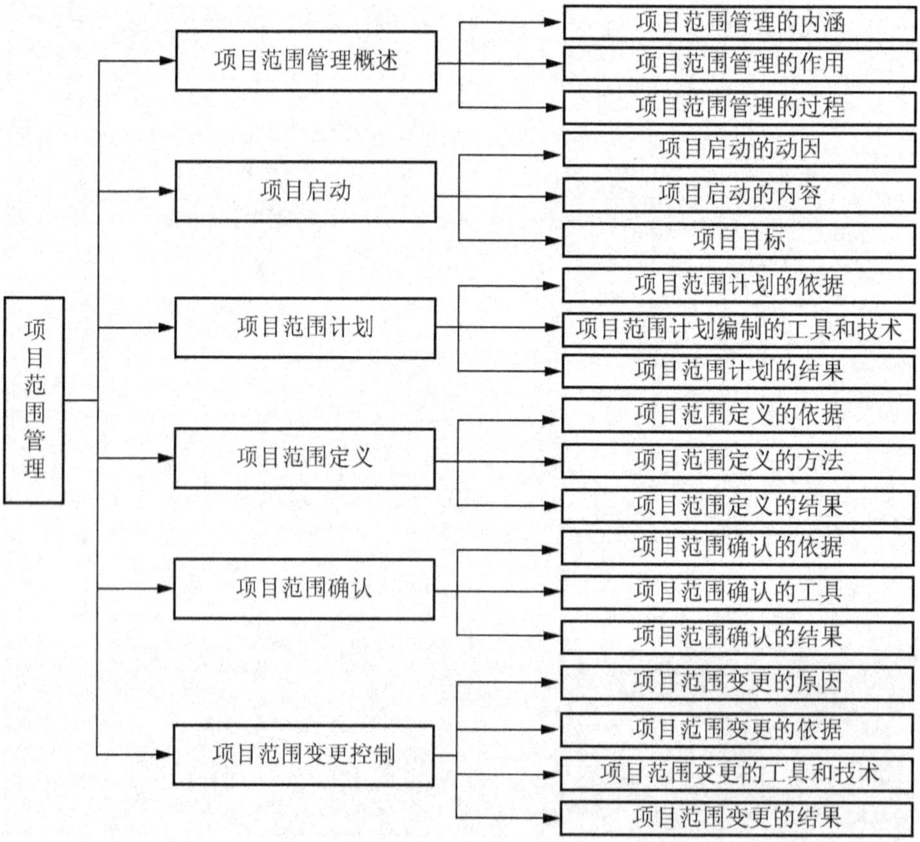

导入案例

## 范围管理引发的问题

如果一个项目范围特别大、特别广，就会引发许多问题。因为范围的蔓延及为了技术而强调技术导致了位于得州的一个大型制药公司——福年克斯迈耶药业公司(Foxmeyer Drug)的破产。1994年，该公司的信息主管竭力争取一个耗费6500万美元的系统项目用于管理公司的关键业务运作。但是，他却不主张将事情做得简单一些。公司花了将近1000万美元用于配置完美的软硬件，并且把该项目的管理交给了一个著名的(并且成本也是昂贵的)咨询公司去做。项目内容包括要建立一个1800万美元的自动库房，根据内部人士透漏，这个自动库房像是从科幻电影中来的。项目的范围搞得越来越大，并且越来越不实用。这个精致的自动库房结果没能准时完工，新系统也屡屡出错，致使福克斯迈耶药业公司招致无法挽回的1500万美元的巨额年损失。1996年7月，该公司第4季度就花了3400万美元。到8月，福克斯迈耶公司不得不申请破产。

另一个导致项目范围出现问题的原因则是由于缺少用户的参与。例如，在20世纪80年代末的格如曼(Grumman)，一个IT项目小组确信其能够而且应该实现政府提案评审与批示过程的自动化。该项目小组设计了一个功能强大的工作流程系统用来管理整个过程。但不幸的是，该系统的最终用户只是一些喜欢寻求一种随意和特别的工作方式的宇航工程师。这些工程师把这个系统称做“纳粹玩物”，并拒绝使用。这个例子说明，有的项目花费了上百万元的资金，最终做出来的东西用户却用不上。

(资料来源：赵涛，潘欣鹏．项目范围管理[M]. 北京：中国纺织出版社，2004)

人们在项目中经常会碰到这样的情况：一个项目做了很久，感觉总是做不完，就像一个“无底洞”。用户总是有新的需求要项目开发方来做，就像用户在“漫天要价”，而开发方在“就地还钱”。这实际上涉及项目管理中范围管理的内容，这是项目管理知识领域中最关键、最重要的部分。项目范围管理贯穿整个项目管理过程，项目范围管理不当是项目成功最常见的障碍。如果将实施项目比作放飞风筝，项目范围管理就如同手中的线，只有紧紧把握，不断调整长度，才能使风筝不至于被风卷走。

## 4.1 项目范围管理概述

孙子兵法中提到“知己知彼，百战不殆”，“胜兵先胜而后求战，败兵先战而后求胜”。在一个项目中人们应该知道业主或客户需要什么，自己要做什么，项目中哪些该做、哪些不该做、做到什么程度，这些都是由“项目范围”和“范围管理”来决定的。那么，到底什么是“项目范围”和“范围管理”呢?

看图学项目管理

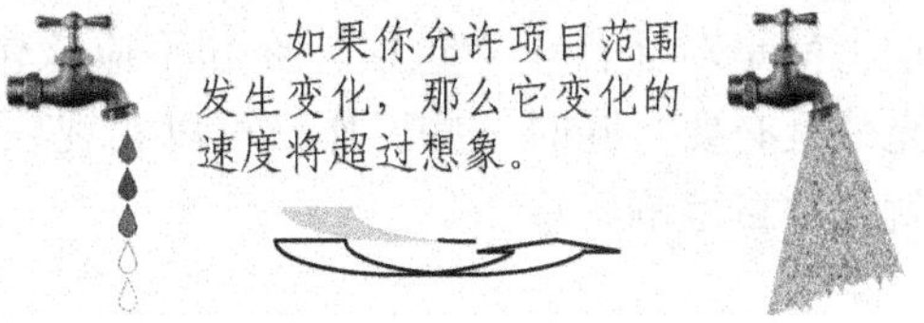

### 4.1.1 项目范围和项目范围管理的内涵

1. 项目范围

项目范围(Project Scope)是指实现项目目标所必需且仅需完成的工作。这个定义有两个方面的含义。

必需的工作——实现项目目标所进行的全部工作。任何必需的工作都不能遗漏，否则会导致项目范围的萎缩(Project Scope Shrink)。

仅需的工作——实现项目目标所规定的“必要的、最少的”工作。不进行此项工作就无法完成项目，不做额外工作(No Extra)，否则就会导致项目范围的蔓延。

在项目管理里，所定义的范围不仅要回答项目完成的是什么，也要定义计划通过什么样的活动和过程去完成。前者被称为项目产出物范围(Product Scope)，后者被称为项目工作范围(Work Scope)。因此，在项目管理里面，“范围”一词包括两项内容。

(1) 产出物范围。所交付的产品或服务将要包括的性质和功能。

(2) 工作范围。为了交付具有特定性质和功能的产品或服务所必需要做的工作。简单来说，就是人们要做些什么工作、怎么去做这些工作才能交付该产品。

例如，一个信息系统建设项目，其产出物范围通常包括项目硬件、软件、辅助设施、用户培训手册，其工作范围则涉及生成硬件、开发软件、生成辅助设施、用户培训、相关管理工作等，如图 4-1 所示。

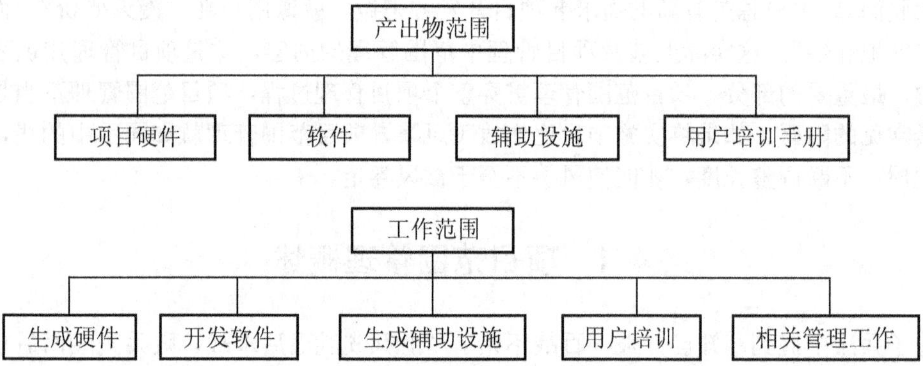


**图 4-1 某信息系统项目产出物范围与工作范围**

2. 项目范围管理

项目范围管理是对项目全过程所涉及的项目产出物和项目工作范围进行的管理和控制活动过程。项目范围管理也就是对项目应该包括什么和不应该包括什么进行定义和控制。它能确保所做的工作既充分且必要，同时这些工作又可以实现项目的目标。项目管理最重要、最困难的工作之一就是项目范围管理。

看图学项目管理

### 4.1.2 项目范围管理的作用

项目范围是制订项目计划的基础，以此形成其他相关子计划并综合成整个项目计划。项目范围管理为项目的实施勾画出一个蓝图，也为项目管理的其他过程和领域提供了基准和方向，同时加强了项目利益相关者之间的沟通，使其为项目顺利进行达成一致，形成合力。具体来说，项目范围管理对项目可产生如下作用。

1）保证项目的可管理性

确定了项目范围也就定义了项目的工作边界，明确了项目的目标和主要的项目可交付成果。项目的可交付成果往往又被划分为较小的、更易管理的不同组成部分。

2）提高费用、时间和资源估算的准确性

项目的工作边界定义清楚了，项目的具体工作内容明确了，这就为项目所需的费用、时间、资源的估计打下了基础。

看图学项目管理

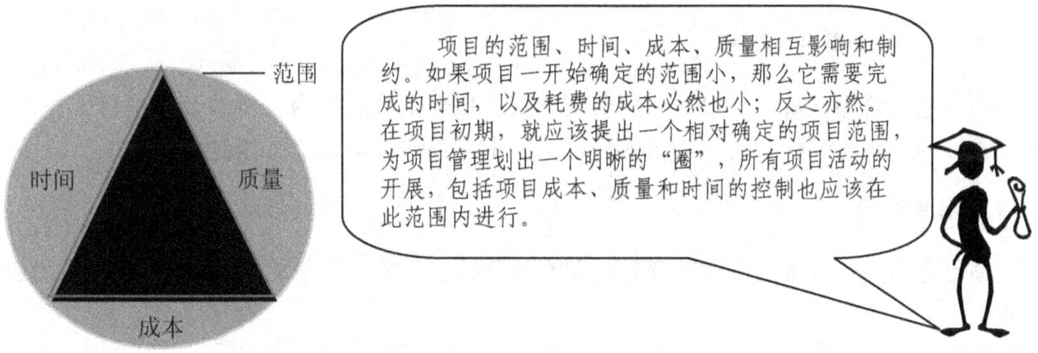


3）确定进度测量和控制的基准

项目范围是项目计划的基础，项目范围确定了，就为项目进度计划和控制确定了基准。

4）有助于清楚地分派责任

项目范围的确定也就明确了项目的具体工作任务，为进一步分派任务打下了基础。

5）可作为评价项目成败的依据

项目范围是按照业主或用户的需求来确定的，确定的内容编写在正式的项目范围说明书上，并记录了修改或变更范围的情况。因此，项目范围管理提供了监督和评价的依据。

如果不能有效定义并控制项目范围，将可能导致严重问题的产生。

第一种情况是项目实际要求的、但没有明确定义的工作将不能得到有效执行，进而危及项目最终目标的满足。例如，当客户对项目目标不能给予完整、详细的描述，而服务商又不能提供帮助时，这种情况容易发生。

第二种情况是不在项目工作范围内的工作内容被执行，或项目范围盲目扩大，进而危及项目的预算。例如，迫于客户压力，不得不做一些份外工作，或自身缺乏明确的费用管理观念，将会导致这样的后果。

**阅读材料**

### 项目范围管理的重要性

小王和小刘分别负责公司里两个软件开发项目。小王负责A项目，整个项目已经进行了两年多之后，项目何时结束还是处于不明确的状态，因为用户不断有新的需求提出，项目组要根据用户的新需求不断去开发新的功能。这个项目实际是一个无底洞，没完没了地往下做，项目成员“肥的拖瘦，瘦的拖死”，实在做不下去只能离开。大家对这样的项目已经完全丧失了信心。这个项目一开始没有很明确地界定整个项目的范围，在范围没有明确界定的情况下，又没有一套完善的变更控制管理流程，任由用户怎么说就怎么做。也就是说一开始游戏规则没有定好，从而导致整个项目成了一个烂摊子。

小刘负责B项目，B项目在一开始小刘就着手先明确用户需求，而且需求基本上都是量化的、可检验的。项目组在公司设定的变更管理流程的框架指导下制定了项目的范围变更控制管理过程。在项目的实施过程中，用户的需求变更都是按照事先制定好的过程执行。因此，B项目完成的比较成功，项目的时间和成本基本上是在一开始项目计划的完成时间及成本的情况下略有增加。

为何同样是软件开发项目，结局却如此不同呢？

（资料来源：http：//wiki. mbalib. com）

### 4.1.3 项目范围管理的过程

项目范围管理是对一个项目从立项到结束的整个生命周期内，所涉及的项目工作范围进行管理和控制的过程和活动。这项管理工作主要包括以下几个工作过程。

1. 项目启动

项目启动是正式承认一个新项目的存在并开始工作或一个已有项目将进入下一阶段的过程。

2. 范围计划

范围计划是指进一步形成各种文档，为将来的项目决策提供基础，这些文档包括范围说明书、辅助性细节、范围管理计划。这些文档定义了项目的目标和可交付成果，确定了项目的工作边界和管理方法，可以用于帮助项目相关者达成共识，并且作为项目决策的依据。

3. 范围定义

范围定义是运用一些方法和技术，如工作分解结构（Work Breakdown Structure,

WBS)，把项目的主要可交付成果(如范围说明书中所定义的)划分为较小的、更易管理的单位。WBS 更进一步地确定了项目的整个范围。也就是说，WBS 以外的工作不在项目范围之内，WBS 有助于加深对项目范围的理解。

4. 范围确认

范围确认是指项目利益相关者(项目发起人、委托人、业主和实施组织等)对项目范围的正式认可和接受的过程。在范围确认工作中，它要对项目定义的项目产品和工作成果进行审查，以保证项目包括了所有必须完成的工作任务。同时要确保那些与实现项目目标无关的工作未被列入项目范围。

5. 范围变更控制

范围变更控制是指对有关项目范围的变更实施控制。范围变更控制必须与其他控制过程，如时间控制、成本控制、质量控制等结合起来。

项目范围管理的主要内容如图 4-2 所示。

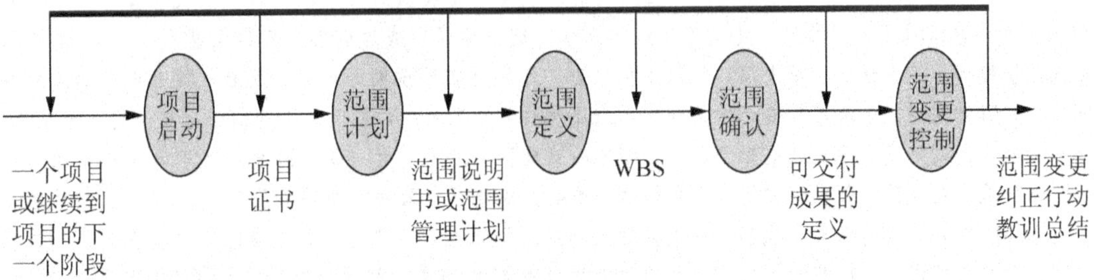


图 4-2 项目范围管理的主要内容

## 4.2 项目启动

良好的开始是成功的一半，项目范围管理的第一步是进行项目启动。项目启动是正式认可一个新项目的存在，或者对一个已经存在的项目使其继续进行下一阶段工作的过程。项目的启动可以是正式的，也可以是非正式的。正式的项目启动要进行一系列正规的可行性研究；非正式的项目启动工作相对简单，在项目的构思初步形成之后，几乎不需要进行任何正式的可行性研究就可以直接进入项目的规划和设计阶段。非正式启动通常适合一些小项目和开发性、科研性的项目。

### 4.2.1 项目启动的动因

项目通常是由于以下的需求而被核准的。

(1) 市场需求。例如，一家石油公司核准建立新炼油厂的项目，是对长期的汽油发展战略做出的反应。

(2) 商业需求。例如，旅游公司为了增加收入，核准的项目是开辟新的旅游路线。

(3) 客户需求。例如，一家电力公司核准一个新建发电厂项目，目的是为新的工业园服务，方便解决工业园的电力使用需求问题。

(4) 技术进步需求。例如，影视公司核准一个引进音像设备的项目，提高公司的技术竞争力，同时能满足影视娱乐业技术进步的需求。

(5) 法律需求。例如，涂料生产厂的工业污染物需要满足法律规定的排放标准，则其核准的项目是建立一个处理有毒物品的生产线。

**阅读材料**

## 竞技场大剧院项目

位于美国马里兰州巴尔地摩市的竞技场大剧院修缮一新后于2004年2月6日重新开业，该剧院为巴尔地摩市长期无人问津的西部市中心区带来了经济与文化的复兴。剧院新设计中开辟了多个新空间，极具现代风格。剧院的复原工作得以顺利进行得益于那些致力于为该社区服务的项目支持者们。

由托马斯·W. 兰博设计的竞技场大剧院从前是歌舞杂耍表演的必到之处。该剧院于1914年11月23日开业，表演魔术、滑稽剧、马戏等来娱乐大众。这一地区也成为鼎盛一时的消费中心。20世纪50年代，剧院停止了上述的现场表演，转向播放电影。之后也有过短期的反复。后来，随着电视的发展和郊外大型百货商场的兴起等外界环境的变化，来剧院的人越来越少，剧院周围的商业也从此进入萧条期。七八十年代，剧院变成了成人电影场。随着市中心商业区经济的下滑，最后剧院于1990年无奈关闭。

由当地商业和民众领袖组成的大巴尔地摩委员会，决定寻求融资来复原大剧院。1998年初，该委员会邀请州和联邦的政府官员来视察这一荒废的大剧院。尽管剧院已严重失修，但他们仍能看到复兴该社区经济与文化的潜力。剧院附近的马里兰州立大学投资2000万美元扩建新校区，这一事件更预示着该社区复兴有日。因此，大巴尔地摩委员会提出了一个重建大剧院以为周边民众提供服务的计划。计划包括建立竞技场大剧院基金以增进剧院与周边社区的关系。基金致力于邻近区域的再开发、提供合理的票价及鼓励年轻人学习艺术的教育计划。社区的重建项目赢得了来自州政府、市政府、周边郡县、金融机构及私人基金的资金支持。2002年6月，举行了耗资6500万美元的大剧院重建项目的奠基仪式。施工项目按时完成，2004年2月10日，竞技场大剧院的舞台再次灯火辉煌。

(资料来源：杰克·吉多，詹姆斯·P. 克莱门斯. 成功的项目管理[M]. 张全成，译. 北京：电子工业出版社，2009)

### 4.2.2 项目启动的内容

项目启动的过程见表4-1。

**表4-1 项目启动的过程**

| 依 据 | 方 法 | 结 果 |
|---|---|---|
| • 产品说明<br>• 战略计划<br>• 项目选择标准<br>• 历史资料 | • 成本-收益分析<br>• 制约最优化方法<br>• 专家评审 | • 项目证书<br>• 项目经理选派<br>• 项目制约因素<br>• 项目假设条件 |

### 1. 项目启动的依据

1）产品说明

产品说明应该能阐明项目工作完成后，所生产出的产品或服务的特征。产品说明在项目的早期阶段往往忽略细节，而随着项目的发展，产品说明越来越具体化。产品说明还应记录产品与客户需要或目标间的关系。

2）战略计划

所有的项目组织都应该提供项目执行组织的战略目标，在项目决策的选择中，执行组织的战略计划应该作为一个考虑的因素。

3）项目选择标准

项目选择标准通常是通过项目产品界定的，它涉及管理可能包含的全部范围(如财政收入、市场份额和公众的观念等)。

4）历史资料

历史资料包括以前项目选择决策的结果和以前项目执行的结果，在可获得的范围内对其加以考虑。

### 2. 项目启动的工具和技术

1）成本-收益分析

利用成本和效益指标进行项目选择。

2）制约最优化方法

利用数学模型、用线性的、非线性的、动态的、完整的及混合目标项目规则系统。

3）专家评审

专家评审通常是要对这个项目的投入进行评估，可以由一个组织或拥有特殊知识和受过专门培训的个人来进行。

### 3. 项目启动的结果

1）项目证书

项目证书是正式认可项目存在的一个文件，是对项目的总体情况进行说明的文件。其主要内容包括项目的实施动机、项目目的、项目总体情况的相关描述。项目证书可以是一个特殊的文件形式，也可以用其他的文件替代，如企业需求说明书、产品说明书、签署的合同。项目证书由项目的客户或项目团队所属的上级领导组织的决策者签发，它赋予项目经理利用企业资源、从事项目的有关活动的权力。

2）项目经理选派

通常，项目经理应该尽可能在项目的早期进行指定和委派，应该在项目计划实施开始之前被委派，更应该在许多项目规划完成之前就委派好。

3）项目制约因素

制约因素是限制项目管理团队进行运作的要素。例如，事先确定的预算是制约项目团队的操作范围、职员调配和进度计划的一个很重要的因素。

4）项目假设条件

为了规划目标的准确性，考虑到的假设条件必须具有科学性、真实性和确定性。例如，如果关键人物的到场日期不能落实，那么项目团队就应该设置一个具体的开始时间。

### 4.2.3 项目目标

阅读材料

#### 不一样的目标

有个人经过一个建筑工地，问那里的石匠在干什么，3个石匠有3个不同的回答。

第一个石匠回答："我在做养家糊口的事，混口饭吃。"

第二个石匠回答："我在做最棒的石匠工作。"

第三个石匠回答："我在盖一座教堂。"

1. 项目目标的特性

项目目标是指一个项目为了达到预期成果必须完成的各项指标标准。项目的目标设定不同，会导致项目所达到的效果不一样。项目的目标具有如下3个特点。

1）多目标性

对一个项目而言，项目目标往往不是单一的，而是一个多目标系统，希望通过一个项目的实施，实现一系列的目标，满足多方面的需求。但是，很多时候不同目标之间存在着冲突，实施项目的过程就是多个目标协调的过程，有同一个层次目标的协调，也有不同层次总项目目标和子目标的协调、项目目标和组织战略的协调等。

项目目标基本表现为3个方面，即时间、成本和质量。实施项目的目的就是充分利用可获得的资源，使得项目在一定时间内、在一定的预算基础上，获得期望的技术成果。然而这3个目标之间往往存在冲突。例如，通常时间的缩短要以成本的提高为代价，而时间及成本的投入不足又会影响技术性能的实现。因此，三者之间要进行一定的平衡。

2）优先性

项目是一个多目标的系统，不同目标在项目的不同阶段，根据不同需要，其重要性也不一样。例如，在启动阶段，可能更关注技术性能，在实施阶段主要关注成本，在验收阶段关注时间进度。对于不同的项目，关注的重点也不一样，如单纯的软件项目可能更关注技术指标和软件质量。

当项目的3个基本目标发生冲突的时候，成功的项目管理者会采取适当的措施进行权衡，进行优选。当然项目目标的冲突不仅限于3个基本目标，有时项目的总体目标体系之间也会存在协调问题，都需要项目管理者根据目标的优先性进行权衡和选择。

3）层次性

项目目标的层次性是指对项目目标的描述需要有一个从抽象到具体的层次结构，即一个项目目标既要有最高层次的战略目标，又要有较低层次的具体目标。通常明确定义的项目目标按其意义和内容表现为一个递阶层次结构，层次越低的目标描述的应该越清晰具体。

对于一个项目来说，目标的具体表达通常有3个层次：战略性目标、策略性目标和实施计划。这3个层次之间紧密联系，层层落实。项目一般首先制定战略性目标；确定了战略性目标以后制定策略性目标，如时间、质量和投资等；最后，制订行动计划，具体落实到日期安排、人员安排和设备安排等。项目目标的层次性见表4-2。

**表4-2 项目目标的层次性**

| 项目目标的层次 | 说　明 |
|---|---|
| 战略性目标(总体目标) | 通常用以说明为什么实施该项目、实施该项目的意义，以描述性语句来表达 |
| 策略性目标(具体目标) | 用以说明该项目具体应该做什么、应该达到什么样的具体结果，通常是用数据指标来说明 |
| 制订行动计划 | 说明如何实现项目目标、怎样操作，通常为计划安排，涉及日期、人员和资金的安排 |

**应用举例4-1**

以图4-3所示的居家装潢项目的目标确定为例，战略性目标说明了房屋装潢的原因，策略性目标则说明了在时间、预算的约束下具体装修什么及装修要达到的结果，实施计划则是具体日程安排及费用支出计划。

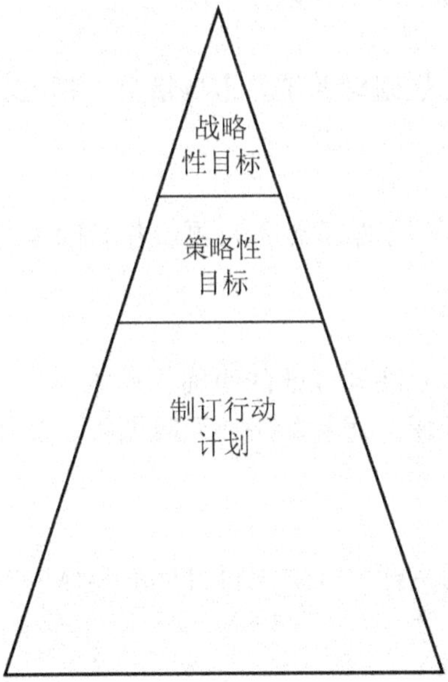


经济条件许可情况下，创造舒适、典雅、古朴的居室环境

总预算10万元以内，3个月完成房屋装修，达到国家室内装潢各项目指标

| 日期 | 活动 | 费用/元 | 负责人 |
|---|---|---|---|
| 1.1～1.15 | 电器安装 | 15 000 | A |
| 1.16～3.30 | 卫生洁具安装 | 15 000 | B |
| 2.1～2.15 | 家具 | 30 000 | C |
| 2.16～2.28 | 地板安装 | 15 000 | D |
| 3.1～3.20 | 油漆 | 15 000 | E |
| 3.21～3.30 | 验收 | 10 000 | F |

**图4-3 居家装潢项目的目标层次**

2. 项目目标的意义

项目目标对项目的成功具有以下几点重要的意义。

1）明确了项目管理的努力方向

项目目标规定了最终要交付给客户的结果的形式与质量，也就为项目经理的项目管理指明了努力的方向。

2）使项目与客户或业主之间达成统一

项目的目标实质上是满足客户或业主的具体要求，通过目标的确定，项目与客户或业主之间达成了统一。

3）产生激励作用

项目目标的确定，可以促使项目组成员调整个人目标，使个人目标与项目目标达成一致，这在一定程度上可以激励项目组成员为实现项目目标而努力。

4）是评价项目成功与否的基准

项目将通过对比产出物与项目目标，来判断项目成功与否，验收是否合格。

**看图学项目管理**

项目目标确定得正确与否对项目成功起着关键的作用，正确的项目目标能够激励项目成功，不合适的项目目标会造成项目失败。

3. 制定项目目标的方法

项目目标的确定是从一般到具体的逐渐细化的过程，通常包括项目情况分析、项目问题界定、确定项目目标因素、建立项目目标体系和各目标的关系确认等工作。

1）项目情况分析

对项目的整个环境进行有效分析，包括外部环境、上层组织系统、市场情况、相关利益者(客户、承包商、相关供应商等)、社会经济和政治/法律环境等。

2）项目问题界定

对项目情况分析后，发现是否存在影响项目开展和发展的因素和问题，并对问题分类、界定，分析得出项目问题产生的原因和背景。

3）确定项目目标因素

根据项目当前问题的分析和定义，确定可能影响项目发展和成败的明确、具体、可量化的目标因素，如项目风险大小、资金成本、项目涉及领域、通货膨胀、回收期等。具体应该体现在项目论证和可行性分析中。

4）建立项目目标体系

通过项目因素，确定项目相关各方的目标和各层次的目标，并对项目目标的具体内容和重要性进行表述。

5）各目标的关系确认

哪些是必然(强制性)目标、哪些是期望目标、哪些是阶段性目标、不同的目标之间有哪些联系和矛盾，确认清楚后便于对项目的整体把握和推进项目的发展。

### 4. 项目目标制定的原则

项目目标的制定需要遵循SMART原则，具体内容如下所述。

(1) 制定的目标应该是明确的(Specific)，模棱两可的目标会让人执行的时候觉得无所适从。

(2) 制定的目标必须是可衡量的(Measurable)，应该多采用可量化的指标。

(3) 制定的目标应该是可达成的(Achievable)，盲目追求不切实际的要求会给项目带来灾难性的后果。

(4) 制定的目标要和项目本身具有很强的相关性(Relevance)。

(5) 目标要有时间限制(Timeliness)。

### 5. 项目目标的描述

对项目目标的表述，应该回答如下几个问题：数量(多少)；质量(怎么样)；目标组或项目对象(谁)；时间(什么时间开始，什么时间结束)；地点(在哪里)。

**应用举例** 4－2

项目目标描述举例如下。

在10个月内，在200万美元的预算内，把一种新型电子家用烹调产品打入市场，并达到预先规定的性能指标。

制作一种4色、16页、返校节商品目录，并在7月31号以前邮寄给当地所有的潜在目标顾客，预算开支在4万美元以内。

在15万美元的预算内，根据10月15日定的楼的平面布置图纸和说明书，在5月31日以前建成这所房子。

在对项目目标进行描述的时候，首先应该确定项目的总体目标，而总体目标的描述应该具体、明确，并尽可能定量化，在总目标下再确定分目标。一般来说，总目标的指标比项目分目标和最终交付成果更倾向于定性。而项目分目标和成果的指标则更倾向于定量，以易于检测。

**应用举例** 4－3

某技术改造项目的目标描述如下。

| 步　骤 | 事　例 |
|---|---|
| 确定总目标 | 年产量提高到100万台 |
| 确定目标组 | M100－1型号产量20万台；M101－1型号产量20万台；M200－2型号产量20万台；M201－2型号产量20万台；M300－1型号产量20万台 |
| 质量 | 产品质量达到国家标准GB ×××—2000标准 |
| 时间 | M100型号流水线2010年1月1日至2010年12月31日完成，M200和M300型号流水线2011年完成 |

如果将此目标写成一句话，那就是××公司在2010年和2011年期间对M系列产品生产线进行技术改造，使年产量提高到100万台，质量达到国家标准。

（资料来源：池仁勇．项目管理[M]．北京：清华大学出版社，2009）

## 4.3 项目范围计划

“凡事预则立，不预则废。”项目管理想获成功，也应事先编制计划。项目范围计划编制是以项目的实施动机为基础，通过识别和确定项目目标和项目主要产出物，明确项目的具体实施方案，确定项目的工作范围，同时拟定项目里程碑。简单地说，项目范围计划编制就是编写项目范围说明书，以形成项目团队和客户之间的“合约”。例如，一个工程公司承包设计一个石油加工厂，必须要有一份定义工作边界的范围说明书。项目范围说明书通过定义项目目标和主要的项目可交付成果，形成项目小组和项目客户之间协议的基础。表4-3给出项目范围计划编制的过程。

**表4-3 项目范围计划编制的过程**

| 依　　据 | 方　　法 | 结　　果 |
|---|---|---|
| • 产品说明<br>• 项目证书<br>• 制约因素<br>• 假设条件 | • 产品分析<br>• 利润-成本分析<br>• 项目方案识别技术<br>• 专家评审 | • 范围说明书<br>• 辅助说明<br>• 范围管理计划 |

### 4.3.1 项目范围计划的依据

#### 1. 产品说明

产品说明是项目将要创建的产品或服务的特征的说明文档。例如，在工厂设计项目中，设计任务书可以看做产品说明。其中说明了对产品工艺流程的特殊要求，应当有哪些设备和设施；每种设备的功能、规格、材料和性能要求；每一个设施的结构形式、材料、平面形状、面积、高度、平面和空间布局等。再如，在工厂的设计完成后，业主以招标形式选定了施工承包商，则施工承包商在确定该施工项目的范围时，就要以设计院完成并列入招标文件中的全部土建施工图纸、需要订货的设备清单，以及其他文件为依据。这些文件就是施工项目要利用的产品说明。

#### 2. 项目证书

见4.2.2。

#### 3. 制约因素

项目组织需要考虑有哪些因素限制自己的行动。例如，自己准备采取的行动是否可能违背本组织的既定方针、自己是否有足够的资源完成项目证书中规定的任务。

4. 假设条件

项目的假设条件是指项目在实施过程中可能会面临的一些不确定条件，这也是项目实施过程中风险的主要来源。例如，一场露天进行的大型演出项目需要进行天气状况的假设，如果下雨需要相应增加哪些工作内容。任何一个项目，都是在一定假设的基础上提出的。当项目启动后，若实际情况与假设情况出入很大，则会使项目陷入非常不利的局面。例如，某收费公路项目的可行性研究在进行财务分析时，假定过往车辆流量是平均每天4000次，在这个假设下该项目能够在5年内收回投资，但当这条公路建成后，连续3年车辆流量都未达到每天2000次。为什么呢？因为在这条公路附近原来已有一条不收费的路。提出该项目的人在做财务分析时，忽略了一个假设，即该公路只有处于垄断地位时，才能保证车辆流量达到平均每天4000次。所谓垄断，就是周围只有这一条路。因此，为了规划目标的准确性，考虑到的假设条件必须具有科学性、真实性和确定性。

### 4.3.2 项目范围计划编制的工具和技术

1. 产品分析

产品分析意味着项目将要开发一个更好、更明确的产品。通过产品分析以加深对项目成果的理解，它主要运用系统工程、价值分析、功能分析和质量功能展示等技术，确定项目是否必要、是否有价值。例如，新型起重设备研制，必须要了解这种起重设备的用途、构造、原理、起重力矩、材料等，只有这样才能明确应当绘制哪些图纸、制作哪些零件和部件、采购哪些材料、做哪些工作等。

2. 利润-成本分析

利润-成本分析是估算不同项目方案的有形和无形费用和效益，并利用诸如投资收益率、投资回收期等财务计量手段估计各项目方案的相对优势。

3. 项目方案识别技术

项目方案是指实现项目目标的方案，管理学中有许多现存的技术，如头脑风暴法和侧面思考法均可用于识别项目方案。

4. 专家评审

可以利用各领域专家来提出或评价各种方案。领域专家指那些受过专业训练或具有专业知识的集体或个人，领域专家可以来自于组织的其他部门、咨询顾问、职业或技术协会、行业协会等。

### 4.3.3 项目范围计划的结果

1. 范围说明书

项目范围说明书是项目范围计划编制的一个重要结果。它对项目的工作边界给出了准确的定义，明确了项目目标和主要的项目可交付成果，是项目的各个利益相关者就项目范围达成的共识，为项目的实施提供了基础。范围说明书在不同的行业有不同的名称，如设计任务书、工作大纲、技术要求说明书等。

范围说明书的详细程度取决于高层管理者和业主的愿望。对于公司内部项目来说，项目范围说明书由项目办公室根据公司内部客户提供的资料进行编制，然后送交公司内部客户审核通过。对于公司外部项目，尤其是某些竞争性项目，最好由项目业主方编写项目范围说明书，因为这样的说明书最能表达业主的意愿。实际上，有可能是由承包方为业主编写项目范围说明书，这是因为业主方可能并没有书写项目范围说明书的专门人员。在这种情况下，一般是由业主方提供范围说明的基础资料，由承包商编写并报业主方批准。另一种比较普遍的做法是业主方聘请专门的咨询公司或项目管理公司，代表其管理项目，并进行项目范围说明书的编制。

范围说明书的内容主要包括以下几个方面。

(1) 项目的合理性说明。解释项目的必要性和可能性，即回答为何要做这一项目的问题。它可以说明本项目要解决什么问题、利用什么机会，或说明满足本组织的哪种经营需要。项目的合理性说明为以后权衡各种利弊提供了依据。

(2) 项目可交付成果。是一个项目主要可交付产品的清单，只有清单上的全部产品被按时、满意地交付才表明项目成功完成。例如，某软件开发项目的主要应交付成果有能运行的电脑程序、用户手册和帮助用户掌握该电脑软件的交互式教学程序；建设工程设计项目的初步设计图、设计概算、设计说明等是应交付成果。

(3) 项目目标。项目完成后，所有必须达到的可测量标准就是项目目标。一般来说，至少应该包括费用、进度和质量3个方面的标准，这3个方面都能够被量化。而未被量化的项目目标评价标准模糊，验收较困难，往往隐含较大的风险。

(4) 项目描述及其组成描述。项目描述是指概括性描述项目的主要特征。例如，对于工厂建设项目来说，包括总项目的描述和子项目的描述。总项目的描述指对项目的功能、主导产品、建设规模、子项目组成等的说明；子项目的描述可以是土建工程描述、设备工程描述、控制工程描述等。所谓项目组成描述是对项目全部组成单元(子项目、任务、子任务)的描述与说明。

(5) 技术规范。在某些项目里面，技术规范可以作为项目范围说明书的一部分。例如，在工程项目里面，技术规范主要描述了项目的各个部分在实施过程中采用的通用技术标准(国际标准、国家标准、部标准)和特殊标准(企业标准)。

**应用举例 4-4**

某管理软件开发项目的范围说明书见表4-4。

**表4-4 某管理软件开发项目的范围说明书**

| 项目名称 | 项目管理软件开发 |
|---|---|
| 项目目标 | 28日内开发出一套项目管理软件，开发费用为100万元 |
| 项目合理性说明 | 解决公司中缺少项目管理软件的问题，提高项目管理效率 |

续表

| 项目名称 | 项目管理软件开发 |
|---|---|
| 交付物 | 满足性能要求的项目管理软件、用户手册、培训教材 |
| 交付物完成准则 | 试运行成功，通过验收 |
| 工作描述 | 项目及工作信息的录入、项目网络计划的绘制、项目时间计划的安排、项目执行信息的录入与分析、各种计划报表的输出等功能 |
| 工作规范 | 依据行业规范 |
| 所需资源的估计 | 人力、材料、设备的需求预计 |
| 里程碑 | 开始日期 2011 年 4 月 1 日　完成日期 2011 年 10 月 1 日 |
| 项目负责人审核意见 | 签名：　　　　日期 |

**应用举例 4－5**

××立交桥改扩建工程范围说明书如下。

项目名称：二环路某立交桥改扩建

项目经理：×××

项目发起人：市政工程公司

项目论证：建成于 20 世纪 70 年代末的二环路某立交桥，1990 年以来，迅速增长的交通量远远超过了该桥的设计承受能力，使其成为二环路最拥堵的结点之一，成为制约交通情况改善的瓶颈，经过反复论证和报批市政府后，市政工程公司决定，该立交桥的改扩建作为二、三环改建工程的一个组成部分。

项目产品：①在旧桥的原位上建成一座 3 层走向型立交桥；②将二环路主路机动车道由原来的双向 6 车道拓宽为双向 10 车道；③完成立交桥区的综合地下管线等多项改造。

项目可交付成果：①拆除旧桥；②新桥上层，有 3 座匝道桥；③新桥中层，东西向跨线主桥和南、北辅桥；④新桥下层，将二环路主路机动车道由原来的双向 6 车道拓宽为双向 10 车道；⑤完成新建桥区的地下管线和地下构筑物的改扩建；⑥完善周边路网及该桥相关的辅助系统、交通设施、照明及绿化等配套工程。

项目目标：①总体目标为解决该地区路口及周边路网的拥堵，改善和提高该地区交通通行能力；②项目工期为××年 2 月 27 日～9 月 25 日，共计 211 天；③项目预算为 12 660 万元；④质量目标为合格率 100%、优级品率 90%、单项检验合格率 100%；⑤安全目标为杜绝重大质量事故。

约束条件：①工期要求为在规定的工期内尽可能提前；②交通要求为由于该桥附近交通量较大，施工期间应维持二环路主路不断行；③安全要求为施工期间应确保地下综合管线和附近的地铁枢纽绝对安全；④文明施工要求为执行市建委“文明施工”条例，施工现场设立围挡，文明施工；⑤环境保护要求为不扬尘、不遗洒、低噪音、排水设施完善。

假设前提：①周边房屋及其他设施按时拆迁；②施工之前路网改造完成。

（资料来源：张立友，汪晓，金森．项目管理实战剖析与 PMP 攻略[M]. 北京：机械工业出版社，2007）

此外，项目范围说明书还可以列入项目委托人、客户或其他相关利益者准备投入的资金数额、项目的阶段划分，以及计划实现的里程碑或者其他关键性的中间事件。表 4－5 给出了项目范围说明书的另一个例子。

**应用举例 4-6**

某科研项目的范围说明书见表 4-5。

**表 4-5　某科研项目的范围说明书**

| 项目名称 | 某市住房保障问题研究项目 |
| --- | --- |
| 项目委托人 | 某市政府发展与改革委员会 |
| 项目合理性说明 | 深入了解当前该市住房保障现状及存在问题，为进一步制定相关政策提供依据 |
| 项目目标 | 在 6 个月内，取得委托人要求的各种数据，并撰写出约 6 万字的研究报告 |
| 制约因素 | 熟悉该领域的人员不足，一些部门和居民不愿意配合 |
| 预算 | 人民币 5 万元 |
| 要求使用的资源 | 某高校师生 5 名，市房改办工作人员 1 名 |
| 应交付成果 | 调查报告(其中一份总报告，两份专题分报告) |
| 项目阶段和里程碑 | 第一阶段(2010 年 3 月 1 日～3 月 15 日)：准备，查阅相关资料，设计调查提纲，分配任务<br>第二阶段(2010 年 3 月 16 日～4 月 15 日)：现场调查，专家咨询，走访相关部门<br>第三阶段(2010 年 4 月 16 日～5 月 31 日)：整理调查结果，撰写调查报告初稿<br>第四阶段(2010 年 6 月 1 日～6 月 10 日)：委托人审查，提出修改意见<br>第五阶段(2010 年 6 月 11 日～6 月 30 日)：根据审查结果补充调查，撰写最终报告 |
| 项目风险 | 相关资料可能不齐全 |
| 项目人员配备、角色和责任 | 某教授任组长，制订项目计划，撰写、审查和修改报告；4 名课题组成员负责走访调查，收集整理调查资料，撰写调查报告；市房改办工作人员负责各方协调，参与研究报告讨论 |

2. 辅助说明

为项目范围阐述做辅助说明，应该是根据需要记录和编辑一些文件，并通过其他项目管理程序，将其变成易被利用的东西。辅助说明包括所有已认定的假设文件和制约因素。

3. 范围管理计划

范围管理计划是描述项目范围如何进行管理、项目范围怎样变化才能与项目要求相一致等问题。范围管理计划应该包括一个对项目范围预期的稳定而进行的评估，如怎样变化、变化频率如何及变化了多少。范围管理计划也应该包括对变化范围怎样确定、变化应归为哪一类等问题的清楚描述。根据具体项目工作的需要，范围管理计划可以是正式的，也可以是非正式的；可以是非常详细的，也可以是大概框架。范围管理计划是整个项目计划的一个附属部分。

## 4.4 项目范围定义

项目范围计划仅仅确定了项目成果和项目组织工作的范围，并没有具体说明如何分配和管理其工作范围。项目范围定义(Project Scope Definition)是把项目的主要可交付成果划分为更小的、更加容易管理的组成部分。例如，将某新药品研制项目分解成寻找药物来源、对药物来源进行筛选、实验室试验、动物试验、确定制剂、编写新药研制申请书等。

范围定义在很大程度上将决定项目能否成功。如果做得不好，以后就会出现频繁变更、打乱项目的节奏、造成返工和重复工作、延误时间、降低生产效率和工作人员的士气。

范围定义是通过任务分解实现的，任务分解就是把笼统的、不能具体操作的任务细分成较小的且容易执行和控制的、包含具体细节的可操作任务。项目范围定义不但要力求准确、细致，而且要有利于项目资源的合理调配和成本的估算。

项目范围定义的过程见表 4-6。

**表 4-6 项目范围定义的过程**

| 依　据 | 方　法 | 结　果 |
|---|---|---|
| • 范围说明书<br>• 制约因素<br>• 假设条件<br>• 其他计划结果<br>• 历史资料 | • 工作分解结构<br>• 工作分解结构模板 | • 工作分解结构图<br>• 工作分解结构词典<br>• 责任分配矩阵 |

### 4.4.1 项目范围定义的依据

对范围定义的输入也就是范围定义的依据，主要有以下几个方面。

(1) 范围说明书。

(2) 制约因素。

(3) 假设条件。

(4) 其他计划结果。范围计划阶段的其他结果也可以作为确定范围定义所应考虑的因素。

(5) 历史资料。借鉴其他项目范围定义方面的经验教训，可以避免发生类似错误，对项目定义产生积极的影响。

### 4.4.2 项目范围定义的方法

#### 1. 工作分解结构

1）工作分解结构的定义

项目是由许多互相联系、互相影响、互相依赖的工作或活动组成的系统，它具有系统的层次性、集合性、相关性、整体性特点。在具体的项目工作，如设计、计划和实施前必须对这个系统进行分析，确定其构成及其系统单元之间的内在联系。WBS(Work Breakdown Structure，工作分解结构)就是按一定的关系将项目分为可管理的工作单元，它先将一个项目分解为数个子项目，每个子项目再逐级分解成相对独立的小的工作单元，并确定每个工作单元的任务及其从属的工作(或活动)。

**应用举例 4-7**

某婚庆公司婚礼筹备 WBS 的部分内容如下。

1. 婚礼筹备计划
   - 1.1 决定婚礼日期、地点、仪式及婚宴方式
   - 1.2 确定婚礼预算
   - 1.3 草拟客人名单
   - 1.4 召集好朋友讨论婚礼计划
   - 1.5 确定伴郎、伴娘
   - 1.6 确定主婚人、证婚人
   - 1.7 成立婚礼筹备组
2. 婚礼前准备
   - 2.1 与婚礼的所有项目干系人沟通
   - 2.2 结婚物品采购
   - 2.3 新郎新娘形象准备
   - 2.4 拍婚纱照
   - 2.5 布置新房
   - 2.6 确定婚礼主持人
   - 2.7 婚宴预约
   - 2.8 婚礼化妆预约
   - 2.9 婚庆车辆预约
   - 2.10 婚庆摄像预约
3. 婚礼前一天准备
   - 3.1 与婚礼的所有项目干系人沟通
   - 3.2 确认婚礼当天要发言人的准备情况
   - 3.3 最后确认婚礼当天所有物品准备情况
   - 3.4 新郎新娘特别准备

4. 婚礼当天流程

4.1 化妆

4.2 准备婚车

4.3 迎新娘

4.4 酒店迎宾

4.5 婚礼仪式

……

WBS是确定整个项目范围一种最常用的方法，它对于项目管理的重大意义主要表现在以下几个方面。

(1) WBS可以清楚地展示所有工作。WBS是一种以结果为导向的分析方法，用于分析所涉及的工作，所有这些工作构成了项目的整个范围，没有列入工作分解结构的就不属于项目的工作范围。

(2) WBS与项目的组织结构有机地结合在一起，使项目经理可以根据各子项目和任务确定项目管理的组织机构并设置相应岗位和人员，根据各工作单元的技术要求，组织分派项目人员，并明确其责任。

(3) 便于对各子项目和工作单元估计时间、成本、人力等资源。

(4) 项目的工作分解为项目招标、发包提供了依据。

(5) 有利于确定工作内容和工作顺序，便于团队成员清楚理解任务性质及努力方向。

(6) 利用WBS可以更好地实施项目风险控制和合同控制。

**看图学项目管理**

(图片来源：周小桥．突出重围——项目管理实战[M]．北京：清华大学出版社，2003)

2) WBS的表现形式

WBS一般有如下3种表现形式。

(1) 树形图。树形图是最常见的表现形式，如图4-4所示。其优点在于直观、层次分明，缺点是不易修改。对于中小型项目，树形图能够展示项目的全貌，因此应用广泛。但对于大型和特大型项目来说，一张图纸很难完成，只能采用各个分系统图来表示。

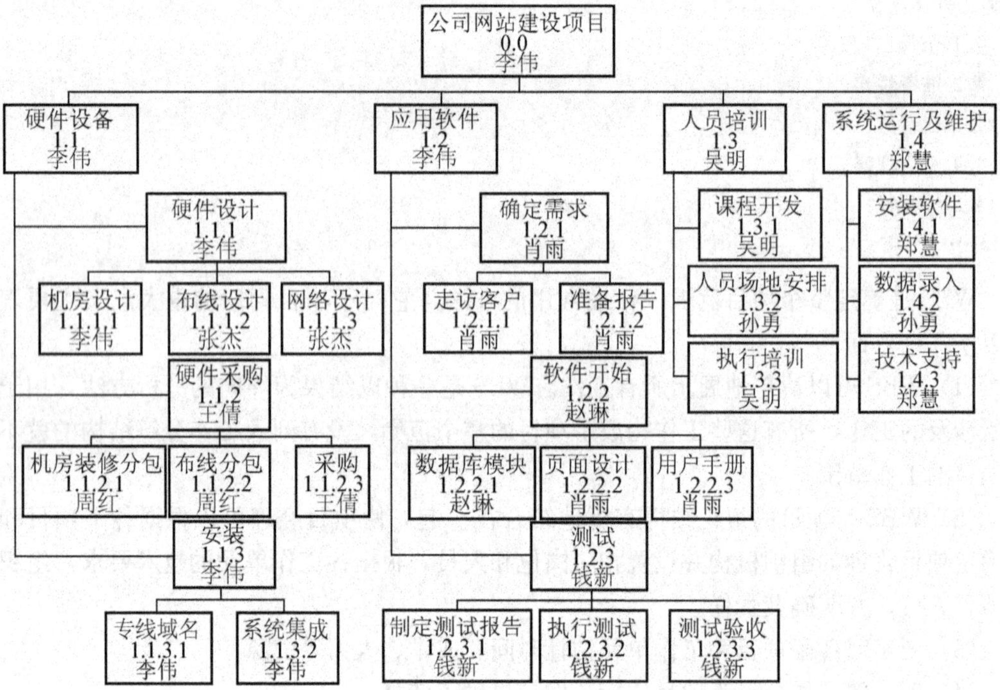


**图 4-4　某公司网站建设项目 WBS 树形图**

(2) 气泡图。气泡图的优点是修改添加比较容易，缺点是不够直观，较难反映项目全貌，如图 4-5 所示。

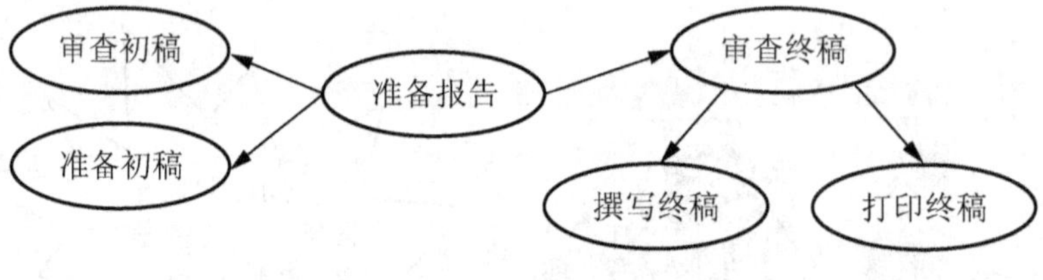


**图 4-5　准备报告项目的 WBS 气泡图**

(3) 列表法。列表形式的缺点是不够直观，但优点是能反映项目全貌。例如，三峡建设这样的大项目，可以印制三峡项目的 WBS 手册，手册的表现形式就需要采用列表形式。WBS 表可以单独使用，也可以与树形图配合使用，它也是项目工作结构分析的常用工具。表 4-7 给出了软件开发项目的 WBS 表，表 4-8 为某公司网站建设项目 WBS 表。

**表 4-7　软件开发项目的 WBS 表**

| WBS 编码 | 具体任务 |
|---|---|
| 1.1 | 需求分析 |
| 1.1.1 | 走访客户 |

续表

| WBS编码 | 具体任务 |
|---|---|
| 1.1.2 | 分析技术要求 |
| 1.1.3 | 分析商务条件 |
| 1.2 | 系统设计 |
| 1.2.1 | 概要设计 |
| 1.2.2 | 详细设计 |
| 1.3 | 开发 |
| 1.3.1 | 模块1开发 |
| 1.3.2 | 模块2开发 |
| 1.3.3 | 模块3开发 |
| 1.3.4 | 用户手册编写 |
| 1.3.5 | 培训教材编写 |
| 1.4 | 上线测试 |
| 1.4.1 | 编码测试 |
| 1.4.2 | 单元测试 |
| 1.4.3 | 联调测试 |
| 1.4.4 | 集成测试 |
| 1.5 | 验收 |
| 1.5.1 | 培训 |
| 1.5.2 | 售后支持 |

**表4-8　某公司网站建设项目的WBS表**

| 活动名称 | 可交付成果 | 里程碑事件 | 衡量标准 |
|---|---|---|---|
| 项目管理 | | | |
| 获取项目授权书 | 项目授权书 | 颁发项目授权书 | 项目发起人签字 |
| 编写项目范围说明书 | 项目范围说明书 | | |
| 制定项目计划 | 项目计划书 | 项目计划得到批准 | 得到批文 |
| 编写项目启动文档 | 启动文档 | | |
| 召开项目启动会议 | 会议纪要 | 举行启动会议 | 会议按时召开 |
| 设备准备 | | | |
| 设计机房 | 机房平面布置图 | | |
| 设计布线 | 布线图 | | |
| 设计网络 | 网络设计图 | 完成网络设计 | 设计方案获得客户的认可 |
| 设备采购 | | | |
| 采购机房装修承包商 | 分包合同 | | |

续表

| 活动名称 | 可交付成果 | 里程碑事件 | 衡量标准 |
|---|---|---|---|
| 采购布线承包商 | 分包合同 | | |
| 采购软、硬件产品 | 采购合同 | 采购设备到货 | 清点设备、符合合同要求 |
| 设备安装 | | | |
| 装修机房 | 装修后的机房 | | |
| 实施布线 | 完成布线 | | |
| 安装软、硬件产品 | 系统的软、硬件 | 设备安装完毕 | 通过安装验收 |
| 申请专线和登记域名 | 专线、域名 | | |
| 集成系统 | 运行的系统 | | |
| 系统应用 | | | |
| 需求确认 | | | |
| 走访客户 | | | |
| 撰写需求报告 | 需求报告 | | |
| 系统开发 | | 系统开发结束 | 实现设计功能 |
| 设计数据库 | 数据库模式 | | |
| 初始化数据库 | | | |
| 设计数据库录入模块 | 模块设计报告 | | |
| 编写数据库录入模块程序 | 程序 | | |
| 编写录入模块用户手册 | 用户手册 | | |
| 设计 WEB 页面 | 页面数据报告 | | |
| 编写 WEB 页面程序 | 程序 | | |
| 编写 WEB 页面用户手册 | 用户手册 | | |
| 系统测试 | | | |
| 测定测试计划 | 测试计划 | 测试完成 | 通过测试评审 |
| 实施测试 | | | |
| 撰写测试报告 | 测试报告 | | |
| 培训 | | | |
| 开发培训课程 | 培训大纲 | | |
| 准备培训材料 | 培训教材 | | |
| 提供培训 | 培训课 | 培训结束 | 被培训人员通过测试 |
| 系统运行 | | | |
| 安装软件 | 系统运行 | 系统开始运行 | 实现设计功能，通过验收 |
| 录入数据 | 数据库 | | |
| 提供技术支持 | 专业服务 | | |

3）WBS 的要素

WBS 的基本要素有 3 个：层次结构、编码和报告。因此，在分解中要对这 3 个要求进行恰当的设计。

（1）层次结构。工作分解通常是按照一定层次进行的，如项目→子项目→任务→子任务→……→工作单元。WBS应以等级状或树状来构成，使底层代表详细的信息，而且其范围很大，逐层向上。底层是管理项目所需的最低层次的信息，要求能满足用户对交流或监控的需要，这是管理项目所要求的最低水平；从下往上第二层次将比底层要窄，而且它提供信息给予另一层次的用户，以后以此类推。

结构内的层次不必建得太多，因为层次太多不易进行有效的管理。项目工作分解要以简单实用、满足项目管理需要为原则。具体分解到什么层次可根据各个项目具体情况而定，考虑的因素包括项目规模的大小、技术的复杂程度、项目所涉及的领域、项目实施过程等。

**应用举例4－8**

项目工作分解有不同的层次，从最高一层到最低一层分别也有不同的叫法。

如图4－6所示的项目工作分解结构层次中，第一层叫做项目群，或者叫大项目。一个项目群是由多个项目构成的复杂工程。例如，开发一款新轿车就是一个项目群，它包含了发动机开发、车身开发、底盘开发等若干个项目。

第二层叫项目，发动机设计本身就是一个项目，有自己的项目经理与项目小组，可以是汽车制造公司自己来做，也可以转包给其它公司。

第三层叫任务，就是完成项目必须进行的工作。设计发动机必须要设计缸体、缸盖、润滑系统、冷却系统等。这就是发动机设计项目的任务。

第四层叫活动，即完成任务需要做什么。设计发动机缸体要设计其外形尺寸、内部结构以及决定使用什么样的材料等。这实际上就是完成发动机缸体设计任务需进行的具体活动。

第五层叫工作包，是活动的构成单元。它体现了活动是如何做的。例如，设计发动机缸体的外形尺寸时，需要用尺子、画笔或借助计算机绘图工具，将尺寸确定下来，并将各个不同尺寸的线条连接成整体，这就是设计外形尺寸的工作包。

第六层叫工作单元，是执行工作包的具体动作或努力方向。在一般的WBS中，不需要分解到具体动作层。

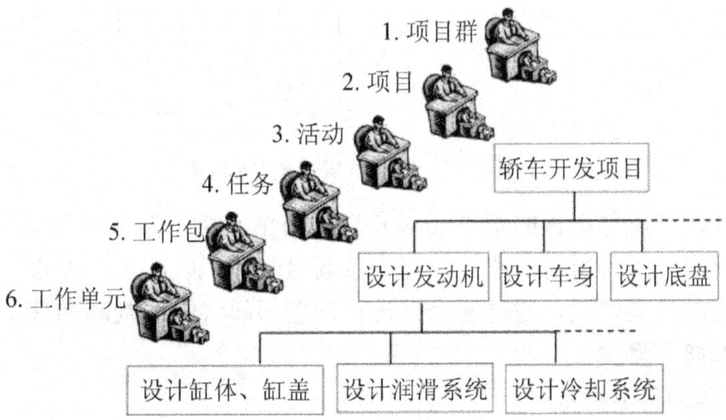


**图4－6　项目工作分解结构层次**

(2) 编码设计。绘制项目结构图后，需要对其进行编码设计。项目结构图编码是为了方便对项目系统进行管理，有利于项目各任务、子任务、单元的识别，更好地进行工期、费用、质量的计划与控制。编码应遵循以下原则。

①编码的唯一性，即每一节点标识唯一的分项目。

②编码的同类性，即同种类型的分项目编码要相近。例如，有的WBS设计中，用代码的第一个字母简单给出其所代表的意义，如用M代表人力，用E代表设备。

③编码的可扩充性。编码应该有柔性，编码体系应适应项目的构成内容的横向增加、删减或调整，以及纵向加深分解。

④便于查询、检索和汇总。

⑤反映特定项目的特点和需要。

**应用举例 4-9**

图4-7是某地区安装和试运行新设备项目的WBS图及编码，WBS编码由4位数组成，第1位数表示处于0级的整个项目，第2位数表示处于第1级的子工作单元(或子项目)的编码，第3位数是处于第2级的具体工作单元的编码，第4位数是处于第3级的更细更具体的工作单元的编码。编码的每一位数字，由左至右表示不同的级别，即第1位代表0级，第2位表示1级，第3位是2级，第4位是3级。

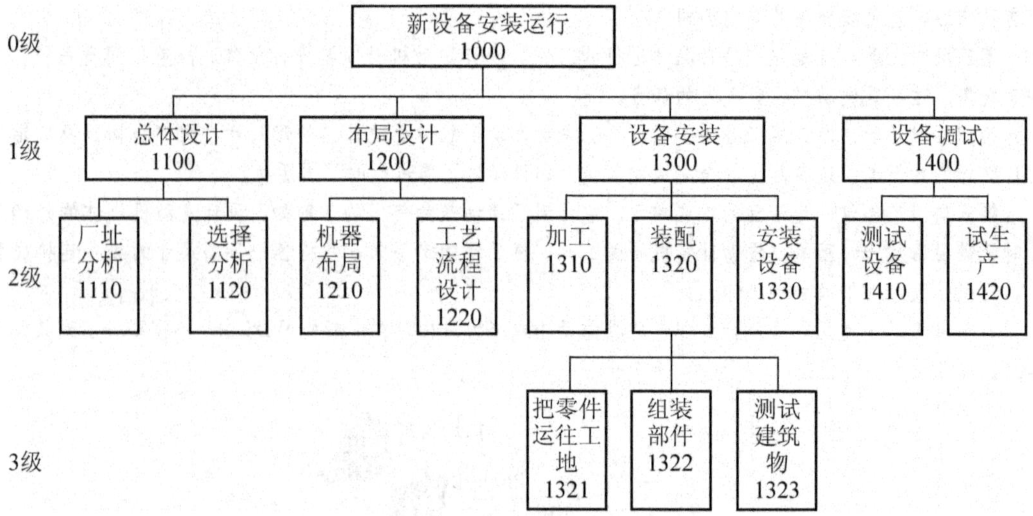


**图4-7 新设备安装的WBS图**

(3) 报告设计。设计报告的基本要求是以项目活动为基础产生所需的实用管理信息，而不是为职能部门产生其所需的职能管理信息或组织的职能报告，即报告的目的是要反映项目到目前为止的进展情况。通过这个报告，管理部门将能去判断和评价项目各个方面是否偏离目标、偏离了多少。

4) 工作分解的基本要求

项目工作分解没有统一的、普遍适用的方法和规则。一般来说，在分解过程中要遵循以下基本要求。

(1) 应在各层次上保持项目内容的完整性，不能遗漏任何必要的组成部分。

(2) 一个项目单元只能从属于某一个上层单元，不能同时交叉从属于两个上层单元，如图 4－8 所示的消费者市场研究项目的工作结构分解中，“统计调查问卷”同时从属于“设计问卷调查表”和“撰写报告”，这是不妥的。

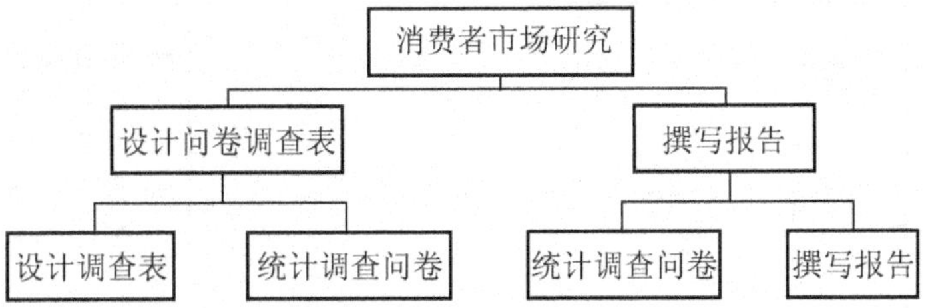


**图 4－8　消费者市场研究项目的工作结构分解**

(3) 相同层次的项目单元应有相同的性质。例如，某一层次是按照实施的过程进行分解的，则该层次的单元均应表示实施过程，而在并列的单元中，不能有的表示过程，有的表示中间产品，有的表示专业功能，这样容易造成混乱。

(4) 项目单元应能区分不同的责任者和不同的工作内容，项目单元应有较高的整体性和独立性，单元之间的工作责任、界面应尽可能小且明确，这样就会方便项目目标和责任的分解和落实，便于进行成果评价和责任的分析。

(5) 项目结构分解要有利于管理工作的开展，体现在要便于工期、质量、成本、合同、信息等管理方法和手段，对项目目标进行计划、实施、监督和控制；全面考虑人流、物流、资金流、信息流和使用效率；注意功能之间的有机组合。

(6) 最底层单元的工作包应该是一个明确的可交付成果。这个可交付成果应该建立准确的、可被测量的检验标准，以便各工作包的承担者都能明确自己的任务、努力的目标和应承担的责任。

(7) 分解出的项目结构应有一定的弹性，能方便地扩展项目的范围、内容和变更项目的结构。

(8) WBS 中每个单元尽可能用“动名词”的形式来描述。不要把 WBS 变成物品清单。例如，有人对打扫房间做了一个 WBS，如图 4－9(a)所示，在收拾家具的任务下面，列出了桌子、椅子、沙发、茶几、电视等，实际上是把家具清单放在 WBS 中了，这是不应该的。应当列出的是为完成收拾这些家具的任务所必须进行的活动，这些活动包括摆放桌椅、清洁桌椅、取清洁剂、整理沙发、擦拭茶几等，如图 4－9(b)所示。

(9) 不要考虑活动之间的先后顺序。WBS 的目的是清楚地界定实现项目目标所需执行的具体活动，并不关心究竟先做哪个、后做哪个。活动之间的先后顺序等到制订进度计划时再考虑。

(10) 项目分解的详细程度应得当。分解得过粗，难以体现计划内容；分解得过细，会增加计划制订的工作量。因此，在工作分解时要考虑下列因素。

① 分解对象的规模和复杂程度。大而复杂的项目分解层次和单元自然较多；反之，小而简单的项目则分解层次和单元较少。

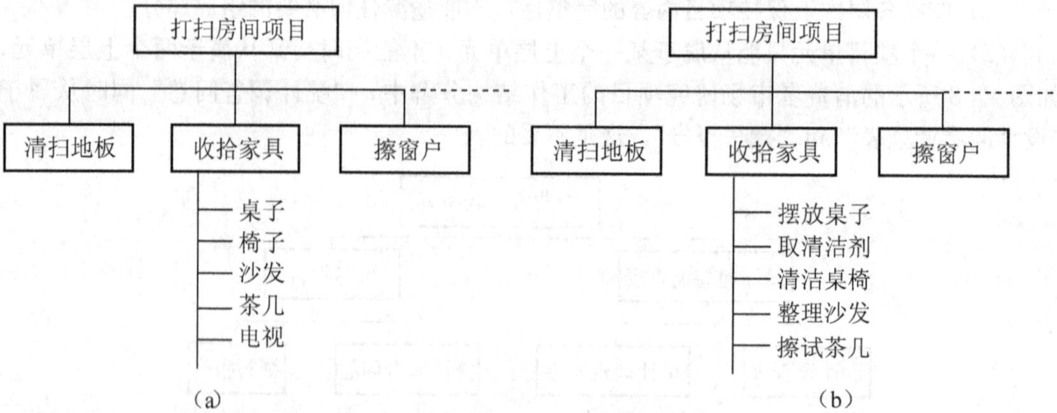


图 4-9 打扫房间的 WBS(部分)

② 使用者。对于项目经理分解得不必过细，只需能使其从总体上掌握和控制计划即可。对于计划执行者，则分解得较详细。

③ 编制者。编制者对项目的专业知识、信息、经验掌握得越多，则越可能使计划的编制粗细程度符合实际要求。

5）工作分解的步骤

项目一般可按表 4-9 步骤进行工作分解。

表 4-9 项目工作分解的步骤

| 步 骤 | 本步骤回答的问题 |
|---|---|
| (1) 识别项目的主要组成部分，包括项目的主要可交付成果，即将总项目分解成若干定义和范围明确的子部分 | 实现项目的目标要完成哪些主要工作 |
| (2) 判断每个可交付成果层次划分的详细程度，如果能够通过该种划分恰当地估算出完成各项工作所需要的费用和时间，则进行(4)，否则，进行(3) | 需要分解到何种程度 |
| (3) 在上述分层的基础上进行更细致的划分，将各组成部分分解为更小的组成部分，并说明所需取得的、切实的、可验证的结果 | (1) 要完成上述各种组成部分，有哪些更具体的工作需要做<br>(2) 这些工作是否可行、可核查 |
| (4) 核实分解的准确性 | (1) 不进行这一层次的工作，上一层次的各项工作能否完成？完成了这些工作，上一层次的各项工作就一定能完成吗<br>(2) 这一层次各项工作的内容、范围和性质是否都已明确？各项工作界面是不是清晰<br>(3) 每一事项是否都有适当的时间安排？成本是否便于进行预算、跟踪并得到有效控制？能否支持项目的采购任务和分包任务？能否支持项目团队人员明确工作职责 |

**应用举例 4-10**

如何建立打扫房间项目的WBS？先问：需要干什么？回答：需要打扫房间，这就是要做的项目。

再问：打扫房间需要做什么？回答：主要任务包括清扫地板、收拾家具、擦窗户……

接着问：每项任务如何做？回答：用墩布擦地板、用清洁剂清洁家具、用肥皂水清洗窗户，这些是完成任务的活动。

然后问：怎样才能完成这些活动？回答：用墩布擦地板时包括取墩布、湿润墩布、擦地板、洗墩布等一系列的子活动。

最后问：这样分解是否正确和完整？有没有遗漏的任务？每项任务是否可以很容易地分配责任和角色？每项任务需要的资源是否很容易确定？每项任务的工期是否很容易估计？每项任务完成的衡量标准是否十分清楚？如果答案是否定的，就需要进一步修改和分解。

打扫房间的WBS如图4-10所示。

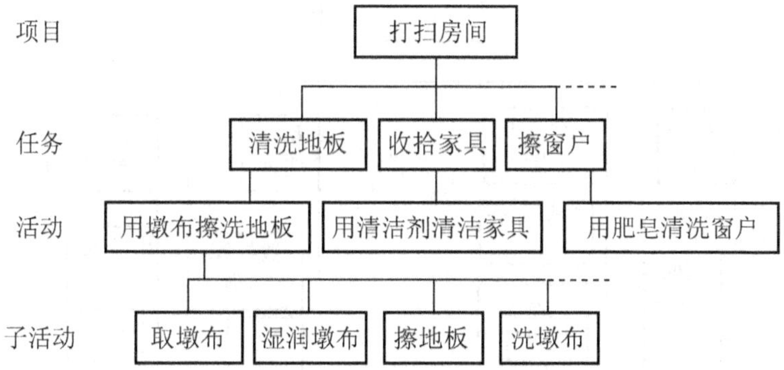


**图4-10 打扫房间的WBS**

6）工作分解的方法

（1）面向项目整体的工作分解方法。该方法主要包括以下几种。

① 自上而下法(Top-Down)。自上而下法是从项目的目标开始分解得到项目产出物，再向下一层分解给出项目可交付物，最下一层分解给出项目工作包。这是最常用的项目工作分解方法。

② 自下而上法(Bottom-Up)。自下而上法是让项目组成员一开始尽可能确定与项目有关的各项具体任务，然后将各项具体任务进行整合，并归到一个整体活动或WBS的上一级内容当中。例如，专业汽车生产厂家设计制造新型轿车项目采用这种工作分解法时，不是开始就考察WBS制定的指导方针或是参考其他类似项目的WBS，而是尽可能详细地列出那些项目团队成员认为完成项目需要做的任务。在列出详细的任务清单后，就开始对所有工作进行分类，以便于将这些详细的工作归入上一级的大项中。

（2）面向项目要素的工作分解方法。该方法主要包括以下几种。

① 按照项目实施过程的顺序分。例如，实施ISO 9000质量管理体系项目，可按实施顺序分为体系策划、贯标培训、编写体系文件、内审员培训、内审、管理评审、终审等几大块。再如，常见的建设工程项目分为如下实施过程：设计和计划(初步设计、技术设计、施工图设计、实施计划等)；招标投标；实施准备(现场准备、技术准备、采购订货、制造、供

应等)；施工(土建、机械和电器安装、装饰工程)；试生产/验收；投产/保修；运行等。

② 按照项目的交付结果分。例如，软件开发项目可按项目完成后提交给客户的结果分为开发程序、编写用户手册、编写培训教材等。

③ 按照产品的结构分。例如，轿车开发项目中，可根据轿车的结构分为设计底盘、设计发动机、设计车身、设计内饰、设计电控系统等。

④ 按照组织的职责分。例如，一个项目中，市场部负责前期调查及可行性分析，工程部负责设计开发，采购部负责供应商的选取与材料采购，生产部负责样件制造，质量部负责测试和质量控制等，这些就是按照组织的职责来分解的。

**应用举例 4-11**

某配电主站项目按实施阶段、按任务、按组织分解的 WBS 分别如图 4-11～图 4-13 所示。

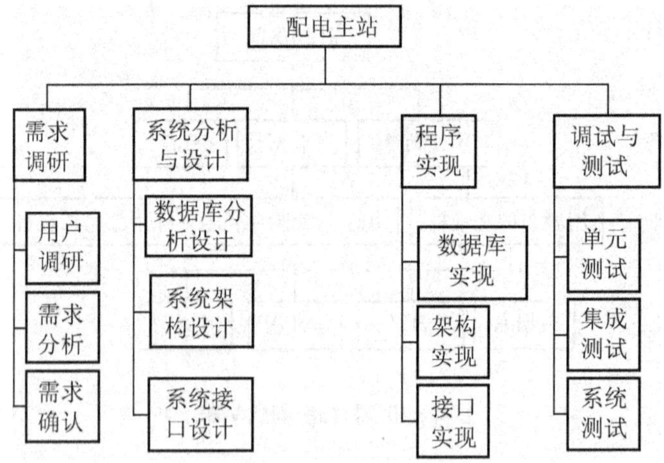


**图 4-11 按照实施阶段分解的 DMS 主站的 WBS**

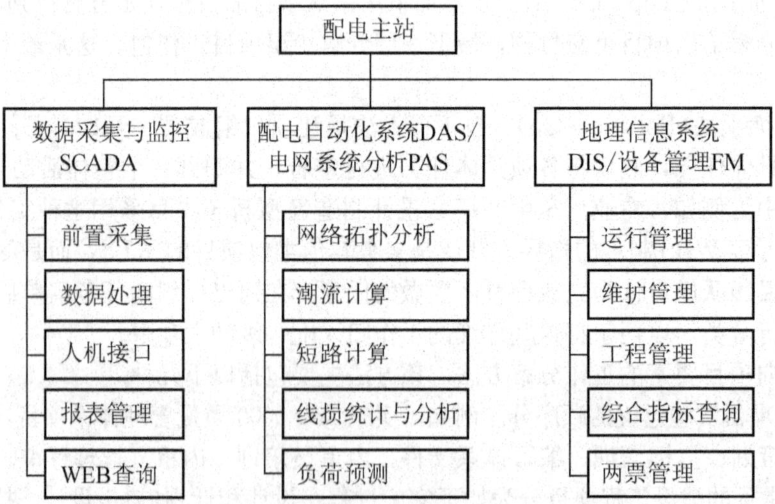


**图 4-12 按照任务分解的 DMS 主站的 WBS**

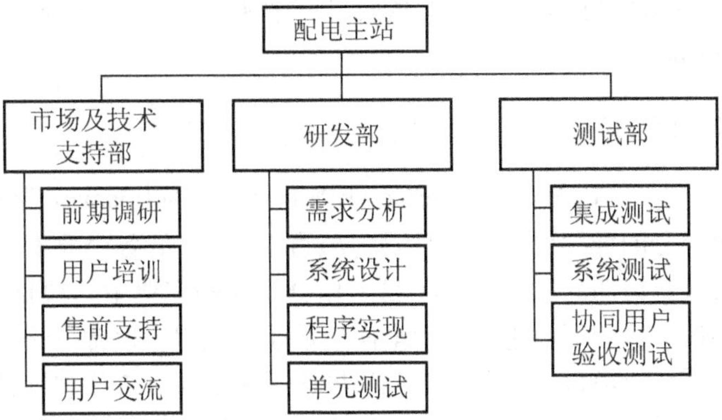


图 4-13　按照组织分解的 DMS 主站的 WBS

2. WBS 模板

项目 WBS 模板是指项目的工作分解可以借用项目所属专业领域中的标准化或通用化的项目 WBS 模板，然后根据具体项目的具体情况和要求进行必要的增加或删减而得到项目 WBS 的方法。很多专业应用领域中均有标准或半标准的项目 WBS，可作新项目 WBS 模板使用。图 4-14 是美国国防部国防装备项目的 WBS 模板图。

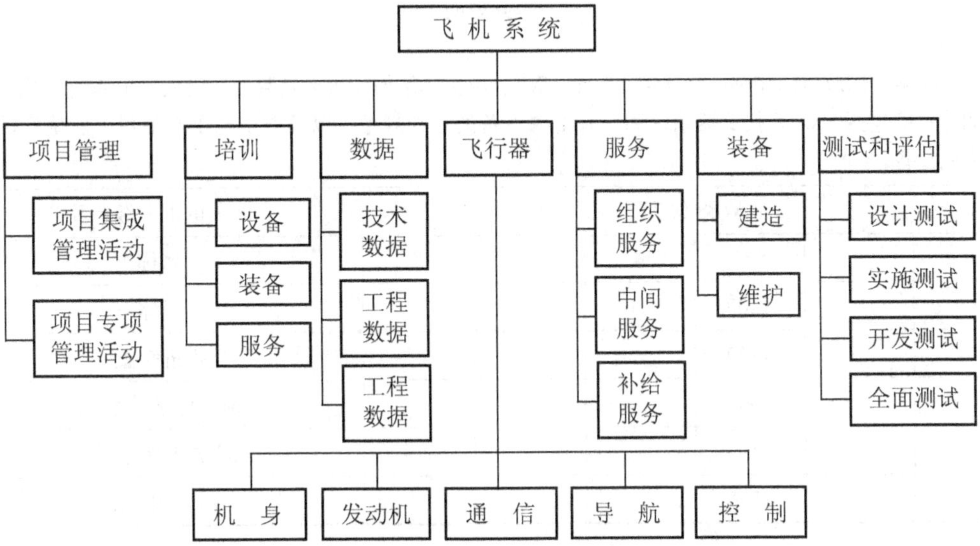


图 4-14　美国国防部国防装备项目的 WBS 模板

### 4.4.3 项目范围定义的结果

1. WBS 图

项目 WBS 描述了人们所要完成的项目工作范围，它可以使人们能够清楚地知道整个项目要干些什么工作和项目的可交付物是通过开展哪些工作而生成的。WBS 多数是以 WBS 图的形式给出的。

2. 工作分解结构字典

项目工作分解结构字典(Work Breakdown Structure Dictionary，WBSD)是对项目工作分解结构中各个部分的详细说明，而且是将项目 WBS 中的各个要素与各工作包按照逐个单列词条的方式进行说明的文件。在项目工作分解结构字典中，项目 WBS 图表中给出的各个要素都需要逐个作为词条进行较为全面地描述和说明。通常一个典型的项目工作分解结构字典的内容包括对项目要素和工作包的描述，每个项目工作包同其他项目工作包及项目可交付物之间关系的描述等。表 4－10 给出一个分解结构字典的例子。

**表 4－10　工作分解结构字典**

| 项目名称：FXX | | | | | 工作分解结构字典 | 日期 |
|---|---|---|---|---|---|---|
| 合同号： | | | | | | 第　页，共　页 |
| WBS 级别 | | | | | 单元名称 | |
| 1 | 2 | 3 | 4 | 5 | | |
| | 1000 | | | | 飞机 | |

单元说明

飞机

交付给美国政府的完整的可飞离工厂的 FXX，由机体结构和机上安装的发动机和分系统构成，其中的分系统包括 FXX 飞机武器系统和所有附属设备的详细规范，以及航空电子设备规范所确定的任务专用设备。

| WBS 级别 | | | | | | 相关的下一级单元 |
|---|---|---|---|---|---|---|
| 1 | 2 | 3 | 4 | 5 | 6 | 名称 |
| | | 1100 | | | | 机体 |
| | | 1200 | | | | 推进装置 |
| | | 1300 | | | | 航空电子分系统 |
| | | 1400 | | | | 飞机控制系统 |
| | | 1500 | | | | 组合和装配 |

3. 责任分配矩阵

责任分配矩阵是将所分解的工作任务落实到项目有关部门或个人，并明确表示出其在组织中工作的关系、责任和地位的一种方法和工具。责任分配矩阵是一种矩阵图。一般情况下，它以组织单元为行，以工作单元为列；矩阵中的符号表示项目工作人员在每个工作单元中参与的角色或责任。表 4－11 是一个软件包安装项目的责任分配矩阵的例子。

表 4-11 责任分配矩阵

| WBS \ 组织责任者 | | 项目经理 | 项目工程师 | 程序员 |
|---|---|---|---|---|
| 确定需求 | | ○ | △ | |
| 设计 | | ○ | △ | |
| 开发 | 修改外购软件包 | □ | ○ | △ |
| | 修改内部程序 | □ | ○ | △ |
| | 修改手工操作系统程序 | □ | ○ | △ |
| 测试 | 测试外购软件包 | □ | ● | △ |
| | 测试内部程序 | □ | ● | △ |
| | 测试手工操作系统流程 | □ | ● | △ |
| 安装完成 | 安装完成新软件包 | ● | △ | |
| | 培训工人 | ● | △ | |

注：△——负责；●——辅助；□——通知；○——审批

## 4.5 项目范围确认

项目范围确认(Scope Verification)是指项目相关利益主体(项目业主/客户、项目发起人/委托人、项目实施组织或项目团队等)对于项目范围的正式认可和接受的工作。项目范围确认的首要工作是全面验证和确认项目范围定义所给出的项目范围界定结果，以确保所有项目范围定义给出的项目产出物范围和项目工作范围的充分必要性。项目范围确认的另一项任务是对最终实施完成的项目产出物范围和项目工作范围进行验证和认可，以确保所有项目实施工作的结果符合项目范围管理的要求和目标。

通过项目范围确认，项目相关利益主体在项目的目标，以及如何鉴定目标完成的状态上达成一致，可以准确地评价和判断项目的工作活动和可交付成果是否符合当初的期望，同时也为项目组的工作建立了明确的目标，有助于工作顺利完成。

项目范围确认的过程见表 4-12。

表 4-12 项目范围确认的过程

| 依　据 | 方　法 | 结　果 |
|---|---|---|
| • 工作成果<br>• 成果说明<br>• 项目范围说明书<br>• 项目范围管理计划<br>• 项目 WBS 图 | • 项目范围核检表<br>• 项目工作分解结构核检表 | • 对项目范围定义工作的接受 |

### 4.5.1 项目范围确认的依据

项目范围确认的依据主要有以下几个。

（1）工作成果。工作成果是指项目阶段性的交付物，它反映了项目按计划完成的结果。工作结果的信息表明哪些阶段成果已经完成、哪些还没有完成、达到的质量标准和已经发生的相关成本是多少等。

（2）成果说明。成果说明即对项目成果的全面描述，如项目规格书、项目技术文件或项目图纸等。

（3）项目范围说明书。

（4）项目范围管理计划。

（5）项目 WBS 图。

### 4.5.2 项目范围确认的工具

项目范围确认主要使用核检清单法，这种方法主要核检两个方面的内容：一是项目范围定义文件；二是项目工作分解结构文件。项目范围核检表和项目工作分解结构核检表的主要内容见表 4-13。

**表 4-13 项目范围核检表和项目工作分解结构核检表的主要内容**

| 项目范围核检表的主要内容 | 项目工作分解结构核检表的主要内容 |
| --- | --- |
| （1）项目目标是否完善和准确<br>（2）项目目标的衡量标准是否科学、合理和有效<br>（3）项目约束条件是否真实和符合实际<br>（4）项目的假设前提条件是否合理，不确定性的程度是否较小<br>（5）项目风险是否可以接受<br>（6）定义的项目范围是否能够实现项目目标<br>（7）项目范围能够给出的效益是否高于成本<br>（8）项目范围的定义是否需要进一步开展辅助性研究 | （1）项目目标的描述是否清楚<br>（2）项目产出物的描述是否清楚<br>（3）项目产出物是否都是为实现项目目标服务的<br>（4）项目的各项成果是否以工作分解结构为基础<br>（5）项目 WBS 中的工作包是否都是为形成项目产出物服务的<br>（6）项目目标层次的描述是否清楚<br>（7）项目 WBS 的层次划分是否与项目目标层次的划分和描述相统一<br>（8）项目工作、项目成果与项目目标之间的关系是否一致<br>（9）项目工作、项目成果、项目分目标和项目总目标之间的逻辑关系是否正确、合理<br>（10）项目目标的衡量标准是否有可度量的数量、质量或时间指标<br>（11）项目 WBS 中的工作是否有合理的数量、质量和时间度量指标<br>（12）项目目标的指标值与项目工作绩效的度量标准是否匹配<br>（13）项目 WBS 的层次分解是否合理<br>（14）项目 WBS 中各个工作包的工作内容是否合理<br>（15）项目 WBS 中各个工作包之间的相互关系是否合理<br>（16）项目 WBS 中各项工作所需的资源是否明确、合理<br>（17）项目 WBS 中各项工作的考核指标是否合理<br>（18）项目 WBS 的总体协调是否合理 |

### 4.5.3 项目范围确认的结果

项目范围确认的结果是对项目范围定义工作的接受，同时还要编制经项目利益相关者确认并已经接受的项目范围定义和项目阶段性工作成果的正式文件。这些文件应该分发给有关的项目利益相关者。如果项目范围没有被项目利益相关者确认，则项目即宣告终止。

## 4.6 项目范围变更控制

**阅读材料**

### 增加的需求

某市要举办一个建设成就展览会，目的是充分展示本市十几年来取得的辉煌成就，让人民看到更美好的未来，激发更大的工作热情和干劲，烘托气氛，刺激消费，吸引外资。展览会的内容：市政、交通、住宅、园林绿化、环境保护和基础设施。展览会筹备组按照市委的要求，认真规划、组织和实施。正当展品基本齐备并已就位之时，市委要求增加市政公用设施有偿使用、鼓励民间资金介入的内容。对于十分疲惫的筹备组来说，这是很大的压力。筹备组负责人冷静地向市委询问，为什么到现在才提出这个要求，市委人员解释说，当初酝酿时，没有想到污水排放收费问题阻力这么大，现在看来，非常有必要利用这个展览会向市民、企业和其他单位宣传这项改革的必要性和深远意义，希望民间资金也参与到这个事业中来。因此，希望筹备组克服困难，再接再厉，把这个展览会办得有特色、圆满，达到市委设想的目的。

(资料来源：卢有杰. 现代项目管理学[M]. 北京：首都经济贸易大学出版社，2004)

**看图学项目管理**

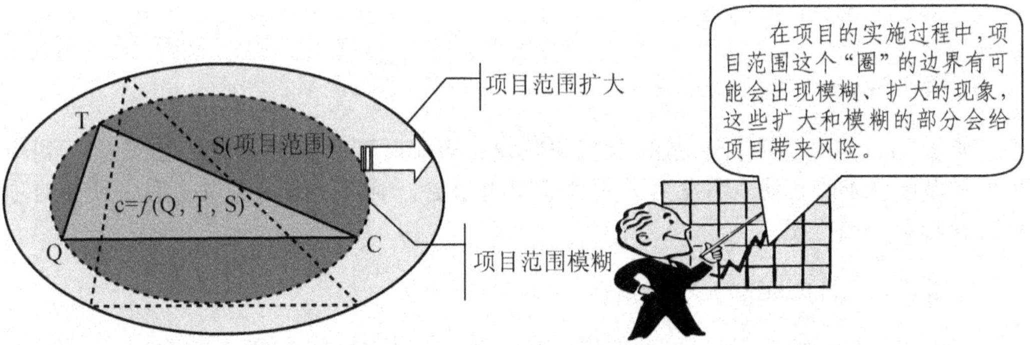


在项目执行时，进度、费用、质量，以及客户需求等各种因素的变化都会导致项目范围的变化；同时，项目范围的变化又会要求上述各方面做出相应的变化。因此，必须做好项目的变更控制。项目的变更控制是对项目存在的或潜在的变化，采用相应的策略和方法予以处理。项目范围变更控制的过程见表 4－14。

表 4-14　项目范围变更控制的过程

| 依　据 | 方　法 | 结　果 |
|---|---|---|
| • 项目 WBS<br>• 项目实施情况报告<br>• 项目范围变更申请<br>• 项目范围管理计划 | • 项目范围变更控制系统<br>• 绩效测量<br>• 范围计划调整 | • 范围变更文件<br>• 纠正措施文档<br>• 经验教训文档<br>• 调整后的基准计划 |

### 4.6.1　项目范围变更的原因

项目利益相关者人常常由于各种原因要求对项目范围进行修改，造成范围变更的原因很多，主要有以下几种。

(1) 项目外部环境发生变化，如政府颁布了一项新的法规。

(2) 项目范围的初始规划不周，有错误或遗漏，如一个自动控制系统在设计时忽略了在停电后需重新启动的功能。

(3) 出现新技术、手段或方案。

(4) 项目实施的组织本身发生变化。

(5) 项目业主对项目、项目产品的要求发生变化。

**看图学项目管理**

### 4.6.2　项目范围变更的依据

1. 项目 WBS

项目 WBS 定义了项目范围的内容和底线。当实际项目实施工作超出或达不到项目 WBS 的范围要求时，就表明发生了项目范围的变更。项目范围变更发生后必须要对项目 WBS 进行调整和更新。

2. 项目实施情况报告

项目实施情况报告一般包括两类信息或资料：一是项目的实际完成资料；二是有关项目范围、工期计划和成本预算的变更信息。项目实施情况报告还提醒项目组织注意那些会在未来引发问题和项目范围变更的因素和环节。

3. 项目范围变更申请

项目范围变更申请可能以多种形式出现，可以是口头或书面的；可以是直接或间接的；可以由内部提出的，也可以是外部要求的，甚至是法律强制的。项目范围变更要求可能是要求扩大项目的范围，也可能是要求缩小项目的范围。

4. 项目范围管理计划

项目范围管理计划是有关项目范围总体管理与控制的计划文件，可以是正式计划或非正式计划，也可以是详细性描述或是基于项目需要的一个大致的约定。

### 4.6.3 项目范围变更的工具和技术

1. 项目范围变更控制系统

项目范围变更控制系统规定了项目范围变更的基本控制程序、控制方法和控制责任等，它包括范围文件系统、项目执行跟踪系统、偏差系统、项目范围变更申请和审批系统等。在项目的执行过程中，要对项目的进展情况进行监控，对实际与计划之间的偏差进行分析，如果偏差不利于项目目标的完成，就要及时采取纠偏措施。项目范围的变更会引起成本、进度、质量等项目目标的变化。因此，范围变更控制系统应与项目的其他变更控制系统相结合使用，从而对项目进行整体管理。项目范围变更管理的一般流程如图 4－15 所示。

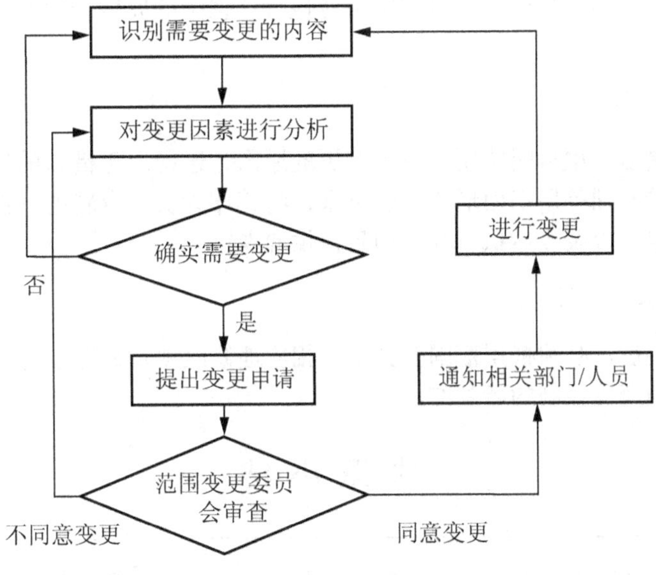


图 4－15 项目范围变更的一般流程

**看图学项目管理**

变更控制的目的不是控制变更的发生，而是对变更进行管理，确保变更有序进行。项目管理体系中应包含一套严格、高效、实用的变更系统和程序，这对管理好项目至关重要。

2. 绩效测量

绩效测量技术可以帮助项目团队评估发生偏差的程度，分析导致偏差的原因，并且做出相应的处理。一般包括偏差分析、绩效审查、趋势分析等技术。

3. 范围计划调整

很少有项目能按初始计划运作，项目的范围随时都有可能发生变化。因此，就要根据范围的变动来随时调整、补充原有的 WBS 图，并以此为基础，调整、确定新项目计划，并根据新的项目计划的要求，对项目范围的变更进行控制。

### 4.6.4 项目范围变更的结果

1. 范围变更文件

项目范围变更会涉及成本、进度、质量和其他目标的调整，范围一旦变更，就要对相关的项目文件进行更新，并将项目范围变更的信息和相应的文件及时通知或发送给相关的项目利益相关者。

2. 纠正措施文档

为了完成预定的项目目标，项目团队要对执行过程中的偏差采取有效的纠正措施，并形成文档。

3. 经验教训文档

项目范围变更后，项目团队要把各种变更的原因、选择纠正措施的理由及从范围变更控制中得出的经验教训等用书面形式记录下来，将其作为历史资料的一部分，并为项目团队继续执行该项目，以及今后执行其他项目提供参考。

4. 调整后的基准计划

项目范围变更后，必须根据范围变更文件相应地修改项目的基准计划，从而反映已批准的变更，并作为变更控制的新基准。

## 本章小结

项目范围是指实现项目目标所必需且仅需完成的工作。项目范围管理是对项目全过程所涉及的项目产出物和项目工作范围进行的管理和控制活动过程。项目范围管理包括5大部分，即项目的启动、范围规划、范围定义、范围确认和范围的变更控制。本章主要介绍了项目范围计划，项目范围定义，项目范围确认的过程、内容和方法，重点讨论了项目工作分解的方法。

# 习　题

## 一、单项选择题

1. 项目范围确认的方法主要是(　　)。
   A. 项目产出物分析法　　B. 成本-收益分析法
   C. 核检确认技术　　D. 工作分解技术
2. 以下是项目范围定义的结果的是(　　)。
   A. 项目范围综述　B. 项目范围管理计划　C. 项目 WBS　D. 项目范围核检表
3. 项目相关利益主体对项目范围的正式认可和接受的工作是(　　)。
   A. 项目范围定义　B. 项目范围确认　C. 项目范围计划　D. 项目范围变更

## 二、多项选择题

1. 项目范围确认的依据有(　　)。
   A. 网络图　B. 项目范围说明书　C. 范围变更要求
   D. 历史资料　E. WBS
2. 以下关于项目范围和范围管理说法正确的是(　　)。
   A. 项目范围是指为了实现项目的目标所必需且仅需完成的工作
   B. 开展项目范围管理可以明确哪些工作是项目应该做的、哪些是不应该包括在项目之内的
   C. 开展项目范围管理可在项目实施之前就明确定义出一个项目所需生产的产出物
   D. 项目范围管理需要在项目定义与决策阶段全部完成
   E. 项目的范围变动将对项目的工期和成本产生影响

## 三、判断题

1. 项目范围包括项目产出物范围和项目工作范围。(　　)
2. 气泡图比较直观，是常用的一种工作分解结构的表达方式。(　　)
3. 工作分解得越细越好，以便于开展管理工作。(　　)
4. 项目范围说明书是项目范围定义的一个重要结果。(　　)
5. 项目范围确认主要使用核检清单法。(　　)

## 四、简答题

1. 项目范围管理包括哪些工作内容?
2. 项目范围管理有何作用?
3. 项目范围说明书有哪些内容?

## 五、论述题

1. WBS 的目的是什么？如何建立项目的 WBS?
2. 你是如何理解项目范围管理的？请分析项目范围管理与项目其他管理的关系。

## 案例分析

### 信息系统升级项目范围管理

希赛信息技术有限公司(CSAI)刚刚和 M 公司签订了一份新的合同，合同的主要内容是处理公司以

前为M公司开发的信息系统的升级工作。升级后的系统可以满足M公司新的业务流程和范围。由于是一个现有系统的升级，项目经理张工特意请来了原系统的需求调研人员李工担任该项目的需求调研负责人。在李工的帮助下，很快地完成了需求开发的工作并进入设计与编码。由于M公司的业务非常繁忙，M公司的业务代表没有足够的时间投入到项目中，确认需求的工作一拖再拖。张工认为，双方已经建立了密切的合作关系，李工也参加了原系统的需求开发，对业务的系统比较熟悉。因此，定义的需求是清晰的，张工并没有催促业务代表在需求说明书中签字。

进入编码阶段后，李工因故移民加拿大，需要离开项目组。张工考虑到系统需求已经定义，项目已经进入编码期，李工的离职虽然会对项目造成一定的影响，但影响较小。因此，很快办理好了李工的离职手续。

在系统交付的时候，M公司的业务代表认为已经提出的需求很多没有实现，实现的需求也有很多不能满足业务的要求，必须全部实现这些需求后才能验收。此时李工已经不在项目组，没有人能够清晰地解释需求说明书。最终系统需求发生重大变更，项目延期超过50%，M的业务代表也因为系统的延期表示了强烈的不满。

问题：

1. 请对张工在项目管理工作中的行为进行点评。

2. 请从项目范围管理的角度找出该项目实施过程中的问题，如何避免类似的问题发生？

## 操作实践

### 元旦晚会筹办

为了喜迎新春佳节，××系(约100人)决定举行一次庆元旦的晚会，晚会内容包括文娱节目、游戏、抽奖、化装舞会等。假设你是该晚会的筹办小组成员之一，该筹划小组是由5个人组成的，请你考虑这台晚会筹办和进行将会涉及的工作任务，设计该项目的WBS图和责任分配矩阵。

# 第 5 章　项目时间管理

## 学习目标

| 知识目标 | 技能目标 |
| --- | --- |
| (1) 了解项目时间管理的定义 | (1) 学会合理确定项目时间 |
| (2) 了解项目时间管理的过程 | (2) 学会编制项目活动清单 |
| (3) 了解项目活动定义的依据、方法和结果 | (3) 掌握项目时间估算的方法 |
| (4) 了解项目活动排序的依据、方法和结果 | (4) 掌握绘制项目网络图的技巧 |
| (5) 了解项目时间估计的依据、方法和结果 | (5) 掌握双代号网络图时间参数的计算 |
| (6) 了解项目进度计划制订的依据、方法和结果 | (6) 熟悉关键线路的确认方法 |
| (7) 了解项目进度控制的依据、方法和结果 | (7) 熟悉项目进度控制的方法 |

## 知识结构

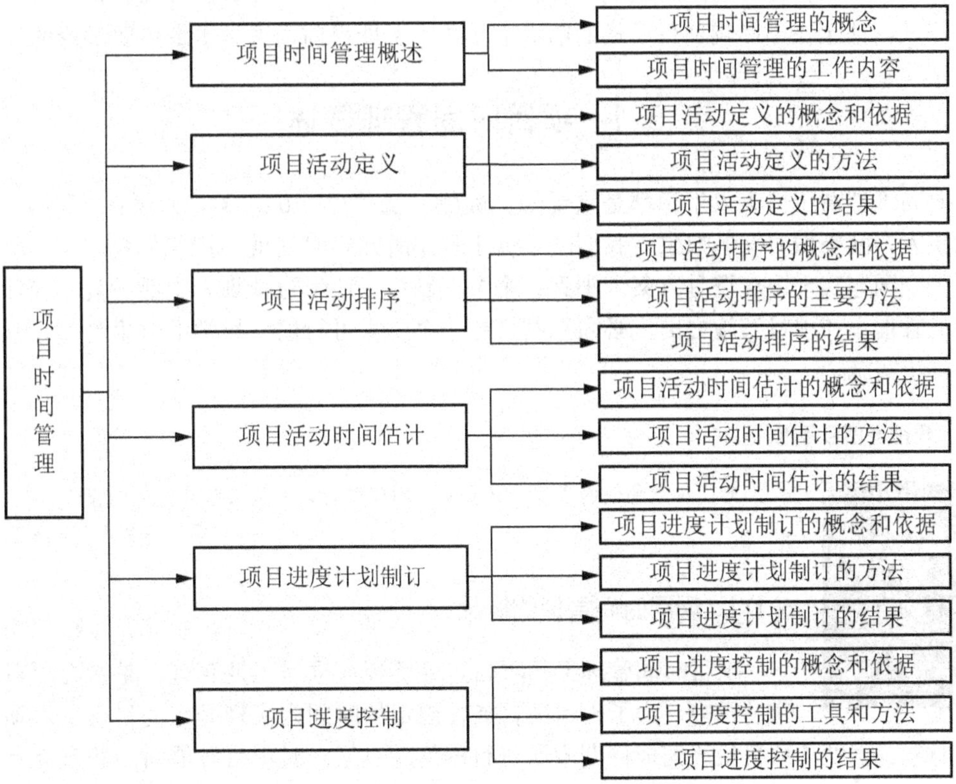

**导入案例**

### 如何安排工作的头绪

王小宝刚被提升为质量部经理，就碰到一件焦头烂额的事情。

由于产品线的增加，质量部需要购置一台新的测试设备。该设备制作复杂，从下订单到产品发货需要3个月的时间，运输最快也得两周。而新的产品线已经建成，需要该测试设备尽快投入使用。质量部需要为该设备专门招聘一名操作工，这个工作虽然可以随时进行，但需要人事部的参与，还需从人事部履行一大堆手续。即便操作工很快能招到，还要对其进行上岗培训，该培训必须在设备安装完成后，在设备上进行，而设备安装又必须等到设备到达以后才可开始。设备安装完毕还必须对其重新标定，只有设备标定和操作工培训完成以后，才能将设备投入使用，对新产品进行测试。

这些工作对王小宝来说本来不算什么，问题是，他没有足够的时间，新生产线上的首批样件计划在4个月以后生产出来，他必须在此之间将上面所有工作完成。

面对时间紧、任务多的挑战，王小宝需要好好安排一下，从纷繁复杂的活动中理出头绪，看看先做什么、后做什么；哪些工作必须分清先后顺序、哪些工作可以同时做等，这些问题涉及项目时间管理的内容。

（资料来源：周小桥．突出重围——项目管理实战[M]．北京：清华大学出版社，2003）

在项目管理中，时间是最重要的约束之一。一个项目不能在合同期内完成，会引起客户不满意，增加项目成本和减少利润，甚至受到相应的惩罚。若能提前完成，又会有相应的奖励。在项目的进行过程中，进度问题是发生的最为普遍、最为突出的问题，时间管理就是保证整个项目在计划的时间成功实施的重要工作。但是，究竟怎样做才能确保项目按计划完成，甚至在不影响项目质量的前提下将整个工期提前，这是本章将要讨论的问题。

## 5.1 项目时间管理概述

时间管理对于所有人来说都是重要的。威廉·沃德(William Ward)说：“我们不做时间的主人，就要做时间的奴隶，我们若不善于利用时间，时间就会把我们耗尽。”现实中，大到一个国家实现一套登月方案，小到一个个人制订一项学习计划，生活无处不充斥着对时间的管理。在项目实施之前，必须先制订出一个切实可行的、科学的进度计划，然后按计划逐步实施。

**看图学项目管理**

时间是最稀缺的资源，只有它得到管理时，其他东西才能加以管理。

——彼得·德鲁克(Peter Druker)

### 5.1.1 项目时间管理的概念

项目时间管理又称项目进度管理或项目工期管理，是指在项目的实施过程中，为了确保项目能在规定的时间内实现既定的目标，对项目各阶段的进展程度和项目最终完成的期限所进行的管理过程。对项目开展时间管理就是要在规定的时间内，制订出合理、经济的进度计划，然后在该计划的执行过程中，检查实际进度是否与计划进度相一致。如果存在偏差，就应及时找出原因，采取必要的补救措施。有时为了保证项目按时完成，还要对原计划进行调整。

项目时间管理是项目管理的重要组成部分之一，它与项目质量管理、项目成本管理并称为项目管理的“三大管理”。项目时间、成本和质量3个目标之间具有对立统一的关系。正常情况下，加快项目实施进度就要增加项目投资，但项目提前完成又可能提高投资效益；严格控制质量标准可能会影响项目实施进度，增加项目投资，但严格的质量控制又可避免返工，从而防止项目进度计划的拖延和投资浪费。可见，这3个目标是相互关联、相互制约的。因此，项目时间管理与项目质量管理、项目成本管理对一个项目而言，是协调作用、相辅相成的。

### 5.1.2 项目时间管理的工作内容

项目时间管理是为确保项目在时间期限内完成所进行的一系列管理过程，这些管理过程在理论上可概括为5个主要过程。

(1) 活动定义(Activity Definition)。确定为完成各种项目可交付成果所必需进行的各项具体活动。

(2) 活动排序(Activity Sequencing)。确定各活动之间的依赖关系，并形成文档。

(3) 活动时间估计(Activity Duration Estimating)。估算完成单项活动所需要的时间长度。

(4) 进度计划制订(Schedule Development)。在分析活动顺序、活动持续时间和资源需求的基础上，编制项目进度计划。

(5) 进度计划控制(Schedule Controlling)。控制项目进度计划的变化，以保证项目按时完工。

接下来将从以上5个方面对项目时间管理的内容进行详细的介绍。需要注意的是，项目时间管理的这些工作虽然在理论上划分得较为明确，但在实践中这些工作通常是相互影响相互制约的，很难清楚地区分。特别是一些小的项目，一些过程相互交叉重叠甚至可以合并在一起视为一个阶段。尽管如此，由于每个过程中所使用的工具和技术不尽相同，因此，在学习过程中还是有必要将其区分开来。

## 5.2 项目活动定义

项目活动定义工作是项目时间管理的一项重要内容，它包括项目活动的识别、分解、定义、确认和文档化等一系列具体工作，由此分析确定为了达到项目目标和生成项目产出物，以及完成项目工作所必须进行的各种项目活动。

### 5.2.1 项目活动定义的概念和依据

#### 1. 项目活动定义的概念

项目活动定义是指为实现项目目标所开展的对已确认项目工作的进一步定义，从而识别和定义项目所必需的各项活动的一种项目时间管理工作。项目活动定义所给出的项目活动是由一系列项目活动步骤构成的，每一个分解定义的项目活动都必须能够生成一个完整而具体的项目可交付物。这种项目活动所生成的项目可交付物既可以是一种有形的东西，也可以是一项有具体内容和质量要求的服务工作。

实际上，项目活动定义就是在项目 WBS 基础上进一步定义每个项目工作包中所包含的具体项目活动。因此，在项目实施中，有必要将所有活动列成一个明确的活动清单，并且让项目团队的每位成员能够清楚有多少工作需要处理。活动清单应该采取文档的形式，以便项目其他过程的使用和管理。随着项目活动分解的深入和细化，WBS 可能会需要修改，这也会影响项目的其他部分，如导致项目成本的增加。因此，完成活动定义后，要更新项目 WBS 上的内容。

项目活动定义的主要工作见表 5－1。

**表 5－1　项目活动定义的主要工作**

| 依　据 | 方　法 | 结　果 |
| --- | --- | --- |
| • WBS<br>• 范围定义<br>• 历史资料<br>• 制约因素<br>• 假设条件 | • 活动分解技术<br>• 模板法<br>• 专家评审 | • 活动清单<br>• 细节说明<br>• WBS 更新 |

2. 项目活动定义的依据

项目活动定义的依据包括 WBS、范围定义、历史资料、制约因素和假设条件 5 个方面的内容。

1）WBS

项目 WBS 是活动定义最基本的依据。项目 WBS 对项目需要完成的全部工作给予清晰的、整体性的描述。在项目 WBS 的基础上，通过运用项目活动分解技术，可以把一些活动分解成为更小、更容易控制的小活动，以便实现更精确的管理。

2）范围定义

正确的范围定义是项目成功的关键。因为它给出了项目目标、项目产出物、项目交付物和项目工作的范围，以及一系列的相关信息和资料。当项目范围定义明确时，就不会漏掉一些必要的工作，也不会额外增加一些与实现项目目标无关的不必要的工作。从而可以保持项目的固有节奏，有效减少待工、返工等情形，不会降低工作人员的生产效率，有利于项目工期的准时达到。

3）历史资料

一般项目的历史资料包括两个方面的内容：一是本项目前期工作的准备情况和实际执行情况；二是过去开展的类似项目的例子。例如，在过去开发实施的类似项目中曾经开展过哪些具体的项目活动、这些活动的顺序如何、其成功或失败的原因何在、有哪些经验或者教训值得人们借鉴，这些都为项目活动定义及之后的工作提供了必要的参考。这些信息主要来源于项目档案、行业渠道了解、团队成员讲授等。

4）制约因素

制约因素是项目活动定义必须考虑的参考因素。项目的制约因素是指一个项目在实施前所面临的具有确定性的各类限制条件和限制因素，任何项目都会遇到各种各样的内部和外部约束条件。例如，一幢商品楼的建设会受到资金、政策导向、法律法规、土地的可获得性、机械台班、建筑材料供应、资金、技术人员、施工人员等一系列制约因素的限制，这些制约因素在进行活动定义时必须要考虑到，否则定义出来的项目活动必然会因成为“无本之木、无源之水”而注定无法实现。

5）假设条件

上面的制约因素是一种已经确定了的、在项目进程中不可回避的限制条件。然而在项目管理中，由于信息的不完全性，还有很多因素是还不能够确定的。为了开展项目活动定义，必须对这些条件根据分析和经验做出人为的假定，这就是项目的假设条件。假设条件是为了编制计划而被认为是确定了的因素，会给项目带来一定的风险，因而需要跟踪控制、制订应急计划对其进行必要的防范。

### 5.2.2 项目活动定义的方法

项目活动定义的一个主要成果是项目活动清单。对于一些小型项目来说，得到一份完整的项目活动清单相对容易，一般通过项目团队成员采用“头脑风暴法”进行集思广益就可以生成。但对于较大的、复杂的项目，可能难以获得符合要求的项目活动清单，这种情况下需要采用如下的活动定义的工具和技术。

#### 1. 活动分解技术

项目活动分解技术是为了项目更易管理，以项目 WBS 为基础，按照一定的层次结构把项目工作逐渐分解为更小的、更易于操作的工作单元。这种方法是将项目工作分解中给出的项目工作包逐个进行更细的分解，然后定义项目活动的方法。实质上就是项目工作分解方法的延伸。但必须注意的是，项目活动分解的结果是形成项目活动清单，而不是项目产出物描述。

#### 2. 模板法

模板法又称分解平台法，是利用已经完成的类似项目的活动清单或者部分活动清单，作为一个新项目活动定义的模板，然后根据新项目的制约因素、假设条件、项目要求，通过在模板上增删项目活动，从而定义出一个新项目的方法。这种方法的优点是简单快捷且具有较高的结构化水平，缺点是原模板的限制或缺陷会影响项目活动的定义使之不够精确。因此，在选用模板时一定要尽量接近现阶段的活动。

#### 3. 专家评审法

专家评审法即具有经验的专家对项目活动进行定义的方法。通过访谈相关权威，集思广益从而不断改良方案并最终得到项目活动清单。这些方法虽然也经常会使用，但多见于一些对精度要求不是很高的小项目，带有一定的主观性，可靠性不及前两种方法。

### 5.2.3 项目活动定义的结果

1. 活动清单

活动清单是项目活动定义输出的最重要的信息和文件。活动清单列出了项目所需开展和执行的所有活动，同时排除了超过项目范围的活动，是之后进行的项目活动排序的基础。活动清单可看做是 WBS 的细化和扩展，因为它给出的项目工作远远要比 WBS 给出的更详细、具体、可操作。项目活动清单编制时有两个要求：一是活动清单要包括项目的全部活动；二是活动清单不能包括任何不属于本项目的活动内容。编制出来的活动清单还应该包括有关项目活动属性或特性的说明和描述，如项目活动性质、代码、名称、责任人、先行活动、后续活动、资源要求、工期制约等。

2. 细节说明

细节说明通常是指用于支持和说明项目活动清单的各种具体细节的文件，通常需要单独成文，以活动清单附件的形式存在。细节说明包括项目活动之间的逻辑关系说明、项目活动提前与延期时间的要求、强制性日期要求、项目制约因素和假设条件等。细节说明可以确保项目团队清楚地理解工作该如何展开。

3. WBS 更新

在定义项目活动这个过程中，项目团队可以发现漏掉的可交付物或者可以确定哪些交付物的说明需要澄清或者更正。因此，要对原有的 WBS 进行更新。同时，也必须对其他相关项目管理文档进行更新。

## 5.3 项目活动排序

在项目活动定义完成之后，项目时间管理就进入了下一个步骤：活动排序。活动排序以产品说明书、更新后的 WBS、活动清单、活动清单附件，以及活动之间的逻辑关系为依据，来确定某一项活动必须在另一项完成之后展开，某几项活动可以齐头并进、同时进行等。活动的排序工作可以利用项目管理软件，也可以手工进行，还可以手工和软件相结合。

### 5.3.1 项目活动排序的概念和依据

1. 项目活动排序的概念

为了对一个项目编排切实可行的进度计划，必须对定义好的项目活动进行排序。项目活动排序就是根据项目活动间的依存关系，使用项目活动清单和项目范围描述，以及制约因素和假设条件等依据，通过反复优化来编制出项目活动顺序的项目时间管理工作。项目活动排序的主要工作见表 5-2。

表5-2 项目活动排序的主要工作

| 依　据 | 方　法 | 结　果 |
| --- | --- | --- |
| • 项目活动清单及细节说明<br>• 产品说明书<br>• 项目活动之间的关系<br>• 项目制约因素和假设条件 | • 网络计划技术 | • 项目网络图<br>• 更新后的项目活动清单 |

2. 项目活动排序的依据

活动排序的依据包括活动清单及细节说明、产品说明书、项目活动之间的关系、项目制约因素和假设条件等几个方面。

1）活动清单及细节说明

活动清单及其细节说明作为活动定义的主要输出，同时也作为活动排序的主要输入，是进行活动排序的重要基础。其中，活动清单给出了项目开展的所有活动，活动的细节说明则给出了活动清单的各种细节、依据、假设和制约因素。一份完整而有效的活动清单基本就能确定活动排序的大致轮廓。

2）产品说明书

产品说明书是有关项目将要创造的产品或服务的特性的文档，它所给出的产出物界定及其具备的专业特性和管理要求将直接影响项目活动顺序的安排确定。一份产出物明确的产品说明书有助于项目团队科学地做出项目活动排序，明确项目的操作方向。因此，产品说明书也是项目活动排序的依据。

3）项目活动之间的关系

在安排活动顺序时，要明确各活动之间的逻辑关系，各项活动之间的关系主要包括强制性依赖关系、可灵活处理的依赖关系和外部制约关系3种。

(1) 强制性依赖关系。强制性依赖关系是指所做工作中固有的依赖关系，是活动所存在的内在关系，通常顺序不可调整、不可逆转，有一套固定不变的实施步骤。例如，为房屋打地基需要按挖基坑、放线、抹灰、砌石块等步骤一步一步来，顺序无法更改；再如，某电子项目，必须先建一个原型，然后才能进行试验。

(2) 可灵活处理的依赖关系。可灵活处理的依赖关系是指由项目团队根据具体情况来确定的那类依赖关系。一般这类关系由项目团队根据所具有的资源要素和限定条件决定，因而具有很大的人为性。这类活动关系的确定通常取决于项目管理人员的知识和经验。

(3) 外部制约关系。外部制约关系主要是指项目活动和非项目活动之间的关系，即外部条件对项目进展的制约，如项目的某些活动需要政府同意才能动工。因此，在项目活动计划的安排过程中只有考虑到外部活动对项目活动的一些制约及影响，才可能合理安排项目活动之间的关系。

4）项目制约因素和假设条件

不同的制约因素和假设条件下就可能会有完全迥异的活动顺序安排。例如，没有资金和人力约束的几种项目可以同时开展，但是假如资金人力受到限制之后项目只能依次逐一进行了；而道路施工在假设天气晴朗的条件下可以在一个月结束，但是如果某天遇到雷雨天气就会导致项目暂时停工。

### 5.3.2 项目活动排序的主要方法

确定了项目活动的某种依赖关系后，就需要运用一定的工具和方法来描述项目活动的顺序，支持这项工作的主要工具就是网络计划技术。网络计划技术属于运筹学的分支，是20世纪50年代后期首先在美国产生并发展起来的一种应用于组织大型项目或生产计划安排的科学的计划管理方法。

网络计划技术以网络图的形式，反映组成一项生产任务或一个项目中各活动的先后顺序及相互关系，并通过一定的计算方法找出影响整个项目的关键活动和关键路线，利用时差不断地调整与优化网络，来对项目进行统筹规划和控制的方法。网络图(Network Chart)是由箭线(Arrow)和节点(Node)组成的用来表示工作流程的有向和有序的网状图形。图5-1就表示了一个房屋从设计到收尾全过程的简单的网络图。

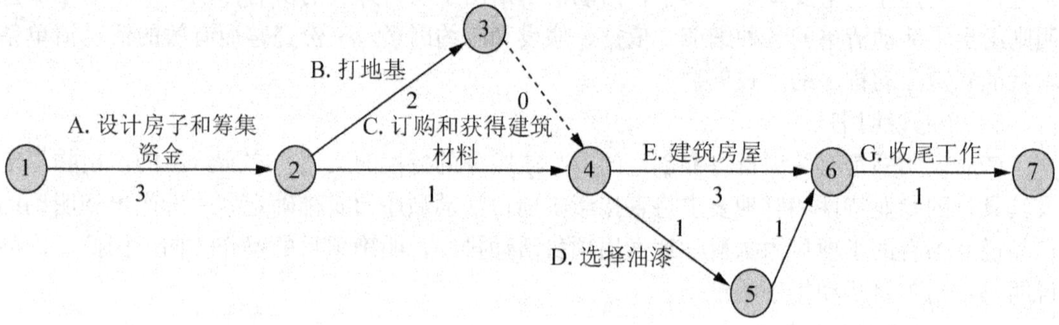


**图5-1 建造房子的网络图**

根据网络图的表达方法不同和计划工作的需要，可将网络图分为许多类型：按工作表达方式不同，可分为双代号网络图和单代号网络图；按网络计划目标的多少，可分为单目标网络图和多目标网络图；按作业时间和逻辑关系的确定性，可分为肯定型网络图和非肯定型网络图。下面主要介绍双代号网络图和单代号网络图。

1. 双代号网络图

双代号网络图又称箭线网络图，是以一条箭线表示一项工作，工作名称写在箭线之上，完成该项工作的持续时间标注在箭线下方，箭尾表示工作的开始，箭头表示工作的结束。在箭头和箭尾画上圆圈并分别编上标号 $j$ 和 $i$，用标号 $i$—$j$ 代表这项工作的名称，双代号因此得名，如图5-2所示。将一个项目的所有工作采用这种模型，根据其开展的先后顺序，考虑其制约关系，从左到右排列起来所形成的网状图为双代号网络图。

1）双代号网络图的构成

双代号网络图由工作、节点和线路3个基本要素组成。

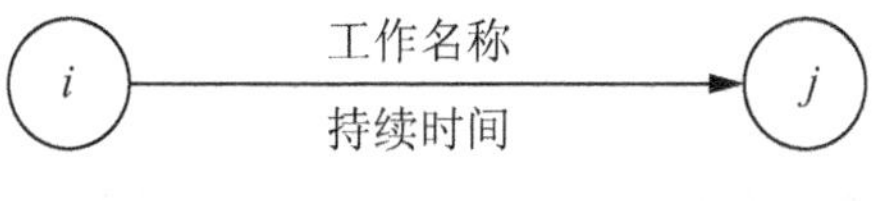


图 5-2　双代号网络图工作表示方法

(1) 工作。工作是指一项需要消耗人力、物力和时间的具体活动过程，在双代号网络图中用箭线表示。其基本要点如下。

① 工作的名称或内容写在箭线之上，持续时间写在箭线之下。

② 箭头方向表示工作进行的方向，箭尾端 $i$ 表示工作开始，箭头端 $j$ 表示工作完成。

③ 在无时间坐标的网络图中，箭线的长短并不反映该工作占用时间的长短，可以根据需要任意画。在有时间坐标的网络图中，箭线长短必须根据完成该工作持续时间的长短按比例绘制。

④ 安排在本工作之前的工作称为本工作的紧前工作；安排在本工作之后的工作称为本工作的紧后工作；可与本工作同时进行的工作称为本工作的平行工作，如图 5-3 所示。

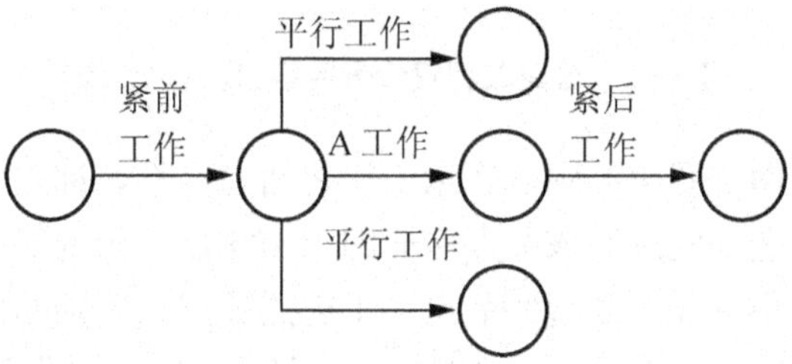


图 5-3　工作逻辑关系图

⑤ 在双代号网络图中，为了正确地表达图中工作之间的逻辑关系，往往需要应用虚箭线。虚箭线表示实际工作中并不存在的一项虚设工作，它既不消耗时间，也不占用资源，一般起着工作之间的联系、区分和断路的作用。联系作用是指应用虚箭线正确表达工作之间的相互依存关系；区分作用是指双代号网络图中每一项工作都必须用一条箭线和两个代号表示，若两项工作的代号相同时，应使用虚工作加以区分，如图 5-4 所示；断路作用是用虚箭线断掉多余联系，即在网络图中把无联系的工作连接上时，应加上虚工作将其断开。

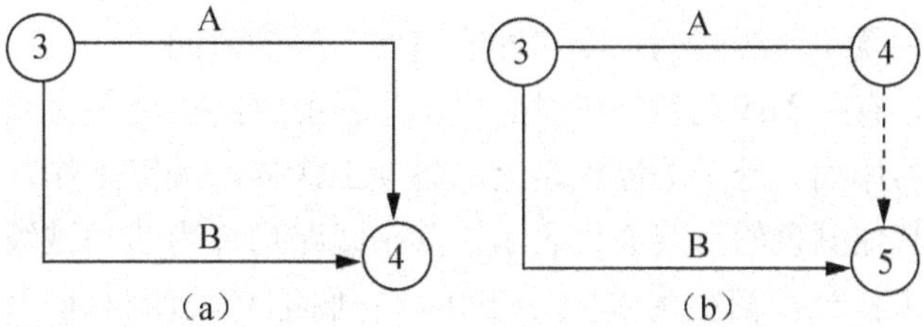


图 5-4　虚箭线的区分作用

**应用举例 5-1**

图 5-5 为一个公路工程的双代号网络图，图中③—④工作是填路基，所需时间为 4 天。排水设施和清除杂物是其平行工作，这 3 项工作的紧前工作是土方开挖，排水设施的紧后工作是路面施工，清除杂物的紧后工作是路肩施工，而填路基的紧后工作是路面施工和路肩施工。虚箭线④--→⑤表示填路基与路面施工的先后顺序，虚箭线④--→⑥表示填路基和路肩施工的先后顺序。

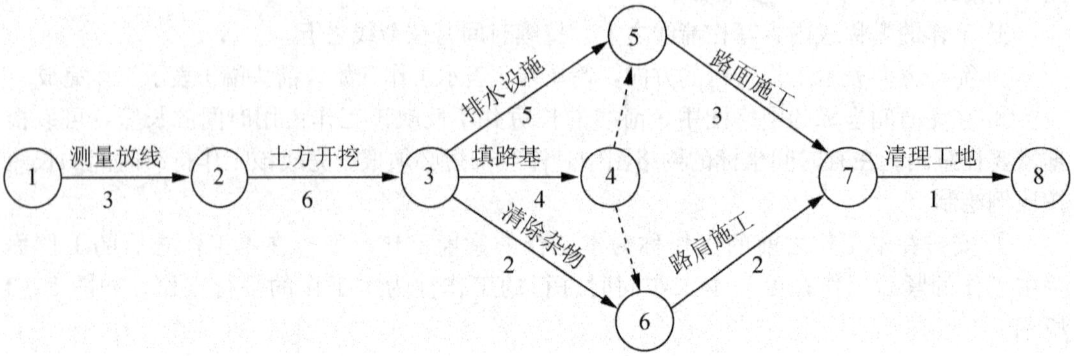


**图 5-5　公路工程双代号网络图(单位：天)**

(2) 节点。双代号网络图中的圆圈表示工作之间的联系，称之为节点。在时间上节点表示指向某节点的工作全部完成后该节点后面的工作才能开始的瞬间，它反映前后工作的交接点。双代号网络图中有 3 个类型的节点：①起点节点，即网络图的第一个节点，它只有外向箭线(由节点向外指的箭线)，一般表示一项任务或一个项目的开始；②终点节点，即网络图的最后一个节点，它只有内向箭线(指向节点的箭线)，一般表示一项任务或一个项目的完成；③中间节点，即网络图中既有内向箭线，又有外向箭线的节点。

双代号网络图中，节点用〇表示，并在圆圈内编上正整数号码，称为节点标号。每项工作都可以用箭尾和箭头的节点编号作为该工作的代号，以方便网络图的检查、计算与使用。一项工作应当只有唯一的一条箭线和相应的一对节点，且要求箭尾节点的编号小于其箭头节点的编号，即 $i<j$(如图 5-2)。网络图节点的编号顺序应从小到大，可不连续，但不允许重复。

(3) 线路。线路是指从网络图的起始节点，顺着箭头所指的方向，通过一系列的节点和箭线连续不断到达终止节点的一条通路。在一个网络图中可能有很多条线路，线路中各项工作持续时间之和就是该线路的长度，即线路所需要的时间。

在各条线路中，有一条或几条持续时间之和最长的线路称为关键线路，它对整个项目的完成起着决定性的作用。处于关键线路上的各项工作称为关键工作，关键线路上的箭线采用粗线、双线或其他颜色的箭线突出表示。其余线路均称为非关键线路。位于非关键线路上的工作除关键工作外，都称为非关键工作，它们都有机动时间，即时差。如图 5-6 所示的网络图中，共有 5 条线路，其中，线路①—③—④—⑥在整个项目中用时最长，为关键线路，用双箭线表示。

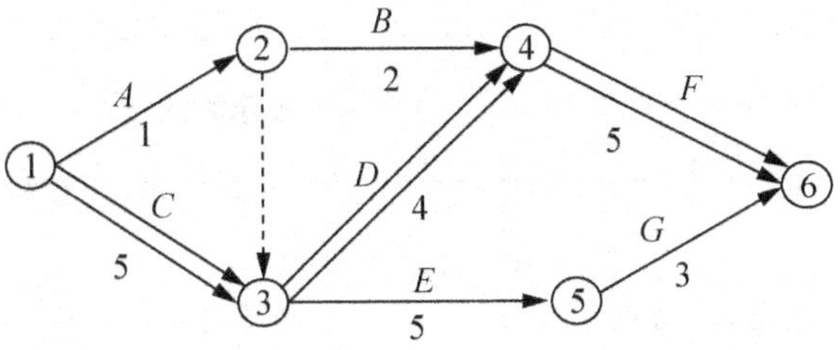


图 5-6　双代号网络图

关于关键线路需要注意以下两点：①关键线路在网络图中有可能不止一条，可能同时存在几条；②非关键工作也不是一成不变的，它可以转化成关键工作。如果将图 5-6 中的 G 工作工期改为 4 天，则线路①—③—⑤—⑥也成了关键线路，这时该网络图中就同时存在两条关键线路，如图 5-7 所示。人们可以利用非关键工作的机动时间科学地、合理地调配资源和对网络计划进行优化。

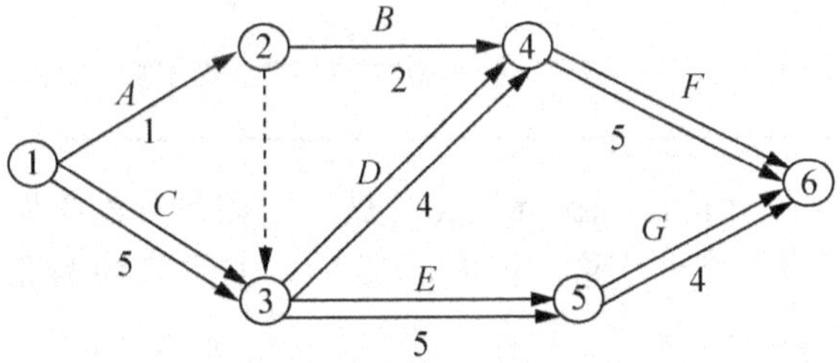


图 5-7　双关键路线网络图

2）双代号网络图的绘制

（1）双代号网络图的绘制步骤。双代号网络图的绘制步骤如下：①确定各工序间的逻辑关系，绘制逻辑关系表；②自左向右逐步组合各工序，构成组合逻辑关系图；③检查、调整逻辑关系图，完善为双代号网络图；④对网络图进行修整，去掉多余虚工作，使网络图看起来布局合理、表达清楚。

（2）双代号网络图的绘图基本规则。双代号网络图绘制时应遵循以下基本规则。

① 必须正确表达已定的逻辑关系，表 5-3 是双代号网络图各工作逻辑关系表示方法。

表 5-3　双代号网络图各工作逻辑关系表示方法

| 序号 | 说　明 | 表示方法 | 逻辑关系 | |
|---|---|---|---|---|
| | | | 工作名称 | 紧前工序 |
| 1 | A 工作完成后进行 B 工作 | 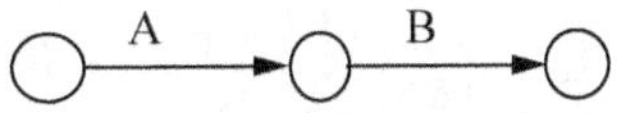 | B | A |
| 2 | 只有 A 完成后，B、C 才能开始 | 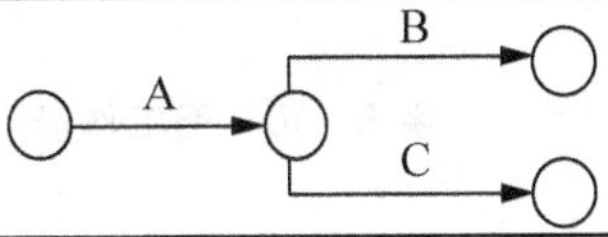 | B<br>C | A<br>A |

续表

| 序号 | 说　明 | 表示方法 | 逻辑关系 | |
|---|---|---|---|---|
| | | | 工作名称 | 紧前工序 |
| 3 | C工作只有在A、B完成后才能开始 | 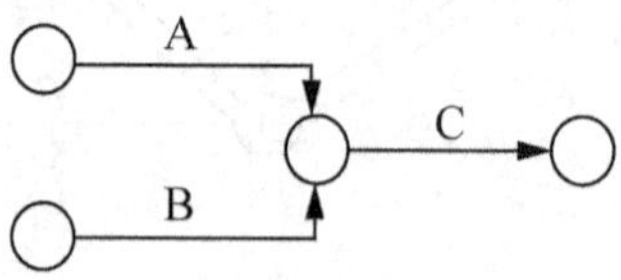 | C | A、B |
| 4 | 只有当A、B完成后，C、D才能开始 | 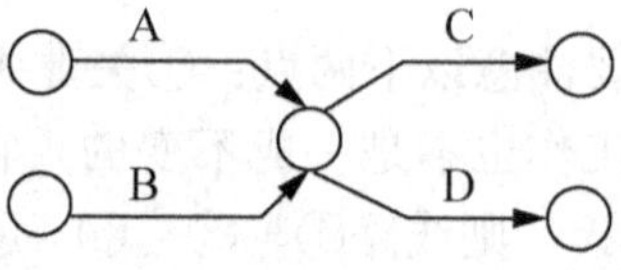 | C<br>D | A、B<br>A、B |
| 5 | A、B完成后，C才能开始，且B完成后，D才能开始 | 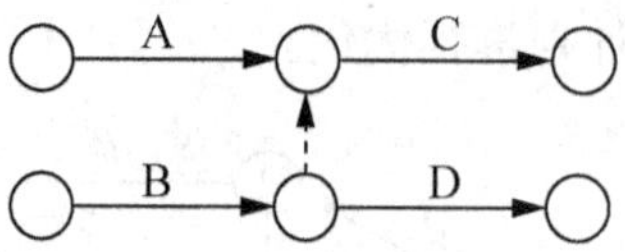 | C<br>D | A、B<br>B |

② 双代号网络图中不允许出现循环回路。循环回路是从网络图的某一节点出发，顺着某一线路又回到原出发节点的线路。在图5-8中，工作B和D形成循环回路，在逻辑关系上是错误的。

③ 网络图中严禁出现双向箭头和无箭头的连线。图5-9所示为错误的画法。

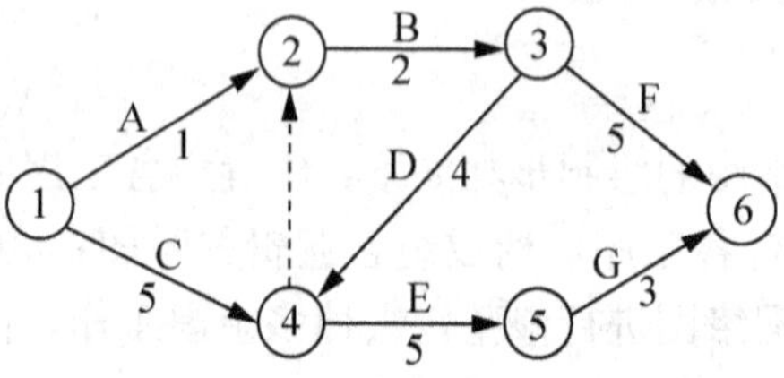


图5-8　循环回路

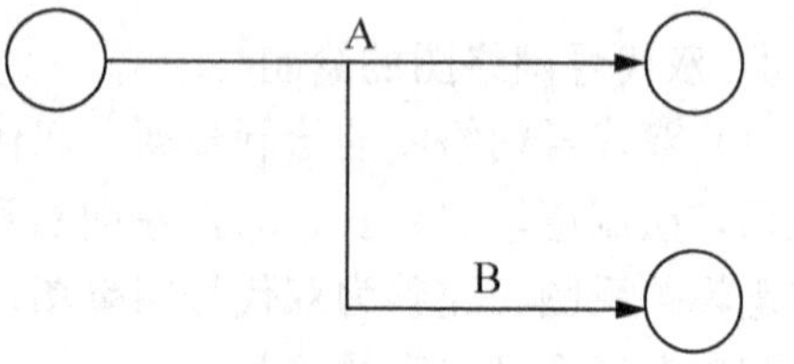


图5-9　双向箭头错误画法

④ 双代号网络图一箭接两圈是规定的表达方式，严禁在网络图中出现没有箭尾节点的箭线和没有箭头节点的箭线，如图5-10所示。

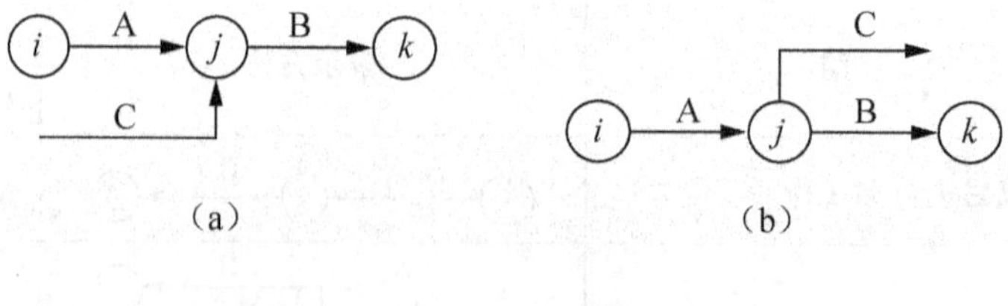


(a)　　(b)

图5-10　无工作箭尾节点和箭头节点

⑤ 一张网络图应只有一个起点节点和一个终点节点(多目标网络计划除外)，而其他节点均应是中间节点。

图 5－11(a)中，节点①、②、③都表示计划的开始，⑫、⑬和⑭都表示计划的完成，这是错误的，应引入虚工作，表示成图 5－11(b)，其中①为计划的起始节点，⑪为计划的终止节点，其余圆圈统称为中间节点。

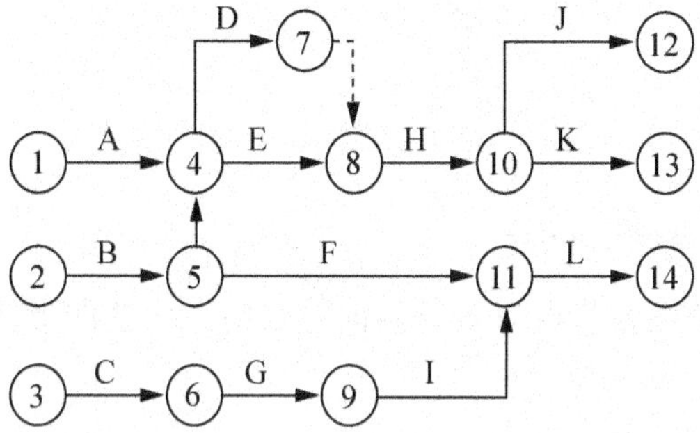


(a) 错误 (b) 正确

**图 5－11 起始节点和终点节点**

⑥ 同一项工作在一个网络图中不能表达两次以上。图 5－12(a)中，工作 D 出现了两次，应引入虚工作，表达成图 5－12(b)所示。

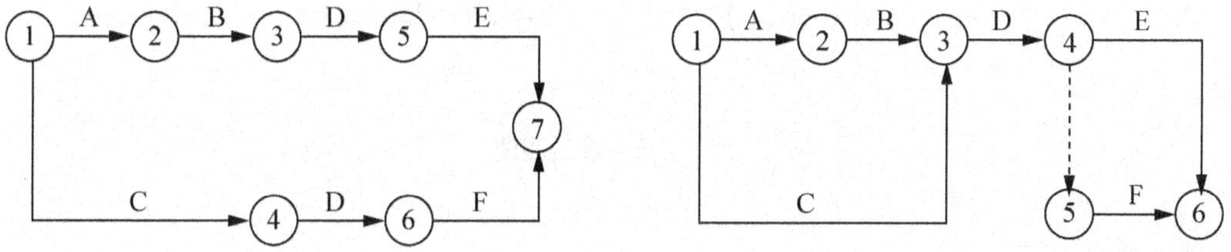


(a) 错误 (b) 正确

**图 5－12 同一项工作表达方法**

⑦ 网络图中不允许出现相同编号的工作，即两个节点之间只允许有一个工作箭线，如有两个以上时应增加虚工作，如图 5－13 所示。

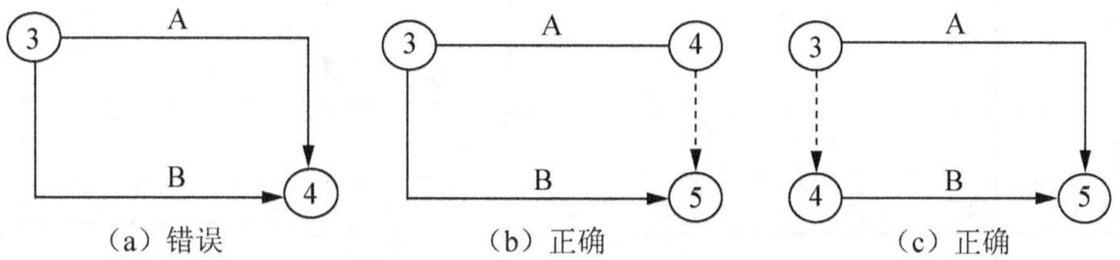


(a) 错误 (b) 正确 (c) 正确

**图 5－13 相同编号工作示意图**

⑧ 应尽量避免箭线交叉。当交叉不可避免时，可采用过桥法、断线法等方法处理，如图 5-14 所示。

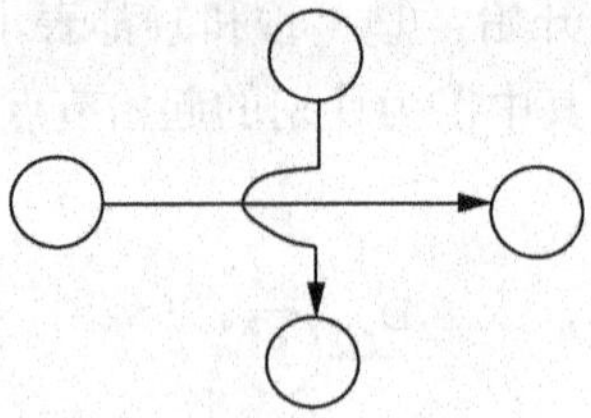

(a) 过桥法　　(b) 断桥法

**图 5-14　交叉箭线的处理方法**

⑨ 当网络图的起点节点有多条外向箭线或终点节点有多条内向箭线时，为使图形简洁，可用母线法绘制，如图 5-15 所示。

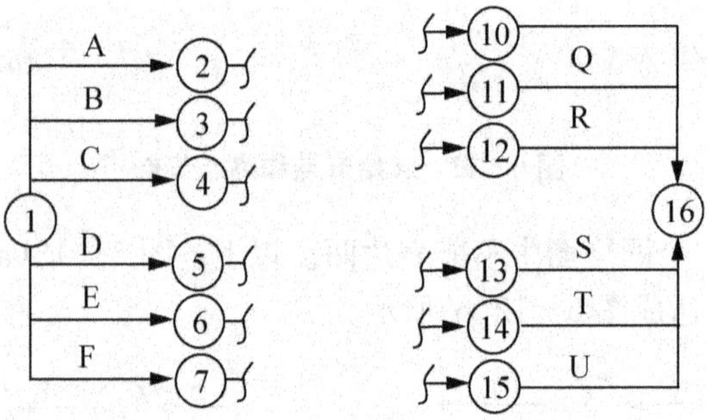


(a)　　(b)

**图 5-15　母线画法**

**应用举例 5-2**

根据表 5-4 给出的逻辑关系表，可绘制双代号网络图，如图 5-16 所示。

**表 5-4　网络图逻辑关系表**

| 工　作 | 紧后工作 |
|---|---|
| A | C、D、E |
| B | D、E |
| C | F |
| D | F、G |
| E | — |
| F | — |
| G | — |

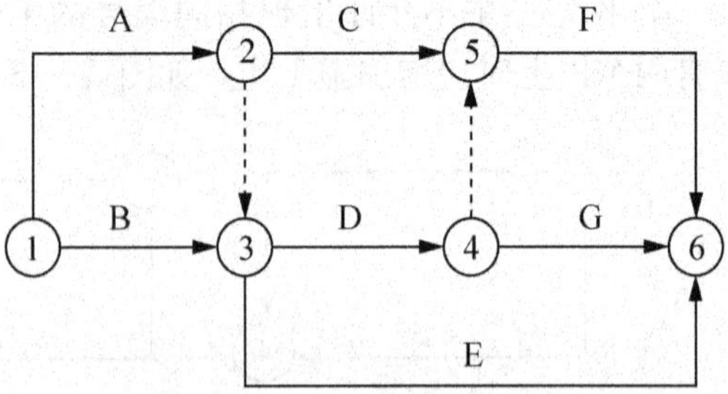


**图 5-16　双代号网络图**

2. 单代号网络图

单代号网络图又称节点网络图，是由一个节点表示一项工作，以箭线表示工作顺序的网络图。

1）单代号网络图的构成

构成单代号网络图的基本要素有以下几个。

（1）节点。节点用圆圈或方框表示。单代号网络图中的每一个节点代表一项工作，工作的名称、持续时间和编号一般都标注在圆圈或方框内，有时甚至将时间参数也注在节点内，如图5-17所示。

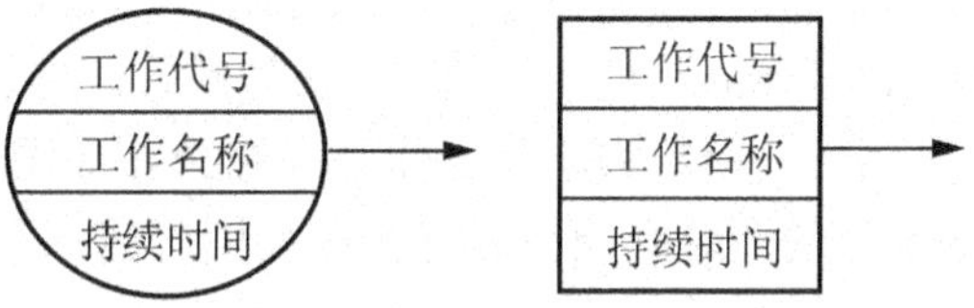


图5-17 单代号网络图的工作表示方式

单代号网络图中每个节点都必须编号，作为该节点工作的代号。一项工作只能有唯一的一个节点和唯一的一个代号，严禁出现重号。编号要由小到大，即箭头节点的号码要大于箭尾节点的号码。

（2）箭线。单代号网络图中的箭线仅表示工作之间的逻辑关系，它既不占用时间，也不消耗资源。单代号网络图中不用虚箭线。箭线的箭头表示工作的进行方向，箭尾节点表示的工作是箭头节点的紧前工作。

（3）线路。单代号网络图中，各工作依先后顺序用箭线连接起来，形成线路。各条线路应用该线路上的节点编号自小到大依次表达，也可以用各工作名称来反映。

表5-5对比了双代号网络图和单代号网络图在表示上的不同。

表5-5 双代号网络图与单代号网络图在表示上的区别

| | 双代号网络图 | 单代号网络图 |
|---|---|---|
| 节点 | 节点代表一项工作的开始或结束，只是一个“瞬间”概念。因此，它既不消耗时间，也不消耗资源 | 一个节点代表一项工作或工序，因而它消耗时间和资源 |
| 箭线 | 一条箭线表示一项工作 | 表示工作之间的逻辑关系，它既不占用时间，也不消耗资源 |
| 虚工作 | 表示工作之间的先后逻辑关系，不耗用资源，也不占用时间 | 没有虚工作 |

2）单代号网络图中的工作间关系

在单代号网络图中，项目工作之间存在4种类型的逻辑关系或依赖关系，如图5-18所示。

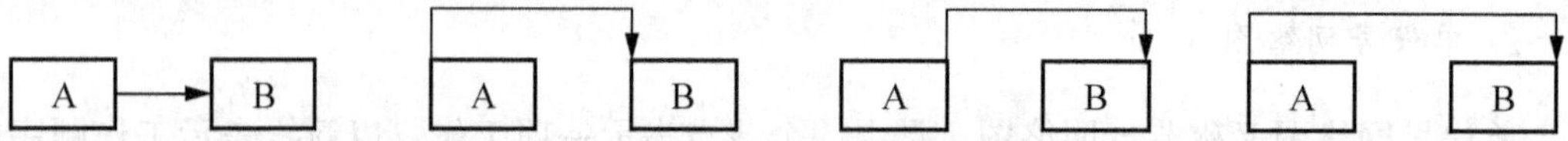


（a）结束—开始　（b）开始—开始　（c）结束—结束　（d）开始—结束

**图 5-18　四种类型的工作依赖关系图**

（1）结束—开始(FS)：B 工作必须在 A 工作结束后才能开始，如图 5-18(a)所示。例如，某个项目在投资前，必须先进行可行性研究，在项目可行的基础上，才能进行投资活动。再如，只有在新计算机系统和软件安装之后，才能进行用户计算机培训工作。

（2）开始—开始(SS)：B 工作开始前 A 工作必须开始，如图 5-18(b)所示。例如，在进行项目管理时，进度管理工作开始时，成本管理工作必须开始，两项工作至少要同时开始。

（3）结束—结束(FF)：B 工作结束前 A 工作必须结束，如图 5-18(c)。例如，在进行厨房装修时，热水器输水管的安装必须在厨房粉刷完毕之前结束，否则，还得打洞破坏墙壁。

（4）开始—结束(SF)：B 工作结束前 A 工作必须开始。

这 4 种逻辑关系中，结束—开始型最为常见；开始—开始型和结束—结束型允许两项工作有一定程度的并行；开始—结束现实中很少见。下面主要针对结束—开始型说明单代号网络图的绘制。

3）单代号网络图的绘图规则

（1）正确表达逻辑关系。用网络图表示的逻辑关系对照见表 5-6。

**表 5-6　用网络图表示的逻辑关系对照**

| 序号 | 工作之间的逻辑关系 | 单代号表达方法 | 双代号表达方法 |
|---|---|---|---|
| 1 | A 工作完成后进行 B 工作 |  | 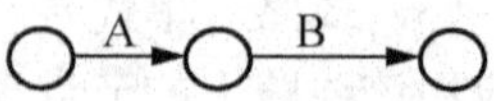 |
| 2 | A 工作完成后，B、C 才能开始 | 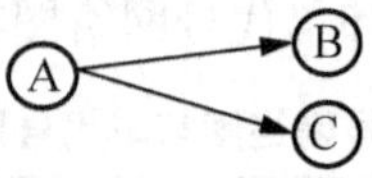 | 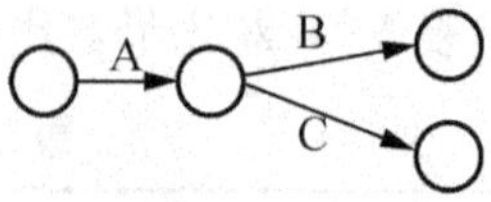 |
| 3 | A、B 工作完成后进行 C 工作 | 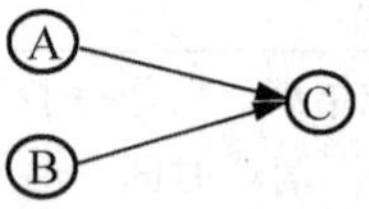 | 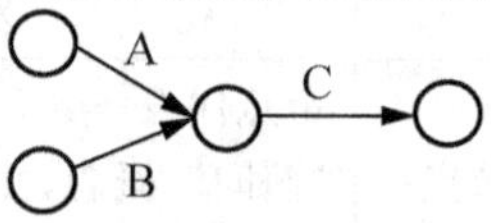 |
| 4 | A、B 工作完成后，C、D 才能开始 | 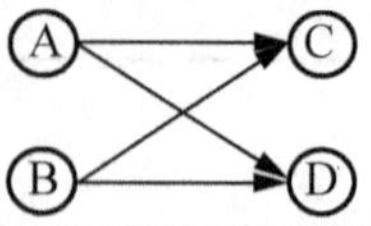 | 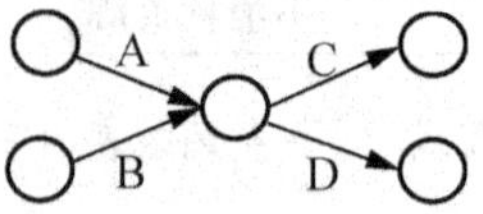 |
| 5 | A、B 工作完成后，C 工作才能开始，且 B 工作完成后，D 工作才能开始 | 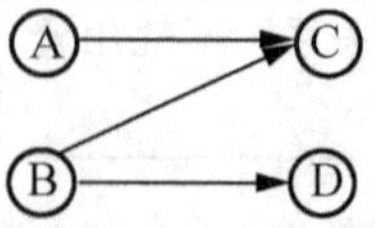 | 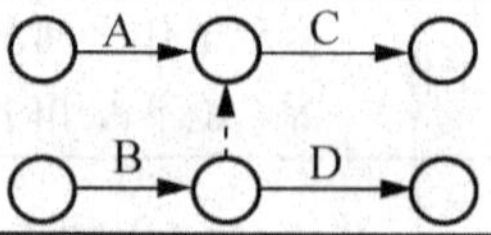 |

（2）单代号网络图是有向图，同样严禁出现循环回路。

（3）单代号网络图中严禁出现无箭尾节点或无箭头节点的箭线。

(4) 单代号搭接网络图中不许出现双向箭头或无箭头连线。

(5) 绘制网络图时箭线不应交叉，当交叉不可避免时，可采用过桥法和指向法来绘制。

(6) 单代号网络图只能有一个起点节点和一个终点节点。当开始的工作或结束的工作不只一项时，应虚拟开始节点 $S_t$ 或结束节点 $F_{in}$，以避免出现多个起点节点或多个终点节点，如图 5-19 所示。

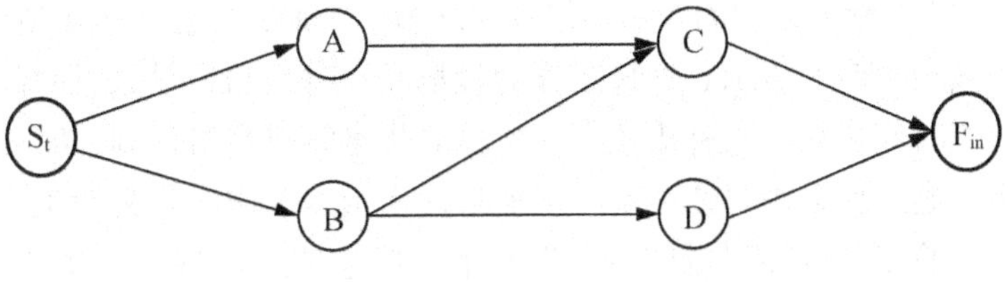


**图 5-19 带虚拟节点的单代号网络图**

单代号网络图的绘图规则大部分与双代号网络图的绘图规则相同，故不再赘述。对比单代号网络图和双代号网络图，可以看出单代号网络图的逻辑关系容易表达，且不用虚箭线，便于检查和修改，更适宜于应用计算机进行绘制、计算、优化和调整。但是，单代号网络图用节点表示工作，没有长度概念，不够形象，不便于绘制成时标网络计划，因而影响了其推广和使用。

**应用举例 5-3**

已知某项目各项工作及相互逻辑关系见表 5-7。

**表 5-7 网络图逻辑关系**

| 工作名称 | A | B | C | D | E | F | G | H | I |
|---|---|---|---|---|---|---|---|---|---|
| 紧前工作 | — | — | — | B | B、C | C | A、D | E | E、F |
| 紧后工作 | G | D、E | E、F | G | H、I | I | — | — | — |

下面绘制相应的单代号网络图。根据已给资料，首先设置一个开始的虚节点，然后按工作的紧前关系或者紧后关系，从左至右绘图，设置一个终止的虚节点，最后整理做出网络图。结果如图 5-20 所示。

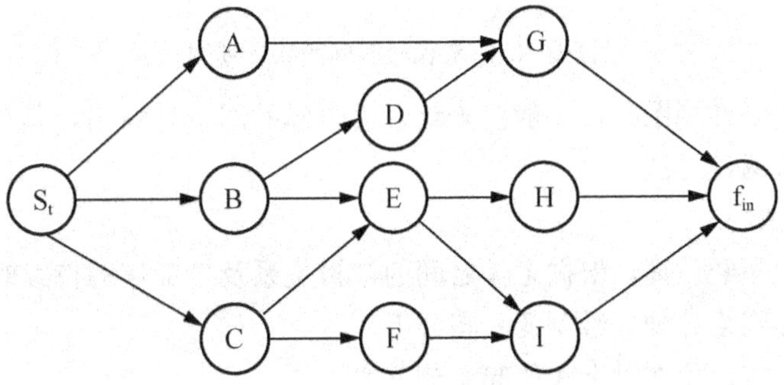


**图 5-20 单代号网络图**

3. 时间坐标网络计划图

时间坐标网络计划图简称时标网络图或时标网络计划图，是以时间坐标为尺度绘制的图络计划图。它将网络计划按工作的逻辑关系，以一定的比例，绘制在一张带有时间坐标的表格之上，既简单易懂，又能反映工作之间的逻辑关系。因此，容易被项目管理人员接受，使用广泛。

在实践中，使用双代号编制的时标网络计划居多，其形式如图 5 - 21 所示。在图 5 - 21 中，所有工作均按最早时间表示，即按工作的最早开始时间和最早完成时间来绘制，其时差出现在最早完成时间之后，这种表达方式也称双代号时标网络计划。时标网络计划的工作以实箭线表示，虚工作以虚箭线表示，以波形线表示本工作与其紧后工作之间的自由时差。在坐标表上，箭线可以倾斜或转弯，但水平长度应按工作持续时间长短成比例绘出。节点无论大小均看成一个点，其中心对准相应的时标位置，它在时间坐标上的水平投影长度应看成零。时标的单位应根据需要确定，可以是小时、天、周、旬、月等，必须在网络图上注明。

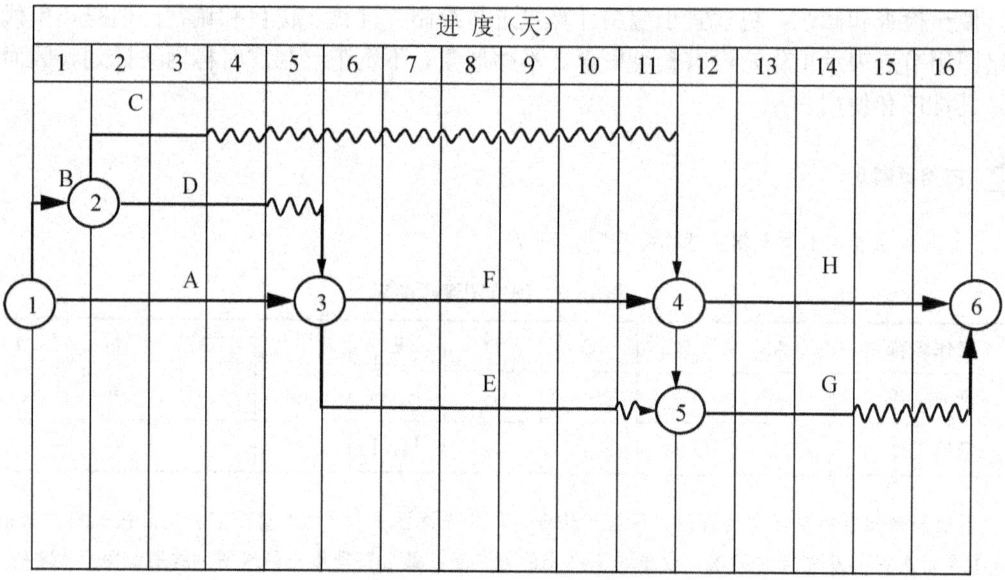


图 5 - 21　双代号时标网络计划图

在绘制时标网络计划图时，一般应先绘好无时标的网络计划图，其绘制方法有直接绘图法和间接绘图法两种方法。

1）直接绘图法

直接绘图法即不经计算，根据工作之间的逻辑关系及各工作的持续时间，直接在时标计划表上绘制时标网络计划。绘制的步骤如下。

（1）将起点节点定位在时标表的起始刻度线上。

（2）绘制起点节点的外向箭线，其长度等于工作的持续时间。

(3) 其他工作的开始节点必须在其所有紧前工作都绘出以后，定位在这些紧前工作最后完成的时间刻度上。某些工作的箭线长度不足以到达该节点时，用波形线补足，箭头画在波形线与节点连接处。

(4) 用上述方法从左至右依次确定其他节点的位置，直至终点节点定位，绘图完成。

2) 间接绘图法

间接绘图法即先算后画，根据先绘制好的无时标网络计划，算出各个节点的最早时间，确定关键线路，然后再在时标表上确定节点位置，用箭线标出工作持续时间。某些工作的箭线长度不足以达到该工作的完成节点时，用波形线补足。绘图时一般宜先绘制关键线路上的工作，再绘制非关键工作。

**应用举例 5-4**

一个项目的工作和计划工期见表 5-8，要求绘制项目的时标网络图。

表 5-8　某项目 2011 年的工作和计划工期表

| 编号 | 工作名称 | 持续时间/天 | 开始时间 | 结束时间 | 紧前工作编号 | 紧后工作编号 |
|---|---|---|---|---|---|---|
| 1 | A | 3 | 6月1日 | 6月3日 | — | B、F |
| 2 | B | 5 | 6月4日 | 6月8日 | A | D |
| 3 | C | 8 | 6月1日 | 6月8日 | — | D |
| 4 | D | 4 | 6月9日 | 6月12日 | B、C | E、G |
| 5 | E | 4 | 6月13日 | 6月16日 | D | H |
| 6 | F | 13 | 6月4日 | 6月16日 | A | H |
| 7 | G | 8 | 6月13日 | 6月20日 | D | I |
| 8 | H | 4 | 6月17日 | 6月20日 | E、F | I |
| 9 | I | 5 | 6月21日 | 6月25日 | G、H | — |

根据项目的工作和工期表，绘制项目的时标网络图，如图 5-22 所示。

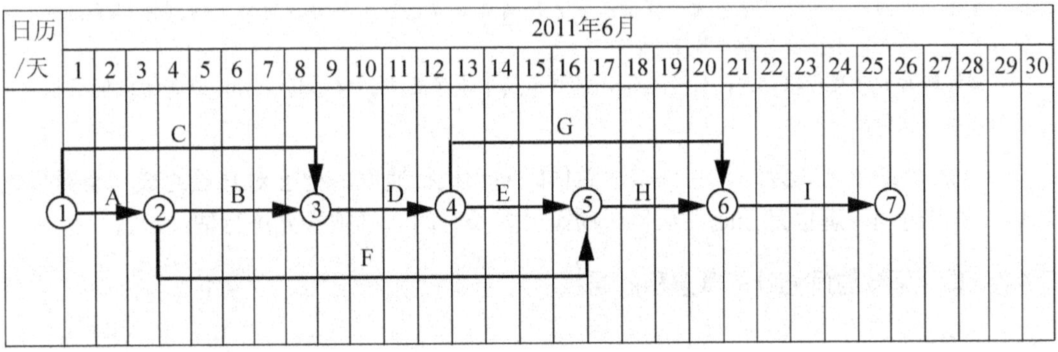


图 5-22　时标网络计划示例

### 5.3.3 项目活动排序的结果

1. 项目网络图

项目网络图是描述项目活动之间逻辑关系和依赖关系的图形，通常由计算机或者手工绘制。该图既可以是整个项目的全部细节，也可以包含一个或多个概括性活动。图中对于项目活动的排序应该都有简要的说明。

2. 更新后的项目活动清单

活动定义过程可以产生对 WBS 的更新，同样，在项目网络图的编制过程中因为会发现需要对某些活动进行再分解或者重新定义。这就要求对项目活动清单及时进行更新，确保反映正确的逻辑关系。

## 5.4 项目活动时间估计

**阅读材料**

兵贵神速

曹操在击败袁术之后，袁术的两个儿子袁尚、袁熙北上逃到乌丸。曹操有心想要去征讨二人，彻底平定北方，又担心远征之后，荆州的刘表乘机派刘备来袭击自己空虚的后方。

曹操的谋士郭嘉分析了当时的形势，对曹操说："你现在到千里之外的地方作战，军用物资多，行军速度就慢，乌丸又仗着地处在边远地区，此刻必然不会防备。不如留下笨重的军械物资，部队轻装，以加倍的速度前进，进行突然袭击，一定能消灭他们。如果延误时机，让袁尚、袁熙喘过气来，重新收集残部，加上乌丸各族响应，只怕冀州又要不属于我们了。"

郭嘉又说："刘表是个空谈家，知道自己才能不及刘备，短时间一定不会信任并重用刘备。刘备不受重用，就算意识到咱们后防空虚也无力发动袭击，等到刘备自己有军事力量时你早回到许都了。所以你只管放心远征乌丸，不会有后顾之忧的！"

曹操依郭嘉的计策行事，部队快速行军，最终彻底平定了北方。整个远征从开始到结束仅用了 3 个月时间就顺利班师回朝。

从上面的故事不难发现，一件事情总体时间和执行速度的把握对其最终成功有重要的影响。项目时间管理也是如此，项目活动需要多长时间，必须事先进行估计。

### 5.4.1 项目活动时间估计的概念和依据

1. 项目活动时间估计的概念

项目活动时间估计是对完成项目的各种活动所需要的时间进行估计。对项目的时间进行估计，首先需要分别估计项目各个活动所需要的时间，然后根据项目活动的排序来确定整个项目所需要的时间。项目活动时间的估计是项目计划制订的一项重要工作基础，直接关系到网络时间参数的计算和完成整个项目所需的总时间。若项目的活动时间估算过短，则会使项目组织处于被动紧张的状态；若项目的活动时间估算过长，则会延迟项目的完成，可能因此失去大好的获利机会。因此，这项工作非常的重要，一般应当由最熟悉具体活动内容和性质的个人或集体来完成和审核。项目活动时间估计既要考虑活动的实际工作时间，也要考虑间歇时间。例如，在建设一条公路时，铺沥青的时间为 10 天，等待沥青干的时间为 2 天。因此，估算该项目铺沥青这一活动的时间为 12 天。

项目活动时间估计的主要工作见表 5-9。

**表 5-9　项目活动时间估计的主要工作**

| 依　据 | 方　法 | 结　果 |
|---|---|---|
| • 项目活动清单<br>• 项目约束和假设<br>• 资源需求<br>• 历史资料 | • 经验类比估算法<br>• 利用历史数据法<br>• 专家判断法<br>• 德尔菲法<br>• 模拟法 | • 活动时间估计<br>• 再更新后的活动清单<br>• 更新后的其他项目文件 |

### 2. 项目活动时间估计的依据

项目活动时间估计所需要的依据有项目活动清单、项目约束和假设条件、资源需求和历史资料等。

1）项目活动清单

在项目活动定义阶段，可以得到一份详尽的项目活动清单，清单中有对各项活动的描述。通过描述，能够为计划制订人员估计项目活动持续时间提供一定的依据。

2）项目的约束和假设条件

这里所指的约束和假设条件是指项目活动所面临的各种限制条件。例如，对于一个工程建设项目，在项目所在地每年 7 月平均有 10 天降雨，而降雨将影响到工程的进度。因此，在项目时间估计时，这些是必须予以考虑的。

3）资源要求

项目活动的时间取决于资源的数量和质量。大多数项目活动的时间将受到分配给该活动的资源数量的影响，如当人力资源减少一半时，活动时间一般来说将会延长一倍；另外，大多数项目活动的时间也受到项目所能够得到的资源质量的影响，如对于同一个活动，技术熟练的工人要比技术一般的工人花费的时间少。

4）历史资料

许多类似历史项目的资料对于项目活动时间的确定是很有帮助的。这些历史项目资料包括项目档案、项目团队成员的知识、经验和公用数据库等。

### 3. 影响项目活动时间的因素

影响活动时间的因素包括以下几个。

1）参与人员的熟练程度

项目时间估计一般以典型工作人员的熟练程度为基础。而实际工作中，参与活动的人员的熟练程度可能高于或低于平均水平，使活动实际时间短于或长于计划时间。

2）突发事件

项目实际进行过程中遇到的一些意料不到的突发事件，对活动实际时间会有影响。在项目计划和活动时间估计阶段不可能考虑到所有突发事件。项目实际进行时，对可能出现的突发事件要有心理准备，并随时进行相应调整。较长期的项目更是如此。

3）工作效率

参与项目的工作人员不可能永远保持同样的工作效率。工作被打断时，需要一定时间才能达到原来的工作速度。干扰无时不在并且无法预知和完全消除，其影响也因人而异，无法事先确定。

4）误解和错误

即使项目计划足够详尽，也无法避免实施过程中的误解和失误，对于这些细节需要采取积极的措施予以纠正和控制。

总之，任何时间估计受上述因素影响都可能造成与实际完成时间不符的情况，因此，项目管理者既要在估计时对影响因素考虑周全，也要随时准备对项目进度进行必要调整。

### 5.4.2 项目活动时间估计的方法

要对活动时间进行精确估算是不容易的，进行项目时间估计的方法有以下几种。

#### 1. 经验类比估算法

对于项目管理人员来说，项目中的有些活动可能和以往所参加的项目类似，借助以往的经验，可以对现在项目的历时进行计算。但是，这种方法一般是估算的活动在任务、人员和资源配置等方面与之相似，遇到不相似的情况，就要进行适当修正，包括时间和地域上的修正。

#### 2. 利用历史数据法

在很多行业都有有关历时估算相关数据和信息的保存，这些数据可以作为估算的基础，常用定额也可以用来计算，如

$$每日完成量=定额工作量\times每天投入工时 \quad (5-1)$$

$$工序时间=工序的实物工程量/每日完成量 \quad (5-2)$$

#### 3. 专家判断法

当项目涉及新技术领域或不熟悉的领域时，项目管理人员由于不具备专业技能，通常很难做出正确合理的时间估算，这就要借助项目管理专家的知识和经验，对项目活动的时间做出权威的估算。否则，估算结果很可能会不可靠且具有较大风险。

#### 4. 德尔菲法

在专家意见难以获得时，德尔菲法是一种有效的替代估计方法。这是一种群体技术，

集中利用一个群体的知识来获得一种估计。德尔菲法的过程是，首先对项目和要估算的活动进行介绍，而后让该群体中的每个人给出其所能得到的最好估计，其结果(第一轮)以列表和直方图的形式反馈给该群体。在此基础上，给出的估计与平均值相差大的人各自讲述自己的理由，然后进行下一次推测，得到新的结果(第二轮)。再次让人们讨论后进行新的估计(第三轮)。在第三轮的结果基础上进行最后的调整，而得到的平均值就是德尔菲法估算得到的结果。当然，如果不满意的话，还可以继续下去。

5. 模拟法

模拟法是以一定的假设条件为前提对活动持续时间进行估计的方法，这种方法也可用来对整个项目的工期进行估计。常见的模拟法有蒙特卡罗模拟法、三点估计法等，其中三点估计法相对比较简单。它假设活动的时间是一个连续的随机变量，服从$\beta$概率分布，并且涉及3个时间的估算：最乐观时间、最可能时间和最悲观时间。

(1) 最乐观时间$t_o$：顺利情况下完成活动所需要的最少时间。

(2) 最可能时间$t_m$：在正常情况下完成活动所需要的时间。

(3) 最悲观时间$t_p$：在最不顺利情况下完成活动所需要的时间。

项目活动时间是使用3个时间估算出的期望工期$t_e$，用下面的公式计算。

$$t_e=\frac{t_o+4t_m+t_p}{6} \tag{5-3}$$

**应用举例 5-5**

某一简单项目由3项活动A、B、C组成，其项目网络结构图如图5-23所示。活动A、B、C在正常情况下的工作时间分别是15天、20天、30天，在最有利的情况下所需要的时间为10天、15天、20天，在最不利的情况下其工作时间分别是20天、31天、52天，那么该项目各活动和整个项目的最可能的完成时间为：

活动A最有可能完成的时间 $T_A=(10+4\times15+20)/6=15$(天)

活动B最有可能完成的时间 $T_B=(15+4\times20+31)/6=21$(天)

活动C最有可能完成的时间 $T_C=(20+4\times30+52)/6=32$(天)

因此，该项目最可能完成的时间 $t_m=(15+21+32)=68$(天)

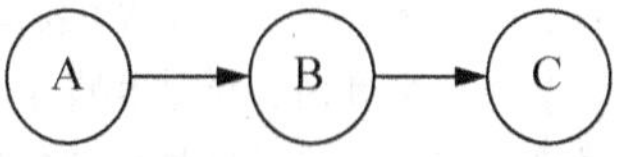


图5-23 项目网络结构图

## 5.4.3 项目活动时间估计的结果

项目活动时间估计的结果包括以下几方面的内容。

1. 活动时间估计

项目活动时间估计的结果主要是对具体项目活动所需时间及其可能性的估算，所以项目活动时间估算的结果不但应该包括对具体项目活动时间的估算，还应该包括对项目活动工期可能变化范围的估算。例如，一个项目活动的时间估算为4周±2天，表示该活动至少需要18天，至多需要22天(按一周5个工作日计算)。

2. 再更新后的活动清单

在项目活动时间估算进程中人们会发现在已有的项目活动清单中存在某些问题或遗漏，此时就有必要对项目活动清单进行必要的修订，这些更新后的项目活动清单就是项目活动时间估算结果的一部分。

3. 更新后的其他项目文件

在项目活动时间估算中，人们同样会发现在已有的项目范围管理计划、项目 WBS 等文件中存在一定的漏洞和缺陷，这时候也就需要对项目文件进行必要的修订和更新，这些都是项目时间估算的结果。

## 5.5 项目进度计划制订

**阅读材料**

### 项目进度计划制订的作用

1993 年，土耳其总统特格特·欧塞尔不幸逝世，土耳其需要在几天内建造一个符合宗教信仰、高质量的总统基地，这个基地要能容纳数千人来这里谒陵。雅皮·莫克西(Yapi Merkezi)被任命组建一个项目组来负责这个项目。

当雅皮·莫克西组建好项目组并敲定计划时，离项目完成时间只剩下了 73.5 个小时。为了能够在规定的时间内完成项目，项目组制订了一个进度计划，该进度计划由 27 项活动组成，其中主要活动包括原材料准备、地点勘定、地基挖掘、排水系统、混凝土浇筑、大理石装饰安装、照明设备安装、花坛安置和最后的卫生清扫工作，只有每项活动严格地在规定时间内完成，整个项目才能按期完工。

这个项目最后是严格地按照已制订的进度计划进行的。15 000 平方米的基地包括一个底层的平台、阶梯和一个上层平台，由 20 名工程师和 40 名建筑工人日夜不停地施工建成。

显然，在时间、质量和成本三者中，时间是该项目的首要目标。对于该项目，如果不制订一个合理的进度计划，不能采取措施确保项目活动严格按进度计划执行，该项目就难以实现其目标。可见，项目进度计划对实现项目的目标具有重要的作用。

(资料来源：赵涛，潘欣鹏．项目时间管理[M]．北京：中国纺织出版社，2005)

经过项目活动定义、项目活动排序和项目活动时间估算获得相应的信息之后，项目管理人员就可以开展项目进度计划的分析、编制和安排工作了。

### 5.5.1 项目进度计划制订的概念和依据

1. 项目进度计划的概念

项目进度计划是在 WBS 的基础上，对项目活动进行一系列的时间安排，它要对项目活动进行排序，明确项目活动必须何时开始，以及完成项目活动所需要的时间。制订项目进度计划的主要目的是建立一个现实的项目进度安排，并为监控项目的进展情况提供一个基础。

项目进度计划制订的主要工作见表5-10。

表5-10　项目进度计划制订的主要工作

| 依　　据 | 方　　法 | 结　　果 |
| --- | --- | --- |
| • 项目网络图<br>• 活动时间估计<br>• 资源需求<br>• 项目作业制度安排<br>• 约束条件<br>• 项目活动提前和滞后的时间 | • 里程碑法<br>• 甘特图<br>• 关键线路法<br>• 计划评审技术 | • 项目进度计划<br>• 项目进度计划细节说明<br>• 项目进度管理计划<br>• 更新后的项目资源需求<br>• 更新后的其他文件 |

2. 项目进度计划制订的依据

项目进度计划制订的依据包括此前开展的项目时间管理各项工作中所生成的各种文件，以及项目其他计划管理工作中生成的文件等。概括而言，其主要依据有如下几个方面。

1）项目网络图

项目网络图确定了项目活动的顺序，以及这些活动相互之间的逻辑关系和依赖关系，项目进度计划的制订主要就是按照项目网络图来确定项目活动之间的关系。

2）活动时间估计

项目活动时间估计是采用上一节介绍的估计方法得到的。

3）资源需求

资源需求是指项目活动对资源数量和质量方面的需求，它对项目进度会产生一定的影响。具体来说，资源需求就是项目的各项活动在何时需要何种资源，以及当项目的几项活动共用一种资源时，如何进行合理的资源平衡，从而确定如何安排项目各项活动的进度。

4）项目作业制度的安排

项目作业制度的安排直接关系着项目进度计划的编制，如项目进度计划的编制必须考虑项目团队一周的工作日是5天还是7天，或者按照白天作业1个或2个班次，还是24小时3班倒的制度进行安排。

5）约束条件

在制订项目进度计划时，必须要考虑项目作业的各种制约因素。

(1) 强制日期：项目发起人、项目客户或其他项目利益相关者可能要求在某一规定日之前完成某些交付物。这些日期就成了强制日期，一般除非常特殊情况很难做更改。

(2) 里程碑事件：里程碑事件是项目中的重大事件，是完成阶段性工作的标志，通常意味着一个时间点上可交付成果的完成，项目进度计划的制订应考察这些里程碑事件。

6）项目活动提前和滞后的时间

项目进度计划定义项目活动的关系时，需要了解项目活动提前和滞后的时间。如果不考虑这种项目活动的提前和滞后时间要求，就可能产生由于某项活动的安排不周而导致的蝴蝶效应。例如，对项目定购和安装设备的活动应该允许有一周的提前或两周的延期时间，否则，设备迟到或早到都会造成资源的浪费。

### 5.5.2 项目进度计划制订的方法

项目进度计划是项目专项计划中相当重要的计划之一，其编制过程需要反复地试算和综合平衡。项目进度计划一般要说明工作的计划完成时间和持续时间，同时尽可能地表达出每项工作所需人数等必要的信息。

项目进度计划可以以提要的形式或者以详细描述的形式表示为表格或者图形，要求直观易懂。常见的项目进度计划的表达形式有以下几种。

#### 1. 里程碑法

里程碑法是以项目中某些重要事件的完成或开始时间作为基准所形成的计划方法。它形成的是一个战略计划或是一个项目框架，以中间产品或可实现的结果为依据，显示了项目为达到最终目标而必须经过的重要事件或关键状态序列。它描述了项目在每一阶段应达到的状态，以此进行项目进度控制。

里程碑法一般按如下步骤进行。

(1) 从达到项目的最后一个里程碑，即项目的最终成果开始反向进行。

(2) 设置里程碑。项目一般都分为许多阶段，有各种事件，到底哪些事件可作为里程碑事件需要采用一定的方法确定，最常用的是“头脑风暴法”。

(3) 里程碑复查。有的里程碑难免会遇到这种情况，它是别的里程碑的一部分，或者应该设置而尚未设置，这些可通过复查的方式加以解决。

(4) 分析每条因果路径。找出逻辑关系，并加以修缮。

(5) 编制里程碑计划。通常用里程碑图或里程碑表的形式表达。

里程碑法仅表示可交付成果的计划开始和完成时间及关键的外部界面，见表 5-11。

**表 5-11 产品开发项目里程碑表**

| 里程碑活动 | 1月15日 | 2月20日 | 5月30日 | 7月1日 | 8月16日 |
|---|---|---|---|---|---|
| 产品定义完成 | △ | | | | |
| 源程序编码开始 | | △ | | | |
| 子系统测试开始 | | | △ | | |
| 系统联调测试完成 | | | | △ | |
| 系统试运营 | | | | | △ |

#### 2. 甘特图

甘特图是由美国学者甘特(Gantt)发明的一种使用条形图编制项目进度计划的方法，又称横道图，是一种比较简便的工期计划和进度安排工具。甘特图是一个二维平面图，横轴表示项目进度的时间，可以以年、月、周、天或者小时作为度量单位，纵轴表示项目活动内容。图中每一个横道代表一个活动，显示了每项活动开始时间和结束时间，横道的长短代表了活动持续的时间，如图 5-24 所示。

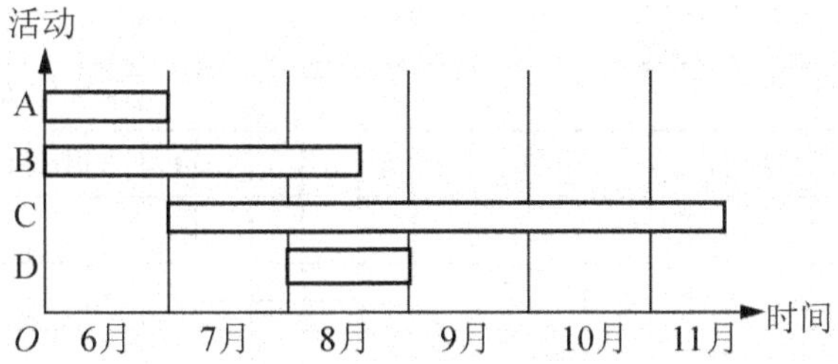


图 5-24 甘特图

甘特图的优点是直观易懂，容易制作，常常用作管理计划的介绍。但是，随着科技的发展，甘特图的弊端也在不断地显现出来，概括来说，主要有以下 3 个方面的缺点。

(1) 甘特图无法系统地表述出各项活动之间的复杂关系，通过它无法运用定量的方法分析或计算，而这对于控制项目成本恰恰是至关重要的。

(2) 甘特图不能表示活动较早和较晚开始、结束对项目进度的影响，也无法显示改变进度对项目工期的影响。

(3) 甘特图不能表明执行活动的不确定性，无法确定哪些是项目中最重要的、其关键作用的工作或线路，因而无法指出影响项目进度的关键所在。

由于上述缺陷，因此，甘特图一般只适用于比较简单的小型项目。为了弥补这些缺陷，陆续发展出了带有时差的甘特图和具有逻辑关系的甘特图。这类甘特图实际上是将网络计划原理与甘特图两种表达形式进行有机结合的产物，兼备了甘特图的直观性和网络图的关联性。

**应用举例 5-6**

某项目定于 2007 年 6 月 1 日开工，有 A、B、C、D、E、F、G、H、I 等 9 项活动构成，活动的历时、所需劳动资源状况和工作之间的逻辑关系见表 5-12，请绘出该项目的甘特图。

表 5-12 某项目工作清单

| 编　号 | 工作名称 | 工期/天 | 劳动力人数/人 | 紧前工作 | 紧后工作 |
|---|---|---|---|---|---|
| 1 | A | 4 | 5 | — | B、C |
| 2 | B | 6 | 5 | A | D |
| 3 | C | 6 | 3 | A | D |
| 4 | D | 2 | 4 | B、C | E、F |
| 5 | E | 4 | 2 | D | — |
| 6 | F | 5 | 2 | D | G |
| 7 | G | 3 | 3 | F | H |
| 8 | H | 4 | 6 | G | I |
| 9 | I | 3 | 3 | H | — |

根据项目的计划要求，绘制甘特图如图 5-25 所示。

| 月份 | | | | | 2007 年 6 月 | | | | | | | | | | | | | | |
|---|---|---|---|---|---|---|---|---|---|---|---|---|---|---|---|---|---|---|---|
| 编号 | 工作名称 | 工期 | 开始时间 | 结束时间 | 2 | 4 | 6 | 8 | 10 | 12 | 14 | 16 | 18 | 20 | 22 | 24 | 26 | 28 | 30 |
| 1 | A | 4 | 6 月 1 日 | 6 月 4 日 | | | | | | | | | | | | | | | |
| 2 | B | 6 | 6 月 5 日 | 6 月 10 日 | | | | | | | | | | | | | | | |
| 3 | C | 6 | 6 月 5 日 | 6 月 10 日 | | | | | | | | | | | | | | | |
| 4 | D | 2 | 6 月 11 日 | 6 月 12 日 | | | | | | | | | | | | | | | |
| 5 | E | 4 | 6 月 13 日 | 6 月 16 日 | | | | | | | | | | | | | | | |
| 6 | F | 5 | 6 月 13 日 | 6 月 17 日 | | | | | | | | | | | | | | | |
| 7 | G | 3 | 6 月 18 日 | 6 月 20 日 | | | | | | | | | | | | | | | |
| 8 | H | 4 | 6 月 21 日 | 6 月 24 日 | | | | | | | | | | | | | | | |
| 9 | I | 3 | 6 月 25 日 | 6 月 27 日 | | | | | | | | | | | | | | | |

**图 5-25　甘特图**

### 3. 关键线路法

关键线路法是一种最常用的数学分析技术，其基本原理是用网络图表达项目活动之间的相互关系和进度，并在此基础上进行网络分析，计算网络中各项时间参数，确定关键工作与关键线路，利用时差调整与优化网络，求得最短工期。同时，还要考虑成本与资源问题，求得项目计划方案的综合优化。简单地说，关键线路法用以确定项目各项活动最早、最晚的开始和完成时间。

1）时间参数的计算

网络图的时间参数主要包括工作最早开始时间、工作最早结束时间、工作最迟开始时间、工作最迟结束时间和工作时差等。时间参数的计算主要就是计算这些参数。此外，还需要通过计算时差找到关键工作和关键线路。网络图的时间参数计算通常采用图上计算，计算结果直接标注在网络图上，对于大型的网络计划多采用编制计算程序在计算机上进行计算。现以图 5-26 为例说明双代号网络图时间参数的计算方法。

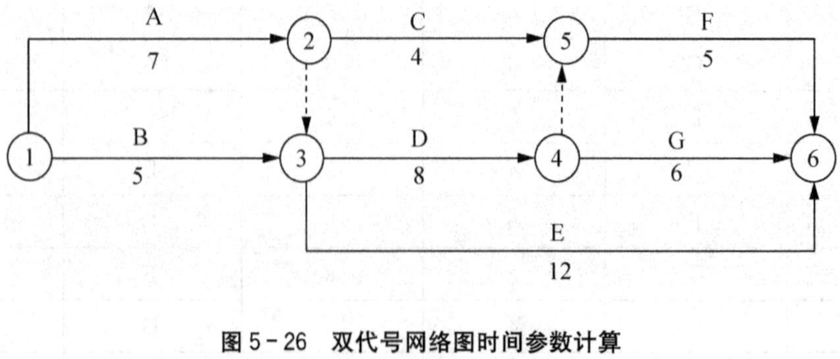


**图 5-26　双代号网络图时间参数计算**

(1) 节点时间参数的计算。节点时间参数是确定工作时间参数的基础，节点时间分为节点最早时间和节点最迟时间，其表示方法如图 5－27 所示。

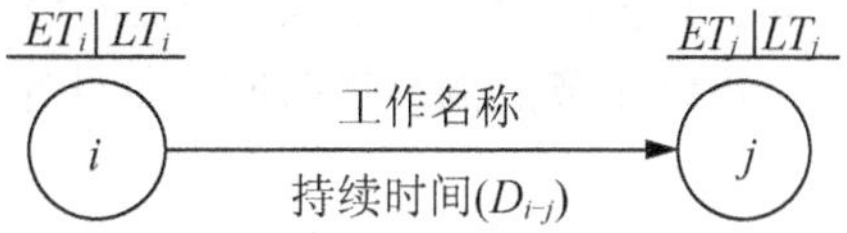


图 5－27　节点时间表示方法

① 节点最早时间($ET_i$)。节点最早时间表示该节点的紧前工作的全部完成，从这个节点出发的紧后工作最早能够开始的时间。如果进入这个节点的紧前工作没有全部结束，从这个节点出发的紧后工作就不能开始。因此，计算时应顺着箭头方向逐个节点依次计算，并取到达该节点的最长时间。

设起点节点的最早时间为零：

$$ET_i=0(i=1) \tag{5-4}$$

则其他节点的最早时间：

$$ET_j=\max\{ET_i+D_{i-j}\} \tag{5-5}$$

其中，$D_{i-j}$为工作 $i-j$ 的持续时间。

图 5－26 所示的双代号网络图节点最早时间的计算过程在表 5－13 中列出，结果如图 5－28 所示。

表 5－13　节点最早时间计算过程

| 节点编号 | 计算过程(单位：天) | 备　注 |
|---|---|---|
| 1 | $ET_1=0$ | |
| 2 | $ET_2=ET_1+D_{1-2}=0+7=7$ | |
| 3 | $ET_3=\max\{ET_1+D_{1-3},\ ET_2+D_{2-3}\}=\max\{0+5,\ 7+0\}=7$ | 两条内向箭线，取大值 |
| 4 | $ET_4=ET_3+D_{3-4}=7+8=15$ | |
| 5 | $ET_5=\max\{ET_2+D_{2-5},\ ET_4+D_{4-5}\}=\max\{7+4,\ 15+0\}=15$ | 两条内向箭线，取大值 |
| 6 | $ET_6=\max\{ET_3+D_{3-6},\ ET_4+D_{4-6},\ ET_5+D_{5-6}\}$ $=\max\{7+12,\ 15+6,\ 15+5\}=21$ | 3 条内向箭线，取大值 |

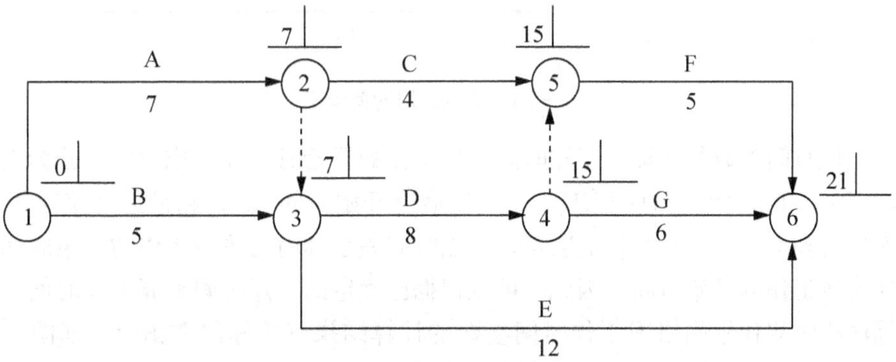


图 5－28　节点最早时间计算

②节点最迟时间($LT_i$)。节点的最迟时间是在计划工期确定的情况下，从网络图的终点节点开始，逆向推算出的各节点最迟的时刻，作为限定该节点紧前工作最迟全部结束的时间。计算时应逆着箭头方向逐个节点依次计算，并取到达该节点的最短时间。

设终止节点的最迟时间为终止节点的最早时间，即

$$LT_n = ET_n (i=n) \quad (5-6)$$

其他节点的最迟时间：

$$LT_i = \min\{LT_j - D_{i-j}\} \quad (5-7)$$

图 5-26 所示的双代号网络图节点最迟时间的计算过程在表 5-14 中列出，结果如图 5-29 所示。

**表 5-14　节点最迟时间计算过程**

| 节点编号 | 计算过程(单位：天) | 备　注 |
|---|---|---|
| 6 | $LT_6 = ET_6 = 21$ | |
| 5 | $LT_5 = LT_6 - D_{5-6} = 21-5 = 16$ | |
| 4 | $LT_4 = \min\{LT_5 - D_{4-5}, LT_6 - D_{4-6}\} = \min\{16-0, 21-6\} = 15$ | 两条外向箭线，取小值 |
| 3 | $LT_3 = \min\{LT_4 - D_{3-4}, LT_6 - D_{3-6}\} = \min\{15-8, 21-12\} = 7$ | 两条外向箭线，取小值 |
| 2 | $LT_2 = \min\{LT_3 - D_{2-3}, LT_5 - D_{2-5}\} = \min\{7-0, 16-4\} = 7$ | 两条外向箭线，取小值 |
| 1 | $LT_1 = \min\{LT_2 - D_{1-2}, LT_3 - D_{1-3}\} = \min\{7-7, 7-5\} = 0$ | 两条外向箭线，取小值 |

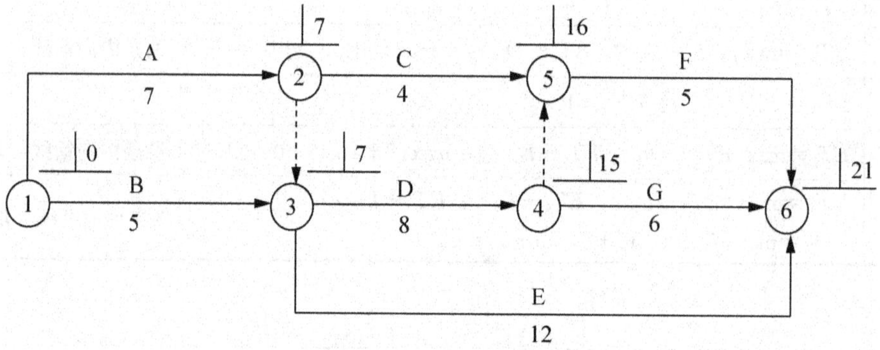


图 5-29　节点最迟时间计算

(2) 工作时间参数的计算。工作时间是指工作的开始时间和完成时间，分为工作最早开始时间 $ES_{i-j}$ 和最早结束时间 $EF_{i-j}$、工作最迟开始时间 $LS_{i-j}$ 和最迟结束时间 $LF_{i-j}$ 4 种。工作时间和节点时间有密切的联系，节点时间表示其内向箭线工作的结束时间，也表示其外向箭线工作的开始时间。因此，可以根据已确定的节点时间推算工作时间。通常采用六时标注法将双代号网络图工作时间参数的计算结果直接标注在图上，如图 5-30 所示。其中，$TF_{i-j}$ 表示总时差，$FF_{i-j}$ 表示自由时差，这两个参数将在后文进行介绍。

① 工作最早开始时间($ES_{i-j}$)和最早结束时间($EF_{i-j}$)。工作最早开始时间(Early Start Date，ES)是指紧前工作全都完成，具备了本工作开始的必要条件的最早时刻。工作

$i-j$ 的最早开始时间等于其起点节点 $i$ 的最早时间。工作最早结束时间(Early Finish Date，EF)是指一项工作如果按最早开始时间开始的情况下，该工作可能完成的最早时刻。工作 $i-j$ 的最早结束时间等于最早开始时间加上该工作的持续时间，即

$$ES_{i-j}=ET_i \tag{5-8}$$

$$EF_{i-j}=ES_i+D_{i-j} \tag{5-9}$$

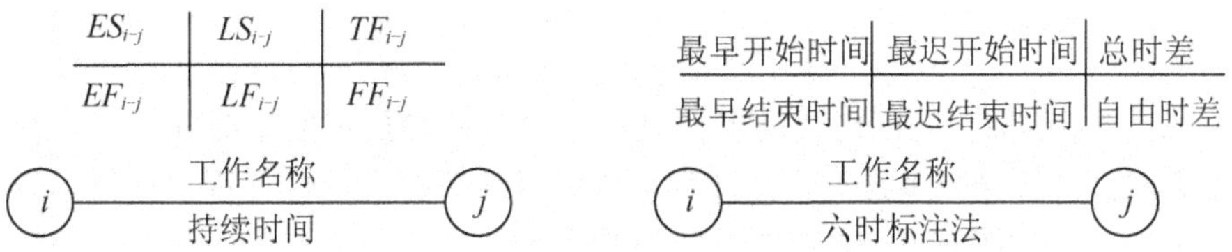


图 5-30 时间参数标注形式

图 5-26 所示的双代号网络图的工作最早开始时间和最早结束时间，可以根据图 5-28 节点最早时间计算结果来推算，计算过程在表 5-15 中列出，结果如图 5-31 所示。

表 5-15 工作最早时间计算过程

| 工作名称 $i-j$ | 工作持续时间 $D_{i-j}$/天 | 起点节点最早时间 $ET_i$/天 | 工作最早开始时间 $ES_{i-j}$/天 | 工作最早结束时间 $EF_{i-j}$/天 |
|---|---|---|---|---|
| 1—2 | 7 | 0 | 0 | 7 |
| 1—3 | 5 | 0 | 0 | 5 |
| 2—5 | 4 | 7 | 7 | 11 |
| 3—4 | 8 | 7 | 7 | 15 |
| 3—6 | 12 | 7 | 7 | 19 |
| 4—6 | 6 | 15 | 15 | 21 |
| 5—6 | 5 | 15 | 15 | 20 |

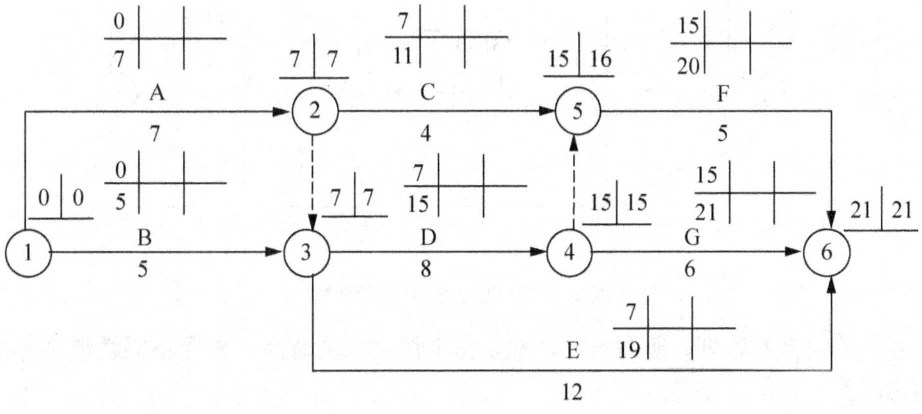


图 5-31 工作最早时间计算

② 工作最迟开始时间($LS_{i-j}$)和工作最迟结束时间($LF_{i-j}$)。工作的最迟开始时间(Late Start Date，LS)和最迟结束时间(Late Finish Date，LF)是指在不影响计划总工期的情况下，各工作开始时间和结束时间的最后界限，在网络图上可以根据节点最迟时间求得。某工作 $i—j$ 的最迟结束时间等于该工作终点节点的最迟时间，而某工作的最迟结束时间减去该工作的持续时间为该工作的最迟开始时间，即

$$LF_{i-j}=LT_j \tag{5-10}$$

$$LS_{i-j}=LF_{i-j}-D_{i-j} \tag{5-11}$$

图 5-26 所示的双代号网络图的工作最迟开始时间和最迟结束时间，可以根据图 5-29 节点最迟时间计算结果来推算，先计算工作最迟结束时间，再计算工作最迟开始时间，计算过程在表 5-16 中列出，结果如图 5-32 所示。

表 5-16 工作最迟时间计算过程

| 工作名称<br>$i-j$ | 工作持续时间<br>$D_{i-j}$/天 | 终点节点最迟时间<br>$ET_j$/天 | 工作最迟结束时间<br>$LF_{i-j}$/天 | 工作最迟开始时间<br>$LS_{i-j}$/天 |
|---|---|---|---|---|
| 1—2 | 7 | 7 | 7 | 0 |
| 1—3 | 5 | 7 | 7 | 2 |
| 2—5 | 4 | 16 | 16 | 12 |
| 3—4 | 8 | 15 | 15 | 7 |
| 3—6 | 12 | 21 | 21 | 9 |
| 4—6 | 6 | 21 | 21 | 15 |
| 5—6 | 5 | 21 | 21 | 16 |

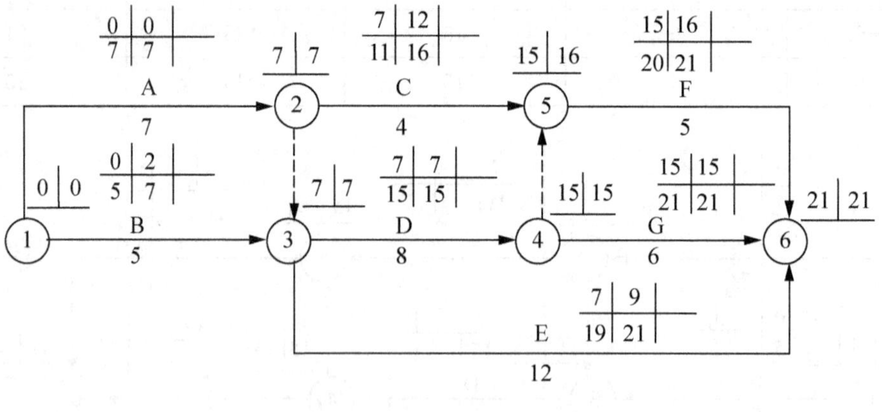

图 5-32 工作最迟时间计算

(3) 工作时差的计算。所谓时差，就是指工作的机动时间。按照不同性质和作用，可以分为总时差、自由时差等。

①总时差($TF_{i-j}$)。总时差(Total Float，TF)是工作的最早开始时间到最迟开始时间之间所具有的机动时间，也可以说是在不影响计划总工期的条件下，各项工作所具有的机

动时间。总时差为零的工作，称为关键工作。其计算公式为

$$TF_{i-j}=LT_j-ET_i-D_{i-j} \quad (5-12)$$

或

$$TF_{i-j}=LS_{i-j}-ES_{i-j}=LF_{i-j}-EF_{i-j} \quad (5-13)$$

②自由时差($FF_{i-j}$)。自由时差(Free Float，FF)是在不影响紧后工作最早开始的情况下，该工作可利用的机动时间。计算公式为

$$FF_{i-j}=ET_j-ET_i-D_{i-j} \quad (5-14)$$

或

$$FF_{i-j}=\min\{ES_{j-k}-EF_{i-j}\} \text{（当工作 } i-j \text{ 有紧后工作 } j-k \text{ 时）} \quad (5-15)$$

图 5-26 所示的双代号网络图的总时差和自由时差，可以根据图 5-28 节点最早时间和图 5-29 节点最迟时间计算结果来推算，也可以根据表 5-15 工作最早时间和表 5-16 工作最迟时间的计算结果推算。按节点时间推算的计算过程在表 5-17 中列出。

**表 5-17　工作总时差和自由时差计算过程**

| 工作名称 $i-j$ | 工作持续时间 $D_{i-j}$/天 | 总时差 $TF_{i-j}$/天 ($TF_{i-j}=LT_j-ET_i-D_{i-j}$) | 自由时差 $FF_{i-j}$/天 $FF_{i-j}=ET_j-ET_i-D_{i-j}$ |
|---|---|---|---|
| 1—2 | 7 | 7—0—7=0 | 7—0—7=0 |
| 1—3 | 5 | 7—0—5=2 | 7—0—5=2 |
| 2—5 | 4 | 16—7—4=5 | 15—7—4=4 |
| 3—4 | 8 | 15—7—8=0 | 15—7—8=0 |
| 3—6 | 12 | 21—7—12=2 | 21—7—12=2 |
| 4—6 | 6 | 21—15—6=0 | 21—15—6=0 |
| 5—6 | 5 | 21—15—5=1 | 21—15—5=1 |

从表 5-17 可以看出工作 1—2、3—4、4—6 的总时差为 0。因此，这 3 项工作是关键工作，其余工作为非关键工作。最终结果如图 5-33 所示。

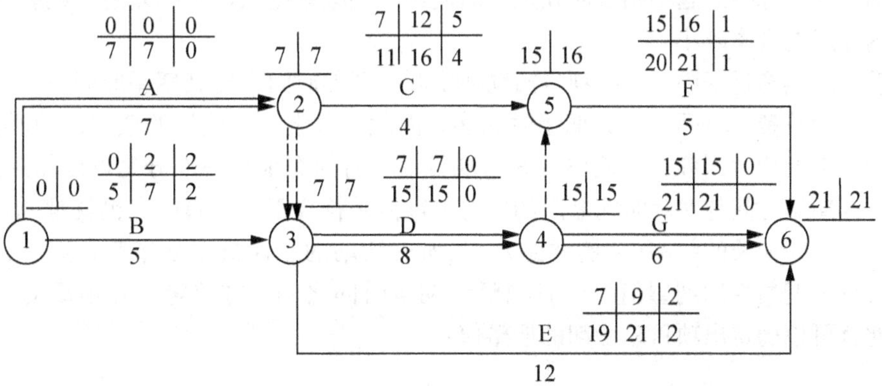


**图 5-33　工作总时差和自由时差**

2）关键线路

关键线路就是连接总时差为 0 的关键工作所组成的线路，其总时长最长，其他线路称为非关键线路。关键线路可以通过求总时差来求得，也可以寻找工作持续时间之和最长的路径来得到。关键线路一般用双线表示，如图 5－33 中所示，关键线路为 1—2—3—4—6。掌握关键线路的特点，就可以合理地安排项目计划，做好项目进度控制。关键线路有以下特点。

（1）关键线路上的工作总时差和自由时差均为 0。

（2）关键线路是从网络计划开始节点到结束节点之间持续时间最长的线路。

（3）关键线路在网络图中不一定只有一条，有时存在两条以上。

（4）关键线路以外的工作称为非关键工作，如果使用了总时差，可转化为关键工作。

（5）在非关键线路上的工作时间延长超过其总时差时，关键线路就变成非关键线路。

4. 计划评审技术

关键线路法实际上假设了项目持续时间及整个项目完成时间长短是确定的，不存在其他可能。而计划评审技术则认为其是随机的，服从某种概率分布。因此，计划评审技术又称非肯定型网络计划技术，它与关键线路法最大的区别在于，计划评审技术中，项目的活动时间存在着很大的不确定性。它是关键线路法和加权平均历时估算法的综合应用。这种网络计划技术适用于不可预知因素较多，从未做过的新项目和复杂项目。

计划评审技术的基本方法和前面介绍的双代号网络计划技术是相同的，区别主要在于项目活动的时间估计和分析上。计划评审技术的活动时间估计一般采用 5.4.2 节中介绍的三点估计法，即假设活动的时间是一个连续的随机变量，并且服从 $\beta$ 分布，根据活动涉及的最乐观时间 $t_o$、最可能时间 $t_m$、最悲观时间 $t_p$ 用公式(5－3)计算活动时间的期望值。进一步可计算活动持续时间的方差为

$$\sigma^2=\left(\frac{t_p-t_o}{6}\right)^2 \tag{5-16}$$

活动的期望值表示项目活动耗费时间的多少，活动的标准差表示该活动在期望的时间内完成的概率，标准差越小则表明在期望时间内完的概率越大，标准差越大则表明在期望的时间内完成的概率越小。

在项目的实施过程中，一些项目活动所实际花费的时间会比其期望时间少，而另一些项目活动实际花费的时间会比其期望时间多。因此，对于整个项目的全部活动时间而言，这些实际多于期望时间和少于期望时间的项目活动时间有很大一部分是可以相互抵消的。因此，所有期望时间与实际时间之间的净总差额值是符合正态分布的。也就是说，在项目网络图中，时间最长的线路(关键线路)上的所有活动的总体概率分布符合正态分布。因此，项目总工期估算的期望值等于各项活动期望时间之和，方差等于各项活动的方差之和，据此就可以确定出项目总工期的期望值。

**应用举例 5－7**

现有一个项目可分解为 A、B、C 3 个活动，各个活动顺次进行，没有时间上的重叠，活动的完成时

间估计如图5-34所示。假设项目的开始时间为0，必须在第42天之前完成。

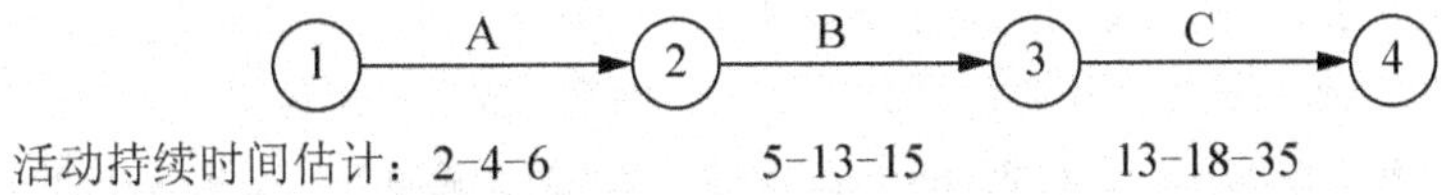


**图5-34 某项目的活动时间估计**

根据式(5-3)和式(5-16)，各活动时间的期望值和方差见表5-18和表5-19。

**表5-18 项目活动时间估计表**

| 活动 | 最乐观时间 $t_o$ | 最可能时间 $t_m$ | 最悲观时间 $t_p$ | 期望工期 $t_e=\frac{t_o+4t_m+t_p}{6}$ |
|---|---|---|---|---|
| A | 2 | 4 | 6 | 4 |
| B | 5 | 13 | 15 | 12 |
| C | 13 | 18 | 35 | 20 |
| 项目总工期 | 20 | 35 | 56 | 36 |

**表5-19 项目活动时间方差估计表**

| 活动 | 最乐观时间 $t_o$ | 最悲观时间 $t_p$ | 方差计算 $\sigma^2=\left(\frac{t_p-t_o}{6}\right)^2$ | 方差结果 |
|---|---|---|---|---|
| A | 2 | 6 | $[(6-2)/6]^2$ | 0.444 |
| B | 5 | 15 | $[(15-5)/6]^2$ | 2.778 |
| C | 13 | 35 | $[(35-13)/6]^2$ | 13.444 |

计划评审技术认为整个项目的完成时间是各个活动完成时间之和，且服从正态分布。整个项目完成时间的期望值等于活动A、B、C的期望工期之和，即4+12+20=36(天)。方差是3项活动的方差之和，即

$$0.444+2.778+13.444=16.666$$

标准差为

$$\sigma=\sqrt{\sigma^2}=\sqrt{16.666}=4.08(\text{天})$$

总概率曲线与其标准差如图5-35所示。

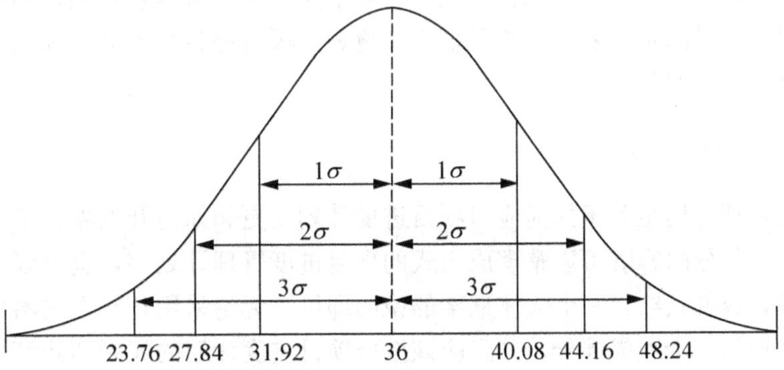


**图5-35 项目举例的正态分布图**

在图 5－35 中，在$\pm\sigma$范围内即在 31.92 天与 40.08 天之间包含了正态曲线下总面积的 68%，在$\pm 2\sigma$范围内即在 27.84 天与 44.16 天之间包含了正态曲线下总面积的 95%，在$\pm 3\sigma$范围内即在 23.76 天与 48.24 天之间包含了正态曲线下总面积的 99%。因此，概率分布可以解释如下：①在 23.76 天到 48.24 天之间完成项目的概率为 99%；②在 27.84 天到 44.16 天之间完成项目的概率为 95%；③在 27.84 天到 36 天之间完成项目的概率为 47.5%；④在 36 天到 44.16 天之间完成项目的概率为 47.5%；⑤在 31.92 天到 40.08 天之间完成项目的概率为 68%；⑥在 31.92 天到 36 天之间完成项目的概率为 34%；⑦在 36 天到 40.08 天之间完成项目的概率为 34%；⑧在 27.84 天到 31.92 天之间完成项目的概率为 13.5%；⑨在40.08 天到 44.16 天之间完成项目的概率为 13.5%；⑩在 23.76 天之前完成项目的概率为 0.5%；在 48.24 天之后完成项目的概率为 0.5%。

通过查标准正态分布表，可得到整个项目在要求完工时间之间完成的概率。项目要求完工时间是 42 天，则可能完成的概率为

$$P\{t\leqslant 42\}=\Phi\left(\frac{42-36}{4.08}\right)=\Phi(1.47)=0.929\ 22$$

表明项目在要求完工时间之前完工的概率是 92.922%。

### 5.5.3 项目进度计划制订的结果

项目进度计划编制的结果是给出一系列项目进度计划文件。

1. 项目进度计划

项目进度计划至少应包括项目整体和每项活动的计划开始时间和结束时间等信息。如果项目资源计划制订得较早而不很确定的话，那么这种项目进度计划是一种初始的项目进度计划；如果项目资源计划得到确认而比较确定的话，人们就能够得到相对正式的项目进度计划。

2. 项目进度计划细节说明

所谓项目进度计划细节说明就是指有关项目进度计划书的支持细节说明文件，其中包括的内容有所有已识别的假设条件和约束条件的说明、具体计划实施措施的说明等。通常还应该包括的内容有项目的资源要求、项目进度计划的备选方案和项目进度计划的应急时间储备等。例如，一个工程建设项目的进度计划书支持细节可以包括项目的假设条件和约束条件的说明、项目的资源要求、项目现金流量表、项目物料采购计划和其他一些项目进度计划保障措施的说明等。

3. 项目进度管理计划

项目进度管理计划是关于如何应对项目进度计划变更和如何开展项目工期控制工作的计划安排。这一部分内容既可以整理成正式的项目进度管理计划书，也可以作为项目进度计划书的附件，或者只给出一个大体框架的说明即可。无论采用什么方式给出，这都是整个项目进度计划的一个组成部分，并且应该按照项目进度计划的编制和修订不断对其进行更新。

4. 更新后的项目资源需求

在项目进度计划编制中可能会出现对项目资源要求的各种调整和改动。因此，在项目进度计划制订中需要对项目的资源要求进行必要的调整和改动，然后整理并编制成一份更新后的项目资源要求文件。这一文件将替代原有的项目资源要求文件并在项目进度计划管理和项目资源管理中使用。

5. 更新后的其他文件

更新后的其他文件主要包括在项目进度计划制订中根据项目进度计划的要求和已批准的各种项目变更请求等信息，对项目范围管理计划、项目 WBS、项目活动清单及其细节说明文件的更新、项目应用日历的更新(包括班次安排、节假日、周末，以及无工作班次的时间的变更等)。

## 5.6 项目进度控制

俗话说，计划赶不上变化。在项目管理过程中，时常会出现实际进度与进度计划相偏离的情况。因此，尽管项目进度计划为项目的实施提供了科学、合理的依据，有利于项目如期的完成，但这并不意味着项目进度计划制订好就可以保证项目如期按质地完成。为了保证项目按时完成，必须对项目进度进行严格的监控，即及时、定期地将它与计划进度相比较，并采取有效的纠正措施。

### 5.6.1 项目进度控制的概念和依据

1. 项目进度控制的概念

项目进度控制是对项目进度计划的实施与项目进度计划的变更所进行的管理工作。项目进度控制根据项目进度计划对项目的实际进展情况进行对比、分析和调整，从而确保项目目标的实现。项目进度控制的主要内容包括以下几个方面。

(1) 确定项目进度是否发生了变化，如果发生了变化，找出变化的原因，如果这种变化超出了控制标准，就要采取措施予以纠正。

(2) 对影响项目进度变化的因素进行控制，从而确保这种变化朝着有利于项目目标实现的方向发展。

项目进度控制的主要工作见表 5-20。

表 5-20 项目进度控制的主要工作

| 依　据 | 方　法 | 结　果 |
|---|---|---|
| • 项目进度基准计划<br>• 执行情况报告<br>• 变更申请<br>• 进度管理计划 | • 项目进度变更控制系统<br>• 偏差分析技术<br>• 项目执行情况度量方法<br>• 补充计划的编制<br>• 项目管理软件 | • 更新后的项目进度计划<br>• 纠偏措施<br>• 经验教训 |

### 2. 项目进度控制的依据

1）项目进度基准计划

项目进度计划批准后就是项目进度基准计划，它是项目进度控制最根本的依据，为衡量进度的执行情况和项目实施绩效提供了基准尺度。

2）执行情况报告

执行情况报告可以提供有关项目进度计划执行的实际情况，以及其他的相关信息，如哪些活动已经如期完成、哪些活动尚未按时完成。执行情况报告还可以提醒项目团队关注那些可能会影响进度的活动。

3）变更申请

变更申请就是项目利益相关者提出的对项目进度任务改动的要求，可以是推迟或者加快项目进度，也可以要求增加或者减少项目的活动内容。

4）进度管理计划

进度管理计划提供了如何应对项目进度计划变动的措施和安排，包括资源和应急措施方面的安排，是项目进度调整的主要依据之一。

## 5.6.2 项目进度控制的工具和方法

### 1. 项目进度变更控制系统

项目进度变更控制系统规定了改变项目进度计划应遵循的程序，它应该作为项目整体变更控制系统的一部分，并与其有机地结合起来。

### 2. 偏差分析技术

偏差分析技术是将项目的实际进度和计划进度进行对比，它可以在进度滞后的情况下，为如何纠正偏差提供有用的信息。这种对比可用表格形式进行，也可用图形表示。由于利用图形进行进度对比非常直观、简便，因此采用较多。通常采用的图形比较法有以下几种。

1）甘特图比较法

在用甘特图表示的项目进度计划表中，用不同颜色或者不同线条将实际进度横道线画在计划进度的横道线之下，就可以十分直观明确地反映实际进度与计划进度的关系。图 5-36 表示的是某河流治理项目前期调查阶段的进度计划及其实际实施情况。图中双实线为计划进度，斜实线为实际进度。从图中可以看出，在第 7 周末进行检查时，第 1、3 两项工作已经按实际完成，而第 2 项工作只完成了 2/3，与计划应完成 5/6 相比，实际进度比计划进度已拖后一周。因此，须采取相应措施，才能将工期追回。

2）S 形曲线比较法

S 形曲线是以横坐标表示时间，纵坐标表示工作量完成情况的曲线图，又称时间—成本累计曲线。从项目管理的经验来看，项目实施中，单位时间完成工作量和使用的资源状况通常都是呈现正态分布的。因此，累加后便形成一条 S 形曲线，如图 5-37 所示。

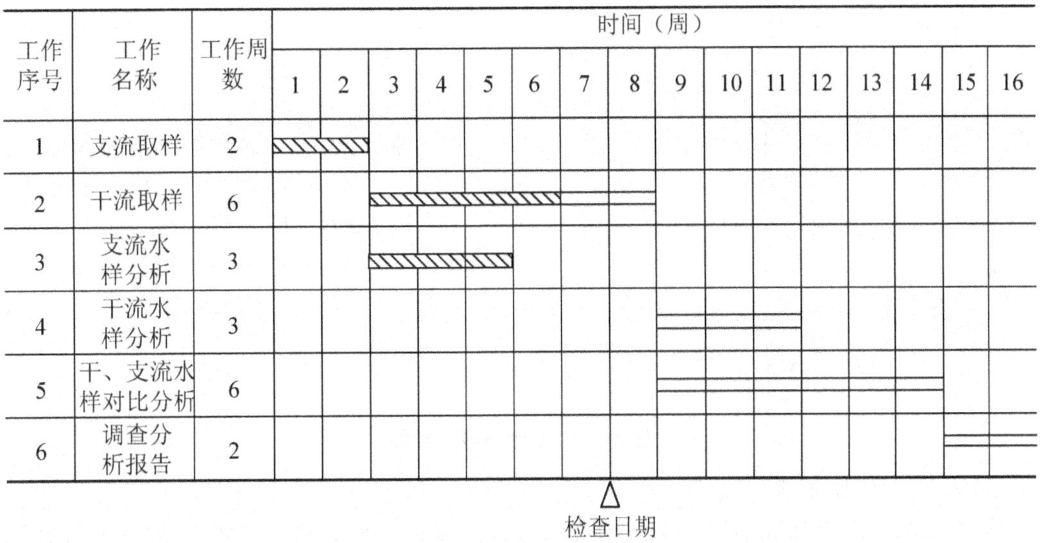


**图 5－36　某河流治理项目实际进度与计划进度的比较**

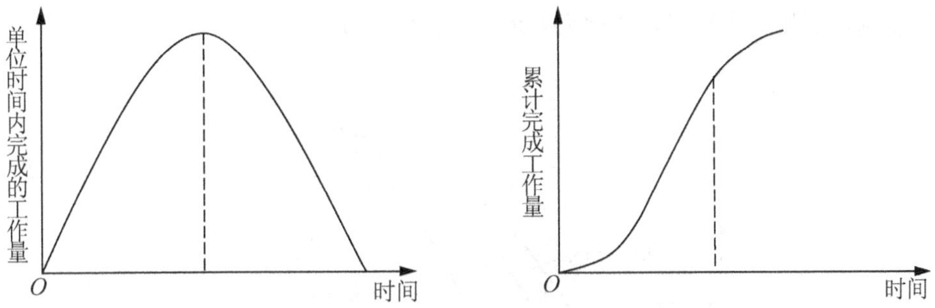


**图 5－37　时间与完成工作量之间的关系**

绘制 S 形曲线时首先确定各时间段内对应的工作量，然后计算累计工作量，根据累计工作量和时间的关系就可以得到 S 形曲线图。当把计划进度和实际进度用 S 形曲线来表示时，就可得到图 5－38 所示的 S 形曲线比较图。通过分析可以得出如下信息。

（1）工作实际进度和计划进度的关系。如果按照工作实际进度描出的点在计划 S 形曲线左侧(如 $a$ 点)，则表示此刻实际进度已经比计划进度超前；反之，则表示实际进度比计划进度拖后(如 $b$ 点)。

（2）实际进度超前或者拖后的时间。从图中可以得到实际进度超前或者拖后的具体时间(如图 $\Delta T_a$ 和 $\Delta T_b$)。

（3）工作量完成情况。由实际完成的 S 形曲线上的点与计划 S 形曲线对应的点纵坐标可以得到，此时已经超额或者拖欠的工作量的百分比差值($\Delta Q_a$ 和 $\Delta Q_b$)。

（4）后期工作进度预测。在实际进度偏离计划进度的情况下，如果工作不调整，仍按原计划安排的速度进行(图中虚线所示)，则总工期必将超前或者拖后，从图中也可得到此时期的预测变化值($\Delta T_c$)。

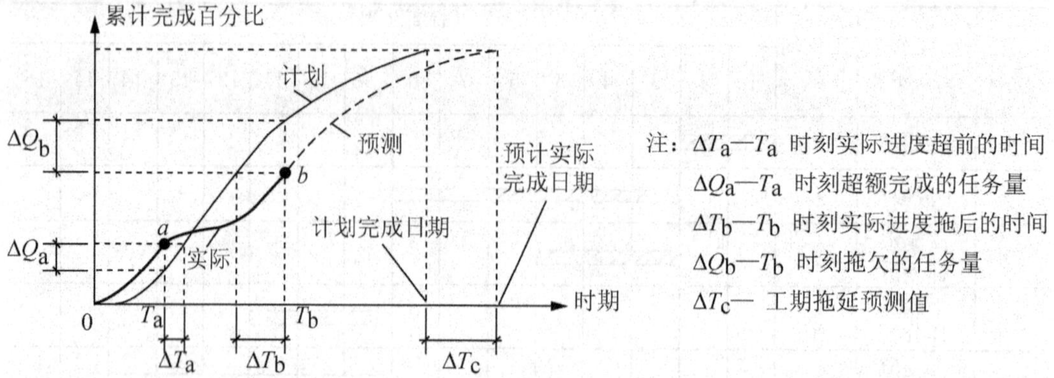


**图 5-38　S形曲线比较图**

3）香蕉曲线比较法

在绘制某个项目计划进度的累计完成工作量曲线时，当按照各工作的最早开始时间得到一条S形曲线(ES曲线)后，在同一坐标上再按各工作最迟开始时间绘得另一条S形曲线(LS曲线)。可以发现，两条曲线除了开始点和结束点重合外，其他各点，ES曲线皆在LS曲线左侧，形如一支香蕉，故称为香蕉曲线，如图5-39所示。

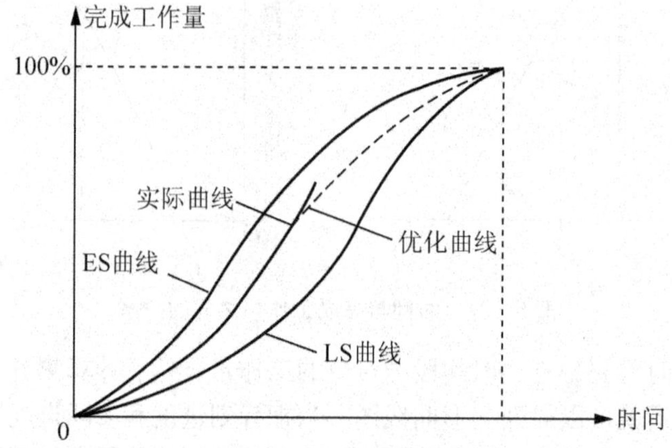


**图 5-39　香蕉曲线图**

香蕉曲线的绘制方法与S形曲线相同，所不同的是，凡是落在ES、LS之间的，认为都满足工期要求；如果落在ES曲线的左边，则进度超前；落在LS曲线的右边，则进度落后，需要调整。

4）前锋线法

在用网络计划表示项目进度计划时，通常采用前锋线法来进行实际进度与计划进度的对比。它只适用于时标网络计划这一表现形式。所谓前锋线就是根据检查时刻各项工作实际完成的工作量，在时标网络图上找出其对应点，用直线连接各点所形成的折线，如图5-40所示。

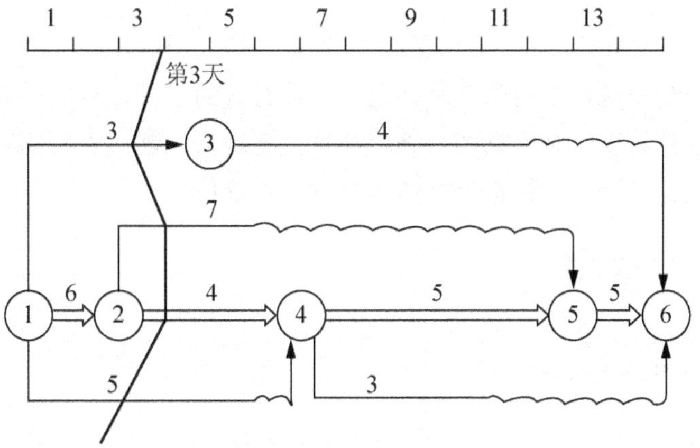


图 5-40 前峰线图

由前锋线图可获得比前几种比较图更多的信息，这是网络计划本身的优点所决定的，它所提供的信息有以下几个。

(1) 各项工作实际进展情况。根据前锋线的位置和时标的关系，可知各项工作检查时刻的实际进度与计划进度的关系。如图 5-40，可知工作 2—5 和工作 2—4 正按计划正常施行，而工作 1—3 实际进度比计划进度已拖后半天，工作 1—4 则拖后了一天。

(2) 实际进度对进度计划总工期的影响。根据偏离进度计划的各工作的性质，可分析出这个偏差对整个进度计划总工期的影响。如图 5-40，工作 1—3 和工作 1—4 虽都比计划进度拖后了一点，但都是非关键性工作，且拖后的时间未超过其总时差。因此，不会对项目进度计划总工期造成影响。

(3) 实际进度对后续工作的影响。通过对偏离进度计划的各工作自由时差的分析，可知对其后续工作的影响。如图 5-40，工作 1—4 虽拖后了一天，但由于其有一天的自由时差，因此，只要其按原计划速度进行，不再产生新的延误，其后续工作可仍按原计划执行而不受影响。而工作 1—3 由于不具有自由时差，因此，其后续工作 3—6 要受其拖后半天的影响，原计划开始时间也要拖后半天。

### 3. 项目执行情况的度量方法

项目执行情况是项目进度控制的最基本资料，它为确定项目的实际进度与计划进度之间的差距，并为度量这种差距是否达到采取纠偏措施的程度提供了依据。项目执行情况包括项目的实际执行情况的数据和其他相关信息。度量执行情况的方法主要是趋势分析法和实地考察法。

### 4. 补充计划的编制

几乎没有项目能够完全按照预定的项目计划实施，这就要求项目团队根据进度变化的情况随时更新项目活动清单、活动时间估算、活动排序，以及进度计划等。

5. 项目管理软件

对项目进度控制来说，项目管理软件也是一种有效的工具，特别是对一些复杂的项目而言。项目管理软件可以绘制网络图、确定项目关键线路、创建甘特图、计划评审技术视图等，并可用来报告、浏览和筛选具体的项目进度管理信息。

### 5.6.3 项目进度控制的结果

1. 更新后的项目进度计划

在项目进度计划的实施过程中，要根据各种变化和计划采取纠偏措施，对项目进度计划进行相应的修订、更新，并将更新的项目进度计划分发给有关的项目利益相关者。

2. 纠偏措施

当项目的进度将要或者已经拖期，可以采取一些补救措施将项目的工期赶回来，或者是减少拖期的影响，这些措施包括以下几种。

1）快速跟进

这种方法就是人们平常所说的交叉作业，即通过调整活动之间的逻辑关系，变先后进行的活动为交叉同步进行。例如，通常按顺序进行的活动——设计和施工，由于需要赶时间，现将同步交叉进行，因此，这种方法又称并行工程。由于快速跟进打破了项目活动之间的逻辑关系，必然会引发一定的风险，如很可能导致返工等。

2）赶工期

这是一种采取措施缩短关键线路上某些活动的历时，进而缩短整个项目总工期的方法。赶工期几乎总会增加总成本。因此，需要项目管理人员对进度与成本进行权衡。赶工期的具体实现方式包括加班加点、投入更多的资源、提高效率、将任务外包等。

3）改变计划基线

改变计划基线即与项目利益相关者讨论增加预算或者延长时间基线，基线的改变必须经过项目双方的协商和认可。

4）重新谈判

重新谈判即与项目利益相关者讨论能否缩小项目范围，以便减少费用、节省时间；能否先接受部分交付结果，使项目能继续进行，或者接受替补方案；能否制定一个更省钱、更现实的方案；能否依靠提供奖金或其他激励措施，促使任务按时完成。

3. 经验教训

有关项目进度控制方面的各类经验教训要形成文档归类，使之成为该项目后续阶段，或者其他类似项目可以利用的数据库的资料来源。

# 本章小结

项目时间管理是在项目的实施过程中为了确保项目能在规定的时间内实现既定的目标，对项目各阶段的进展程度和项目最终完成的期限所进行的管理过程。项目时间管理包括项目活动定义、项目活动排序、项目活动时间估计、项目进度计划的制订和控制几部分，本章主要介绍了合理确定项目时间、编制项目活动清单、项目时间估算的方法，重点要求掌握绘制项目网络图的技巧、双代号网络图时间参数的计算及关键线路的确认方法。

# 习　题

## 一、单项选择题

1. 假设C的紧前工作为A、B，A、B的最早开始时间分别为第6天和第7天，持续时间分别为4天、5天，则C的最早开始为(　　)。

A. 10天　B. 11天　C. 12天　D. 13天

2. 一项任务的最早开始时间是第3天，最晚开始时间是第13天，最早结束时间是第9天，最晚结束时间是第19天，该任务(　　)。

A. 位于关键路线　B. 有滞后　C. 进展情况良好　D. 不在关键路线上

3. 工作M有总时差5天、自由时差3天，现因M拖延进度，影响总工期1天，则M实际拖延工期(　　)。

A. 1天　B. 4天　C. 6天　D. 9天

## 二、多项选择题

1. 项目活动时间估计的主要方法是(　　)。

A. 德尔菲法　B. 计划评审技术　C. 模拟法

D. 图上记录法　E. 经验类比估算法

2. 单代号网络计划中，说法正确的是(　　)

A. 箭线表示工作及其进行的方向，节点表示工作之间的逻辑关系

B. 箭线表示工作及其进行的方向，节点表示工作的开始或结束

C. 节点表示工作，箭线表示工作间的逻辑关系

D. 单代号网络图中的虚箭线代表虚工作

E. 单代号网络图中没有虚工作

## 三、判断题

1. 估计一项活动所需的时间时，应包括完成工作所需要的时间加上相关的等待时间。(　　)

2. 活动清单给出了项目活动的各种细节、依据、假设和约束等，活动的细节说明则具体地给出了项目开展的所有活动。(　　)

3. 双代号网络图箭线的长度越长，代表该活动耗时越久。(　　)

4. 关键工作构成的连线就是关键线路，它代表最重要的一系列活动，关键线路上的活动如果拖延，将会影响项目总工期。（　　）

## 四、计算题

1. 根据表 5-21 中的各工作的逻辑关系，绘制双代号网络图。

表 5-21　各工作的逻辑关系

| 工作 | A | B | C | D | E | F | G | H | I |
|---|---|---|---|---|---|---|---|---|---|
| 紧后工作 | D | E、G | F | G | H | H、I | — | — | — |

2. 试计算图 5-41 中各工作的最早开始时间、最迟开始时间、最早结束时间、最迟结束时间、自由时差和总时差，并采用六时标注法标注出来，找出关键线路，用双箭线标注于图 5-41 上。

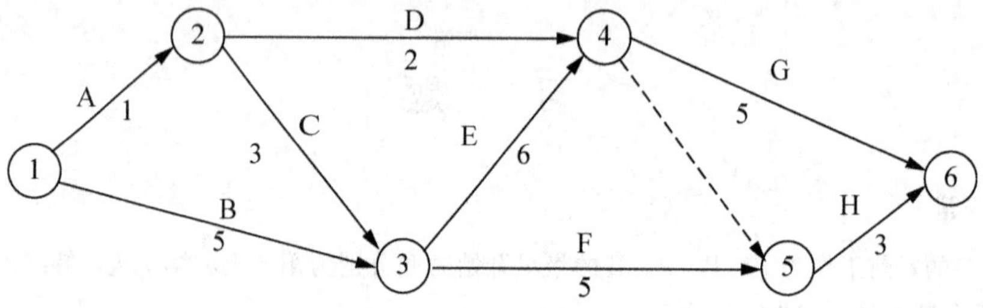


图 5-41　某双代号网络图

## 五、简答题

1. 比较双代号网络图和单代号网络图的区别。

2. 关键线路是什么？是哪些特点决定了项目经理都会如此地关注它？

## 案例分析

### 如何处理软件项目延期

某系统集成公司现有员工 50 多人，业务部门分为销售部、软件开发部、系统网络部等。经过近半年的酝酿后，在今年 1 月份，公司的销售部直接与某银行签订了一个银行前置机的软件系统的项目。合同规定，6 月 28 日之前系统必须投入试运行。在合同签订后，销售部将此合同移交给了软件开发部，进行项目的实施。项目经理小丁做过 5 年的系统分析和设计工作，但这是他第一次担任项目经理。小丁兼任系统分析工作，此外，项目还有 2 名有 1 年工作经验的程序员，1 名测试人员，2 名负责组网和布线的系统工程师。项目组的成员均全程参加项目。在承担项目之后，小丁组织大家制定了项目的 WBS，并依照以往的经历制订了本项目的进度计划，简单描述如下。

1. 应用子系统

1）1 月 5 日～2 月 5 日需求分析

2）2 月 6 日～3 月 26 日系统设计和软件设计

3）3 月 27 日～5 月 10 日编码

4）5 月 11 日～5 月 30 日系统内部测试

2. 综合布线

2月20日～4月20日完成调研和布线。

3. 网络子系统

4月21日～5月21日设备安装、联调。

4. 系统内部调试、验收

1）6月1日～6月20日试运行

2）6月28日系统验收

春节后，在2月17日小丁发现系统设计刚刚开始，由此推测3月26日很可能完不成系统设计。请问问题发生的可能原因是什么？小丁的项目进度计划安排存在什么问题？小丁应该如何保证项目整体进度不拖延？

# 第 6 章 项目质量管理

## 学习目标

| 知识目标 | 技能目标 |
|---|---|
| (1) 了解项目质量和项目质量管理的定义<br>(2) 了解项目质量管理的工作内容<br>(3) 了解项目质量计划编制的依据、方法和结果<br>(4) 了解项目质量保证的依据、方法和结果<br>(5) 了解项目质量控制的依据、方法和结果 | (1) 掌握进行项目质量计划编制的方法<br>(2) 掌握项目质量控制的各种方法<br>(3) 掌握项目质量保证的各种方法 |

## 知识结构

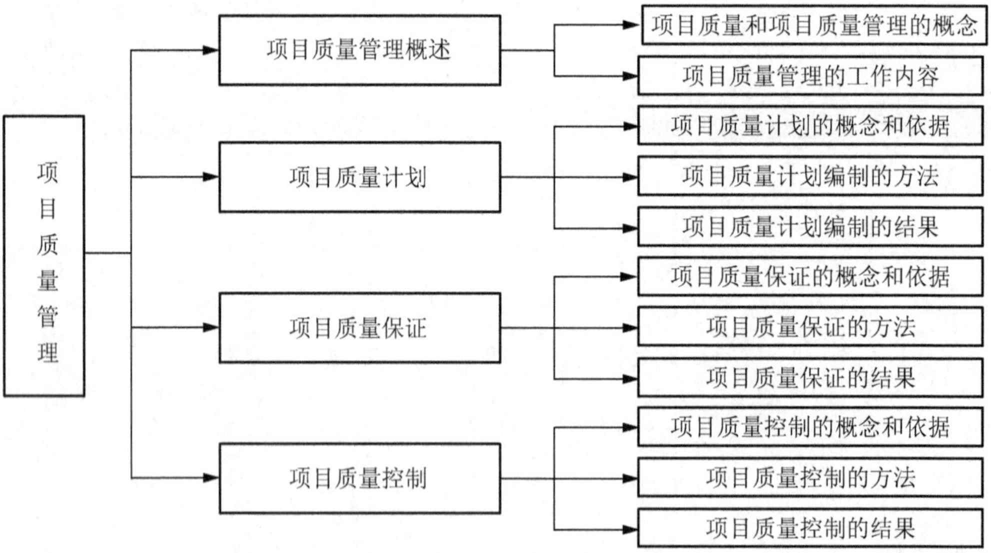

导入案例

## EIS项目的质量管理

一家大型医疗仪器公司刚雇佣了一家著名咨询公司的资深顾问斯考特·丹尼尔，来帮助解决公司新开发的行政信息系统(Executive Information System，EIS)存在的质量问题。EIS是由公司内部程序员、分析员，以及公司的几位行政官员共同开发的。许多以前从未使用过计算机的行政管理人员也被EIS所吸引。EIS能够使其便捷地跟踪按照不同产品、国家、医院和销售代理商分类的各种医疗仪器的销售情况。这个系统非常便于用户使用。EIS在几个行政部门获得成功测试后，公司决定把EIS推广应用到公司的各个管理层。

不幸的是，在经过几个月的运行之后，新的EIS产生了诸多质量问题。人们抱怨其不能进入系统，这个系统一个月出几次故障，据说反应频度也在变慢，用户在几秒钟之内得不到所需信息就开始抱怨。有几个人总忘记如何输入指令进入系统，因而增加了向咨询台打电话求助的次数。有人抱怨系统中的有些报告输出的信息不一致。显示合计数的总结报告与详细报告对相同信息的反映怎么会不一致呢？EIS的行政负责人希望这问题能够获得快速准确的解决。因此，他决定从公司外部雇佣一名质量专家。据他所知，这位专家有类似项目的经验。斯考特·丹尼尔的工作将是领导由来自医疗仪器公司和他的咨询公司的人员共同组成的工作小组，识别并解决EIS中存在的质量问题，制订一项计划以防止未来项目发生质量问题。

(资料来源：赵涛，潘欣鹏．项目质量管理[M]．北京：中国纺织出版社，2005)

质量关系着人民的生命财产安全和生活质量。项目质量是衡量项目能否实现其使用功能的一个重要标志。客户是项目的使用者，也是项目服务的享用者，客户对项目的质量感受最深，在上面的案例中也提到了客户对项目质量的抱怨，如何去识别和满足客户对项目的质量要求、又如何去保证项目的质量，这些都是项目管理中值得探讨的问题。

## 6.1 项目质量管理概述

质量是维护客户忠诚的最好保证，也是企业的生命。日本著名电子产品松下的创始人松下幸之助曾提到“对产品质量来说，不是100分就是0分”，正是在这种注重品质的企业文化下，松下产品闻名遐迩。质量对于一个项目的成功也是非常重要的，一般来说，如果一个项目能按时交付并能达到质量和成本方面的要求，该项目就算是成功的。项目的成本和时间比较容易度量，而项目的质量意味着什么、项目质量管理又该如何进行呢？

看图学项目管理

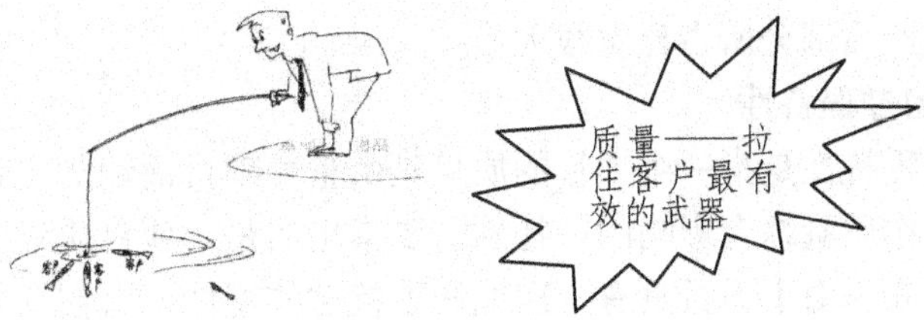

### 6.1.1 项目质量和项目质量管理的概念

**阅读材料**

#### 割草的男孩

一个替人割草打工的男孩打电话给一位陈太太说："您需不需要割草？"

陈太太回答说："不需要了，我已有了割草工。"

男孩又说："我会帮您拔掉花丛中的杂草。"

陈太太回答："我的割草工也做了。"

男孩又说："我会帮您把草与走道的四周割齐。"

陈太太说："我请的那人也已做了，谢谢你，我不需要新的割草工人。"

男孩便挂了电话，此时男孩的室友问他："你不是就在陈太太那割草打工吗？为什么还要打这电话？"

男孩说："我只是想知道我做得有多好！"

1. 项目质量

"百年大计，质量第一"、"质量是企业的生命"、"今天的质量，明天的市场"，这些都说明质量对产品、对企业、对市场的重要性，那么，什么是质量呢？对于质量的定义有许多种。其中，美国质量管理学家J. M. 朱兰(J. M. Juran)博士和ISO对于质量的定义最具权威性。朱兰认为，质量是产品的适用性，即在使用时能够满足用户需要的程度。ISO对于质量的定义是，质量是反映实体(产品、过程和活动等)满足明确和隐含需求的能力之总和。

项目质量是项目的固有特性满足项目相关方面要求的程度。项目质量在很大程度上既不同于产品质量，也不同于服务质量。因为项目兼具产品和服务两个方面的特性，同时还具有一次性、独特性与创新性等自己的特性，所以项目质量的定义和内涵也具有自己的独特性，项目质量的独特性主要表现在如下两个方面。

1）项目质量的双重性

项目质量的双重性是指项目质量既具有产品质量的特性，又具有服务质量的特性。因为多数项目既有许多产品性成果，又有许多服务性成果。其中，产品性成果具有有形、可储存和可预先评估等特性，而服务性成果具有无形、不可储存和无法预先评估等特性，所以项目质量具有产品和服务质量的双重性，如房屋建设项目最终形成的建筑物质量属于产品质量的范畴，但其中的图纸设计和施工管理好坏则都属于服务质量的范畴。每个项目中所包含的服务和产品的比重会有所不同，如管理咨询项目中的服务部分所占比重很大，而工程建设项目中的产品部分所占比重很大。

2）项目质量的过程特性

项目质量的过程特性是指一个项目的质量是由整个项目活动的全过程形成的，是直接受项目全过程的工作质量综合影响的。特别需要指出的是，项目质量的形成与产品和服务质量的形成不尽相同。由于项目具有一次性和独特性的特性，人们在项目的定义和决策阶段往往无法充分认识和界定自己明确和隐含的需求，因此，项目的质量要求在许多情况下，一开始无法比较明确和完全地确定下来，而是在项目进行过程中通过不断修订和变更而最终形成的。尤其是一些开放性项目(如科研项目、产品开发项目、创新项目等)的质量很大程度上是在项目实施过程中通过不断修订形成的，甚至到项目结束前才会形成项目质量的明确要求与最终结果。实际上多数项目都需要使用项目变更等手段不断地修改对项目质量的要求，直至最终项目结束才能完全确定对项目质量的要求并最终形成项目的质量。

2. 项目质量管理

ISO认为，质量管理是确定质量方针、目标和职责，并在质量体系中通过诸如质量策划、质量控制点和质量改进使质量得以实现的全部管理活动。现代项目管理中的项目质量管理是为了保障项目的产出物，能够满足项目业主/客户以及项目各利益相关者的需要所开展的对于项目产出物的质量和项目工作质量的全面管理工作。

项目质量管理认为下述理念是至关重要的。

1）使业主/客户满意是项目质量管理的目的

全面理解项目业主/客户的需求，努力设法满足或超过客户的期望是项目质量管理的根本目的。任何项目的质量管理都将满足项目业主/客户的需要作为最根本的目标，因为整个项目管理的目标就是要提供能够满足项目业主/客户需要的项目产出物。

看图学项目管理

2）项目质量是做出来的而不是检验出来的

项目质量是通过项目实施和管理活动而形成的结果，而不是通过单纯的质量检验得到的。项目质量检验的目的是为了找出项目质量问题。虽然项目质量检验也是一种必要的项目质量管理工作，但是在项目质量管理中避免质量错误和问题要比检验出问题和错误再去纠正要重要得多。因此，在项目质量管理中，要把工作中心放在避免项目质量问题的质量保证上。

3）项目质量管理的责任是全体团队成员的

项目质量管理成功的关键是项目团队成员积极参与项目质量管理，对于项目产出物质量与项目工作质量承担自己的责任和管理职责。因此，项目团队全体成员都需要明确和理解自己的质量责任，并积极地承担自己的质量责任。

4）项目质量管理的关键是不断监控和改进

在项目质量管理过程中需要使用“戴明循环”，又称PDCA(Plan，Do，Check，Act)循环。这是一种不断监控和持续改进工作的方法与思想。但由于项目的一次性和独特性等特性，这种 PDCA 循环的使用具有一定的特殊性。其中最为独特的是在项目质量管理的 PDCA 循环中使用更多的是项目工作核检清单而不是产品检验清单，因为项目质量管理更多是面向活动质量的，而不是面向产品质量的。项目质量管理的 PDCA 循环如图 6-1 所示。

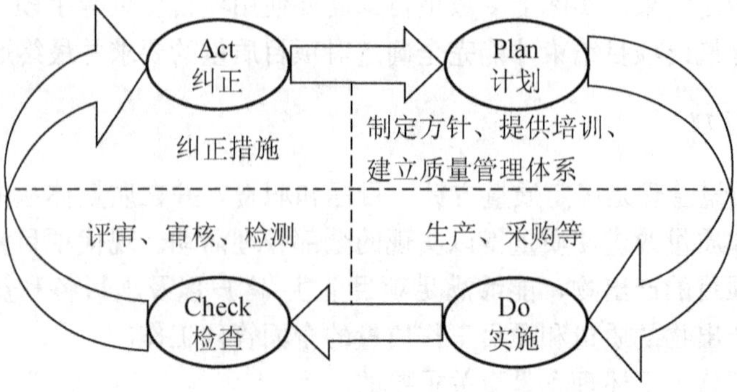


图 6-1 项目质量管理的 PDCA 循环

5）项目质量确定与项目质量实施

在项目质量管理的诸多概念中必须严格区分项目质量确定和项目质量实施的不同之处，项目质量确定和实施两方面的工作都属于项目质量管理的范畴，项目质量确定工作是在项目决策和定义阶段做出的有关项目质量目标和具体质量指标的规定，以及在项目实施过程中有关项目质量变更的决策；而项目质量实施是在项目计划和实施阶段做出的有关实现项目质量目标与指标的计划安排和具体努力。

6）项目质量等级与项目质量好坏

通常项目质量应该包括项目质量等级和项目质量好坏两个部分，其中，项目质量等级是在一定的经济前提下确定的项目质量指标的总和；而项目质量好坏是在确定的项目质量等级下，通过努力工作所达到的质量水平或层次。通常，一个项目的质量管理首先是要达到项目质量等级要求，然后在此基础上努力追求更好的项目质量。项目质量等级低下并不是什么问题，但是如果项目质量低下就是很严重的问题了。

**看图学项目管理**

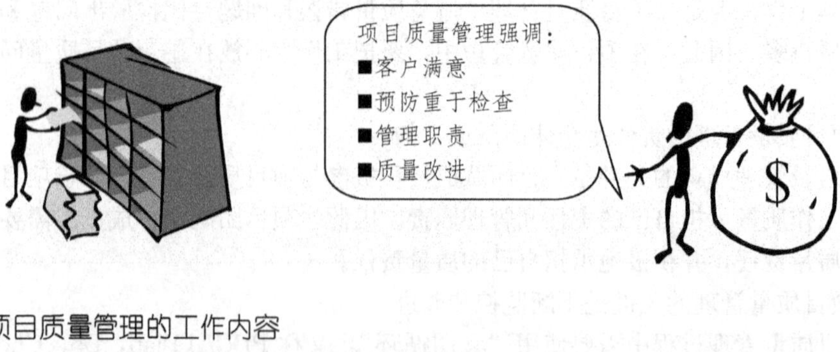


### 6.1.2 项目质量管理的工作内容

项目质量管理的工作内容主要包括项目质量计划编制、质量保证和质量控制。

1）质量计划编制

质量计划编制包括确认与项目有关的质量标准及其实现方式。

2）质量保证

质量保证包括对整体项目绩效进行预先的评估以确保项目能够满足相关的质量标准。质量保证过程不仅要对项目的最终结果负责，而且要对整个项目过程承担质量责任。

3）质量控制

质量控制包括监控特定的项目结果，确保其遵循了相关质量标准，并识别提高整体质量的途径。这个过程常与质量管理所采用的工具和技术密切相关，如帕累托图、质量控制图和统计抽样等。

**看图学项目管理**

质量管理工作的3个组成部分，实际上与项目管理工作内容中的计划、实施、控制3个阶段同步。

## 6.2 项目质量计划

**阅读材料**

### 预防重于治疗

魏文王问名医扁鹊说：“你们家兄弟三人，都精于医术，到底哪一位最好呢？”

扁鹊答：“长兄最好，中兄次之，我最差。”

文王再问：“那么为什么你最出名呢？”

扁鹊答：“长兄治病，是治病于病情发作之前。因为一般人不知道他事先能铲除病因，所以他的名气无法传出去；中兄治病，是治病于病情初起时。一般人以为他只能治轻微的小病，所以他的名气只及本乡里。而我是治病于病情严重之时。一般人都看到我在经脉上穿针管放血、在皮肤上敷药等大手术，所以以为我的医术高明，名气因此响遍全国。”

上述故事中的“病”可以理解为“质量问题”。能将质量问题在“病”情发作之前就进行消除，才是“善之善者也”。对于一个项目而言，要保证其质量，事前进行质量计划、消除质量隐患非常重要。

质量管理部门的第一项任务就是编制质量计划。管理部门应根据项目要达到的质量目标，将其转化为一定的计划指导，贯彻从项目启动到项目终止的整个过程。项目质量计划要求项目各部门、各小组之间相互合作，以设计出解决项目质量问题的方法，并详细拟定项目要达到的质量目标。

项目质量计划是项目全员参与、共同努力的结果。项目质量计划也可以征询一些同行的审查和评论意见，这对于获得项目质量承诺，以及确保项目各部门、各小组理解项目将要完成的质量工作都是至关重要的。

**看图学项目管理**

### 6.2.1 项目质量计划的概念和依据

#### 1. 项目质量计划的概念

项目质量计划是指为确定项目应该达到的质量标准和如何达到这些项目质量标准而做的项目质量的计划与安排。由于项目管理具有复杂性高的特点，管理工作的计划性越强对提高质量越有利，思考周密的项目质量计划对建立良好的质量管理体系意义重大。项目质量计划编制的主要工作见表 6 - 1。

**表 6 - 1　项目质量计划编制的主要工作**

| 依　据 | 方　法 | 结　果 |
|---|---|---|
| • 项目质量方针 | • 成本-效益分析法 | • 质量管理计划 |
| • 项目范围说明书 | • 质量标杆法 | • 质量管理工作说明 |
| • 项目产出物描述 | • 流程图法 | • 质量衡量标准 |
| • 标准和规则 | • QFD 矩阵法 | • 质量核检清单 |
| • 其他工作的输出 | • 试验设计法 | • 管理计划更新 |

#### 2. 项目质量计划编制的依据

项目质量计划的编制依据有以下几个。

1）项目质量方针

质量方针是项目组织和项目高级管理层规定的项目质量管理的方针，是项目组织如何实现项目质量的正式描述和表达，是一个项目组织对项目质量的指导思想和中心意图。

2）项目范围说明书

项目范围说明书阐述了项目目标和项目任务范围，说明了项目所有者的需求及项目的主要要求，是编制项目质量计划的主要依据文件之一。

3）项目产出物描述

项目产出物描述是对项目成果全面、详细的说明，这种说明既包括对项目产出物的特性和功能的说明，也包括对项目产出物有关技术细节的说明，是项目质量计划编制的必要依据。

4）标准和规则

标准和规则是项目组织针对可能影响项目的因素而制定的行为规范和衡量准则。项目质量计划的制订必须考虑到任何实际领域的特定标准和规则，以体现这些标准和规则的要求。

5）其他工作的输出

在其他方面的工作输出也会对项目质量计划的制订产生影响。例如，采购计划就要说明承包人的质量要求，从而影响项目质量计划。

### 6.2.2 项目质量计划编制的方法

#### 1. 成本-效益分析法

成本-效益分析法又称经济质量法，这种方法要求在制订项目质量计划时必须同时考虑项目质量的经济性。项目质量成本是开展项目质量管理活动所需的开支，项目质量收益是开展项目质量活动所带来的好处(如质量保障的主要好处是减少返工、提高生产率和降低成本等)。质量成本-效益分析法的实质是通过运用这种方法编制出能够保障项目质量收益超过项目质量成本的项目质量计划。

任何一个项目的质量管理都需要开展两个方面的工作：一是质量保障工作，这是防止有缺陷的项目产出物形成的管理工作；二是质量检验与质量恢复工作，这是通过检验发现质量问题，并采取各种有效方法恢复项目质量的工作。在这两个方面的工作中，项目质量存在两种不同的成本：质量保障成本(由预防成本和鉴定成本组成)和质量纠偏成本(由内部事故成本和外部事故成本组成)。两者的关系是，质量保障成本越高，质量纠偏成本就越低；质量保障成本越低，质量纠偏成本就越高。项目的质量收益就是通过努力降低这两种质量成本而获得的收益。项目质量的成本-收益法就是一种合理安排和计划项目的这两种质量成本，使项目的质量总成本相对最低，而质量收益相对最高的一种项目质量计划的方法。

项目质量成本指为提高项目质量而支付的费用和因质量问题而产生的费用之总和，它反映质量管理活动和质量改善效果间的经济关系。项目质量成本构成可以分成4大类。

1）内部事故成本

内部事故成本是指因工作失误而导致产品生产过程中的费用增加。内部事故成本的体现方式包括废品返修复检产生的原材料和劳动投入损失、不合格品的降级使用导致的收入损失、质量原因造成的停工导致的产量下降损失等。

2）外部事故成本

外部事故成本是指产品在交付使用后，由于质量问题生产方需要向客户提供的赔偿，包括维修、赔偿和折价处理费用等。

3）鉴定成本

鉴定成本是指在实施过程中，为了保证产品质量而进行的各种检验鉴定工作的成本，包括进料检验的劳务费、检测设备折旧维修费、检测的材料消耗，以及进行产品质量评审的费用等。

4）预防成本

预防成本是指为提高工作与产品质量而进行的各项预防措施产生的成本，包括质量计划工作费用、质量培训费用、质量信息收集与处理费用、质量审核费用和质量改进措施费用等。

对上述的项目质量成本进行进一步分析，可以发现，内部事故成本和外部事故成本均是事故成本，与产品质量及生产产品的工作质量成反比关系。当工作质量较低时，产品质量相应也较低，出现较多的质量事故，引发出更多的事故成本支出。此现象表现在图 6-2 中，体现为一条与产品质量成反比的曲线。而鉴定与预防成本则均是项目团队成员为了提高产品质量而做出的努力。在正常情况下，积极的努力会得到积极的回报，产品质量和鉴定与预防成本成正比。

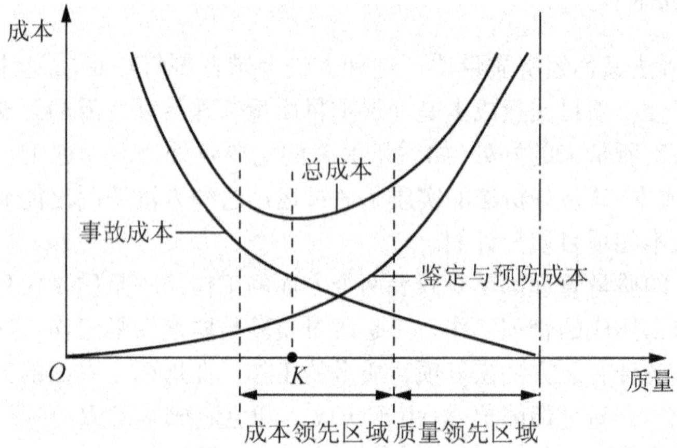


**图 6-2　质量成本曲线**

项目质量的总成本需要汇总上述两大类的成本项，综合地绘制出图 6-2 中的总成本曲线。从图 6-2 中可以清楚地看到，在产品质量过高或过低的情况下，项目的质量总成本均比较高，质量总成本的最低点 $K$ 为最佳质量成本点。在质量达到最佳成本点之前，事故成本常常在总成本中占主导地位，此时应以改进产品质量为主要工作。在质量达到最佳成本之后，在总成本中，鉴定成本和预防成本常常开始占主导地位，此时提高检验工作效能对降低鉴定成本非常重要。

质量成本曲线提示项目管理者在进行项目的质量管理工作之前，首先要对该项目的质量定位从整体战略方面做出提前的安排。要获得较低的质量成本，必须选择适度的质量。当整个项目采用低成本为主要战略时，项目的质量战略需要与之配合，以降低质量总成本为主要目标，此时，项目的质量常常选择图 6-2 中的成本领先区域。当整个项目采用质量领先战略时，工作的主要目标为提高产品质量，此时，项目的质量常常选择图 6-2 中的质量领先区域。

**应用举例 6-1**

图 6-3 演示了一个为燃煤锅炉安装的环保除尘设备的性价比曲线，通过对追加的质量成本与质量效果两组相关数据的统计，发现两者之间形成了一个非线性的函数关系。在最初阶段，可发现每追加 100 万元的质量成本，会使产品质量指标提高至少一个百分点，但是后来这个非线性函数曲线在 400 万元成本和 98%除尘率的交点处出现了一个拐点，此后，成本效益曲线的升幅突然趋缓，每百万元成本投入所带来的质量效益大幅降低。这个拐点显示，追加 400 万元成本，可达到 98%的除尘率指标，是追加质量成本的边际效益点，即投入最小的成本可获最大质量效果的最佳性价比。

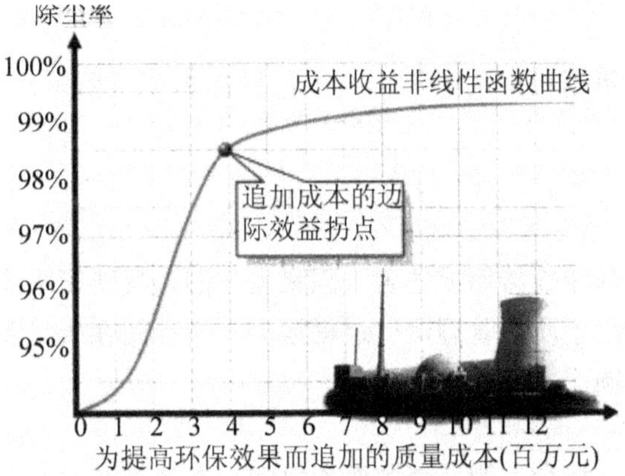


**图 6-3 燃煤锅炉安装成本效益分析模型**

（资料来源：房西苑，周蓉翌著．项目管理实战教程[M]．北京：企业管理出版社，2007）

2. 质量标杆法

质量标杆法是指利用其他项目实际或计划的项目质量结果作为新项目的质量比照对象，通过对照、比较，制定出新项目质量计划的方法。质量标杆法是项目质量管理中常用的有效方法之一。这里所说的其他项目可以是项目组织自己以前完成的项目，也可以是其他组织完成的项目。

**看图学项目管理**

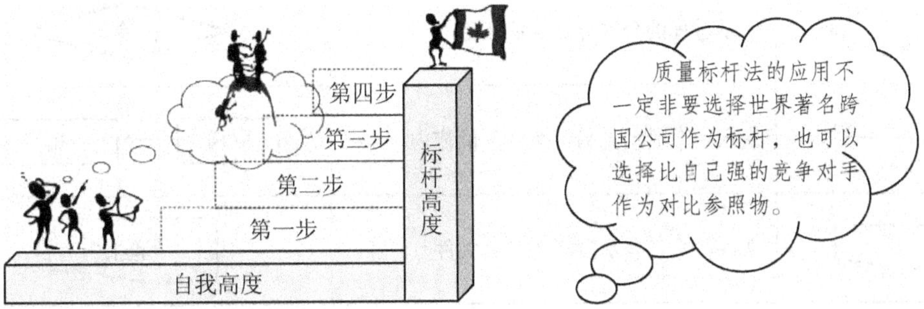

将标杆法用于项目质量计划，就是以同类优秀项目为标准或参照，对其进行分析、比较、跟踪学习，不断改进项目质量力求超过同类优秀项目，使本项目质量成为同类最优。这是一种提高项目质量、降低项目成本、改进项目绩效的方法，也是一种学习的方法。在项目质量计划中，实施这一方法的主要环节包括以下几个。

1）了解信息、收集资料

为了树立学习的标杆，首先需要找到标杆，并对其有一个基本认识。本环节的目的就在于此。

2）分析信息、资料

对了解的信息、收集的资料要进行分析、研究，以确定问题的关键点。

3）找差距

将本项目与标杆相比较，以确定存在的差距。

4）策划对策

根据所存在的差距，策划相应的对策。对策包括提高项目质量水平、改进项目流程、完善质量管理措施等。

### 3. 流程图法

流程图是一个由箭头和线连接而成的若干因素关系图，反映了一个系统相联系的各部分之间的相互关系，主要用于质量管理运行过程策划。流程图在质量管理中的应用主要包括系统流程图和因果关系图。

1）系统流程图

系统流程图主要用来分析和说明系统各要素之间存在的相互关系。通过流程图可以帮助项目组提出解决质量问题的相关方法，一般采用的符号见表 6－2。

**表 6－2　流程图方法常用符号**

| 符　　号 | 含　　义 | 表示内容示例 |
|---|---|---|
|  | 表示过程的开始或结束 | 基础工程施工开始 |
|  | 表示一项活动，活动的名称标于其中 | 立模 |
|  | 表示过程的分歧点，即决策点 | 检验？ |
|   | 表示一个活动到另一个活动的流向 | 立模 → 绑扎钢筋 |
|  | 文件符号，表示过程的有关文件 | 检验报告 |

图 6－4 是一个系统处理流程图的例子。

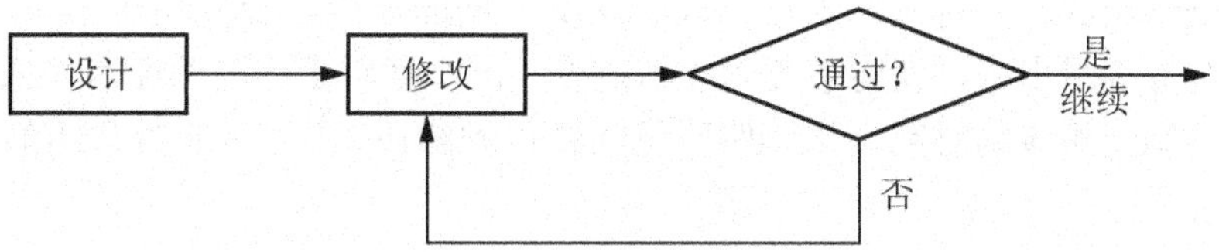


图 6－4　系统处理流程图

**应用举例** 6－2

图 6－5 为电力载波通讯集成电路板生产的质量管理流程图。

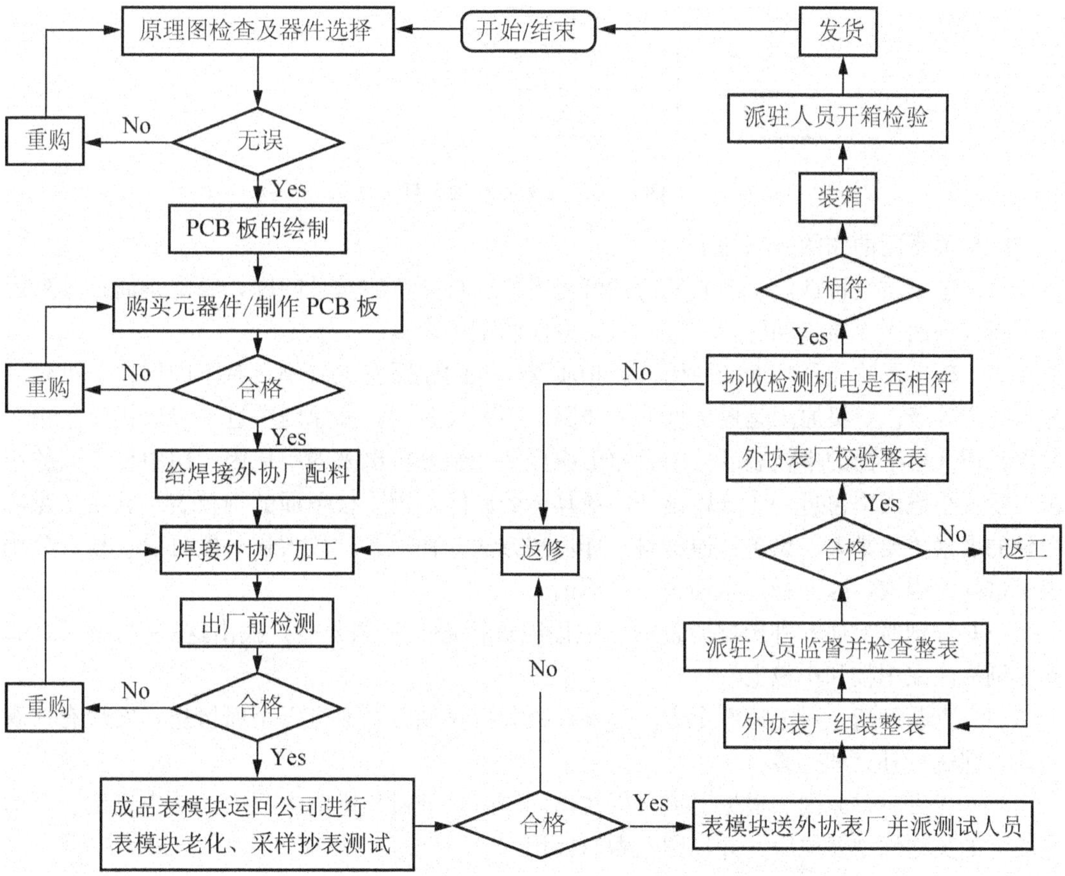


图 6－5　电力载波通讯集成电路板生产的质量管理流程图

（资料来源：熊英，王宏伟．项目质量管理[M]．武汉：湖北科学技术出版社，2008）

2）因果关系图

因果关系图又称为树枝图或鱼刺图，它是一种逐步深入分析质量问题的因果关系，寻找质量问题原因，并用图来表示的一种快捷方法。

在项目实施过程当中，一个质量问题的产生往往是由多种原因造成的，这些原因有大有小，而且是多层次的。将这些大小不同、层次不同的原因，分别用主干、大枝、中枝、小枝、小分枝等表示出来，就能系统而清晰地表示出产生质量问题的原因，通过分析图中的不同原因，制定相应的对策，从而使质量问题得到解决。图 6－6 为常用的因果关系图示例。

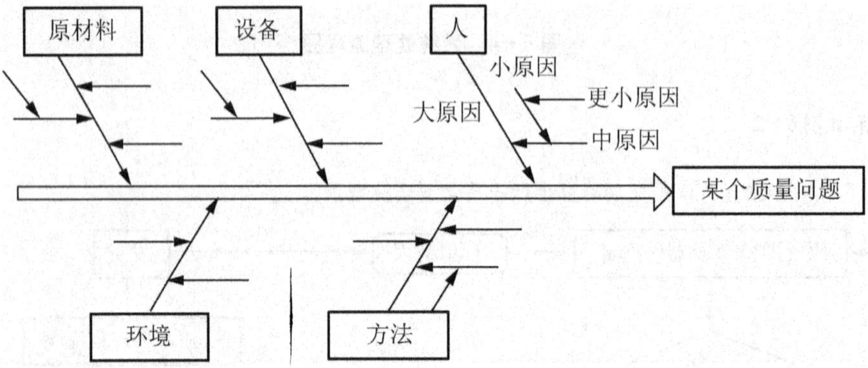


**图 6－6　因果关系图示例**

因果关系图的作图步骤如下。

(1) 选定质量特性。所谓质量特性就是需要进行分析的质量问题，通常是通过排列图法分析得到的主要质量问题，用标明箭头方向的主干表示。

(2) 确定影响质量特性的原因。影响质量问题的原因有大有小，有不同层次，可将其分为几个等级。一级原因是概括性的大原因，用大枝表示；大原因中进一步分析出的中等原因，用大枝下面的中枝表示；中等原因中更细一步分析出来的小原因，用中枝下面的小枝表示；小原因中再进一步分析出来的更具体的原因，用小枝下面的细枝表示。由于影响质量的因素主要是人、设备、原材料、环境和方法 5 种因素，故大枝一般可设 5 根，分别表示这 5 种因素，这 5 种因素即为一级原因。

(3) 分别对上述 5 种影响质量的一级原因进行进一步的分析，找出这些中、小原因，并分别标注在中枝和小枝上。

(4) 查漏补遗。对上述 5 个方面分别逐级分析完成后，应进行全面检查，发现有遗漏的地方即进行补充和完善。

(5) 找出主要原因。根据上述分析找出的原因，分析其影响的程度，从中选出若干影响较大的关键性主要原因，并在图上做出标记。

(6) 制定对策。根据选定的重要原因，制定相应的对策，改善质量控制，提高项目的质量。

**应用举例 6－3**

图 6－7 为一个用因果关系图分析导致混凝土强度不足质量问题的原因的实例。经分析得知，未清洗砂石、工长水平低和工艺程序上养护时间不足是导致混凝土强度不足的主要原因。

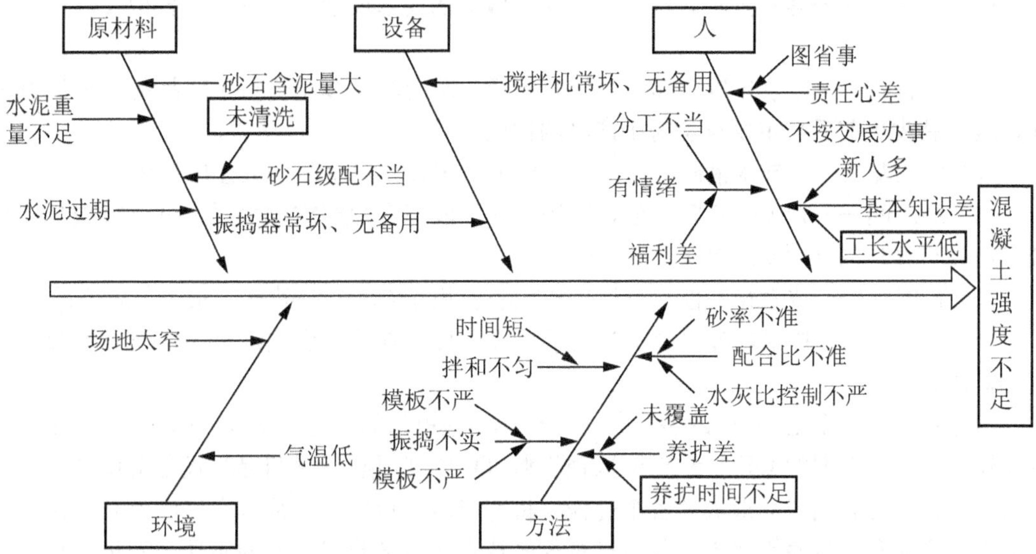


图 6-7　混凝土强度不足因果图

4. QFD 矩阵法

QFD(Quality Function Development)即质量功能展开，是一种直观地将顾客需求信息逐步展开和分解的分析方法。QFD 矩阵法于 20 世纪 70 年代初起源于日本，进入 80 年代以后逐步得到欧美各发达国家的重视并广泛应用。QFD 矩阵法的核心是通过建立一系列的二维质量屋，运用加权评分、相关矩阵等方法，将顾客需求信息逐步转换展开，具有形象直观、适用面广、可操作性强的特点。

QFD 所使用的结构化二维矩阵，也被称为"质量屋"，其主要形式如图 6-8 所示。因图中的系列矩阵组成起来的结构形式酷似一个房屋，因而被称为"质量屋"。质量屋的各部分内容如下。

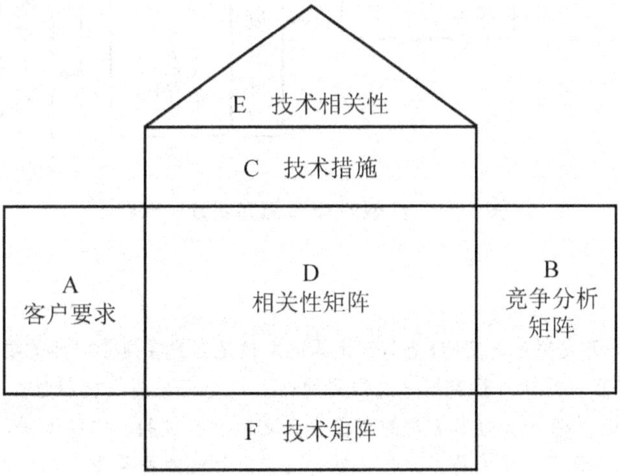


图 6-8　质量屋的构成

(1) A左墙——客户要求，客户对产品和服务的要求或期望，以及对各项要求的重要程度。

(2) B右墙——竞争分析矩阵，对比分析新开发的产品和竞争对手产品的客户满意情况，或产品改进前后与主要竞争对手产品的比较。

(3) C天花板——技术措施，实现客户要求的工程技术手段、工程技术参数。

(4) D房间——相关性矩阵，分析工程技术手段与客户要求的关系，分析哪项具体的技术参数与客户的哪项要求有关、相关性多大。

(5) E屋顶——技术相关性，分析各技术手段相互之间的一致性关系或矛盾关系。

(6) F地板——技术矩阵，分析各技术手段、技术参数的优先级别，各技术参数目标值和对比分析。

瀑布式分解模型是QFD的展开方式和整体实施思想的描述。图6-9是一个由4个质量屋矩阵组成的典型的QFD瀑布式分解模型。QFD利用质量屋和瀑布式分解模型，将客户需求分解、配置到产品形成的各个过程，将客户需求转换成项目可交付产品开发过程具体的技术要求和质量控制要求，并通过对这些技术和质量控制要求的实现来满足客户的需求。在图6-9中，客户需求首先通过质量屋矩阵，转换成项目可交付产品的技术需求，形成关键质量特性；并进一步由关键质量特性，配置形成关键工艺；最后，针对各关键工艺，配置和规划工艺的质量控制参数。采用这4个质量屋，将客户的需求描述成类似于瀑布的形式，分解到整个项目可交付产品的开发过程中。

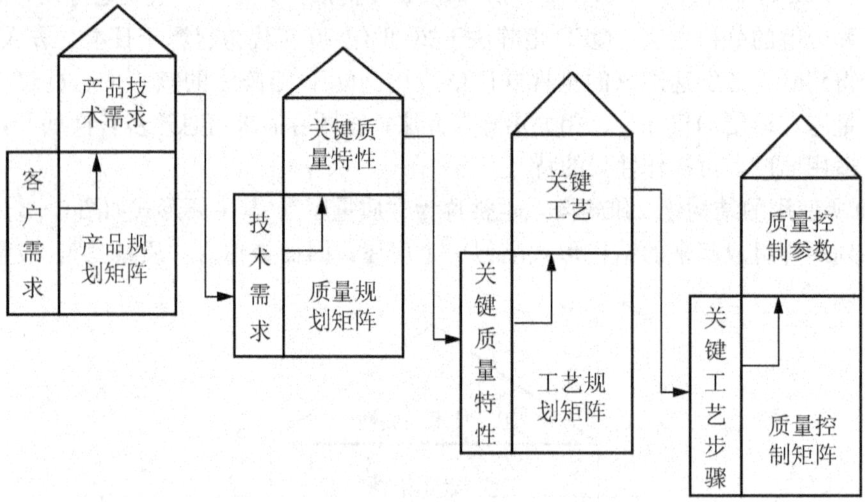


**图6-9　典型的QFD瀑布式分解模型**

**应用举例6-4**

表6-3说明了汽车开发项目的QFD矩阵。矩阵的左边是客户在质量方面的要求及其重要性的排序，这些要求和排序是通过客户调查、面谈等方式得到的；上边是产品的一些特性，是由产品本身决定的；中间的交叉方块中，表示产品的特性与客户的质量要求之间有积极的、中等水平的、较弱的，或者负面的关联关系。例如，客户要求汽车的马力大，只要使汽车发动机的排量做大，就能满足客户的要求，两者之间是正向强相关；客户要求汽车经济高效，就必须使每百公里油耗小，两者之间是反向强相关，依

此类推。这些信息对于指导项目的质量管理活动非常重要，它能确保项目小组提供给客户那些与其重要质量要求有积极关联的特性，避免提供没有关联或仅与质量重要性较低的要求有关联的特性，从而使项目的交付结果真正满足或超越客户的要求和期望。

表 6-3　汽车开发项目的 QFD 矩阵

| 客户的质量要求 | 客户优先级 | 发动机排量 | 整车尺寸 | 零件寿命 | 每百公里油耗 | 装备 ABS 安全气囊 | 故障自动显示报警系统 |
|---|---|---|---|---|---|---|---|
| 马力大 | 5 | ● | ◆ |  | ● | ▽ |  |
| 空间宽敞 | 6 | ◆ | ● | ◆ | ▽ | ◆ |  |
| 寿命长 | 3 | ▽ |  | ● | ◆ |  | ◆ |
| 经济高效 | 2 | V | V | ◆ | V | ▽ |  |
| 安全性好 | 1 | ◆ | ▽ | ▽ |  | ● | ◆ |
| 故障容易发现 | 4 |  |  | ◆ |  | ▽ | ● |

注：●＝强相关；◆＝中等相关；▽＝弱相关；V＝ 负相关。

（资料来源：周小桥．突出重围——项目管理实战[M]. 北京：清华大学出版社，2003）

5. 试验设计法

试验设计法是一种传统分析方法，是由日本质量管理大师田口宏一创建的质量优化工具，用于测定影响产品功能质量的各种变量要素的比值，并识别出对项目质量影响最大的变量，从而找出关键因素以指导项目质量计划的编制。

其操作原理如下。

(1) 首先在产品质量要求和约束条件的基础上建立一个数量模型。

(2) 罗列出所有影响产品质量的变量要素，按经验值输入模型。

(3) 依次上下调整上述变量因素，同时对照产品质量要求，对输出的效果数据给予综合评估，直至所有的变量要素达到最佳比例组合从而产生最优化的效果值为止。

**应用举例 6-5**

某咨询公司需要将一位教师讲课的录像在网上发布。图 6-10 表示讲课录像在网上发布的试验设计法工作原理。使用数码摄像机摄像后，输入电脑编辑，涉及 3 个主要参数的设置。

(1) 视频带宽，决定图像质量和视觉效果。

(2) 视频速度，即每秒视帧，决定图像动作的均匀度。

(3) 音频带宽，决定语音质量和听觉效果。

这 3 方面的质量越高，制作的影片占空间越大，若在网上播放，每秒信息传输的速率不能超过 128Kb。在这个前提下，为了尽可能制作出高质量的影片，须首先确定视频带宽、视频速度、音频带宽这 3 个变量的变化范围，既要获得用户基本满意的视觉和听觉效果，又不能超过网上传输速率的上限。然后在这 3 个范围内，分别选取有代表性的进阶变化参数值，按照试验设计法排列组合，即在保持另外两个变量不变的情况下逐个调整每个参数，然后按每一种参数设置组合试播，将数据和评估结果录入表 6-4 所示的试验报告表格，最后对比各种组合数据的效果，选出最佳的参数配比组合。

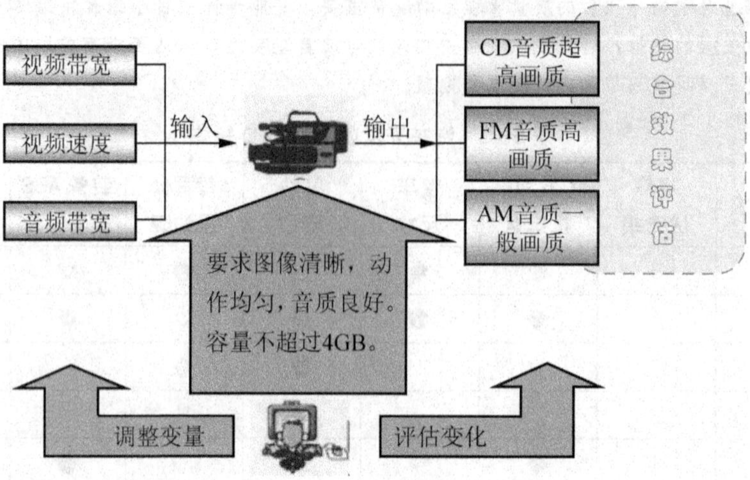


**图 6-10 录像发布试验设计工作原理**

**表 6-4 录像发布试验报告**

| 技术参数 | 单位 | 平均值 | JCD 192K 超高画质 | JCD 96K 超高画质 | FM 192K 超高画质 | FM 128K 高画质 | FM 96K 一般画质 | FM 64K 低画质 | FM 56K 超低画质 | AM 192K 低画质 | ADSL 优良画质 |
|---|---|---|---|---|---|---|---|---|---|---|---|
| 变量 | | | 1 | 2 | 3 | 4 | 5 | 6 | 7 | 8 | 9 |
| 视频带宽 | Kbps | | 120 | 48 | 100 | 56 | 52 | 24 | 16 | 168 | 102 |
| 每秒视频帧 | Fps | | 20 | 15 | 20 | 20 | 15 | 10 | 5 | 20 | 15 |
| 音频带宽 | Kbps | | 64 | 40 | 32 | 32 | 32 | 32 | 32 | 16 | 22 |
| 单声道/立体声 | | | 立体声 | 立体声 | 立体声 | 立体声 | 立体声 | 立体声 | 立体声 | 单声道 | 立体声 |
| 传输比特率 | Kbps | | 220.8 | 105.6 | 158.4 | 105.6 | 100.8 | 67.2 | 57.6 | 220.8 | 148.8 |
| 测试结果 | | | | | | | | | | | |
| 编辑文件大小 | M | 9.6718 | 20.9 | 17.09 | 19.08 | 20.3 | 15.06 | 15.8 | 10.09 | 20.4 | 16.03 |
| 影片固定开销 | M | 2.6859 | 4.775 | 4.775 | 4.775 | 4.775 | 4.775 | 4.775 | 4.775 | 4.775 | 4.775 |
| 实验片长 | 秒 | 18.437 | 34 | 32 | 32 | 32 | 35 | 33 | 31 | 34 | 32 |
| 试验单位文件大小 | M/分 | 7.8339 | 20.03 | 14.14 | 17.87 | 20.16 | 9.45 | 11.36 | 1.05 | 19.15 | 12.15 |
| 试验单位文件大小 | M/时 | 470.03 | 1201.76 | 848.25 | 1072.13 | 1209.38 | 566.74 | 681.82 | 62.71 | 1148.82 | 729.00 |
| 原录像单位文件大小 | M/分 | 9.8178 | 22.80 | 15.89 | 19.05 | 15.89 | 15.60 | 13.58 | 13.01 | 22.80 | 18.48 |
| 原录像单位文件大小 | M/时 | 589.07 | 1367.88 | 953.16 | 1143.24 | 953.16 | 935.88 | 814.92 | 780.36 | 1367.88 | 1108.68 |
| 压缩比 | | | 88% | 89% | 94% | 127% | 61% | 84% | 8% | 84% | 66% |
| 试验效果评价 | | | 超高画质接近CD音质 | 一般画质接近CD音质 | 超高画质立体调频音质 | 高画质立体调频音质 | 一般画质立体调频音质 | 低画质立体调频音质 | 超低画质立体调频音质 | 超高画质单声道调频音质 | 优良画质优良音质 |

（资料来源：房西苑，周蓉翌．项目管理实战教程[M]. 北京：企业管理出版社，2007）

试验设计法的工作原理主要是涉及大量排列组合的运算，在一个多变量的项目中，这种穷尽式的计算量往往令大型计算机都难以胜任。田口宏一的贡献是提供了一种优选法的计算程序，可以用最简捷的步骤获得最优化的解。

试验设计法常常用于研发项目中选择最优化的组合方案、设置合理的工艺参数，选择合适的冶炼、制药、食品、化工等产品配方，甚至可以用于风险管理中的要素敏感性分析，其最终设置的目标不仅可以是质量效果的最优化，也可以是性价比的最优化。

### 6.2.3 项目质量计划编制的结果

#### 1. 项目质量管理计划

项目质量管理计划是为了使项目的可交付成果符合客户要求，对项目质量管理工作所做的计划和安排。质量管理计划提供对整个项目进行质量控制、质量保证及质量改进的基础，主要包括以下内容。

（1）项目需要达到的质量目标，如一些具体的性能指标。

（2）明确项目团队成员的职责，以便更好地进行质量控制。

（3）项目质量管理工作运作的过程。

（4）为达到项目质量目标所需的资源。

（5）为保证项目产品符合要求所要进行的监控、测量、分析和改进过程及其方法。

（6）更改和完善项目质量计划的程序。

#### 2. 项目质量管理工作说明

项目质量管理工作说明是指对项目质量管理工作的具体描述，以及对项目质量控制方法的具体说明。这一文件通常是由如何检验项目质量计划的执行情况、如何确定项目质量控制规定等内容构成。这种项目质量计划文件通常是一种项目质量管理计划的辅助性和支持性文件，它应该全面地给出项目质量管理各方面工作的支持细节和具体说明，包括执行项目质量管理计划时所使用的具体方法、工具、图表和程序等各方面的规定和说明。

#### 3. 项目质量衡量标准

质量衡量标准用来描述项目产出物和工作的各方面的质量特征，以及如何在质量控制过程对其进行度量。质量衡量标准是项目质量保证和质量控制的重要依据。从质量控制的角度来看，可操作性的度量标准是进行项目质量控制的前提。一般来说，质量衡量标准可以是缺陷密度、故障率、可用性、可靠性和试验范围等。

#### 4. 项目质量核检清单

质量核检清单是用来核实项目质量计划的执行和控制是否得到实施的一种工具。核检清单以 WBS 为基础，由详细的条目组成，常采用询问式或命令式的短语。

5. 项目管理计划更新

项目管理计划更新是指在项目管理计划中纳入从属的质量管理计划和过程改进计划。通过整体变更控制过程，对项目管理计划的变更需求及从属计划变更(修改、增添或删除)进行审查和处理。

## 6.3 项目质量保证

### 6.3.1 项目质量保证的概念和依据

**阅读材料**

肯德基的危机

2005年春天，肯德基中国某分店的辣椒配料中，检查出了一种叫做苏丹红的有毒物质，会对人体产生强致癌作用。一时间苏丹红的恐慌迅速蔓延，波及许多超级商场货架上的辣椒酱，甚至导致多家肯德基一度被封门修整。工商部门和质检部门立即顺藤摸瓜，查到了肯德基连锁店的辣椒酱供应商，发现该厂商也是一家获得ISO 9000认证的企业，整个生产过程的质量保证体系毫无破绽。这也说明肯德基炸鸡店的供应链质量保证体系还是颇为到位的，所有供应商必须是获得ISO 9000认证的企业。于是政府部门工作人员又沿着该供应商的原料供应商继续查下去，最后查到第6代供应商的时候，终于在广东增城县某乡的一个乡村企业中发现了苏丹红的真正源头。那家企业从一家化工厂购买了苏丹红，作为辣椒油染色的秘密配方。该企业的客户遍布全国，有数十家生产辣椒酱的企业购买过这种原料。

一个“六杆子”才打到的重孙子辈原料供应商，竟然让一个载誉全球的连锁企业蒙受了巨大损失。这正应了社会学著名的蝴蝶效应理论：一只南美洲亚马逊河流域热带雨林中的蝴蝶，偶尔扇动几下翅膀，可能在两周后在美国德克萨斯引起一场龙卷风。由此案可以看出，建立一个完善的质量保证体系是一项多么艰巨的任务，百密一疏，就足以酿成弥天大祸。

为了确保制订的质量计划得以顺利执行，确保最终可以交付高质量的产品和服务，在项目质量管理中，提供相应的质量保证非常重要。

1. 项目质量保证的概念

项目质量保证是为了提供足够的信任表明项目能够满足质量要求，而经常性地对整个项目质量计划执行情况所进行的评估、核查和改进等工作。为了保证项目各阶段的输出结果满足质量标准的要求，也为了使客户能满意地接受项目的最终交付结果，项目组应在项目实施之前就制定一份全面的质量保证体系，以指导项目的质量管理活动。

质量保证是项目对客户质量方面的担保，它相当于疾病预防，预防的目的是为了防止缺陷的发生，确保一次性成功。项目质量保证包括项目内部质量保证和外部质量保证，内部质量保证是向项目团队提供的质量保证；外部质量保证是向客户和其他项目利益相关者提供的质量保证。表6-5为项目质量保证的主要工作。

表6-5 项目质量保证的主要工作

| 依据 | 方法 | 结果 |
| --- | --- | --- |
| • 质量管理计划<br>• 质量衡量标准<br>• 质量工作说明 | • 质量计划方法<br>• 质量审计方法<br>• 质量活动分解 | • 项目变更的全面优化<br>• 质量改进措施<br>• 各种文件和信息的更新 |

2. 项目质量保证的依据

1）项目质量管理计划

项目质量管理计划是项目质量计划工作的结果，是有关项目质量保证工作的目标、任务和要求的说明文件。因此，项目质量管理计划是项目保证工作最根本的依据。

2）项目质量衡量标准

项目质量衡量标准提供了一套可操作的指标，是进行质量评估和核查的基础，也是项目质量保证的重要依据。

3）项目质量工作说明

项目质量工作说明是对于项目质量管理具体工作的描述，以及对于项目质量保证与控制方法的说明。这同样是项目质量保证工作的具体依据。

### 6.3.2 项目质量保证的方法

项目质量保证的常用方法有质量计划、质量审计和质量活动分解3种。

1. 质量计划

由于项目质量保证工作主要是一种运用事前控制的思想开展的项目质量管理工作，因此，这一工作中的最主要工具和方法是项目质量计划管理的方法。因为在一个项目的质量管理中，人们只有预先认识到项目质量管理方面的问题并制定出相应的应对措施和计划安排，才能够避免出现项目质量问题，才能够规避由于项目质量问题而给业主和项目实施组织等各方面带来的损失。

2. 质量审计

质量审计是按照审计程序对特定的质量活动进行的结构化的审查。通过质量审计，可以获得质量管理过程中的经验教训，从而提高项目的实施水平。质量审计可以是定期的，也可以是随时的，可由公司内部的审计员或特定领域有专门知识的第三方执行。

项目质量审计的方法主要用于：对项目所用材料、半成品和配件的质量查验；对项目各项工作质量的核查；对项目产出物的质量查验；对项目质量控制方法和工作的核查和对于项目各种管理与技术文件的核查等方面。

3. 质量活动分解

质量活动分解是对质量有关的活动逐层分解，直到最基本的和比较容易控制的质量活动，从而对项目质量实施有效的管理和控制。分解有多种形式，矩阵式是常用的形式。例如，以设计、制造、采购、施工等为列，管理活动为行，行与列的相交点为各种质量管理活动。

### 6.3.3 项目质量保证的结果

开展质量保证工作得到的最主要的结果是实际质量获得了提高和改善，这涉及项目工作效率的提高、项目相关利益主体整体利益的扩大、项目产出物的质量等级的提高、各种不必要项目变更的避免等。但是，由于项目质量保证工作主要是做事前预防性的质量管理工作，因此，对项目质量保证工作结果的度量比较困难。因为没有人会将事先已经避免的项目质量问题造成的损失作为项目质量保证的业绩纪录。但实际上，项目质量保证所避免的各种损失都应该作为项目质量保证工作的成果。除此之外，项目质量保证工作还可以带来以下附加成果。

1. 项目变更的全面优化

在项目实施过程中项目相关利益主体会提出种种项目变更的请求，通过项目质量保证工作，人们可以对项目变更的请求和变更方案进行全面的优化，由此使得项目质量和价值得到提高，使整个项目的利益和每个相关利益主体的利益都得到扩大。

2. 质量改进措施

质量保证实施可以视为一个持续改进的过程，发现质量问题需要提出改进措施。即使没有发现质量问题，设计和实施过程也需要不断优化、螺旋改进。

3. 各种文件和信息的更新

通过项目质量保证工作，人们可以发现原有的项目质量标准和其他管理计划有一些不足或问题，人们可以根据新的信息对这些文件和资料进行修正和更新。这可以为项目的未来阶段和未来要开展的项目提供相应的项目质量保证工作的经验与具体的工作指导。

## 6.4 项目质量控制

**阅读材料**

### NBS 工程项目的质量控制

吉赛因是NBS工程项目的项目经理，目前项目已经进展了预计时间的1/3，一切都还顺利。为了避免在今后的项目过程中发生突发事件而影响项目预算或进度，也为了保证项目质量，吉赛因率领他的团队召开了一次质量控制分析会议，针对前期制定的项目质量规划进行追踪、比较和分析，总结了如下12个方面的内容。

1）人的行为

某些工序应控制人的行为，避免因人的失误造成质量问题，如高空作业、水下作业等，都应从人的生理缺陷、心理活动、技术能力等方面对操作者进行考核、控制。

2）物的状态

某些工序则应以物的状态作为控制的重点，如加工精度与机具有关，计量的准确性与计量设备、仪表有关，危险源与失稳、腐蚀、振动等因素有关。因此，根据不同工序的特点，有的应以控制机具设备为重点，有的应以防止失稳、倾覆和腐蚀等危险源为重点，有的则应以作业场所为控制重点。

3）材料的质量和性能

材料的质量和性能是直接影响工程质量的主要因素。某些工序应将材料的质量和性能作为控制的重点，如预应力钢筋加工，就要求钢筋匀质、弹性模量一致，含硫量和含磷量不能过大，以免产生热脆和冷脆。

4）关键的操作

某些操作直接影响工程质量，应作为控制的重点，如预应力钢筋张拉，在操作中如不进行严格控制，就不可能可靠地建立预应力值。

5）施工顺序

某些工序或操作，必须严格控制相互之间的先后顺序，否则，就会影响工程质量，如冷拉钢筋，就应先对焊后冷拉，否则，就会失去冷强。

6）技术间隙

有些工序之间的技术间隙时间性很强，如不严格控制就会影响质量。例如，分层浇注混凝土，必须待下层混凝土未初凝时将上层混凝土浇完，砖墙砌筑后，应有一定的时间让墙体充分沉陷、稳定、干燥后才能抹灰，抹灰层干燥后才能喷白、刷浆。

7）技术参数

某些技术参数与质量密切相关，必须严格控制，如混凝土的水灰比、外加剂掺量等技术参数直接影响混凝土质量，应作为质量控制点。

8）常见的质量通病

常见的质量通病，如渗水、漏水、起壳、起砂、裂缝等，都与工序操作有关，均应事先研究对策，提出预防措施。

9）新工艺、新技术、新材料的应用

当新工艺、新技术、新材料已通过鉴定、试验，但操作人员缺乏经验时，应将其工序操作作为重点严加控制。

10）质量不稳定、质量问题较多的工序

通过对质量数据的统计分析，质量波动、不合格品率较高的工序，应被设置为质量控制点。

11）特殊土地基和特种结构

对于湿陷性黄土、膨胀土等特殊土地基的处理，以及大跨度结构、高耸结构等技术难度较大的施工环节和重要部位，应加以特别控制。

12）施工工法

施工工法中对质量产生重大影响的问题，如液压滑模施工中支承杆失稳问题、混凝土被拉裂和坍塌问题、建筑物倾斜和扭转问题、大模板施工中模板的稳定和组装问题等，均为控制的重点。

通过这些质量控制点的设置，吉赛因的项目团队更加明确了在今后的项目实施过程中为保证项目质量而应关注的重点和努力的方向。

（资料来源：赵涛，潘欣鹏.项目质量管理[M].北京：中国纺织出版社，2005）

### 6.4.1 项目质量控制的概念和依据

#### 1. 项目质量控制的概念

项目质量控制是在项目实施过程中，对项目质量的实际情况进行监督，判断其是否符合相关的质量标准，并分析产生质量问题的原因，制定出相应的措施来消除导致不符合质量标准的因素，确保项目质量得以持续不断的改进。

项目质量控制和项目质量保证最大的区别在于，项目质量保证是一种从项目质量管理的组织、程序、方法和资源等方面为项目质量保驾护航的工作，而项目质量控制是直接对项目质量进行把关的工作。项目质量保证是一种预防性、提高性和保障性的质量管理活动，而项目质量控制是一种过程性、纠偏性和相关性的质量管理活动。

虽然项目质量控制也可分为项目质量的事前控制、事中控制和事后控制，但是项目质量控制中的事前控制主要是对影响项目质量因素的控制，而不是从质量保证角度开展的对项目各方面要素的保障活动。当然，项目质量保证和项目质量控制的目标是一致的，都是确保项目质量能够达到项目组织和客户的需要，在项目所开展的工作和活动中，两者是有交叉和重叠的，只是方法和工作方式不同而已。项目质量控制的主要工作见表 6-6。

**表 6-6　项目质量控制的主要工作**

| 依　据 | 方　法 | 结　果 |
| --- | --- | --- |
| • 质量管理计划<br>• 质量工作说明<br>• 质量控制标准<br>• 质量实际结果 | • 检查表法<br>• 数据分层法<br>• 散布图法<br>• 统计抽样法<br>• 帕累托图法<br>• 控制图法<br>• 直方图法 | • 项目质量改进<br>• 验收决定<br>• 质量检查表的完善<br>• 项目调整<br>• 返工 |

**看图学项目管理**

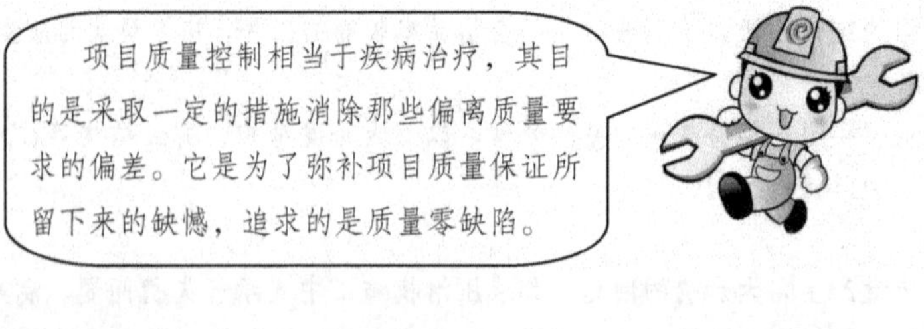


#### 2. 项目质量控制的依据

1）项目质量管理计划

项目质量管理计划是在项目质量计划编制过程中所生成的项目质量计划文件，它给出了整个项目质量管理工作的计划和安排，包括项目质量控制工作的计划和安排。因此，项目质量管理计划是开展项目质量控制工作的最主要依据。

2）项目质量工作说明

项目质量工作说明是在项目质量计划编制中所生成的有关项目质量管理工作的细节文件，它规定了在整个项目质量管理工作中所要开展的各项工作与活动的要求和规定。项目质量控制工作的要求和规定都包含在这一文件中。因此，项目质量工作说明同样是开展项目质量控制工作的依据之一。

3）项目质量控制标准

项目质量控制标准是根据项目质量计划和工作说明，通过分析和设计而生成的质量控制的具体标准。项目质量控制标准与质量目标和计划指标是不同的，项目质量目标和计划指标给出的是项目质量的最终要求和项目质量结果的可容忍范围，而项目质量控制标准是根据这些最终要求所制定的控制范围要求和控制参数。

4）项目质量的实际结果

项目质量的实际结果包括项目实施的中间结果和项目实施的产出物结果两个方面。项目质量控制的实际结果信息是通过项目质量工作绩效的度量获得的，它也是项目质量控制下一步工作的重要依据。

### 6.4.2 项目质量控制的方法

#### 1. 检查表法

检查表法又称调查表、统计分析表等。检查表法是质量控制中最简单也是使用得最多的方法。它是利用统计表对数据进行记录、整理和初步分析原因的一种工具，其格式多种多样，表6-7是其中的格式之一。

**表6-7 统计分析表**

| 影响因素 | 频数 | 排序 | 影响因素 | 频数 | 排序 |
|---|---|---|---|---|---|
| A | 3 | 7 | E | 12 | 2 |
| B | 6 | 5 | F | 7 | 4 |
| C | 10 | 3 | G | 4 | 6 |
| D | 16 | 1 | 合计 | 58 | |

#### 2. 数据分层法

数据分层法就是把性质相同的、在同一条件下收集的数据归纳在一起，以便进行比较分析。因为在实际工作中，影响质量变动的因素很多，如果不把这些因素区别开来，就难以得出变化的规律。数据分层法可根据实际情况按多种方式进行。例如，按不同时间、不同班次进行分层；按使用设备的种类进行分层；按原材料的进料时间、原材料成分进行分层；按检查手段、使用条件进行分层；按不同的质量缺陷因素进行分层等。数据分层法经常与上述的统计分析表结合使用，先分层，然后进行统计分析。

**应用举例 6-6**

某工程建设项目的一批钢筋焊接，采用 A、B 两种焊条和甲、乙、丙 3 个焊工操作。现检查了 60 个焊接点，其中，合格的为 35 个，不合格的为 25 个，不合格率为 41.66%，存在严重质量问题。现用数据分层法分析质量问题原因。

按操作者和焊条来源(焊条生产厂家)分类进行分析，其结果详见表 6-8 和表 6-9。

**表 6-8　按操作者分类**

| 操作者 | 合格数 | 不合格数 | 不合格率/% |
|---|---|---|---|
| 甲 | 14 | 8 | 36.36 |
| 乙 | 9 | 5 | 35.71 |
| 丙 | 12 | 12 | 50.00 |
| 合计 | 35 | 25 | |

**表 6-9　按焊条来源分类**

| 焊条来源 | 合格数 | 不合格数 | 不合格率/% |
|---|---|---|---|
| A厂 | 15 | 11 | 42.31 |
| B厂 | 20 | 14 | 41.18 |
| 合计 | 35 | 25 | |

由表 6-8 和表 6-9 分层分析可见，操作者乙的质量较好，采取 B 厂的焊条质量较好。现在进一步采用综合分层进行分析，详见表 6-10。

**表 6-10　综合分层分析焊接质量**

| 操作者 | 焊接质量 | A厂 | 不合格率/% | B厂 | 不合格率/% | 合计 | 不合格率/% |
|---|---|---|---|---|---|---|---|
| 甲 | 合格<br>不合格 | 10<br>2 | 16.67 | 4<br>6 | 60.00 | 14<br>8 | 36.36 |
| 乙 | 合格<br>不合格 | 2<br>1 | 33.33 | 7<br>4 | 36.36 | 9<br>5 | 35.71 |
| 丙 | 合格<br>不合格 | 3<br>8 | 72.73 | 9<br>4 | 30.77 | 12<br>12 | 50.00 |
| 合计 | 合格<br>不合格 | 15<br>11 | | 20<br>14 | | 35<br>25 | |
| 不合格率/% | | | 42.31 | | 41.18 | | |

通过表 6-10 的综合分层分析焊接质量可以发现，在使用 A 厂供应焊条时，3 人操作的结果比较显示，甲的操作效果最好，不合格率最小，为 16.67%；在使用 B 厂供应的焊条时，3 人操作的结果比较显示，丙的操作效果最好，不合格率最小，为 30.77%。

通过上述分析可见，在人员和焊条不变的情况下，为了提高钢筋焊接质量，应采用A厂供应的焊条，由工人甲进行焊接操作。

（资料来源：宋伟. 项目管理学[M]. 北京：人民邮电出版社，2009）

3. 散布图法

散布图又称相关图，是将两个可能相关的变量数据，用点画在坐标图上，通过对其观察分析，来判断两个变量之间的相关关系，如图6－11所示。这种问题在实际工作中也是常见的，如热处理时淬火温度与工件硬度之间的关系、某种因素在材料中的含量与材料强度的关系等。这种关系虽然存在，但又难以用精确的公式或函数关系表示，在这种情况下用散布图来分析就是很方便的。

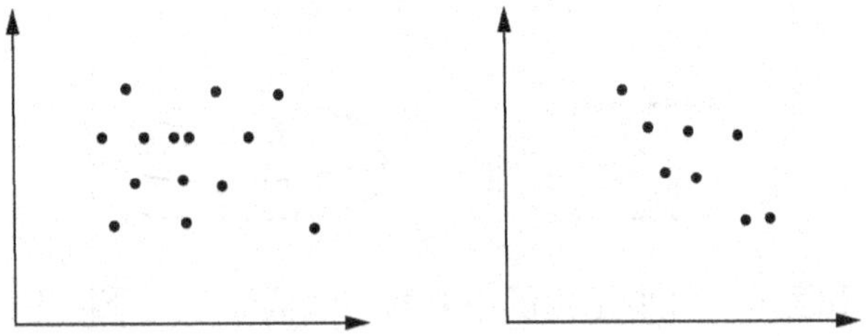

图6－11 散布图

4. 统计抽样法

统计抽样通过选择一定数量的样本进行检验，从而了解整体的情况，以便对项目的质量进行控制。例如，从一份包括500张设计图纸的清单中随机抽取50张，来推断500张图纸的质量，从而进行质量控制。统计抽样包括简单随机抽样、系统抽样、分层抽样和整体抽样等。统计结果的准确度在很大程度上取决于样本的大小。当然，对产品总体进行检验统计是最准确的，但这无疑会大大增加质量的预防成本。

**看图学项目管理**

图中给出了抽样的公式，抽检样品量与产品总体数量没有关系，而与可信度的相关性最大。在1000个母体中，如果期望可信度取90%，样本抽检68个；如果期望可信度降低到80%，样品只需取11个就可以了；如果把期望可信度提高到95%，样品则需要抽取385个。

$$\text{抽取样本量} = 25\% \times \left(\frac{\text{可信度参数}}{1-\text{期望可信度}}\right)^2$$

| 期望可信度 | 参数值 |
|---|---|
| 95% | 1.960 |
| 90% | 1.645 |
| 80% | 1.281 |

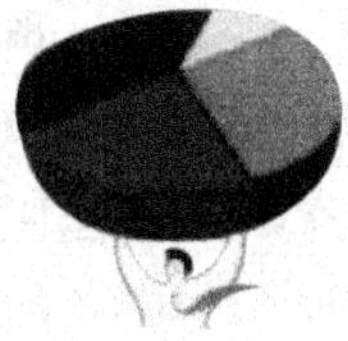

5. 帕累托图法

帕累托图(Pareto Charts)又称排列图法，它是用于分析和寻找影响质量的主要因素的一种工具。

**看图学项目管理**

帕累托图是由意大利经济学家维弗雷多·帕累托(Vilfredo Pareto)提出的，他认为社会经济生活的很多场合合都是“关键的少数和次要的多数”同时存在的。例如，80%的营业额是由20%的顾客带来的，80%的破坏是由20%的原因造成的。J. M. 朱兰把这一原理应用到质量管理中，得到了质量管理中的二八定律，即80%的质量问题源于20%的原因。

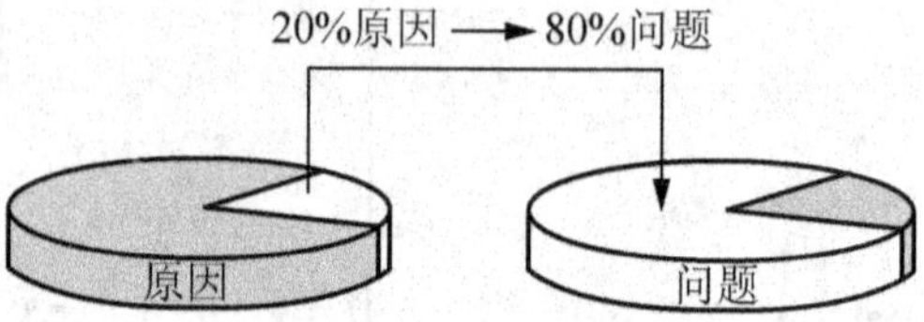


帕累托图的形式如图6-12所示，图中有两个纵坐标、一个横坐标、若干个矩形和一条曲线构成。一般左侧纵坐标表示频数，也就是各种影响质量因素发生或出现的次数；右侧的纵坐标表示频率，也就是各种影响质量的因素在整个诸因素中的百分比，图中的折线表示累计频率；横坐标表示影响质量的各种因素，按其影响程度的大小从左向右依次排列，每个影响因素都用一个矩形表示，矩形高度表示影响质量因素的大小。帕累托图有两个作用：一是按重要顺序显示每个质量改进措施对这个质量问题的作用；二是识别质量改进的机会。

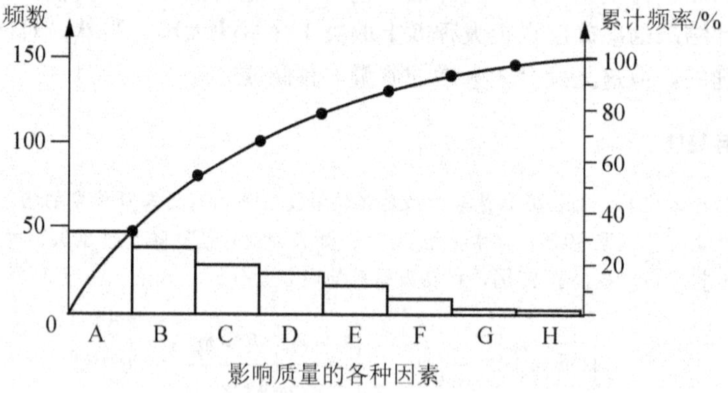


**图6-12 帕累托图**

在帕累托图中，通常按累计百分数把影响因素分为3类：0%～80%为A类，在累计百分数80%以内的各因素，显然是主要因素；累计百分数在80%～90%的为B类，是次要因素；累计百分数在90%～100%的为C类，是一般因素。因此，人们可以利用帕累托图确定对质量改进最为重要的因素。一旦问题解决后，就会把原来第二重要的问题提到第一位。实际中，每解决一个问题就应重新收集数据，并确认原来最重要的问题已经消除或基本得到解决，然后再根据这些信息，制作一张新的帕累托图。

**应用举例 6-7**

某办公楼施工过程中，由于发现房间地坪质量不合格，因此，对该质量问题进行了调查，发现有80间房间起砂，调查结果统计见表6-11。

**表6-11 地坪起砂原因调查结果表**

| 地坪起砂的原因 | 出现房间数 |
|---|---|
| 砂含泥量过大 | 16 |
| 砂粒径过细 | 45 |
| 后期养护不良 | 5 |
| 砂浆配合比不当 | 7 |
| 水泥标号太低 | 2 |
| 砂浆终凝前压光不足 | 2 |
| 其他 | 3 |

下面用帕累托图分析房间地坪起砂的主次原因。

第一步：绘制地坪起砂原因的排列表，见表6-12。

**表6-12 地坪起砂原因排列表**

| 地坪起砂的原因 | 频数 | 累计频数 | 累计频率 |
|---|---|---|---|
| Ⅰ砂粒径过细 | 45 | 45 | 56.2% |
| Ⅱ砂含泥量过大 | 16 | 61 | 76.2% |
| Ⅲ砂浆配合比不当 | 7 | 68 | 85% |
| Ⅳ后期养护不良 | 5 | 73 | 91.3% |
| Ⅴ水泥标号太低 | 2 | 75 | 93.8% |
| Ⅵ砂浆终凝前压光不足 | 2 | 77 | 96.2% |
| Ⅶ其他 | 3 | 80 | 100% |

第二步：绘制帕累托图，如图6-13所示。

第三步：结果分析。

A类主要因素：砂粒径过细、砂含泥量过大。

B类次要因素：砂浆配合比不当。

C类一般因素：后期养护不良、水泥标号太低、砂浆终凝前压光不足、其他。

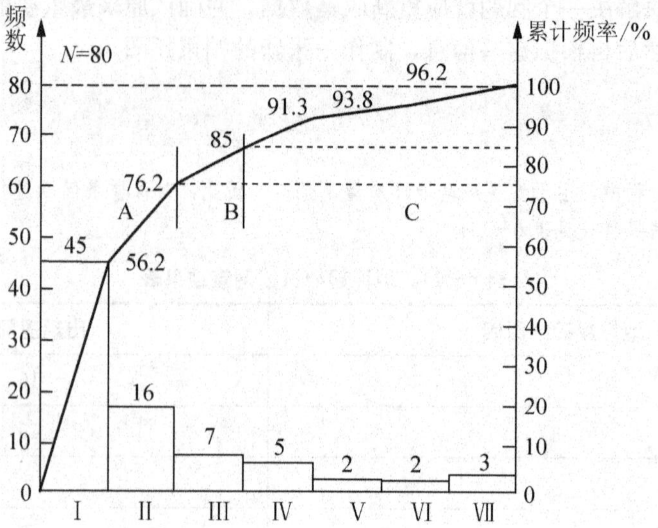


图 6-13　地坪起砂原因帕累托图

6. 控制图法

控制图法是一种动态的质量分析与控制方法，又称管理图法，是通过描述各样本的质量特征所在的区域来进行质量控制的方法，其用途是发现由于异常引起的质量偏差和波动，并鉴别出由系统因素引起的非随机性偏差。控制图不仅可以判别质量稳定性，评定工艺过程中的质量状态，发现和消除工艺过程中的失控现象，还可以为质量评比提供依据。

控制图的基本形式如图 6-14 所示。控制图的纵坐标表示质量特性值，而横坐标为取样时间或子样号。控制图上一般有 3 条线，上面一条虚线叫上控制界限(Upper Control Limit，UCL)，下面一条虚线叫下控制界限(Lower Control Limit，LCL)，中间一条实线叫中心线(Central Line，CL)。控制图中的上、下控制界限，一般是用 3 倍标准偏差法($3\sigma$)确定，把中心线确定在被控制对象(如平均值、极差、中位数等)的平均值上，再以中心线为基础向上或向下量 3 倍标准偏差，就确定了上、下控制界限。

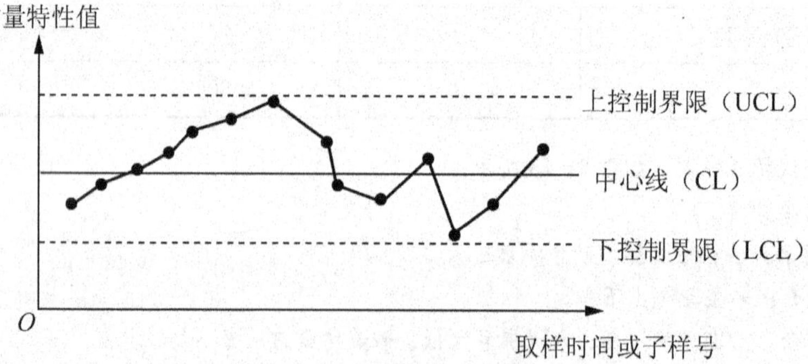


图 6-14　控制图的基本形式

在项目进行中，按规定的时间抽取子样，测量质量的特性值，将测得的数据用点一一描在控制图上，并将点连接起来就得到了控制图。当控制状态处于正常状态时，图上的点在控制界限范围内和在中心线两侧附近活动。反之，则意味着项目出现了异常。一旦发现生产过程处于不稳定状态，需要及时查明原因，采取调整措施，确保项目达到稳定状态。

根据实践，异常情况主要为以下几点：①连续 7 点或更多点在中心线同一侧；②连续 7 点或更多点有上升或下降趋势；③连续 11 点中至少有 10 点在中心线同一侧；④连续 14 点中至少有 12 点在中心线同一侧；⑤连续 17 点中至少有 14 点在中心线同一侧；⑥连续 20 点中至少有 16 点在中心线同一侧；⑦连续 3 点中至少有 2 点或连续 7 点中至少有 3 点落在 2 倍与 3 倍标准偏差控制界限之间；⑧点呈周期性变化。如果出现上述情况，应引起注意，查明原因。

7. 直方图法

直方图又称柱状图，是通过对抽查质量数据的加工整理，找出其分布规律，判断整个项目过程正常与否的一种方法。例如，某公司前台接线员每半小时记录一次打进电话的数量，最后绘制出一天来所接电话数量的柱状图，就可以清楚地显示在不同的时间段打进电话数量的分布规律，从而为改善高峰期间接线质量提供了依据。

直方图法的具体步骤是，将测得的质量数据进行分组，每组所包含的数据即为频数，组的中间值(中心值)为每组上下界限值的平均数。绘制直方图是以横坐标为组的组距，纵坐标为频数，画出一系列直方形。如图 6 - 15 为载波通讯芯片 1000 个样品的质量直方图。

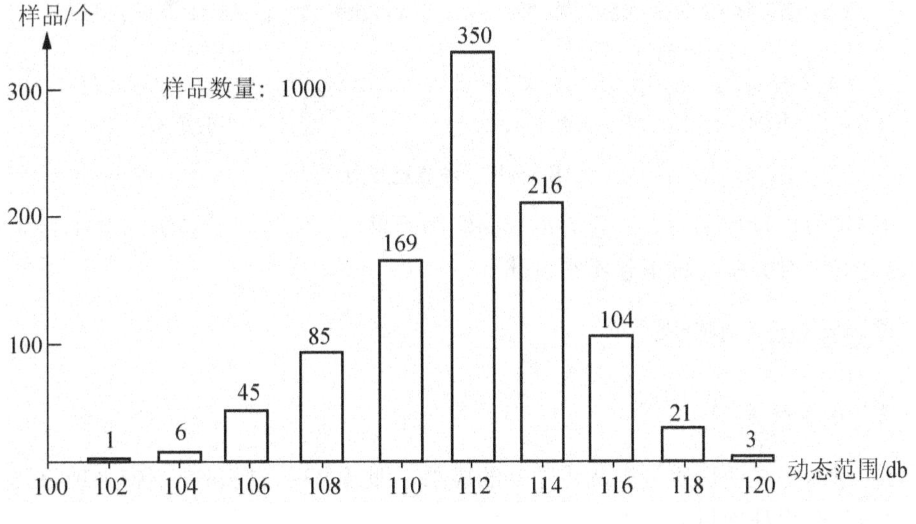


图 6 - 15　质量直方图

直方图的形状表示了质量特性的分布状态。通过对直方图的观察分析，可以判断出过程的质量状况。如果直方图呈正态分布，属于正常型，表明过程仅受偶然因素的影响，处于稳定状态，质量是稳定的。如果直方图的图形是非正态分布或偏态分布，表明过程异常，质量不稳定，或者由于作图不当所致。图 6 - 16 为几种典型的直方图分布图形，以及产生该形状的主要原因。

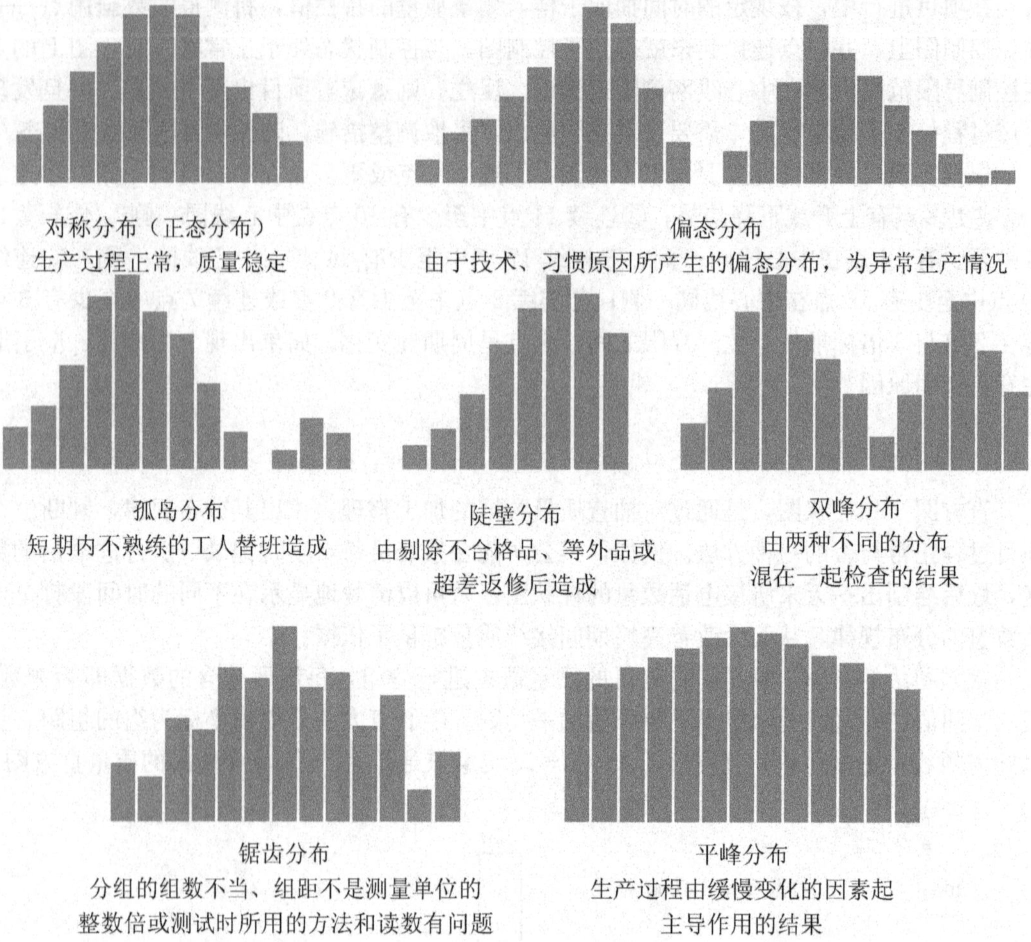


**图6-16 各类直方图**

常用的项目质量控制的方法还有流程图法和因果关系图等，这些方法在项目质量计划章节中已经有详细介绍，这里就不再赘述。

### 6.4.3 项目质量控制的结果

1. 项目质量改进

项目质量改进是项目质量控制最主要的成果，即通过项目质量控制带来项目质量的提高，采取措施来提高项目的效率。

2. 验收决定

通过对项目质量进行检验，决定是否接受项目的质量。如果项目质量达到了规定的标准，就做出接受的决定；如果项目质量没有达到标准，则做出拒绝的决定，被拒绝的项目可能需要返工。

3. 质量检查表的完善

项目质量控制是以质量检查表为依据的，而完善后的质量检查表记录了项目质量控制的有关信息，为下一步的质量控制提供了基础。

4. 项目调整

项目调整是项目质量控制的一种阶段性和整体性的结果。它是根据项目质量控制中所出现的问题(一般是比较严重的，或事关全局性的项目质量问题)或者是根据项目各方提出的项目质量变动要求对整个项目的过程或活动立即采取纠正和改变。在某些情况下，项目调整是不可避免的。

5. 返工

返工是指在项目质量控制中发现某项工作存在着质量问题并且工作结果无法被接受时，通过采取行动将有缺陷的或不符合要求的项目工作变成符合要求或符合质量要求的一项工作，它是项目质量控制的一种结果。返工的原因有3个：一是质量计划考虑不周；二是质量保障不力；三是出现意外原因。返工所带来的不良后果也有3个：一是延误项目进度；二是增加项目成本；三是影响项目形象。

## 本章小结

现代项目管理认为项目质量是满足双方一致同意的客户需求，它包括项目产品的质量和项目管理过程的质量。项目质量管理包括项目质量计划制、质量保证、质量控制3个方面的内容。本章主要介绍了这3项质量管理工作的依据、方法和结果，重点探讨了这3个部分运用的方法。

## 习　　题

### 一、单项选择题

1. 下列方法中，用于分析和寻找影响项目质量的主要因素的方法是(　　)。

A. 流程图法　　B. 试验设计法　　C. 控制图法　　D. 帕累托图法

2. 当检查质量成本时，培训成本属于(　　)。

A. 质量保障成本　　B. 质量纠偏成本　　C. 内部事故成本　　D. 外部事故成本

3. 下列方法中，能用来发现由于异常引起的质量偏差和波动，并鉴别出由系统因素引起的非随机偏差的方法是(　　)。

A. 流程图法　　B. 试验设计法　　C. 控制图法　　D. 帕累托图法

### 二、多项选择题

1. 项目质量计划编制的方法包括(　　)。

A. 帕累托图法　　B. 因果分析图法　　C. 流程图法

D. 成本-效益分析法　E. 控制图法

2. 以下关于流程图法的表述正确的是(　　)。

A. 流程图描述项目各要素之间的相互关系

B. 流程图主要用于质量管理运行过程策划

C. 流程图在质量管理中的应用主要包括系统流程图和控制图

D. 流程图法是通过描述各样本的质量特征所在的区域来进行质量控制

E. 流程图有助于找出解决项目质量问题的相关方法

## 三、判断题

1. 项目质量既具有产品质量的特性，又具有服务质量的特性。　(　　)
2. 项目范围说明书是项目质量计划编制的必要依据。　(　　)
3. 内部事故成本属于质量保障成本。　(　　)
4. 项目质量计划的方法都可用于项目质量保证。　(　　)
5. 系统流程图主要用来分析和说明系统各要素之间存在的相互关系。　(　　)

## 四、简答题

1. 项目质量计划的依据和方法有哪些？
2. 项目质量管理包括哪几项工作？各项工作的内容是什么？
3. 项目质量控制的结果有哪些？

## 五、论述题

1. 项目质量与成本之间有什么关系？如何考虑质量和成本之间的关系制订质量计划？
2. 项目质量保证和项目质量控制是否有区别？如果有，两者之间的主要区别是什么？

## 案例分析

A公司得到国家创新计划资助，决定开发基于Web全国范围内的生态信息检索系统，项目由张工负责，时间1年。

项目开始实施后，张工发现该系统内容多，并且具有地域性，以A公司的实力无法单独完成。因此，张工把该系统按照地区分成若干子系统，由各地相关科研机构外包完成。外包时间10个月，开工预付款20%，外包合同签订时项目已经开展1个月。在外包合同中，系统功能已明确说明，但是系统界面、风格、字体等细节没有具体说明。

外包子合同签订以后，张工由于工作繁忙等原因没有及时监督外包完成情况，只是上级在计划中期检查汇报时从外包单位抽取一些文档、代码和执行界面。

10个月后，外包任务完成，提交到A公司时，张工发现子系统的界面、风格、字体等内容不统一，希望这些外包单位按照统一风格修改子系统。但是，外包单位认为合同中没有具体说明这些内容，只说明应该实现的功能，为此双方产生争执，半个月未果。张工只付40%的外包费用，部分外包单位在子系统中加入时间锁，但没有通知张工，此时距离项目交工只有半个月时间。张工又重新组织人员进行系统集成，期间没有发现时间锁问题，最后草草完工。

投入使用后时间锁生效，系统出现故障，张工被上级领导批评，于是张工与相关外包单位交涉。最后张工交付40%外包费用，时间锁解除，系统正常运转。

问题：

1. 请对A公司、张工、外包单位在这个项目开发中的行为进行点评。
2. 如果想提高软件产品的质量，从项目质量管理的角度，阐述张工应该采取什么措施。

# 第 7 章　项目成本管理

## 学习目标

| 知识目标 | 技能目标 |
|---|---|
| (1) 了解项目成本的定义及其构成 | (1) 掌握项目成本的内涵 |
| (2) 了解项目成本管理的主要工作 | (2) 掌握项目成本管理的理论框架 |
| (3) 了解项目成本估算的概念、过程、内容及其依据 | (3) 掌握项目成本估算的方法 |
| (4) 了解项目成本预算的概念 | (4) 掌握项目成本预算的编制内容和方法 |
| (5) 理解项目成本预算的流程、内容及其编制依据 | (5) 熟悉如何编制成本计划 |
| (6) 了解项目成本控制的概念、流程和依据 | (6) 掌握项目成本控制的方法 |
| (7) 了解项目挣值法 | (7) 熟悉项目成本控制挣值法及其预测 |

## 知识结构

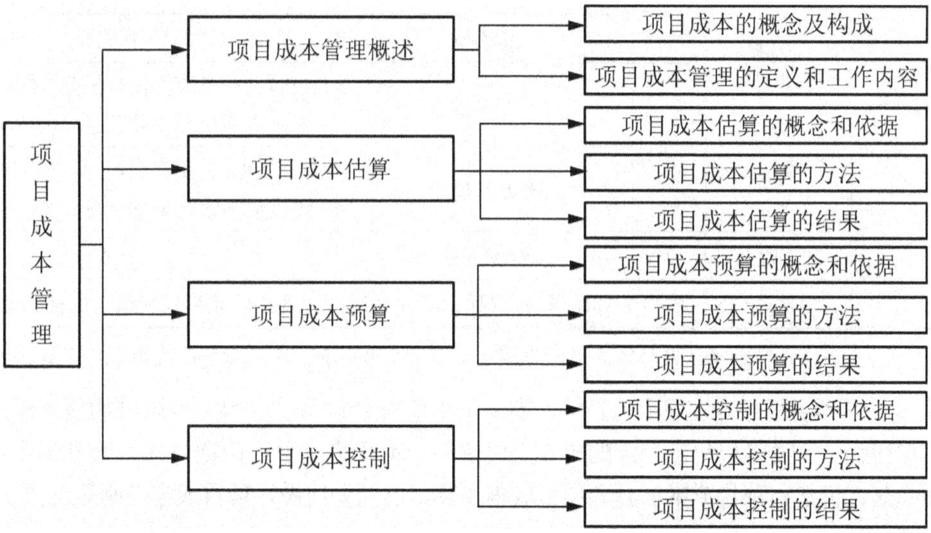

**导入案例**

## 北京奥林匹克大厦

2008年第29届奥运会在北京举行。在这一盛事之前，中国政府决定在北京建设一座标志性的建筑——奥林匹克大厦来庆祝历史性的一刻到来。大厦位于北京奥林匹克公园，建筑面积8.5万平方米，总高度为190米，共50层。建筑物地下室的1、2层将是部分机电设备用房、货物装卸及约停放300部汽车的车库。底层及2层将是银行、会议中心、邮电服务、购物中心及餐厅等配套设施，3楼以上是写字楼，以及放置在中层或顶层的俱乐部。整个建筑将呈现21世纪时代建筑形象，体现古典建筑的稳重、现代建筑的磅礴及中外建筑的独特风格，将成为“新北京”的一个重要标志性建筑。

为了获得主管机构的审批，需要对建筑的成本、投资规模进行估算，以便制定出实施项目的投资、融资规划。表7-1就是奥林匹克大厦项目的投资分析，从中可以得出该工程的总成本和建设工期等，这些数据为项目的投资估算、融资计划和进度安排奠定了科学的基础。

**表7-1　奥林匹克大厦项目的投资分析**

<table>
<tr><td colspan="2" rowspan="4">大厦建筑指标</td><td>1</td><td>建筑面积</td><td>85 000平方米</td></tr>
<tr><td>2</td><td>使用面积</td><td>62 208平方米</td></tr>
<tr><td>3</td><td>建筑高度</td><td>190米</td></tr>
<tr><td>4</td><td>建筑层数</td><td>50层</td></tr>
<tr><td rowspan="8">项目目标</td><td rowspan="6">投资</td><td rowspan="4">5</td><td>建筑工程投资</td><td>2964万美元</td></tr>
<tr><td>设备购置及安装工程投资</td><td>2479万美元</td></tr>
<tr><td>其他投资</td><td>4506万美元</td></tr>
<tr><td>总投资</td><td>9949万美元</td></tr>
<tr><td rowspan="2">6</td><td>平方米造价</td><td>1170.47万美元(不含土地使用权转让金和银行贷款利息、流动资金)</td></tr>
<tr><td>平方米造价</td><td>2964万美元(含土地使用权转让金和银行贷款利息、流动资金)</td></tr>
<tr><td>进度</td><td>7</td><td>建设周期</td><td>54个月</td></tr>
<tr><td>质量</td><td colspan="3">成为21世纪具有国际标准的大厦，体现“新北京新奥运”的标志性建筑</td></tr>
</table>

(资料来源：周小桥．突出重围——项目管理实战[M]．北京：清华大学出版社，2003)

完成一项项目任务并实现项目目标，需要人力资源及设备、材料、设施等物质资源。这些资源的取得无一例外是以付出一定的成本为代价的。本章将全面讨论项目成本管理的内容，讨论的重点是如何进行项目成本估算和项目成本预算，以及如何做好项目成本控制等工作。

## 7.1　项目成本管理概述

项目成本管理是项目管理知识体系中最为重要的组成部分之一，因为人们开展任何项目的根本目的就是要以最小的成本去获得最大的价值。项目成本管理就是在整个项目的实施过程中，为确保项目在已批准的成本预算内尽可能好地完成而对所需的各个过程进行管理。

### 7.1.1 项目成本的概念和构成

#### 1. 项目成本的概念

任何项目的实施都要耗费资源，项目成本有广义和狭义之分，狭义上的项目成本是指为实现项目目标而开展的各种项目活动中所消耗资源而形成的各种费用。而广义上的项目成本还包括项目中所涉及的税金及承包商利润等内容。因此，项目成本在有些情况下也被称为项目造价或者项目费用，如有承发包的建设项目成本通常被称为项目造价，因为这种项目成本中包含有国家收取的税金，以及承包商利润。但是，对于自我开发项目而言，因项目业主和实施者是同一家而没有税金和利润问题，所以人们多将这种项目成本称为项目花费或项目费用。

从经济观点出发，在满足项目时间和质量等指标要求的前提下，项目成本越小越好。因此，为实现项目成本最小化(这是项目利益最大化的关键要素之一)，就必须开展项目成本管理。但从价值工程的角度上讲，项目成本的内涵并不只是花费，而是能够买到一定“功能”或“价值”的“花费”。项目成本的内涵可以使用下面的公式给出更好的描述。

$$V=F/C \quad \text{或} \quad \text{价值}=\text{功能}/\text{成本} \tag{7-1}$$

由式(7-1)可以看出，成本只是价值的要素之一，而且是为了获得项目各种功能实现价值所做出的投入。项目成本管理应以这种项目成本的内涵为出发点去开展和进行，项目成本管理的方法必须从项目价值管理的角度入手去做好。

#### 2. 项目成本的构成

1）项目生命周期成本构成

项目成本包括项目生命周期各阶段的资源耗费，根据费用发生的阶段和用途，项目成本可以分为以下几个部分：

(1) 项目定义与决策成本。项目决策的优劣将直接影响项目的实施和实施后的经济效益及社会效益。为了科学地定义和决策一个项目，在这一阶段要进行各种调查研究、收集信息和可行性研究的工作，最终做出项目的抉择。这些工作都需要耗用人力和物力资源，这些就构成了项目定义与决策工作的成本。项目定义与决策在很大程度上决定了项目的成败。因此，这部分成本或投入不足会造成项目“先天不足”，使整个项目遭受损失。

(2) 项目设计与计划成本。项目做出决策之后就进入设计与计划阶段了，任何一个项目都要开展项目的设计和计划工作，只是不同项目的设计与计划工作内容不同而已。例如，建设项目需要开展项目的初步设计、技术设计和施工图设计工作，同时还需要开展项目时间、成本、质量、范围和风险应对等方面的计划工作；一个科研项目要进行技术路线和实验方案的设计；一个营销项目要进行营销方案的策划和设计。这些设计与计划工作所花费的成本就构成了项目设计与计划成本。需要指出的是，项目设计与计划工作在很大程度上决定了项目的质量和最终绩效，如果这部分成本或投入不足同样会给整个项目造成不可估量的损失或麻烦。因此，在这部分成本管理中更应该注重价值。

(3) 项目实施成本。项目实施成本是指在项目实施过程中，为完成项目产出物所耗用的各项资源。项目实施成本包括采购费、研制费、开发费、建设费及分包费等。项目的实施成本是项目总成本的主要组成部分。在正确的项目决策和项目设计情况下，项目实施成本一般占总成本的90%左右。因此，项目成本控制在很大程度上是对项目实施成本的管理与控制。

(4) 项目终结成本。项目结束阶段也会发生一系列成本，如建设工程项目的竣工验收费、软件开发项目的调试测试费等，这些费用构成项目终结成本，有时还包括项目完成后投入使用阶段发生的成本。

2) 项目成本要素构成

按构成项目成本的要素分，项目成本包括以下几项。

(1) 人工费。人工费是项目工作各类人员如项目管理人员、设计人员、工程技术人员、实施生产人员等的薪酬，包括工资、奖金、福利、津贴、"五险一金"等。

(2) 材料费。材料费是项目组织或项目团队为实施项目所耗费的各种原料、材料的成本，如建设工程项目耗费的各种建筑材料，新药开发项目中使用的各种原料、试剂等的成本。

(3) 设备费。设备费是项目管理过程所发生的各项设备的购置、租赁和使用费用，包括设备或仪器、工具的折旧、修理费、运行费、租赁费用等。

(4) 分包费(顾问费用)。分包费是部分项目工作内容分包出去时发生的成本。当承包商或项目团队缺少某项专门技术或没有完成项目任务的资源时，可以委托分包商完成这些任务。例如，项目经理可以把项目的对外宣传委托给某个广告公司，可以请管理和法律顾问协助项目的管理。

(5) 其他费用。其他费用在不同项目中所占比例不同，如由于项目工作需要经常出差，则差旅费比重会有所增加，而办公费、伙食费、加班费、住宿费、临时设施费等也因项目不同而异。

3) 项目成本性质构成

从财务角度来看，将项目成本构成按性质划分为以下两种。

(1) 直接成本。直接成本是可直接归集于某项目或项目组织的有关成本，包括人工费、材料费、设备费及其他直接费用。

(2) 间接成本。间接成本是在组织执行项目时发生的不能直接归集于某项目或项目组织内的特定领域的相关成本，包括管理成本、保险费、筹资费用、借款利息支出等。

### 3. 影响项目成本的因素

影响项目成本的因素很多，最重要的影响因素包括如下几方面。

1）项目范围

项目范围是影响项目成本的最根本因素，因为项目范围决定了项目需要完成的活动及完成的程度。一般来讲，项目需要完成的活动越多，项目成本就越高；项目需要完成的活动越复杂，项目成本也越高。

2）项目工期

项目成本与项目工期直接相关，并随着工期的变化而变化。一般来说，工期越长，项目直接成本越低，间接成本越高；反之，工期越短，项目的直接成本越高，项目的间接成本越低，如图 7－1 所示。

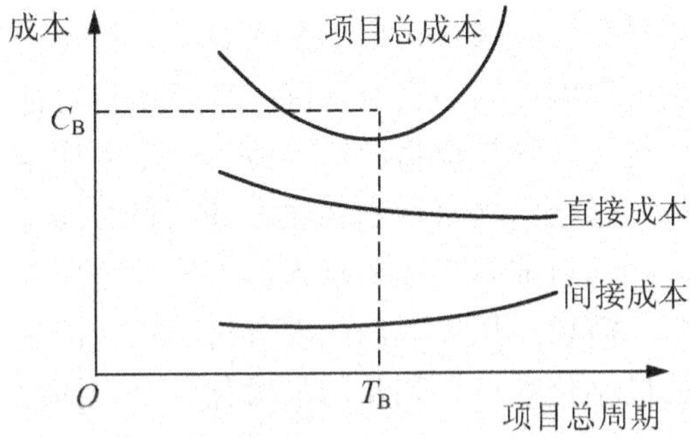


图 7－1　项目总成本与工期的关系

3）项目质量

质量对成本的影响，可以用质量成本构成图表示，如图 7－2 所示。质量总成本由质量纠偏成本和质量保障成本组成。质量越低，引起质量不合格损失越大，即纠偏成本越大；反之，质量越高，故障越少，引起的损失也越少，纠偏成本越低。质量保障成本是指为保证和提高质量而采取相关的保证措施而耗费的开支，如购置设备改善检测手段等。这类开支越大，质量保证程度越可靠；反之，质量越低。

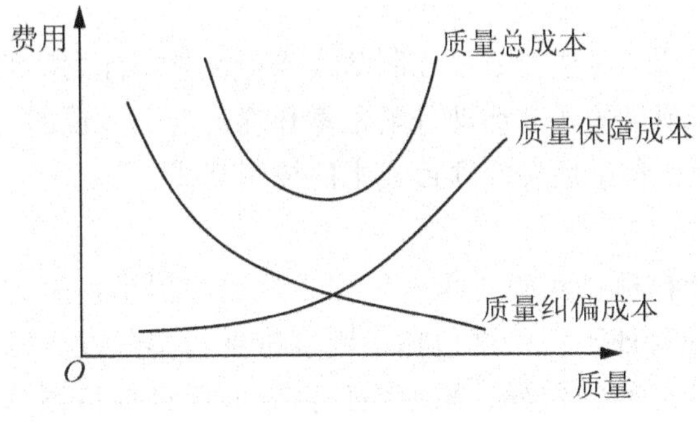


图 7－2　质量对成本的影响

4）耗用资源的数量与单价

项目成本与项目所耗资源的数量和单价成正比关系。在这两个要素中，项目所耗资源的数量对项目成本的影响较大，因为对项目来说，资源的数量是内部因素，相对可控；而资源的单价是外部因素，相对不可控。

### 7.1.2 项目成本管理的定义和工作内容

1. 项目成本管理的定义

狭义上的项目成本管理是指为保障项目实际发生的成本不超过项目预算，而开展的项目成本估算、成本预算编制和成本控制等方面的管理活动。广义的项目成本管理是指为实现项目价值的最大化所开展的各项管理活动和工作。项目价值最大化是项目成本管理的真正目标和根本内涵。项目成本管理不仅要通过管理去努力实现以最低成本完成项目的全部活动，同时也强调必须努力实现项目价值的最大化，以及努力避免项目成本问题对项目产出物质量和项目工期的影响，因为盲目地降低项目成本可能会造成项目价值、项目质量或项目时间的损失。例如，如果项目决策支持工作上的成本投入不足，就会造成各种项目决策的纰漏或失误，这会给项目产出物质量和项目时间带来影响，甚至可能会大大降低项目的价值。因此，项目成本管理要求人们不能只考虑项目成本的节约，还必须考虑项目经济收益的提高，需要运用投资回收期分析、现金流量分析、收益回报分析等方法，以便从项目费用的最小化和项目利益的最大化两个方面综合平衡考虑以管理好项目的成本与收益。

2. 项目成本管理的工作内容

项目成本管理主要包括以下 3 个方面的工作内容。

1）项目成本估算

项目成本估算是指根据项目活动资源估算，以及各种资源的市场价格或预期价格等信息，估算和确定项目各种活动的成本和整个项目全部成本的一项项目成本管理工作。项目成本估算中最主要的任务是确定整个项目所需人、机、料等成本要素的费用。

2）项目成本预算

项目成本预算是一项制订项目成本控制基线或项目成本计划的管理工作。这项工作包括根据项目的成本估算项目的各项活动分配预算和确定整个项目的总预算两项工作。项目成本预算的关键是合理、科学地确定项目成本的控制基线。

3）项目成本控制

项目成本控制是指在项目实施过程中依据项目成本预算，努力将项目实际成本控制在项目预算范围之内的管理工作。这包括不断度量项目实际发生的成本、分析和度量项目实际成本与项目预算之间的差异、采取纠偏措施或修订项目预算的等实现对项目成本的控制。

## 7.2 项目成本估算

项目成本估算工作的实质是通过分析和估计来确定项目的成本，这项工作的成果是开展项目成本预算和项目成本控制的基础和依据。

### 7.2.1 项目成本估算的概念和依据

#### 1. 项目成本估算的概念

项目成本估算是指根据项目资源计划中所确定的资源需求及市场上各种资源的价格信息，对完成项目所必需的各种资源成本做出近似估算。项目成本的估算是项目成本管理的核心内容，为项目成本预算及项目成本控制提供了基础。一般进行项目成本估算有如下 3 个步骤。

(1) 识别和分析项目成本的构成要素，即项目成本由哪些资源组成。

(2) 估算每个项目成本构成要素的单价和数量。

(3) 分析成本估算的结果，识别各种可以相互代替的成本，协调各种成本之间的比例关系。

项目成本估算主要工作见表 7－2。

**表 7－2　项目成本估算的主要工作**

| 依　据 | 方　法 | 结　果 |
|---|---|---|
| • WBS<br>• 资源需求计划<br>• 资源价格<br>• 活动历时估算<br>• 历史信息<br>• 会计表格<br>• 风险 | • 类比估算法<br>• 参数模型法<br>• WBS 全面详细估计法<br>• 软件工具法 | • 成本估算值<br>• 辅助细节<br>• 成本管理计划 |

项目成本估算通常在决策阶段进行，由于此时项目方案的制订还不是非常详细，因此，估算的数值也往往是整体的、相对粗略的。成本估算的精度与项目工作进展和资料有关，工作进展越深入、资料越丰富，估算精度就越高。成本估算工作在一些大型项目的成本管理中都是分阶段做出不同精度的成本估算，然后再逐步细化和提高精度的。

**阅读材料**

## 基本建设投资项目的投资估算

基本建设投资项目的前期决策一般要经过投资机会研究及项目建议书阶段、初步可行性研究阶段、详细可行性研究 3 个阶段，每个阶段都要进行投资估算。各阶段的投资估算目的和精度都不相同，投资估算的精度也是逐步提高的。

1. 投资机会研究及项目建议书阶段的投资估算

这一阶段主要是选择有利的投资机会，明确投资方向，提出概略的项目投资建议，并编制项目建议书。该阶段工作比较粗略，投资额的估计一般是通过与已建类似项目的对比得到的，因而投资估算的误差率为±30%。这一阶段的投资估算是作为领导部门审批项目建议书、初步选择投资项目的主要依据之一，对初步可行性研究及估算起指导作用。

2. 初步可行性研究阶段的投资估算

这一阶段主要是在投资机会研究结论的基础上，进一步弄清项目的投资规模、原材料来源、工艺技术、厂址、组织机构和建设进度等情况，进行经济效益评价，判断项目的可行性，做出初步投资评价。该阶段投资估算的误差率一般要求为±20%。这一阶段的估算是作为决定是否进行详细可行性研究的依据之一，同时也是确定哪些关键问题需要进行辅助性专题研究的依据之一。

3. 详细可行性研究阶段的投资估算

这一阶段主要是进行全面、详细、深入的技术经济分析论证，要评价拟建项目的最佳投资方案，对项目的可行性研究提出结论性意见。该阶段研究内容详尽，投资估算的误差率应控制在±10%以内。这一阶段的投资估算是进行详尽的经济评价、决定项目可行性、选择最佳投资方案的主要依据，也是编制设计文件、控制初步设计及概预算的主要依据。

### 2. 项目成本估算的依据

进行项目成本估算，要考虑很多因素。项目成本估算的主要依据是WBS、资源需求计划、资源价格、活动历时估算、历史信息、会计表格和风险等。

1）WBS

WBS是项目成本估算的主要依据，它反映了项目任务的性质和难度，同时WBS中完备的任务清单可以保证已定义的所有项目工作所需要的资源都能得到估算。

2）资源需求计划

资源需求计划界定了项目所需要资源的种类、数量和质量标准，是成本估算的主要依据。

3）资源价格

为了计算项目各工作费用，确定资源费率的个人或者编制估算的集体必须知道各种资源的单位价格，如员工每月的人工费用、设备每月的租赁费用等。收集报价是获得资源价格的一种方法。对于在合同项下获得的产品、服务和成果，可在合同中规定考虑通货膨胀因素的标准费率。从商业数据库和卖方提供的价格清单中获得数据，是获得资源价格的另外一种方法。如果不知道实际价格，则必须对价格本身进行估算。

4）活动历时估算

只有知道了活动历时才能知道各种资源的需求时间，从而计算出一些按时计费的资源成本，如人工费用、设备租赁费用等。活动历时估算将直接关系到分配给它的资源数量，因而会影响到项目成本的估算。

5）历史信息

成本估算所需要的信息可以从项目文档、商业数据库、知识库中获取。同类项目的历史资料始终是项目执行过程中可以参考的最有价值的资料，包括项目文件、共用的项目成本估计数据库及项目组织的知识等。

6）会计表格

进行成本估算需要会计科目表是因为成本估算必须分配到正确的会计科目中去，会计表格说明了各种成本信息项的代码结构，这有利于项目成本的估算与正确的会计科目相对应。

7）风险

当编制成本估算时，应考虑风险应对方面的信息。风险一般会对计划活动和项目成本产生影响。项目小组应该考虑每项活动的成本估算中风险影响的大小，列出保证成本和工期的应对方案。因为当项目遭遇不利风险时，项目成本几乎总是增加的，而项目进度也将会有所延误。

### 7.2.2 项目成本估算的方法

以科学的态度和方法在项目设计和决策之前进行必要的估算和预测，是保证项目顺利启动、实施并进行项目成本控制的前提条件。项目成本估算的方法主要有以下几种。

#### 1. 类比估算法

类比估算法是根据已完成的类似项目对未来项目成本进行估算的一种方法。这种方法基于项目管理者在以往的工作中进行类似项目积累的数据和经验，这些数据和经验也可能来源于其他组织、咨询机构或个人。有了这些数据和经验，就可以通过横向类似比较得到一个预计的项目成本。

类比估算法既可以用于项目全部成本的估算，也可以用于子项目成本的估算，还可以用于某一工作或任务成本的估算。类比估算法的优点在于花费较少，在实际操作中遇到的阻力较小，从而能在估算的时间准备上获得优势，具有一定的可操作性。

应用类比估算法的基本前提是新项目与已完成项目具有相似性，新旧项目相似性越高，成本估算的准确性也越高。但是，由于项目本身具有一次性、独特性的特点，实际工作中根本没有两个完全一样的项目，因此，类比估算法也有一定的局限性，并且其精确度不高。

**应用举例 7-1**

某公司拟在A城市建设办公楼一座，该公司3年前曾在B城市建设相同办公楼一座，这座办公楼的实际成本为3100万元。两栋办公楼都是10层框架结构，建筑面积和建筑材料相同，但外墙装饰材料有所不同，A楼为干挂石材，每平方米价格为1000元；B楼为外墙墙砖，每平方米价格为600元，外墙面为7000平方米。另外，3年来人工平均工资上涨10%，其他资源的价格不变。在B楼的成本中人工费用占20%。

根据上述材料，用类比法估算B楼成本为

$$C=3100+3100\times 20\% \times 10\%+7000\times(0.1-0.06)=3442(万元)$$

#### 2. 参数模型法

参数模型法是利用项目特性参数去建立数学模型来估算项目成本的方法。为了准确估算项目成本，在一些组织或行业中会根据以往积累的项目数据建立一套参数模型。它是将项目的特征参数作为预测项目成本数学模型的基本参数。参数模型可能是简单模型，如每千伏安成本、每公里成本和每平方米成本等；也可能是相对复杂的理论或经验模型，如生产能力指数法、分项比例估算法等。参数模型的优点在于其快速并易于使用且所需的信息不多，其准确性在经过模型校验后能够达到一定的精确度。

**应用举例 7-2**

某市拟建一个聚酯项目，需估算其装置投资，现采用生产能力指数法进行估算。生产能力指数法是根据已建成的、性质类似的建设项目的生产能力和投资额与拟建项目的生产能力来估算拟建项目投资额。参数模型为

$$y=x\left(\frac{C_2}{C_1}\right)^n C_f$$

式中，$x$ 为已建类似项目投资额；$y$ 为拟建类似项目投资额；$C_1$ 为已建类似项目的生产能力；$C_2$ 为拟建项目的生产能力；$C_f$ 为不同时期、不同地点成本调整系数；$n$ 为生产能力指数。

已知建设年产 15 万吨聚酯项目的装置投资为 20 000 万元，现拟建年产 60 万吨聚酯项目，工程条件与上述项目类似，取生产能力指数 $n$ 为 0.8，调整系数 $C_f$ 为 1.1，则可估算该项目的装置投资为

$$y=x\left(\frac{C_2}{C_1}\right)^n C_f=20\,000\times\left(\frac{60}{15}\right)^{0.8}\times 1.1=66\,660(\text{万元})$$

### 3. WBS 全面详细估计法

这种方法是利用 WBS 方法，先把项目任务进行分解，直到可以确认的程度，如某种材料、某种设备、某一活动单元等；然后估算每个 WBS 要素的费用，并由此确定整个项目的估算费用。采用这种方法估算项目费用必须满足以下前提条件。

（1）对项目需求做出一个完整的界定。

（2）制定完成项目所必需的逻辑步骤。

（3）编制 WBS 表。

WBS 全面详细估计法需要进行大量的计算，工作量较大，因而估算工作需要花费一定的时间和费用。但这种方法估算的准确度较高，用这种方法做出的费用估算结果还可以用来作为项目控制的依据。最高管理层则可以用这些报表来选择和批准项目，评定项目的优劣性。

**应用举例 7-3**

表 7-3 是一个根据 WBS 计算总成本的实例，不难看出这种方法实际上综合考虑了项目时间和项目成本两方面的要素，这种方法下的成本估算精确度一般可达±10%甚至可高达±5%。

**表 7-3　WBS 估计项目总成本**

| 项目阶段 | 工作包 | 工作包名称 | 活动代码 | 活动名称 | 责任人 | 活动描述 | 单价/元 | 数量/小时 | 成本/元 | 总成本/元 |
|---|---|---|---|---|---|---|---|---|---|---|
| 定义/决策 | 101 | 定义工作 | | | | | | | | 11 000 |
| 1 | | | 101.1 | 提出提案 | 工程师 | 编写项目的提案 | 300 | 10 | 3000 | |
| | | | 101.2 | 可行分析 | 经济师 | 可行性分析研究 | 400 | 20 | 8000 | |
| | 102 | 决策工作 | | | | | | | | 10 000 |

续表

| 项目阶段 | 工作包 | 工作包名称 | 活动代码 | 活动名称 | 责任人 | 活动描述 | 单价/元 | 数量/小时 | 成本/元 | 总成本/元 |
|---|---|---|---|---|---|---|---|---|---|---|
| | | | 102.1 | 评估报告 | 咨询师 | 评价分析报告 | 600 | 0 | 0 | |
| | | | 102.2 | 做出决策 | 经理 | 制定项目的决策 | 1000 | 10 | 10 000 | |
| 设计/计划 | 201 | 设计工作 | | | | | | | | 86 000 |
| 2 | | | 201.1 | 建筑设计 | 建筑师 | 建筑图纸设计 | 600 | 40 | 24 000 | |
| | | | 201.2 | 结构设计 | 结构师 | 结构图纸设计 | 500 | 60 | 30 000 | |
| | | | 201.3 | 施工设计 | 工程师 | 施工图纸设计 | 400 | 80 | 32 000 | |
| | 202 | 计划工作 | | | | | | | | |
| | | | 202.1 | 集成计划 | 经理 | 集成计划编制 | 600 | 20 | 24 000 | |
| …… | …… | …… | …… | …… | …… | …… | …… | …… | …… | …… |
| 完工/交付 | 401 | 管理终结 | | | | | | | | 16 000 |
| 4 | | | 401.1 | 整理文件 | 管理者 | 编写总结文件 | 500 | 20 | 10 000 | |
| | | | 401.2 | 评估确认 | 经理 | 评估工作并确认 | 600 | 10 | 6000 | |
| | 402 | 合同终结 | | | | | | | | 18 000 |
| | | | 402.1 | 合同验收 | 工程师 | 组织完工验收 | 400 | 30 | 12 000 | |
| | | | 402.2 | 合同终止 | 经理 | 办理合同终结 | 600 | 10 | 6000 | |
| 全部项目 | 总成本的估算为 1 456 700 | | | | | | | | | |

（资料来源：戚安邦．项目管理学[M]．北京：科学出版社，2007）

4. 软件工具法

软件工具法是利用项目成本估算软件估算成本的方法。项目管理技术的发展和计算机技术的发展是密不可分的，计算机的出现和运算速度的迅猛提升使得使用计算机估算项目成本变得可行以后，涌现出了大量的项目成本估算软件。利用这些软件，工作人员只要直接输入项目费用的有关数据或自定义项目的成本函数，就能够方便快捷地得到项目成本的估算结果，使估算过程得到大幅度的简化。

### 7.2.3 项目成本估算的结果

1. 成本估算值

成本估算值指完成项目活动所需资源可能成本的定量估计。所有项目计价资源的成本均应列入估算范围，其表述可详可略。成本估算值一般用货币单位表示，以便于项目内部与项目之间的比较。在有些情况下，估算人员也可采用计量单位估算成本，如以工时或工作日进行成本估算，以促进适当的管理控制。

2. 辅助细节

成本估算的辅助细节应包括所估算工作的范围描述，通常以援引 WBS 方式提供；估算的文字备份，即估算如何进行的说明；所作假设的文字记载；关于可能结果变化范围的记载。辅助细节的形式与数量因应用领域不同而异。保留下来的痕迹有助于更透彻明了地再现估算是如何进行的。

3. 成本管理计划

成本管理计划描述当出现成本偏差时应该如何应对。根据项目利益相关者的需要，成本管理计划既可以采用正式形式，也可以采用非正式形式；既可以十分详尽，又可以相对简要。成本管理计划是项目计划下属的一个组成部分。

## 7.3 项目成本预算

成本预算通常是在成本估算获得批准后进行的。项目成本预算是进行项目成本控制的基础，是项目成功的关键，是在成本估算的基础上进行的。项目成本预算的中心任务是将成本预算分配到项目的各项活动上，估计项目各项活动的资源需要量。

### 7.3.1 项目成本预算的概念和依据

1. 项目成本预算的概念

项目成本预算是在项目成本估算的基础上更精确地估算项目总成本，并将其分摊到项目的各项具体活动和各个具体项目阶段上，为项目成本控制制订基准计划的项目成本管理活动。因此，项目成本预算又称项目成本计划。项目成本预算提供的成本基准计划是按时间分布的、用于测量和监控成本实施情况的计划。

2. 项目成本预算的作用

1）项目成本预算是一种分配机制

在项目计划中，WBS将项目分解为多个工作包从而形成一种系统结构，项目成本预算就是将成本估算总费用尽量精确地分配到WBS的每一个组成部分，以保证各项工作都能获得所需资源。因此，预算是另一种形式的项目资源分配计划。

2）项目成本预算是一种成本控制机制

项目成本预算是一种度量资源实际使用量和计划使用量之间差异的基线标准，其实质就是一种控制机制。项目经理的任务不仅是完成预定的目标，还有必要使目标完成得具有效率，即在完成目标的前提下尽可能地节省资源，这才能获得最大的经济效益。因此，管理者必须小心谨慎地控制资源的使用，不断根据项目进度检查所使用的资源量，如果出现了与预算的偏离，就需要进行修改。

3）项目成本预算为监控项目进度提供了一把标尺

项目成本预算在整个计划的实施过程中起着重要的作用。项目成本预算和项目进展中资源的使用相联系，在项目实施的任何节点上都应该有对应的预算支出，根据预算的完成情况和完成这些预算消耗的实际工期相比较，可以及时掌握项目进度情况。如果成本预算和项目进度没有联系，说明成本可能已经超出了项目进度所对应的预算，这时就需要对偏离的情况进行考察，以制定应对的约束措施，采取相应对策将项目的实施与预算的偏差控制在最小的范围之内。

### 3. 项目成本预算的原则

为了使项目成本预算能够发挥其积极作用，在编制项目成本预算时应掌握以下一些原则。

1）项目成本预算要与项目目标相联系

被称为项目管理“三大管理”的成本、质量、进度管理3者之间既对立又统一。因此在进行成本预算确定成本控制目标时，必须同时考虑到项目质量目标和进度目标。项目质量目标要求越高，成本预算也越高；项目进度越快，项目成本越高。基于此，在编制成本预算时要与项目质量计划、进度计划密切结合，保持平衡，防止顾此失彼、相互脱节。

2）项目成本预算要以项目需求为基础

项目需求是项目成本预算的来源和基础。项目范围的存在为项目预算提供了充足的细节信息。如果以非常模糊的项目需求为基础进行预算，则成本预算多半也不具备可操作性，强行执行极有可能引起超支或质量问题。

3）项目成本预算要切实可行

编制项目成本预算，要根据有关的法律法规、方针政策，从项目的实际情况出发，充分挖掘项目组织的内部潜力，使成本指标既积极可靠，又切实可行。项目管理人员编制的成本预算过低，为执行带来困难，即便完成实际作用也很低；预算过高，则失去了作为成本控制基准的意义。

4）项目成本预算应当有一定的弹性

项目在执行的过程中，可能会有预料之外的事情发生，包括国际、国内政治经济形势变化和自然灾害等，这些变化可能对项目成本预算的实现产生一定影响。因此，编制成本预算，要留有充分的余地，使预算具有一定的适应条件变化的能力，即预算应具有一定的弹性。通常可以在整个项目中预留出1.0%～1.5%的不可预见费，以应付项目进行过程中可能出现的意外情况。

### 4. 成本预算与成本估算的关系

成本估算和成本预算既有区别，又有联系。成本估算的目的是估计项目的总成本和误差范围，而成本预算是将项目的总成本分配到各工作项上。成本估算的输出结果是成本预算的基础与依据，成本预算则是将已批准的估算(有时因为资金的原因需要砍掉一些工作来满足总预算要求，或因为追求经济利益而缩减成本)进行分摊。

尽管成本估算与成本预算的目的和任务不同，但两者都以WBS为依据，两者均是项目成本管理中不可或缺的组成部分。项目成本估算和成本预算的联系与区别见表7-4。

表 7-4 项目成本估算与成本预算的联系与区别

| 联系与区别 | 成本估算 | 成本预算 |
|---|---|---|
| 含义 | 编制一个为完成项目各项工作所需费用的近似估计 | 把整个项目估算的费用分配到各项活动和各部分工作上，进而确定测量项目实际执行情况的费用基准 |
| 依据 | WBS、资源需求计划、资源价格、活动历时估算、历史信息、会计表格、风险 | 成本估算、WBS、项目进度计划 |
| 工具方法 | 类比估算法、参数模型法、WBS 全面详细估计法、计算机工具 | 类比估算法、参数模型法、WBS 全面详细估计法、计算机工具 |
| 成果 | 成本估算值、辅助细节、成本管理计划 | 成本基准计划 |

5. 项目成本预算的依据

项目成本预算的依据主要有项目成本估算、WBS 和项目进度计划等。

1）项目成本估算

项目成本估算提供成本预算所需的各项工作与活动的预算定额。各项工作与活动的预算定额及确定，主要是依据项目成本估算文件来制定的。

2）WBS

在项目成本预算工作中，要依据在项目范围界定和确认中生成的项目 WBS 文件，提供需要分配成本的项目组成部分。

3）项目进度计划

项目进度计划是有关项目各项工作起始与终结时间的文件。项目进度计划规定了每一项任务所需要的时间及计划开始和预期完成的日期，一般还会提供每项活动各时间段所需要的人数与资源。因此，项目进度计划也是项目成本预算编制的依据。

### 7.3.2 项目成本预算的方法

1. 项目成本预算的计算方法

项目成本估算的方法均可以用于项目成本预算。为了建立项目成本预算，管理人员必须预测项目需要耗费何种资源、各种资源需要的数量、需要的时间，以及相应形成的费用，其中还要考虑到未来的通货膨胀的影响。常见的方法依然是类比估算法、参数模型法、WBS 全面详细估计法、计算机工具法等。

2. 项目成本预算的编制内容和方法

项目成本预算有一个重要的功能，就是测量和监控项目的成本执行情况，通过按时段检查项目成本预算的使用情况，可以对整个项目的实施进行动态管理，并保证项目生产的有序进行。由于不同行业具有不同的特点，因此不同行业的项目成本预算编制方法和编制内容也不同。此处说明编制项目成本预算的基本流程及一般内容和方法。

项目成本预算的编制过程包括确定项目总的预算、确定项目各工作包预算的分配(自上而下)、各具体项目活动的预算、确定项目各项活动预算的投入时间、确定项目成本的“S”曲线。项目成本预算的编制按以上工作顺序开展，最终输出项目成本预算的结果。

1）确定项目总的预算

批准了的项目成本总估算可以成为项目成本预算总额。在确定成本预算总额时可以将目标成本管理与项目成本过程控制管理相结合，即在项目成本管理过程中采用目标成本管理的方法设置目标成本，并以此作为成本预算。目标成本的确定方法主要有 4 种：目标利润法、技术进步法、按实计算法、历史资料法。

(1) 目标利润法。目标利润法的基本原理就是根据项目产品的销售价格扣减目标利润反算目标成本。此方法确定目标成本的实施步骤如下：①采取恰当的竞标策略，争取中标价是最理想的合同价格；②项目利益相关方协商设定总目标利润；③项目经理根据销售价格减去目标利润和税金、偿还利息、营销费用等，差额就是项目所能够支出的最大成本，即基本的总目标成本。

例如，项目合同价为 800 万元，目标利润和税金及企业管理费为 80 万元，则项目的目标成本为 720 万元。

(2) 技术进步法。技术进步法又称技术节约措施法，是指以某项目计划采取的技术组织措施和节约措施所能取得的经济效果作为项目成本降低额，求项目的目标成本的方法。用公式表示为：

$$\text{项目目标成本}=\text{项目成本估算值}-\text{技术节约措施计划节约额(降低成本额)} \quad (7-2)$$

式中，技术节约措施计划节约额是根据技术组织措施确定的。

一个项目要实现较高的经济效益，就必须在成本估算的基础上采取技术节约措施，如采取新技术、新材料、新设备等技术革新措施，以降低资源消耗水平、控制目标成本。例如，某公司为某项目的生产编制成本计划，按照计划的工作量，套以工料消耗定额，所得出的消耗费用为 500 万元，技术节约措施计划节约额为 27 万元，差额即为目标成本 573 万元。

(3) 按实计算法。按实计算法就是以项目的实际资源消耗分析测算为基础，根据所需资源的实际价格，详细计算各项活动或各项成本组成的目标成本。各种实际消耗目标成本的计算公式为

① 人工费的目标成本，一般由项目经理部的劳资人员计算。

$$\text{人工费的目标成本}=\sum\text{各类人员计划用工量}\times\text{实际工资水平} \quad (7-3)$$

式中，计划用工量可根据实际水平，考虑先进性适当提高。

② 材料费的目标成本，一般由项目经理部的材料部门计算。

$$\text{材料费的目标成本}=\sum\text{各类材料的计划用量}\times\text{实际价格} \quad (7-4)$$

③ 机械使用费的目标成本，一般由项目经理部的机管部门计算。

$$\text{机械使用费的目标成本}=\sum\text{各类机械的计划台班数}\times\text{规定台班单价} \quad (7-5)$$

或

$$\begin{aligned}\text{机械使用费的目标成本}=(&\sum\text{各类机械计划使用台班数}\\&\times\text{机械租赁费})+\text{机械用电费}\end{aligned} \quad (7-6)$$

④ 间接费用的目标成本，由项目经理部的财务核算人员计算。一般按该项目的计划职工平均人数、按历史成本的间接费用，以及压缩费用的措施和人均支出数进行测算。

(4) 历史资料法。历史资料法也可称为定率预算法，以事先较充分地掌握同类项目的成本数据为前提。这种方法先将项目分为若干个子项目，参照同类项目的历史数据，采用算术平均法计算子项目目标成本降低率，然后算出子项目成本降低额，汇总后得出整个项目成本降低额和成本降低率。

2) 确定项目各工作包预算的分配(自上而下)

项目成本预算分解的第一步是在项目成本预算总额确定之后，根据项目 WBS 将项目成本预算总额分配到项目 WBS 的各个工作包上。这是一种自上而下的项目预算的分解方法，可以保证整个项目成本预算分解的结构性和可靠性。根据不同成本管理需要，成本预算总额分配方式可以按照不同的标准进行。

(1) 按项目成本构成要素分解成本预算总额。按项目成本构成要素分解成本预算总额可以将成本预算总额分解为直接成本和间接成本，进而可以再对项目的直接成本和间接成本进一步的划分，直至将项目成本预算分解为项目的人工成本、材料成本、规费等具体成本内容。其分解过程如图 7-3 所示。

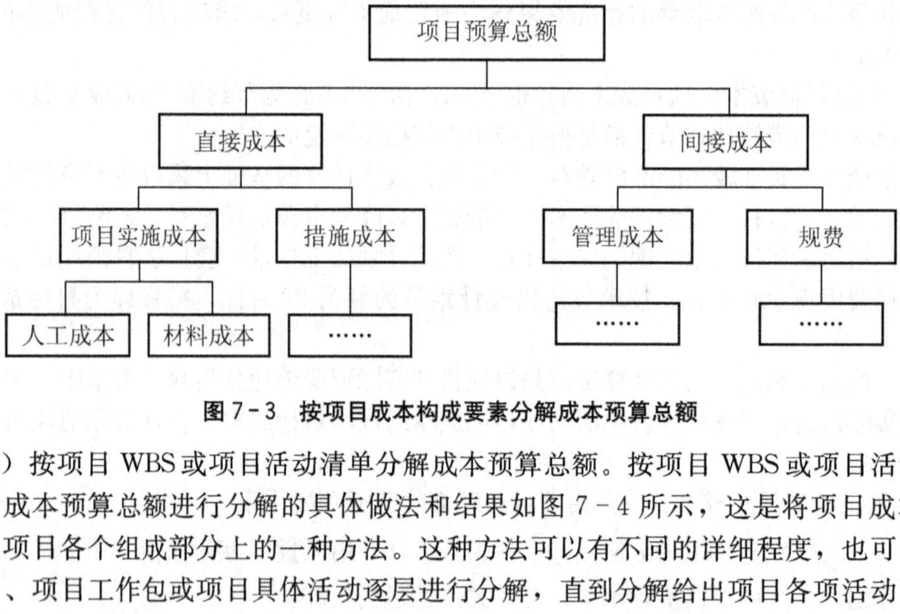


**图 7-3　按项目成本构成要素分解成本预算总额**

(2) 按项目 WBS 或项目活动清单分解成本预算总额。按项目 WBS 或项目活动清单对项目成本预算总额进行分解的具体做法和结果如图 7-4 所示，这是将项目成本预算分配到项目各个组成部分上的一种方法。这种方法可以有不同的详细程度，也可以按照子项目、项目工作包或项目具体活动逐层进行分解，直到分解给出项目各项活动的成本预算。

3) 确定各具体项目活动的预算

这一项工作是将项目工作包的成本预算进一步向下分解，最终分解给出具体的项目活动成本预算的工作。此时仍然可以采用自上而下的预算分解方法，也可以采用自下而上的项目成本预算分解的方法。其中，自下而上的方法是先分析和计划每项项目活动的具体成本，然后向上综合确定项目工作包的预算。这种方法能够保证成本预算不遗漏各种细节和具体的成本需求。

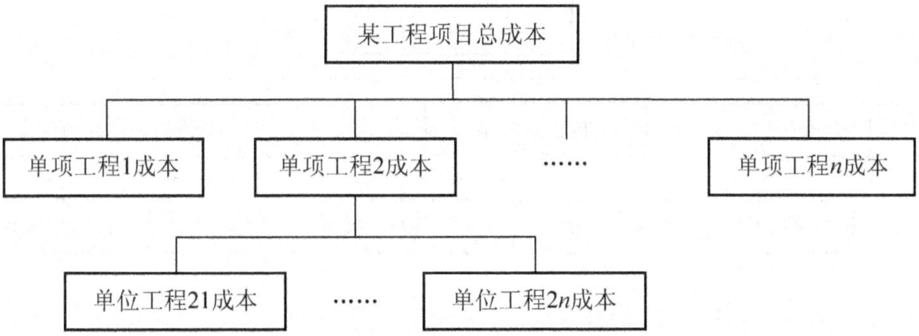


图7-4　按项目WBS分解成本预算示意图

4）确定项目各项活动预算的投入时间

依据项目成本预算总额、工作包成本预算及项目各项具体活动预算，可以确定出各项具体活动的成本预算投入时间。这时需要两个成本预算投入参数：一是各个时点上的项目成本预算投入，即项目各工作包的成本预算和项目具体活动的成本预算的投入时间对应的成本投入预算数额；二是项目预算投入的累计额，这是项目成本预算投入随项目进度展开的累计数额，即从项目开始时刻累计得到项目整个生命周期的预算成本。

5）确定项目成本预算的“S”曲线

根据项目各具体活动的预算额、投入时间及项目进度计划和项目预算的累计数据，采用两坐标(成本和时间)系找点连线的方法画出项目成本预算的“S”曲线，如图7-5所示。

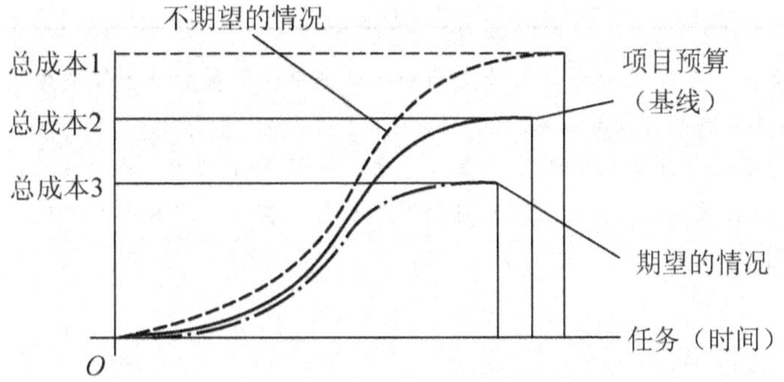


图7-5　项目成本预算的“S”曲线图

**应用举例7-4**

某机床制造厂设计、生产并安装一台大型车床。此项项目成本预算包括两个步骤：一是分摊总预算成本；二是制定累计预算成本。

(1) 分摊总预算成本。分摊总预算成本就是将预算总成本分摊到成本要素中去，并为每一工作包建立一个总预算成本，如图7-6所示。该图表明了把120万元的项目成本分摊到WBS中的设计、制造、安装与调试各个工作包的情况。分摊到各个工作包的数字表示为完成各工作包所有活动的总预算成本。

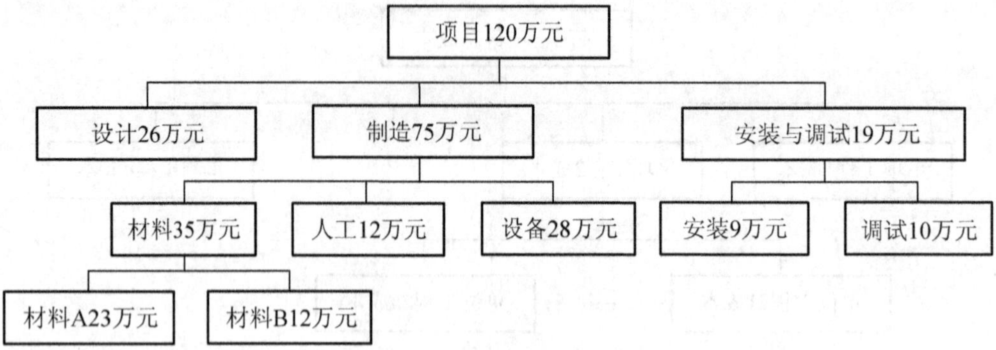


图 7-6　总预算成本分解示意图

(2) 制定累计预算成本。为每一工作包建立了总预算成本，就要把总预算成本分配到各工作包的整个工期中去。在制定累计预算成本时，要编制项目每期预算成本表，见表 7-5。

表 7-5　机床项目每期预算成本表　　　　(单位：万元)

| 工作任务 | 总预算成本 | 项目进度(以周计) | | | | | | | | | | | |
|---|---|---|---|---|---|---|---|---|---|---|---|---|---|
| | | 1 | 2 | 3 | 4 | 5 | 6 | 7 | 8 | 9 | 10 | 11 | 12 |
| 设计 | 26 | 5 | 5 | 8 | 8 | | | | | | | | |
| 设备制造 | 75 | | | | | 9 | 9 | 15 | 15 | 14 | 13 | | |
| 安装调试 | 19 | | | | | | | | | | | 10 | 9 |
| 合计 | 120 | 5 | 5 | 8 | 8 | 9 | 9 | 15 | 15 | 14 | 13 | 10 | 9 |
| 累计 | | 5 | 10 | 18 | 26 | 35 | 44 | 59 | 74 | 88 | 101 | 111 | 120 |

对于大型机床项目，表 7-5 表示了估计工期如何分摊每一阶段的总预算成本到各期，也表示出了整个项目的每期预算成本及累计预算成本。

根据表 7-5 的数据，可以绘出时间-成本累计曲线，如图 7-7 所示。根据该图，整个项目的累计预算成本或每一阶段的累计预算成本，在项目的任何时期都能与实际成本和工作绩效进行对比，以便对项目成本进行实时监控。

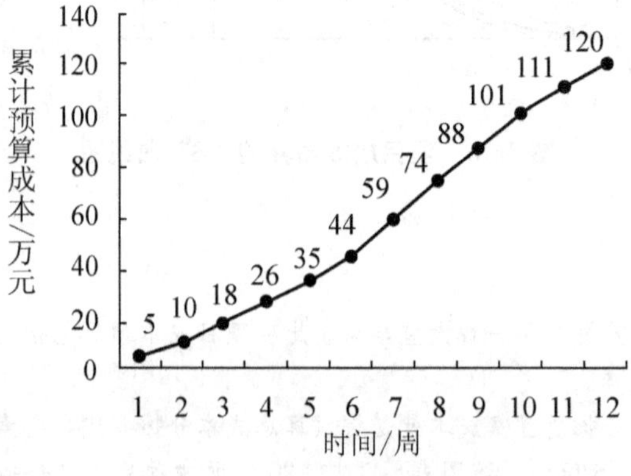


图 7-7　时间-成本累计曲线

### 7.3.3 项目成本预算的结果

项目成本预算作为项目成本的计划安排，可以被用作项目成本实施情况评价及项目成本控制的根本标准和依据。因此，项目成本预算的成果必须以一定的形式清楚地给出。项目成本预算的输出结果通常有以下3方面内容。

1. 项目成本预算文件

通常，项目成本预算工作的输出主要是一份有关项目预算的正式文件。这一文件的内容包括有关项目预算总额的规定、项目各工作包的预算安排、项目各项具体活动的预算安排、项目不可预见费的计划安排、项目成本预算控制基线(“S”曲线)、项目各实施组织的预算安排等一系列的项目成本预算文件。项目成本预算还可以以项目预算表的形式表示，见表7-6。

表7-6 成本预算表

| 项目名称： | 日期：自 至 | | | 制表人： |
|---|---|---|---|---|
| 项 目 | 时 间 | | 数量(单位) | 预算成本 |
| | 开始 | 结束 | | |
| 1. 人员<br>1) 项目团队成员<br>2) 承包商<br>3) 咨询商或顾问<br>…… | | | | |
| 2. 原材料<br>1)<br>2)<br>3)<br>…… | | | | |
| 3. 租用器具<br>1)<br>2)<br>3)<br>…… | | | | |

2. 项目成本预算的相关支持细节文件

这是关于项目成本预算文件的相关各种支持细节的说明文件，包括各种项目成本预算编制过程中使用的项目范围计划、工期计划和项目资源计划等支持细节，以及项目成本预算的标准和规定等方面的支持细节文件、项目成本预算分解和分配原则等方面的支持细节文件。

3. 项目成本预算的管理计划

项目成本预算工作的另一个输出是要生成一份项目成本预算的管理计划文件，这是有关项目成本预算发生各种问题的时候如何去开展管理的计划安排文件。在这一文件中，人们应该明确规定有关项目成本预算管理过程中的各种规定和要求，包括各种项目成本预算的支付管理的规定、变更管理的计划安排，以及项目管理储备费用(包括项目不可预见费等)的管理方法和使用规定等。

## 7.4 项目成本控制

项目成本控制的基础是事先对项目进行了成本预算，即在完成项目成本估算和预算以后，就可以根据项目成本预算展开项目实施和项目成本控制工作。

### 7.4.1 项目成本控制的概念和依据

1. 项目成本控制的概念

项目成本控制是一项为了实现成本计划而通过项目成本管理对项目实施过程中所消耗成本的使用情况进行控制，尽量使项目的实际成本控制在计划和预算标准内的一项项目管理工作。项目成本控制主要目的是对造成实际成本与成本基准计划发生偏差的因素施加影响，保证其向有利的方向发展，并对已经发生的偏差和正在发生偏差的各项成本进行管理，以确保项目的正常进行。

成本控制是项目管理中的一个重点，所有项目组织都会关心项目成本和项目实施过程中的成本控制，因为不计其数的项目由于成本控制得不好，造成项目质量或项目进度方面的问题，甚至会出现项目后期产生无法接受的风险和损失的情况，所以在项目实施的整个过程中，应该定期地、经常性地收集实际成本数据，进行预算和实际成本的动态比较分析，并进行成本预测。如果发现偏差，则及时采取纠偏措施，包括经济、技术、合同、组织管理等综合措施，在项目成本控制中，问题发现得越早、处理得越及时就越有利于项目成本的有效控制，而且对项目范围、质量和进度等方面的冲击就会越小，项目才能达到项目目标的要求。

项目成本控制涉及对于各种能够引起项目成本变化因素的控制(事前控制)、项目实施过程的成本控制(事中控制)和项目实际成本变动的控制(事后控制)3 个方面。成本的事前控制是指在项目实施前对影响成本的有关因素进行事前的规划，是成本形成前的成本控制；成本的事中控制是指在项目实施过程中，对成本的形成和偏离成本目标的差异进行日常控制；成本的事后控制是成本形成后的控制，是指在项目全部或部分结束后，对成本计划的执行情况加以总结，对成本控制情况进行综合分析和考核，以便采取措施改进成本控制工作。

2. 项目成本控制的内容

项目成本控制是项目成本管理的一个关键环节，其主要控制的是项目成本的变更。因此，项目成本控制主要关心的是影响改变成本基准计划的各种因素。在成本控制时需要确定成本基准线是否已经改变，以及管理和调整实际的改变。其主要内容包括以下几个方面。

1）项目成本监督

监督成本的实际实施情况，将项目实际成本和预算成本进行比较，确定是否存在偏差及偏差的大小程度。

2）项目成本跟踪

项目成本跟踪是确定偏差的严重性并分析产生偏差的原因，确认所发生的变更都被准确记录在成本基准中，确保实际需要的项目变动都有据可查。防止不正确、不适宜或无效的变更纳入项目成本预算之中。

3）项目成本预测

项目成本预测是按照偏差发展的趋势估计项目完成时的费用，并以此作为成本控制的决策依据。项目成本预测包括成本超支额及其原因分析，剩余工作所需费用的预算和项目成本的趋势分析。

4）项目成本纠偏

项目成本纠偏是根据偏差分析、预测结果，针对成本发生偏差的工作包，采取相应的措施以减少偏差，必要时对项目成本基线进行修正。对成本偏差采取纠正措施的同时，必然需要与其他控制过程(范围控制、进度控制、质量控制等)相结合，并将核准之后的变更通知到利益相关者。

5）项目成本检查

项目成本检查是根据对偏差纠正措施的执行情况和执行效果的判断，决定是否继续实施上述步骤；通过不断调整纠偏措施，持续进行纠偏活动，或者在必要的时候调整不合理的项目成本方案或成本目标。

### 3. 项目成本控制的依据

项目成本控制的主要依据如下。

1）成本基准计划

成本基准计划是一个按时间分布的、项目经理用于测量和监控费用实施情况的预算，是进行项目成本控制的基础。

2）项目成本执行情况报告

项目成本执行情况报告即项目成本管理和控制的绩效评价报告。项目成本执行情况报告反映了项目预算的实际执行情况，包括超出预算的和没超出预算的阶段和工作，出现问题的原因等。报告通常要给出项目费用预算额、实际额和差额。其中，差额是评价、考核项目成本控制绩效的重要信息，必须具有准确性、及时性和适用性，因为它是项目成本控制的工作依据。

3）项目各种变更申请

项目各种变更申请是确认原有基准计划已不适用，主要是由项目的变更造成的需要预算做出调整所做的申请。可以是口头的和书面的、外部的和内部的、强制执行的和非强制执行的。未经同意擅自变更而导致项目成本上升，很可能会出现虽然做了项目变更但收不到索赔付款的情况，甚至会造成各种不必要的项目合同纠纷。

4）项目成本管理计划

项目成本管理计划是关于如何管理好项目成本变动的说明文件，是项目计划管理文件的一个组成部分。项目成本管理计划说明了如何管理成本偏差，并针对不同问题提出了具体对策。成本管理计划对于项目成本控制工作具有重要的指导意义。

总之，在项目成本控制的依据中，成本基准计划是成本控制的基准，项目执行情况报告反映了项目实际成本，项目变更请求将会引起项目的实际成本偏离原计划的预算成本，成本管理计划规定了对不同的成本偏差的管理策略。

### 4. 项目成本控制的流程

控制是在事先制订的计划基础上进行的。图 7-8 为项目成本控制的循环过程。首先，按项目计划要求投入所需的人力、物力、财力和信息，于是计划开始实施，项目得以开展，并不断输出实际的项目状况和实际的投资情况汇报。由于外部环境和内部系统的各种因素变化的影响，实际输出的投资、进度、质量情况有可能偏离计划目标。为了最终实现计划目标，控制人员要收集项目实际进展和有关项目的信息，将各种投资数据和有关项目的信息进行整理、分类和整合，提出项目状态报告。控制部门根据项目状态报告将项目实际完成的投资状况与相应的计划目标进行比较，以确定是否偏离了计划。如果计划进行正常，那么就按原计划继续进行；反之，如果实际输出的投资目标已经偏离计划目标，或者预计将要偏离，就需要采取纠正措施，或改变投入，或修改计划，或采取其他纠正措施，使计划呈现出一种新状态，使项目能够在新的计划状态下进行。循环控制要持续到项目付诸使用，并贯穿项目的整个实施过程。

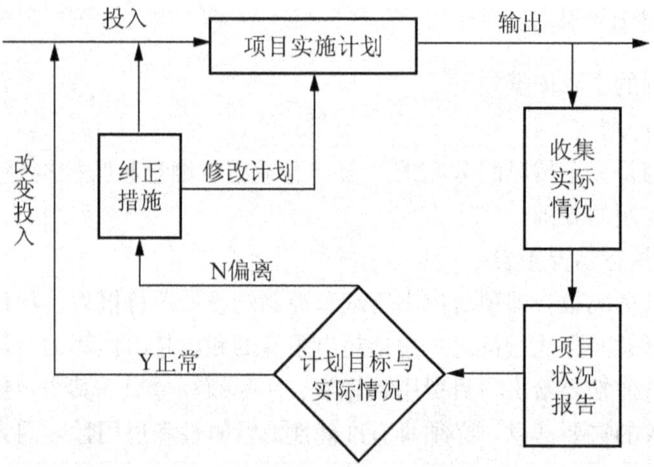


**图 7-8　成本循环控制示意图**

### 7.4.2 项目成本控制的方法

项目成本控制是一个复杂的系统工程，它包括很多方法，以下介绍其中的几种方法。

#### 1. 成本变更控制系统

成本变更控制系统规定了在组织内部改变成本基准计划应遵循的程序，包括变更成本的有关书面工作、跟踪体系和变更审批制度。项目成本变更控制系统按照如下步骤进行成本控制。

(1) 由项目利益相关者提出项目成本变更申请。

(2) 核准成本变更申请。项目的管理者对变更申请进行评估，然后提交项目业主，由业主核准是否变更成本基准计划。

(3) 变更项目成本预算。成本变更申请批准后，就必须对成本基准计划进行相应的修改，同时调整相关活动的成本预算。

在采用项目成本变更控制系统时，必须要注意两点，即项目成本变更控制系统应该和整体变更控制系统相协调，项目成本变更的结果也要和其他的变更结果相协调。

#### 2. 补充计划编制法

任何一个项目不可能按照原先制订的计划一成不变地进行，不可预见的各种情况要求在项目实施过程中重新对项目的成本做出新的估计和修改。另外，在项目计划之初，对项目肯定会存在认识上的局限性。随着项目的展开，对项目的认识会更加深入，这时很可能需要对原有的成本估算进行调整。

#### 3. 计算机工具

计算机工具是一种使用项目控制管理软件，如利用 Microsoft Project 及其他一些电子表格软件来控制项目成本的方法，可以帮助项目管理者进行跟踪计划费用、生成项目活动的预计工期、建立项目活动之间的相互依存关系，处理特定的约束条件，监控和预测项目成本的发展变化，发现项目成本管理中的问题等。

#### 4. 成本报告法

成本报告是项目管理过程中为了反映和控制项目的各种费用支出，定期和不定期提供的书面形式的成本开支报告。成本报告包含各种成本信息的综合处理结果，是及时发现和预测超支、保证成本处于预算范围之内的有效控制工具。

成本报告分若干层次，不同层次报告的对象和范围不同。各层次的报告应该是定期的，按固定渠道传递，但也有反映特殊情况的例外报告。成本报告的种类包括成本日报、成本周报、月成本分析书、最终成本预测报告和成本情况报告等。

成本情况报告由于适应性广、容量大、提供信息多，因此，更能满足成本控制的需要。成本情况报告格式如图 7 - 9 所示，各部分内容如下。

成本情况报告

报告日期：____________

项目周期：____________

| 工作环节 | 预算 | 已支出 | 需支出 | 预支出 | 偏差(+/-) | 百分比(+/-) |
| --- | --- | --- | --- | --- | --- | --- |
| | | | | | | |
| | | | | | | |

图 7-9　成本情况报告

(1) 工作环节。项目所必须完成的工作环节。

(2) 预算。完成该工作环节的估计成本。

(3) 已支出。截至报告之日该工作环节已支出的资金。

(4) 需支出。完成该工作环节尚需支出的资金。

(5) 预支出。报告时预测的工作环节支出，它等于已支出和需支出之和。

(6) 偏差。报告时预测的成本与预算的差额，在数值上等于预算减去预计支出。如果偏差超过一定限度(一般为 10%)，项目就可能被迫停止，直到得到不再进一步超支的保障。

(7) 百分比。发生偏差的程度，在数值上为(预算－预计支出)/ 预算×100%。

在项目成本控制的实际运作中，如果项目即将完成，近于 10%的超支也可勉强接受，但如果在项目开始时超支超过 10%，则需要进行深入的分析和评审。

#### 5. 时间-成本累计曲线法

编制成本预算时常对项目成本目标按时间进行分解，并用时间-成本累计曲线表示成本基准计划。时间-成本累计曲线的绘制方法在 7.3.2 节中已进行了介绍，这样做出的时间-成本累计曲线是理想情况下的支出曲线。在实际情况中，实际支出可能会超过理想情况，也可能比理想情况低。如果高于理想情况，可能是某个环节计划不周或者管理不善，造成成本增加；如果低于理想情况，则可能是项目进度落后于计划，该完成的工作未能完成。

时间-成本累计曲线图上实际支出与理想情况任何一点偏差，都是一种警告信号，发现偏差时要查明原因，判定是正常偏差还是不正常偏差，然后采取措施处理。在时间-成本累计曲线图上，根据实际支出情况的趋势可以对未来的支出进行预测，将预测曲线与理想曲线进行比较，可以获得有价值的成本控制信息，这对项目管理很有帮助。

**应用举例 7-5**

图 7-10 是制造专用自动包装机并安装到客户工厂的项目网络图。这部机器将把客户的产品装入盒子里，再通过高速传送带传送。该项目由图样设计、设备制造和安装调试 3 项任务组成。网络图显示了每个活动的工期(以周为单位)。图 7-11 是为每个工作包分摊预算成本的工作分解结构。

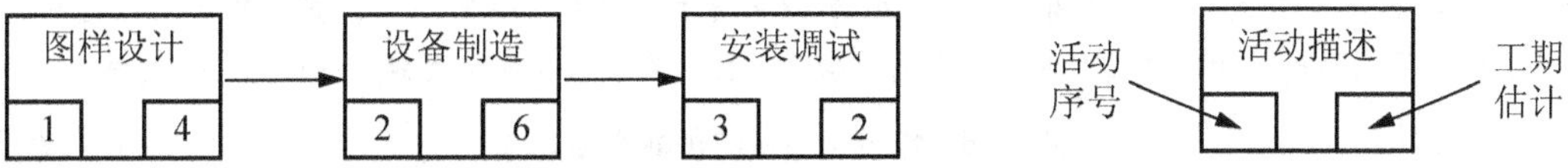


**图 7－10　包装机项目的网络图**

表 7－7 给出了按照图 7－10 所给出的估计工期如何将每一工作包的总预算成本分摊到各期，也表示出了整个项目的每期预算成本及其累计预算成本。利用累计预算成本的值，可以画出累计预算成本曲线来说明整个项目工期的预算支出，如图 7－12 所示。

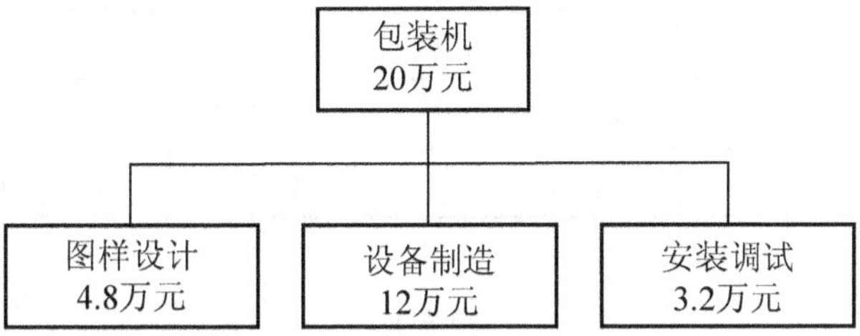


**图 7－11　包装机项目的 WBS**

**表 7－7　包装机项目的每期预算成本**　（单位：万元）

| 工作任务 | 预算成本 | 项目进度(以周计) | | | | | | | | | | | |
|---|---|---|---|---|---|---|---|---|---|---|---|---|---|
| | | 1 | 2 | 3 | 4 | 5 | 6 | 7 | 8 | 9 | 10 | 11 | 12 |
| 图样设计 | 4.8 | 0.8 | 0.8 | 1.6 | 1.6 | | | | | | | | |
| 设备制造 | 12 | | | | | 1.6 | 1.6 | 2.4 | 2.4 | 2 | 2 | | |
| 安装调试 | 3.2 | | | | | | | | | | | 1.6 | 1.6 |
| 合计 | 20 | 0.8 | 0.8 | 1.6 | 1.6 | 1.6 | 1.6 | 2.4 | 2.4 | 2 | 2 | 1.6 | 1.6 |
| 累计 | | 0.8 | 1.6 | 3.2 | 4.8 | 6.4 | 8 | 10.4 | 12.8 | 14.8 | 16.8 | 18.4 | 20 |

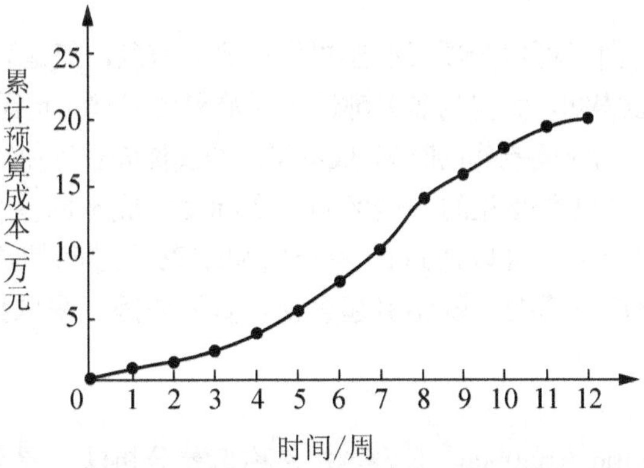


**图 7－12　包装机项目累计预算成本曲线**

第 8 周末对该项目的执行情况进行检查，表 7－8 给出了每一个工作包整个 8 周的各周实际成本，也就是表示出整个项目的各期成本，以及累计实际成本。表 7－8 表明该项目到第 8 周末实际上已经花费了

13.6万元，而表7-7表明到第8周末只预计花费12.8万元，说明项目超出了预算0.8万元。利用累计实际成本，可以画出累计实际成本曲线，在同一坐标上画出累计预算成本曲线，如图7-13所示。

**表7-8 包装机项目的每期实际成本** (单位：万元)

| 工作任务 | 项目进度(以周计) | | | | | | | | 总费用 |
|---|---|---|---|---|---|---|---|---|---|
| | 1 | 2 | 3 | 4 | 5 | 6 | 7 | 8 | |
| 图样设计 | 0.4 | 1.0 | 1.8 | 1.0 | 0.2 | | | | 4.4 |
| 设备制造 | | | | 0.4 | 1.6 | 2.0 | 2.8 | 2.4 | 9.2 |
| 安装调试 | | | | | | | | | 0 |
| 合计 | 0.4 | 1.0 | 1.8 | 1.4 | 1.8 | 2.0 | 2.8 | 2.4 | 13.6 |
| 累计 | 0.4 | 1.4 | 3.2 | 4.6 | 6.4 | 8.4 | 11.2 | 13.6 | 13.6 |

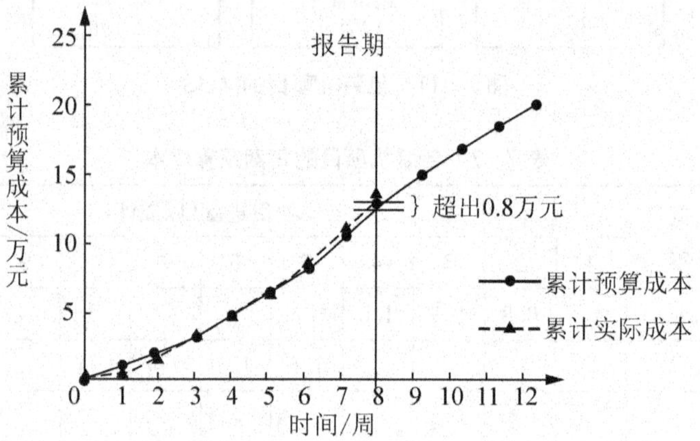


图7-13 包装机项目累计预算成本曲线和实际成本曲线

6. 香蕉曲线

虽然时间-成本累计曲线可以为项目控制提供重要的信息，但是假定所有任务时间都是固定的。从网络分析中可以得知，大量的非关键任务开始和结束时间是需要调整的。利用各任务的最早开始时间和最迟开始时间制作的时间-成本累计曲线称为香蕉曲线，如图7-14所示。

香蕉曲线表明了项目成本变化的安全区间，实际发生成本的变化如不超出两条曲线限定的范围，就属于正常变化，可以通过调整开始和结束的时间使成本控制在计划的范围内。如果实际成本超出这一范围，就要引起重视，查清原因，采取措施。

7. 挣值法

挣值法(Earned Value Analysis，EVA)，又称偏差分析法，是对项目范围、进度和成本进行综合测量的基础上评价项目绩效的一种方法。这一方法的基本思想就是通过引进一个中间变量即“挣值”，来帮助项目管理者分析项目的成本和工期的变动情况并给出相应的信息，以便其能够对项目成本的发展趋势做出科学的预测与判断，并提出相应的对策。

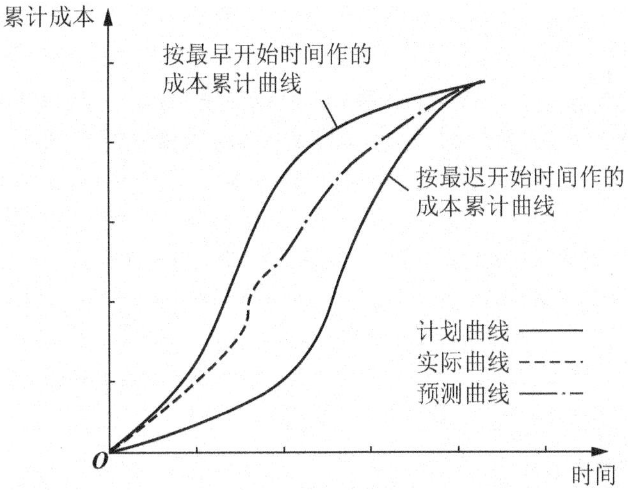


**图7-14 典型的香蕉曲线**

挣值法实际上分析的是预算成本、实际成本和挣值之间的关系，包括3个基本参数、3个偏差分析变量、两个指数变量。

1）3个基本参数

(1) 计划工作量的预算成本。项目计划工作量的预算成本(Budgeted Cost of Work Scheduled，BCWS)表示按照预算定额乘以项目计划工作量得到的一个项目计划价值(Plan Value，PV)，是指项目实施过程中某阶段计划要求完成的工作量所需的预算费用。这个值对衡量项目进度和项目成本都是一个标尺或基准。计算公式为

$$BCWS = 计划工作量 \times 预算定额 \tag{7-7}$$

BCWS主要是反映按进度计划应当完成的工作量。例如，某项目打算安装一台Web接入服务器，硬件、软件、安装工作等计划用1周的时间，购买软硬件及请别人安装等的成本预算，批准了3万元。这一周的BCWS就是3万元。

(2) 已完成工作量的实际成本。项目已完工作量的实际成本(Actual Cost of Work Performed，ACWP)表示项目成本的实际值(Actual Cost，AC)，即项目实施过程中某阶段实际完成的工作量所消耗的费用。ACWP是反映项目执行的实际消耗指标。例如，上例中，最后实际用了2周时间，完成了Web服务器的购买和安装，在第一周花2.5万元购买了服务器，在第二周花0.5万元完成了安装工作，则第一周的ACWP为2.5万元，第二周的ACWP为0.5万元。

(3) 已完成工作量的预算成本。已完成工作量的预算成本(Budgeted Cost of Work Performed，BCWP)表示项目实施过程中某阶段实际完成的工作量按预算定额计算出来的费用，即挣得值(Earned Value，EV)，也称挣值或赢得值。BCWP的计算公式为

$$BCWP = 已完成工作量 \times 预算定额 \tag{7-8}$$

例如，上例中，第一周购买了服务器和软件，完成总计划工作量的70%，第一周的计划成本是3万元，那么第一周的挣值BCWP就是70%×3万=2.1万元。

**应用举例 7-6**

某人计划用6周时间在山上种300棵树，预算为240 000元。初始计划是每周种50棵树，每棵树的成本估计为800元。现在是第三周周末，实际执行情况为(1)从开始到第二周末，工作按计划进行，所花成本与预算一致。(2)从第三周到现在：由于土质不好，每周只种了30棵树，每棵树实际花费成本900元。截止到第三周：

(1) 计划价值PV=计划要完成的工作量×预算单价=(50+50+50)×800=120 000(元)

(2) 挣值EV=实际已完成的工作量×预算单价=(50+50+30)×800=104 000(元)

(3) 实际成本AC=实际已经完成的工作量×实际单价=(50+50)×800+30×900=107 000(元)

从例子中可以看出，计划值PV与实际的工作无关；挣值EV和实际完成的工作量相关、与实际花费的成本无关；实际成本与完工预算、计划值、挣值无关。

2) 挣值法的偏差分析变量

(1) 项目成本/进度偏差。项目成本/进度偏差(Cost Schedule Variance，CSV)的计算公式为

$$CSV=PV-AC=BCWS-ACWP \tag{7-9}$$

该指标反映了项目计划工作量的预算成本与项目已完成工作量的实际成本之间的绝对差异，这种差异值是由于项目成本从预算值变化到实际值和项目进度从计划工作量变化到实际已完成工作量这两个因素的综合变动造成的。

(2) 项目成本偏差。项目成本偏差(Cost Variance，CV)的计算公式为

$$CV=EV-AC=BCWP-ACWP \tag{7-10}$$

这一指标反映项目已完成工作量的预算成本与已完成工作量的实际成本之间的绝对差异，即WP不变，BC变为AC所造成的成本偏差。该指标剔除了项目工作量变动的影响，独立反映项目预算成本与实际成本差异对项目成本变动造成的影响。

当CV为正值时表示实际成本低于预算值，即有节余或效率高，如图7-15(a)所示；当CV为负值时表示执行效果不佳，实际消费或成本超过预算值即超支，如图7-15(b)所示。

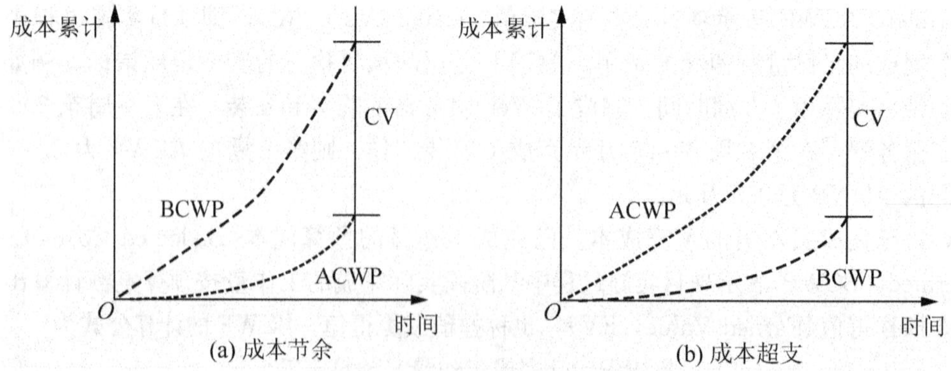


图7-15 成本偏差示意图

(3) 项目进度偏差。项目进度偏差(Schedule Variance，SV)的计算公式为

$$SV=EV-PV=BCWP-BCWS \quad (7-11)$$

该指标反映项目计划工作量的预算成本与挣值之间差异，即 BC 不变，WS 变成 WP 所造成的进度偏差。该指标剔除了项目成本变动影响，独立地反映项目计划工作量和实际已完工作量差异对项目成本的影响。

当 SV 为正值时表示进度提前，如图 7-16(a)所示；SV 为负值表示进度延误，如图 7-16(b)所示。

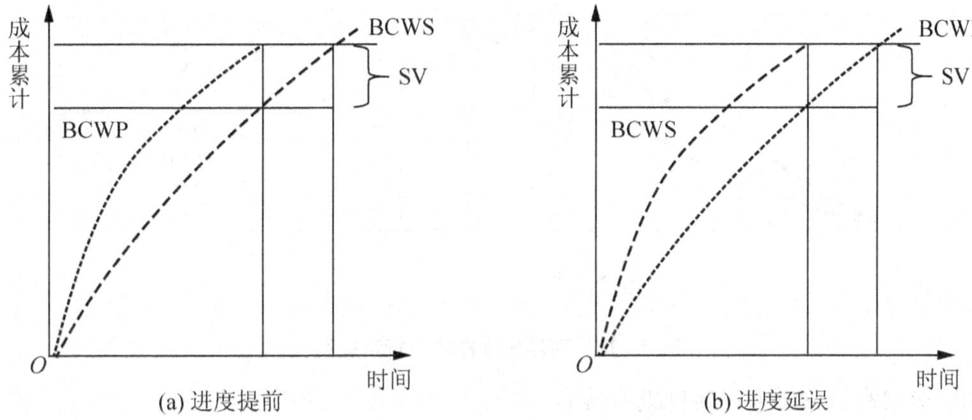


**图 7-16 进度偏差示意图**

(4) 成本绩效指数。成本绩效指数(Cost Performance Index，CPI)是指挣值与实际成本值之比，计算公式为

$$CPI=EV/AC=BCWP/ACWP \quad (7-12)$$

该指标反映 WP 不变，BC 变成 AC 所造成的项目成本相对变化程度。当 CPI>1 时表示节支，即实际成本低于预算；CPI<1 时表示超支，即实际成本高于预算；CPI=1 时表示实际成本与预算吻合。

(5) 进度绩效指数。进度绩效指数(Schedule Performance Index，SPI)是指项目挣值与计划值之比，计算公式为

$$SPI=EV/PV=BCWP/BCWS \quad (7-13)$$

该指标反映 BC 不变，WS 变成 WP 所造成的项目进度相对变化程度。当 SPI>1 时表示进度提前，即实际进度比计划进度快；当 SPI<1 时表示进度延误，即实际进度比计划进度慢；当 SPI=1 时表示实际进度等于计划进度。

图 7-17 表示了一个完整的挣值分析曲线图所包含的 PV、AC、EV 3 条曲线的比较，这样人们能够明确地区分是由于项目进度管理问题还是由于项目成本控制问题造成的项目成本偏差，这对指导人们开展项目时间管理和项目成本管理非常重要。值得注意的是，在实际执行过程中最理想的状态是 AC、PV、EV 3 条线离得很近，且平稳上升，表示项目按预定目标前进。如果 3 条线离散程度在不断增加，则预示着可能发生关系到项目成败的大问题，需要及时补救。

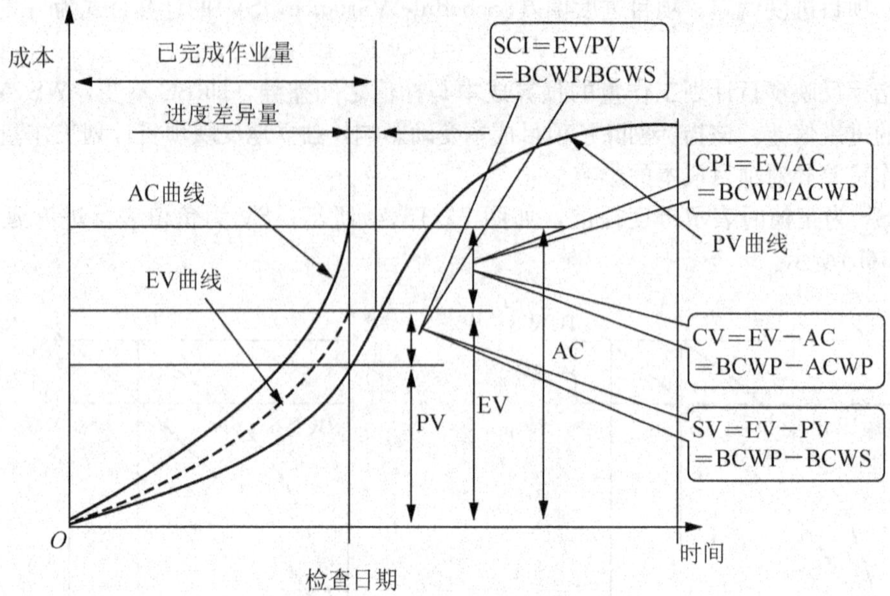


**图 7-17　项目成本挣值分析示意图**

3）运用挣值分析进行项目成本预测

使用挣值分析还可以预测未来项目成本的发展变化趋势，从而为项目成本控制指明方向。项目未来完工成本(Estimate At Completion，EAC) 是按项目执行情况估计完成项目全部工作所需要的总成本。EAC 的计算是以项目的实际执行情况为基础，再加上项目全部未完成工作的费用预测。在不同的情况下，对未完成工作的费用预测不同，EAC 的计算方法也不同。最常见有 3 种方法。

(1) 假定项目未完成部分将按照目前的效率去进行预测的方法，计算公式为

$$EAC=BAC/CPI \tag{7-14}$$

式中，EAC 为到项目完工时的成本，CPI 为成本绩效指数，BAC 为总预算成本。

(2) 假定项目未完成部分将按计划规定的效率进行预测的方法，计算公式为

$$EAC=AC+BAC-EV \tag{7-15}$$

(3) 当过去的执行情况表明先前的成本假设有根本缺陷或由于条件改变而不再适用新的情况时，需要全面重估剩余工作成本的预测方法，计算公式为

$$EAC=AC+ETC \tag{7-16}$$

式中，ETC(Estimate To Completion)是全面重新估算项目剩余工作的成本。

**应用举例 7-7**

某项目共有 7 项任务，在第 10 周结束时有一个检查点。项目经理在该点对项目实施检查时发现，一些任务已经完成，一些任务正在实施，另外一些任务还没有开工，如表 7-9 所示(表中的百分数表示任务的完成程度，阴影部分表示各项任务计划进度)。各项任务已完成工作量的实际耗费成本在表 7-10 中的第 3 列给出。

表 7-9　某项目进展情况

<table>
<tr><th>时间/周<br>任务/项</th><th>1～4</th><th>5～8</th><th>9～10</th><th>11～14</th><th>15～16</th><th>17～20</th><th>21～24</th></tr>
<tr><td>1</td><td>100%</td><td></td><td></td><td></td><td></td><td></td><td></td></tr>
<tr><td>2</td><td colspan="2">80%</td><td></td><td></td><td></td><td></td><td></td></tr>
<tr><td>3</td><td></td><td></td><td colspan="2">40%</td><td></td><td></td><td></td></tr>
<tr><td>4</td><td></td><td></td><td colspan="4">30%</td><td></td></tr>
<tr><td>5</td><td></td><td></td><td></td><td></td><td colspan="3">0%</td></tr>
<tr><td>6</td><td></td><td></td><td></td><td></td><td></td><td></td><td>0%</td></tr>
<tr><td>7</td><td></td><td></td><td></td><td></td><td></td><td colspan="2">0%</td></tr>
</table>

表 7-10　项目跟踪表(未完成)　　(单位：万元)

| 序号 | 成本预算 | ACWP | BCWP | BCWS |
|---|---|---|---|---|
| 1 | 50 | 45 | | |
| 2 | 40 | 35 | | |
| 3 | 60 | 24 | | |
| 4 | 100 | 28 | | |
| 5 | 30 | 0 | | |
| 6 | 25 | 0 | | |
| 7 | 20 | 0 | | |
| 合计 | 325 | 132 | | |

问题：

(1) 请计算该检查点的 BCWP、BCWS，并判断项目在此时成本使用和进度情况，并提出应对措施。

(2) 假设项目未来情况不会有大的变化，预测项目完工时各任务的成本。

解：(1) 以任务 3 为例，由表 7-9 中的数据，可知在第 10 周检查时，任务 3 实际完成了 40%，计划完成 1/3。根据公式(7-7)和(7—8)，任务 3 的 BCWP＝60×40%＝24(万元)，BCWS＝60×1/3＝20(万元)。同理，可计算出其他各项任务在第 10 周时的 BCWP 和 BCWS，计算结果见表 7-11。

表 7-11　项目跟踪表　　(单位：万元)

| 序号 | 成本预算 | ACWP | BCWP | BCWS | EAC |
|---|---|---|---|---|---|
| 1 | 50 | 45 | 50 | 50 | 45 |
| 2 | 40 | 35 | 32 | 40 | 43.75 |
| 3 | 60 | 24 | 24 | 20 | 60 |
| 4 | 100 | 28 | 30 | 16.67 | 93.3 |

续表

| 序号 | 成本预算 | ACWP | BCWP | BCWS | EAC |
|---|---|---|---|---|---|
| 5 | 30 | 0 | 0 | 0 | 30 |
| 6 | 25 | 0 | 0 | 0 | 25 |
| 7 | 20 | 0 | 0 | 0 | 20 |
| 合计 | 325 | 132 | 136 | 126.67 | 317.05 |

由表7-11中的数据可知，在第10周时，项目的CV=BCWP-ACWP=136-132=4(万元)，项目节支；SV=BCWP-BCWS=136-126.67=9.33(万元)，项目进度超前。

由于BCWP>ACWP>BCWS，说明此时该项目效率较高，进度快，投入超前，可抽出部分人员放慢进度。

(2) 根据项目在第10周的进度，可将项目分为3类。

①已经完成的任务。此类任务在项目完工时的成本为实际发生的成本。由表7-8可知，此类任务只有任务1。

②尚未开始的任务。由于假设项目未来情况不会有大的变化，此类任务在项目完工时的成本为其预算成本。此类任务有任务5、任务6、任务7。

③已经开展，但尚未完工的任务。由于假设项目未来情况不会有大的变化，因此，应用公式(7-14)计算项目完工时的成本。属于此类情况的有任务2、任务3和任务4。其EAC分别是43.75万元、60万元和93.3万元。

3类任务EAC的计算结果见表7-11，完工时整个项目的EAC为317.05万元。

### 7.4.3 项目成本控制的结果

开展项目成本控制的直接结果是项目成本的节约和项目经济效益的提高。开展项目成本控制的间接结果是生成一系列项目成本控制文件，这些文件主要包括以下几种。

#### 1. 修订后的成本估算

修订后的成本估算就是对用于管理项目的成本信息所做的修正。必要时，必须通知有关的项目利益相关者。修正后的成本估算可能要求，也可能不要求对整体项目计划的其他方面进行调整。

#### 2. 预算更新

预算更新是一种特殊的修改估算。预算更新就是对已经批准的成本基准计划的修改。这些数字一般只为反映项目范围的变化时才能相应地修改。在某些情况下，项目成本偏差可能非常严重，需要重新确定基准计划才能提供测量成本执行所需要的真实数据。

#### 3. 纠正措施

为了将项目未来预期的成本执行控制在项目计划范围内而采取的所有行动均称为纠正措施。

4. 项目成本的预测文件

项目成本的预测文件是指在项目实施中不断根据项目成本实际情况和未来的发展趋势对项目成本做出必要的预测和计划安排。

5. 经验教训

应记录下产生偏差的原因、采取纠正措施的理由和其他的成本控制方面类似的教训，这些记录可以成为项目组织其他项目历史数据库的一部分。

## 本章小结

项目成本是围绕项目而发生的资源耗费的货币体现。项目成本管理就是指为实现项目价值的最大化所开展的各项管理活动和工作。项目成本管理有3大主要工作，即成本估算、成本预算和成本控制。本章围绕这3项主要工作分别阐述了3种方法的概念、依据和方法，重点讨论了项目控制中挣值法的计算原理。

## 习　　题

### 一、单项选择题

1. 虽然成本估算与成本预算的目的和任务都不同，但两者有共同的依据是(　　)。
   A. 历史资料　　B. 项目范围说明书　　C. WBS　　D. 资源计划
2. 在项目生命周期中，(　　)阶段花费的成本最多。
   A. 定义与决策　　B. 设计与计划　　C. 实施与控制　　D. 终结与交付
3. 下列哪种结论表示项目活动的实际成本低于预算的15%(　　)。
   A. PV=1000，EV=1150　　B. AC=1000，EV=1150
   C. PV=1000，AC=1150　　D. AC=1150，EV=1000

### 二、多项选择题

1. 下面有关成本估算和成本预算说法正确的有(　　)。
   A. 成本估算是对完成项目各项任务所需资源的成本进行的近似估算
   B. 成本预算是在项目成本估算的基础上，更精确地估算项目总成本
   C. 成本估算的输出结果是成本预算的基础与依据
   D. 成本预算是将已批准的估算进行分摊
   E. 成本估算与成本预算是同一项成本管理工作
2. 下列关于项目成本估算的方法说法正确的有(　　)。
   A. 类比估算法简便易行、费用低
   B. 类比估算法精确度较低
   C. 挣值法是项目成本估算的方法之一

D. WBS全面详细估计法精度较高

E. 参数模型法是利用项目特性参数建立数学模型来估算项目成本的方法

三、判断题

1. 人工费就是项目各类人员的工资。（　）

2. 成本类比估算方法就是比照以前执行的项目所花的成本，来估计将要执行项目成本的一种方法。（　）

3. 成本控制就是尽可能的少花钱。（　）

4. 减少项目的成本，往往是以压缩项目时间和牺牲项目质量为代价的。（　）

5. 在挣值分析中，CV＜0，SV＜0表示项目执行效果不佳，因为费用超支的同时进度延误。（　）

四、计算题

某项目进展到11周时，对前10周的工作进行统计，情况见表7-12。

表7-12　前10周的工作统计　（单位：万元）

| 工作 | 计划工作量的预算成本 | 已完成工作量/% | 实际发生成本 | 挣值 |
|---|---|---|---|---|
| A | 400 | 100 | 400 | |
| B | 450 | 100 | 460 | |
| C | 700 | 80 | 720 | |
| D | 150 | 100 | 150 | |
| E | 500 | 100 | 520 | |
| F | 800 | 50 | 400 | |
| G | 1000 | 60 | 700 | |
| H | 300 | 100 | 300 | |
| I | 120 | 100 | 120 | |
| J | 1200 | 40 | 600 | |
| 合计 | | | | |

问题：(1) 求出前10周每项工作的BCWP及10周末的BCWP。

(2) 计算10周末的合计ACWP、BCWS。

(3) 计算10周末的CV、SV，并进行分析。

(4) 计算10周末的CPI、SPI，并进行分析。

五、简答题

1. 项目成本管理包括哪几项工作？

2. 简述成本估算的主要依据。

3. 成本估算与成本预算的区别与联系有哪些？

**案例分析**

氦气制造公司坐落于美国中西部一个高度工业化的州内，是一家飞机零部件的主要制造厂家，专营飞机着陆的传动部件和装置。近年来，氦气公司的业务面临着下滑的趋势。在过去的 3 年中，该公司失去了很多着陆传动部件的订单，因为该公司总是被国内其他地区的厂家以更有竞争力的报价击败。该公司的高级管理层研究了这个问题，但没能就采取何种行动达成一致。于是，该公司就从附近的一所大学聘请了一支咨询团队来进行分析研究，并提出解决方案。

该所大学的咨询团队首先对氦气公司的着陆传动装置生产工作进行了 4 个方面的研究：制造过程、成本结构、着陆传动装置合同的报价行为和利润结构。咨询团队认为，首先，氦气公司的制造过程比较合理，而且与其竞争对手没有什么显著的差别，其次，他们发现所有的竞争者在制定价格的时候使用的几乎都是同一水平的加价幅度。然而，在考察成本结构的时候，他们注意到，在过去的 3 年中，该公司的各项原材料科目一直保持着负的成本差额。也就是说，该公司在着陆传动装置的制造过程中实际使用的原材料金额比计划金额高了大约 10%。该团队不太敢肯定这一发现，因为在过去的 3 年中，该公司关于着陆传动装置的制造合同只有很少一部分。

该团队对这个部门原材料的估算和采购工作进行了调查，结果发现了下列事实：3 年前，氦气公司曾经延迟交付了一笔着陆传动装置业务，公司为此付出了大笔罚金，并且极为担心将来会失去这个主要客户的业务。该次延迟交付行为是由于氦气公司为制造着陆传动支架而订购的特种钢合金数量不足，同时又无法及时在市场上买到这种合金。因为钢铁公司生产这种产品需要有 90 天以上的提前期，所以氦气公司只好望洋兴叹了。

后来，负责该合同的采购部经理被降职了，新上任的采购部经理解决这个问题的方法非常直截了当，一刀切地将原材料的估计值增加了 10%。原材料的成本大约占着陆传动装置总成本的 1/2，结果造成公司的报价比正常的竞争对手高了大约 5%。

问题：你认为目前该公司在进行成本管理的过程中存在的主要问题是什么？应该怎样解决？

# 第8章 项目沟通和冲突管理

## 学习目标

| 知识目标 | 技能目标 |
|---|---|
| (1) 了解项目沟通管理的概念和特性<br>(2) 了解项目沟通的障碍及解决方法<br>(3) 了解项目沟通计划的编制及实施<br>(4) 了解项目会议沟通<br>(5) 了解项目冲突的来源及强度<br>(6) 了解项目冲突的解决方法 | (1) 掌握项目沟通的过程和基本原则<br>(2) 掌握项目沟通计划编制的过程和内容<br>(3) 掌握项目沟通的方式和方法<br>(4) 学会识别冲突的来源<br>(5) 熟悉解决项目冲突的方法 |

## 知识结构

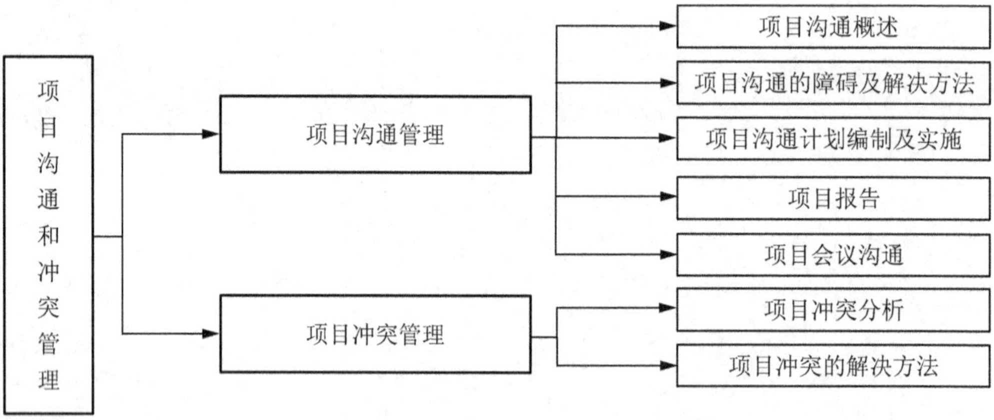

导入案例

## 谈判项目

一个到日本去谈判的美国商务代表团，碰到这样一件尴尬的事：直到该代表团要打道回府前，才知道贸易业务遇到了障碍，没有了达成协议的希望。

这是什么原因造成的呢？原来是双方在沟通的过程中出现了语言障碍。过程是这样的，美国代表与日本代表在谈判过程中，双方一开始在价格的确定上没有得到统一，谈判快要告一段落时，美方在价格上稍微做了点让步，这时日本方面的回答是："Hi(是)!"结束后，美方就如释重负地准备"打道回府"。但结果其实并非如此，因为日本人说"Hi(是)"，意味着"是，我理解你的意思"，而美国人将这个词当做同意的表示了。

(资料来源：伍春来，王振雨．项目管理[M]．北京：经济管理出版社，2004)

# 8.1 项目沟通管理

对于项目来说，要科学地组织、指挥、协调和控制项目的实施过程，就必须进行项目的信息沟通。项目沟通管理(Project Communication Management)是对项目信息进行及时、正确地提取、收集、传播、存储，以及最终处置，以保证项目班子内部的信息畅通。项目沟通管理在人员的思想和信息之间建立起了联系，这些联系对于取得项目的成功是必不可少的。对项目过程中的口头、书面和其他形式的沟通进行全面地管理是项目管理中一项非常重要的工作。

看图学项目管理

对于项目来说，要科学地组织、指挥、协调和控制项目的实施过程，就必须进行项目的信息沟通。好的信息沟通对项目的发展和人际关系的改善都有促进作用。沟通不善会阻碍项目的顺利进行，甚至导致项目失败。

(图片来源：http：//www.ek360.com/article-ek46987360.html)

## 8.1.1 项目沟通概述

1. 沟通的定义

沟通是人与人之间、人与群体之间思想与感情的传递和反馈的过程，以求思想达成一致和感情的通畅。一个成功的项目管理者主要的任务之一就是充分发挥自己的沟通能力和开展沟通工作，使项目团队更加合理和有效地工作。在项目管理中有效的沟通比在一般运营中更为重要，因为项目组织是以团队的方式开展工作的，而团队作业需要更多的思想沟通和信息交流。有关沟通的基本内涵包括如下几个方面。

1）沟通就是相互理解

无论通过什么渠道和媒体，沟通的首要的问题都是双方是否能够相互理解，沟通双方是否真正能够理解相互传递的信息和含义、相互理解各自表达的思想和感情、相互理解字里行间或话里话外的真实意思。

2）沟通是提出和回应问题与要求

沟通的双方总是向对方提出各种各样的问题和要求，一方总是希望另一方变成某种角色或做某件事情，或者相信某样东西和回答某个问题；而另一方则会要求为此而获得一定的回报。沟通就是双方关注、理解对方的问题和要求，然后做出回应的过程。

3）沟通交换的是信息和思想

沟通过程中交换的主要是信息和思想。其中，信息是描述具体事物特性的数据，是支持决策的有用消息；而思想是一个人的感情和想法，包括期望、要求、命令等。任何沟通过程都离不开信息的交换和思想的交流，而且在很多情况下这两者是相互依存的。

4）沟通是一种有意识的行为

沟通是一种有意识的行为，在许多情况下受主观意志的支配。因此，沟通的效果在很大程度上受到双方主观意愿和情绪的影响。人们倾向于倾听那些想听的话，而不愿听那些不想听或有威胁的话。因此，在沟通过程中，主观意识会造成沟通障碍从而使沟通失效。

2. 沟通的过程

任何沟通都必须有沟通的主体和渠道，信息的发送者和信息的接受者是沟通的主体。沟通的双方在沟通过程中需要通过一定的渠道，按照图8-1所示的步骤去实现信息的交换和思想的交流。

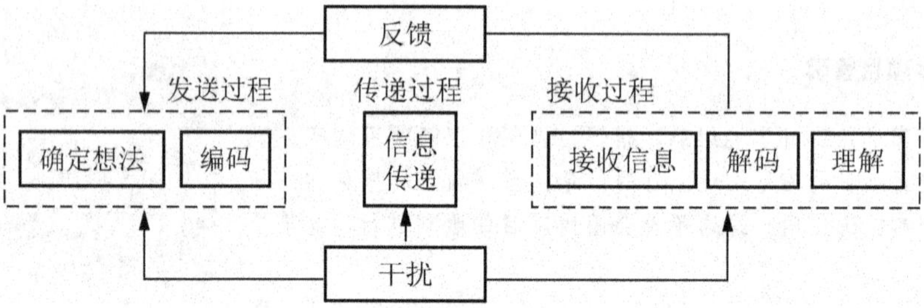


**图8-1 沟通过程示意图**

1）确定想法

沟通过程中的信息发送者首先要确定沟通的信息内容和思想想法，这些是沟通过程中要努力使对方接受和理解的东西，是实际要发出的信息或思想的核心内容。但是，这些真实的想法和信息并不是直接发送出去的，而是原材料，还需要经过编码进行加工处理。

2）编码

编码是指由信息发送者根据信息接收者的个性、知识水平和理解能力等因素，努力设法找到一种信息接收方能够理解的语言和表达方式，将自己要发送的信息或想法进行加工处理的工作。只有完成了编码工作以后，信息发送者才能够把自己的信息或思想发送或传递出去。

3）选择渠道

信息发送者在完成信息编码以后还需要选择合适的沟通渠道(或称信息传递渠道)，以便将信息通过该渠道传递给信息接收者。沟通渠道的选择要根据所传递信息的特性、信息接收者的具体情况和沟通渠道的噪音干扰等情况来确定。特别是要考虑信息渠道是否畅通、是否噪音干扰过大、是否有利于信息反馈等方面的因素。

4）传送信息

在选定沟通渠道以后就可以使用选定的渠道将信息传送给信息接收者了。信息的传送过程有时是由机器设备来完成的，有时是人们面对面谈话实现的。一般情况下，电子型信息的传送靠各种信息网络，书面型信息的传送可以通过邮局或快递公司，而思想型信息的传送多数是以面谈的形式完成的。

5）接收信息

此时，信息从发送者手中转到了信息接收者一方，并被信息接收者所接受。在这一步骤中，信息接收者必须全面关注并认真接收对方送来的信息，特别是在面对面的沟通过程中，仔细倾听对方的讲述，全面接受对方用口头语言和肢体语言传递的信息是非常重要的。

6）解码

解码是指信息的接收者对已经接收到的信息进行从初始形式转化为可以理解形式的一项信息加工工作。例如，将各种机器码转换成自然语言的过程，将外语翻译成中文的过程，将方言或者暗语、手势转化成能够理解的语言的过程都属于解码的过程。

7）理解

理解是指通过汇总、整理和推理的过程，全面理解那些已经完成解码的信息或数据所表示的思想和要求。例如，全面认识一件事物的特性(信息传递)、真正知道对方的意图和想法(交换思想)、完全明白对方的想法和感情(感情交流)等。

8）反馈

反馈是指信息接收者在对信息发送者提供的信息有疑问、有不清楚的地方进行回应或者是为了回应对方而做出的回馈，这是一种反向的信息沟通过程。反馈是沟通过程中必不可少的一个环节，因为它有助于人们的相互理解，而只有相互理解才能够使沟通继续下去。

沟通过程中的编码、解码、理解和反馈是沟通取得有效的关键环节，这些环节始于发出信息，终于得到全面理解。在这一过程沟通的信息，既有用语言、文字表达的信息，又包含“字里行间”和“言外之意”的信息，特别是在思想交换和感情交流的沟通过程中更是如此。因此，必须充分使用反馈和非语言沟通等手段，否则甚至会造成沟通中断或“言者无意，听者有心”等各种误解的结果。一个项目经理必须熟悉项目组织中的沟通过程，充分使用这一过程去分析和发现项目管理中出现的各种沟通障碍，使项目组织中的信息畅通、沟通充分。

### 3. 沟通的基本原则

在项目组织的沟通中必须贯彻一些基本的沟通原则，以保证项目组织中的沟通有效。这些沟通的基本原则最主要的有以下几个。

1）准确性原则

信息沟通的准确性原则包括两个方面：其一是沟通中所传递的信息本身必须是准确的信息，而不能是似是而非、模棱两可的信息；其二是信息沟通中所使用的语言和信息传递方式能被接收者所理解，使对方能够获得准确的信息。任何项目组织中的沟通只有贯彻准确性原则才具有价值。因为项目组织沟通的目的就是要使发送者的想法和信息能够被接收者正确地理解和接受，以便团队成员能够更好地合作去实现项目目标。信息发送者有责任将信息进行“编码”，使用对方容易理解的语言和方式进行表达，信息接收者也需要设法做好接收和解码工作而不影响沟通的准确性。

2）完整性原则

沟通中的完整性原则也包括两个方面：其一是信息的完备性，其二是沟通的完全性。信息的完备性是指沟通过程中所传递的信息应该是基本完备的，不能够留下很大的信息缺口，那样会使对方难以理解从而出现沟通障碍。项目组织中的主管人员需要努力地为组织各成员提供其所需的信息，以保证全团队成员之间沟通的完整性。

3）及时性原则

在项目沟通的过程中，在保证沟通准确性和完整性原则的基础上还必须要保证沟通的及时性。这一原则可以使项目组织获得最新的政策、目标、计划、资源和人员配备情况等信息，使下级或团队成员和项目主管人员能够及时掌握项目信息和各种反馈意见，以及思想、情感等信息，从而提高项目管理的水平。坚持项目沟通及时性原则的最重要原因在于任何信息都有一定的时效性和有效期，信息过了一定的时间就可能会成为毫无价值的“旧闻”而失去了指导决策的作用。例如，如果计划信息不能够及时地传递到项目团队的成员手中，就会耽误计划的执行。在实际项目工作中，常常会因信息发送者或接收者的原因出现信息和沟通滞后的现象，从而贻误了各种项目时机和工作，甚至造成严重的后果。

4）充分运用非正式组织沟通的原则

这一沟通原则是指当项目主管人员不便使用正式(官方)项目组织的沟通渠道时，可以使用非正式组织(非官方)的沟通渠道来补充正式组织信息沟通渠道的不足，因为有时使用非正式沟通渠道会产生更好的沟通效果。运用非正式组织开展沟通的另一个原因是因为有一些信息不适宜通过正式组织的沟通渠道来传递，所以在不违背组织原则的前提下，项目管理者还应该合理地使用非正式组织沟通渠道去传递并接收信息，为实现项目组织的目标服务。

### 4. 影响组织沟通效果的基本因素

项目组织的沟通效果受许多因素的影响，项目管理者必须管理好这些因素以保证组织的信息沟通通畅和有效。这些因素包括以下几个。

1）信息发送者

项目组织沟通的起点是信息发送者，信息发送的质量直接影响到项目沟通的效果，而且是影响最大的因素。如果信息的发送者在沟通能力和技巧方面存在问题，不能够按照项目管理所需的信息沟通原则去传递信息就会破坏项目组织的信息沟通效果和质量。因此，信息发送者是影响项目组织沟通效果的重要因素之一。

2）信息接收者

信息接收者(或叫受众)是影响项目信息沟通的另一个重要的因素，这些因素包括信息接收者的接受能力、理解能力、价值观和目标指向等。例如，信息接收者对批评和建议所持的态度、信息接收者能否理解所接收到的信息和数据、是否存在没有被包括在受众中的信息接收者，这些也都是直接影响项目沟通效果的重要因素。

**阅读材料**

### 失败的项目沟通

在一次项目小组会议上，项目经理刘刚通知实验室负责产品测试的工程师，由于气温下降可能对产品的性能产生影响，客户需要其产品在80℃、90℃和100℃的情况下做实验，而不是按照平常75℃ 、85℃和95℃的条件做测试。刘刚询问实验室的设备和准备工作是否就绪，测试工程师告诉刘刚一切准备就绪。按照进度表，产品测试需要持续两周的时间，刘刚指示实验室可以马上做实验，并且在两周后将实验报告交给他。两周后产品测试报告送到了刘刚的办公室，他却发现报告上产品的测试温度是75℃、85℃和95℃。

为什么会出现这种情况呢？可能是作为信息发送者的刘刚没有说清楚，也可能是作为信息接收者的测试工程师没有听明白。

3）沟通环境

影响信息沟通效果的第三个因素是信息沟通的环境条件。因为所有的沟通都是发生在具体的沟通环境之中的，项目组织的沟通也是在特定的组织文化环境、人员环境和物理环境下进行的。如果沟通环境存在问题就会直接影响沟通的效果，甚至使整个沟通完全失效。例如，如果沟通的物理环境噪音干扰过大，背景噪音比信息发送者的声音高10个分贝，人们就无法听到任何有用的信息而只能听到噪音了。

4）信息资源

在项目组织的沟通中，传递和交流的是信息，如果信息资源本身存在缺陷，肯定会破坏信息沟通的最终结果。根据信息沟通的原理，如果沟通中传递的信息本身是错误的，那么怎样沟通都无法实现预期的沟通效果和目的。因此，在项目组织的沟通中，管理者首先必须明确组织的信息需求、团队成员能够接受哪种形式的信息等方面的问题。

5）沟通方式与渠道

信息沟通方式与渠道是影响沟通效果的另一个因素。项目管理者应该明确采用何种沟通方式与渠道能最有效地把信息传递给项目团队的每一位信息接收者。通常，沟通渠道与沟通方式有关，在项目沟通中采取的沟通方式主要有口头沟通、书面沟通和其他形式的沟通。项目组织必须根据需要选择一定的沟通方式，然后再根据沟通方式选择相应的沟通渠道。

6）反馈与回应

沟通是一个过程，当一个信息传送到之后会引起各种各样的反馈或回应，这些反馈或回应又会产生更进一步的信息沟通。沟通双方为了有的放矢和相互理解，需要建立一套相应的反馈或回应机制。这意味着在沟通的每个阶段都需要给信息接收者做出反馈或回应的机会，这样信息的发送者能够了解对方接收和理解信息的程度，然后相应地增加或者减少所要传递的信息，改变或调整传递信息的方式与“代码”，从而形成一种互动使沟通更为有效。

从以上分析中可以发现，任何一个项目的沟通管理都是一项很重要的项目管理工作。项目管理者在制订沟通计划时，必须认真考虑和分析以上这些沟通的原则和影响沟通效果的因素，以便使项目的沟通计划更加合理，使项目的沟通更加有效。

**阅读材料**

## 成功的项目沟通

张伟是新任命的贸易融资项目的项目负责人，该项目组现有20人左右，其中大部分为30岁左右的女员工，已结婚并有小孩。为了加强与下属的沟通，尽快引导该项目的工作进入正轨，他采取了一系列的沟通策略。

其中包括与团队中的每一位员工进行面对面的正式交流；与非正式组织核心人物的交流沟通；召开正式工作会议，邀请员工一起讨论项目进程等。在良好的员工关系基础上，他顺利地把项目引上正轨。

此外，张伟根据所了解的第一手资料，并结合女员工多的特点，向管理层建议试行弹性工作制。弹性工作制实施之后，项目组成员有了更为灵活的工作时间，更好地协调了家庭与工作之间的关系，每位员工都以很大的热情投入工作之中，使得项目进程的效率大大提高。另外，弹性工作制也促进了员工的积极性和创造性，员工不断提出有关业务创新的新建议，发展了一批业务骨干，成为了贸易融资项目攻克业务难关的核心力量。

张伟与管理层的沟通中，坚持及时反映最新状况，在重大问题上，主动寻求管理层的支持。因此，在弹性工作制等重大政策上，获得了管理层的大力支持。

从张伟的沟通策略中可以看出：不同的阶段对应不同的沟通方式；正确的沟通方式可以达到事半功倍的效果；持续的沟通才能把大多数员工团结在管理者周围，从而最大限度发挥团队作用。

5. 项目沟通的方式

1）书面沟通和口头沟通

按照沟通方法划分，沟通可以分为书面沟通和口头沟通两种。

(1) 书面沟通是利用文字进行沟通，如合同、协议、通知、报告、备忘录、内部刊物、文件等。其优点是正式、准确、具权威性、可以备查，缺点是效率低、缺乏反馈。

(2) 口头沟通是借助于口头语言进行沟通，如交谈、讲座、讨论会、电话等。其优点是快速反馈、亲切、双向、信息量很大、效果好，缺点是信息难保留、难以准确查证、传递中经过层次越多信息失真越严重。

2）工具式沟通和感情式沟通

按照功能划分，沟通可以分为工具式沟通和感情式沟通。

(1) 工具式沟通指发送者将信息、知识、想法、要求传达给接受者，其目的是影响和改变接受者的行为，最终达成项目目标。

(2) 感情式沟通是指沟通双方表达情感，获得对方精神上的理解、同情、认同或谅解，最终改善彼此间的人际关系。

3) 正式沟通和非正式沟通

按照组织系统划分，沟通可以分为正式沟通和非正式沟通。

(1) 正式沟通是指按照正式的组织系统与管理层次来进行沟通，如组织规定的汇报制度、例会制度及组织内部文件的传达、组织与其他组织的公文来往等。其优点是有较强的约束力、沟通效果好，缺点是沟通速度较慢。

(2) 非正式沟通是指不以组织系统，而是以私人的接触来进行沟通，如员工间的私下交谈、小道消息等。其优点是沟通方便、速度快，而且能提供一些正式沟通中难以获得的信息，缺点是沟通的信息容易失真、传播速度时快时慢。

项目管理除了需要正式沟通外，也需要非正式沟通。如果说正式沟通提供信息的“骨头”，非正式沟通则提供信息的“血”和“肉”，它包括听取各种各样的观点、疑问、奉承，这些都是正式沟通所得不到的。因此，非正式沟通在组织管理中扮演了非常重要的角色，管理人员必须充分认识到它的重要性，并加以充分利用。

4) 下行沟通、平行沟通和上行沟通

按照沟通的方向划分，沟通可以分为下行沟通、平行沟通和上行沟通。

(1) 下行沟通指自上而下的沟通，即上级将政策、目标、制度、方法和指令等告诉下级。

(2) 平行沟通也称横向沟通，是指同级之间的沟通。

(3) 上行沟通是指自下而上的沟通，即向上级反映情况、问题、要求和建议，请求支持等。

5) 单向沟通和双向沟通

按照是否进行反馈划分，沟通可以分为单向沟通和双向沟通。

(1) 单向沟通是指没有反馈的信息传递。一般来说，例行公事、问题较简单但时间较紧，下属易于接收解决问题的方案，上级缺乏处理信息反馈的能力等情况下可采用单向沟通，如做报告、发布指令等。其优点是信息传递速度快，缺点是说服效果较差、容易使对象产生抗拒心理。

(2) 双向沟通是指有反馈的信息传递，是发送者和接受者相互之间进行信息交流的沟通。一般来说，事情复杂、问题棘手但时间比较充裕，下属对于解决方案的接受程度至关重要，上级有建设性地处理信息反馈的能力等情况下可采用双向沟通。其优点是沟通信息准确性较高、接收者有反馈意见的机会、产生平等感和参与感、增加自信心和责任心、有助于建立双方的理解与信任，缺点是信息发送者会随时受到接收者的质询、批评和挑剔，因而有一定的心理压力，信息传递速度不确定。

### 6. 项目沟通的渠道

沟通渠道分为正式和非正式。沟通渠道的结构对项目团队的活动有着重大的影响，不同的沟通渠道对组织所起的作用不同。因此，对于不同的任务、不同的目标，应使用不同的沟通渠道。

1）正式沟通渠道

正式沟通渠道通常可分为以下 5 种，如图 8－2 所示。

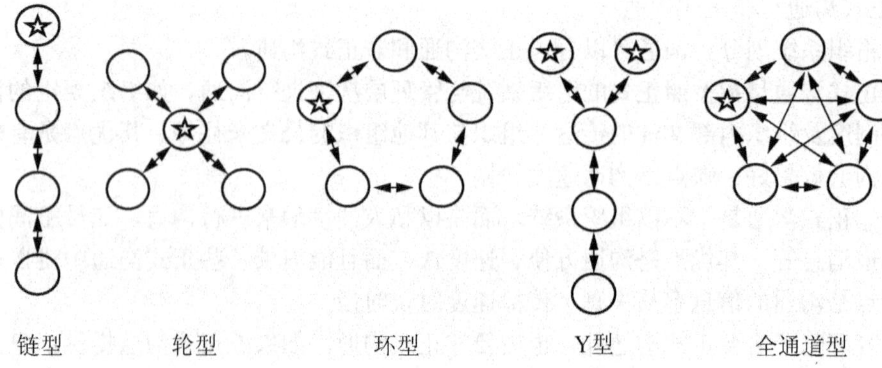


**图 8－2　正式沟通的 5 种渠道**

（1）链型。在项目组织系统中，链型沟通渠道是一种纵向沟通渠道，信息按高低层次逐级传递，信息可以自上而下也可以自下而上地交流。在这个模式中，层次较多，居于两端的传递者只能与内侧的传递者相联系，居中的则可以分别与上下互通信息。链型沟通渠道的优点是信息传递速度快，适用于班子庞大、实行分层授权控制的项目信息传递及沟通。但是，在这种形式中，信息经层层传递、筛选，容易失真，各个信息传递者接收的信息差异很大。

（2）轮型。在轮型沟通渠道中，一个主管直接管理若干下属，成为信息汇集的焦点，而下级之间没有沟通联系，只掌握本部门的情况。这种方式集中化程度高，解决问题的速度快，但沟通的渠道少，组织成员满意程度低、士气低落。

（3）环型。环型沟通渠道中的成员依次联络沟通。这种模式大多产生于一个多层次的组织系统之中。管理者对两个下级进行沟通，而两个下级再分别与各自的下级进行沟通，基层再相互进行沟通。其中，每个人都同时与两侧的人沟通。该种沟通渠道由于将所有成员都包括在沟通网络之中，成员的士气得到振奋，满意程度也得到了提高。

（4）Y 型。Y 型沟通渠道表示在多个层次的逐级沟通中，两位领导通过一个人或一个部门进行沟通，这个人成为沟通的中心，这就要求作为“瓶颈”的成员要善于沟通。这种形式集权化程度高，解决问题的速度快，但组织中的成员平均满意程度较低，易于造成信息曲解或失真。

（5）全通道型。全通道型沟通渠道是一个开放式的信息沟通系统，其中每个成员之间都有一定的联系，彼此十分了解。这种沟通渠道有利于建立浓厚的民主气氛和合作精神。

当然，项目班子或群体之间的沟通并非只有上述 5 种渠道，实际的沟通渠道可以多种多样。每个项目都有自己的组织结构和具体情况，为了达到有效管理的目的，应视不同情况，采取不同的沟通渠道，以保证上下左右部门之间的信息能得到顺利的沟通。

2）非正式沟通渠道

在一个组织中，除了正式沟通渠道外，还存在着非正式的沟通渠道，有些消息往往是通过非正式渠道传播的，其中包括小道消息的传播。国外一些管理专家(如戴维斯(Davies))经过调查研究，把非正式沟通渠道分为4种形式，如图8-3所示。

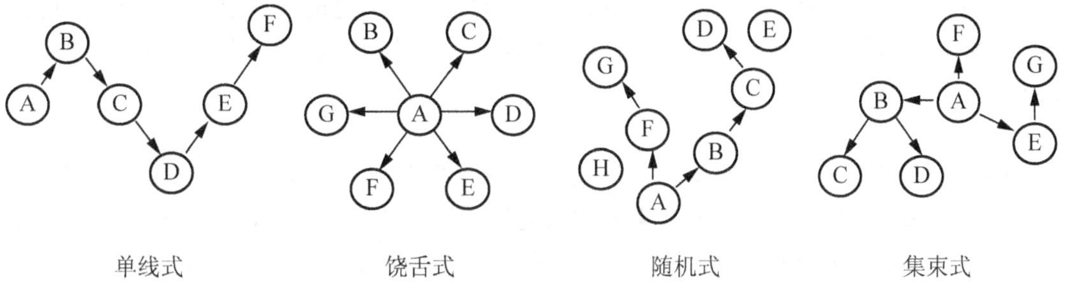


**图8-3 非正式沟通的4种渠道**

(1) 单线式。消息由A通过一连串的人传播给最终的接收者。

(2) 饶舌式。饶舌式又称闲谈传播式。信息由A主动地传播给其他人，如在小组会上传播小道消息。

(3) 随机式。随机式又称机遇传播式。信息由A按偶然的机会传播给他人，他人又按偶然机会传播，并无一定的线路。

(4) 集束式。集束式又称群集传播式。信息由A有选择地告诉自己的朋友或有关的人，有关的人也照此办理的信息沟通方式。

### 8.1.2 项目沟通的障碍和解决方法

**看图学项目管理**

沟通障碍是普遍存在的，而且往往困扰着管理者，使其管理效率下降。沟通障碍会阻止信息的传递或歪曲信息，这些障碍可能来自信息发送者，也可能来自信息接收者，或者来自环境因素。无论障碍来自何方，均会破坏整条信息沟通链的连续性和有效性。

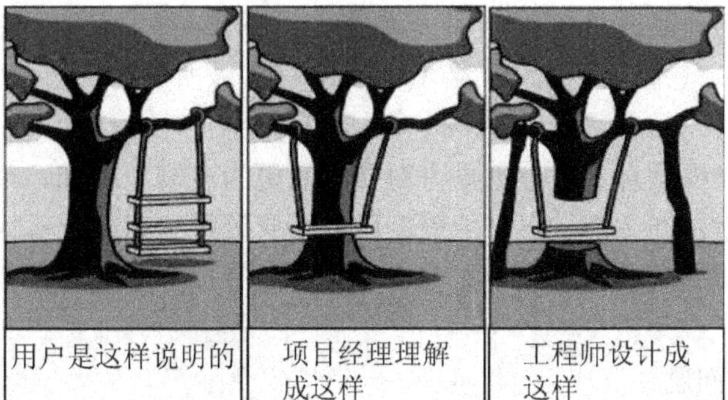


信息发送者希望接收者能够准确无误地接收到全部信息，进而实现有效的沟通。但在实际沟通过程中，有许多沟通障碍会影响沟通的有效性，甚至对项目产生严重后果。

1. 项目沟通的主要障碍

项目沟通中的主要障碍有以下几个。

1）沟通时机选择不当

注重沟通的时机对有效的沟通来说很重要。在进行沟通之前要计划好沟通的时间和机会，这包括发送信息、预计对方接收的时间和机会。因为时机选择不当可能使沟通没有效果或产生不利后果。

2）信息不完备

除了沟通时机之外，在很多情况下信息不完备是直接威胁到沟通效果的主要障碍之一。虽然过多的信息冗余并不会产生好的沟通效果，但是信息不完备是最大障碍。因此，在沟通之前必须明确沟通内容和目的，努力提供全面、准确、完整的信息。

**阅读材料**

## 200 吨 PVC 颗粒材料

小张正在领导一个由 20 人组成的新电缆研发项目，小刘是项目小组中负责原材料采购方面的专业人员。一次会议上，小张通知小刘说新电缆的研发需要 200 吨 PVC 颗粒。由于这种 PVC 很贵重，小张指示小刘尽快而且以尽可能低的价格购买回来。

几个星期后，物流部库存办公室给小张电话，说小张需要的 200 吨 PVC 原材料已经到达，并且已经检验入库。小张觉得问题很严重：按照计划，项目预算没有这么早花这笔钱；而且 200 吨不需要一次购买。后来小张发现，小刘代小张签署了采购申请。

这次采购问题主要出现在小张与小刘的沟通上。一方面，小张指示小刘要尽快购买回来，但并未明确告诉他“尽快”究竟是什么时间；另一方面，小刘也并不知道这批原材料需要分批购买，因为小张并未告诉他这方面的信息。

3）噪声干扰

噪声指的是信息传递过程中的各种干扰因素。典型的噪声包括难以辨认的字迹、电话中的静电干扰、接受者的注意力转移、沟通过程中的背景噪声等。所有对理解造成干扰的因素，无论是内部的还是外部的噪声都是项目沟通的障碍，因为这些噪声都会造成信息失真。

4）虚饰

虚饰是指故意操纵信息，使信息显得对接收者更为有利。例如，如果下级只告诉项目经理他想听的东西就是在虚饰。虚饰的程度与组织层级和组织文化等因素有关。在组织中纵向层次越多，虚饰的机会也越多，在组织文化中鼓励或抑制虚饰行为会使虚饰行为增多或减少。

5）语言与词汇问题

同样的语言和词汇对于不同的人来说含义是不一样的，不同的年龄、教育和文化背景会影响对词汇和语言的理解。一个项目组织中的专业技术人员、管理人员和熟练工在专业术语和词汇的理解上会有很大不同，这些都会成为项目沟通的障碍。

阅读材料

## 秀才买柴

有一个秀才去买柴，他对卖柴的人说："荷薪者过来!"卖柴的人听不懂"荷薪者"(担柴的人)3个字，但是听得懂"过来"两个字，于是把柴担到秀才前面。秀才问他："其价如何?"卖柴的人听不太懂这句话，但是听得懂"价"这个字，于是就告诉秀才价钱。秀才接着说："外实而内虚，烟多而焰少，请损之。(你的木材外表是干的，里头却是湿的，燃烧起来，会浓烟多而火焰小，请减些价钱吧。)"卖柴的人因为听不懂秀才的话，于是担着柴就走了。

管理者平时最好用简单的语言、易懂的言词来传达信息，而且对于说话的对象、时机要有所掌握，有时过分的修饰反而达不到想要完成的目的。

6）非言语信号的问题

非言语沟通几乎总是与口头沟通相伴的，当两者协调一致时会彼此强化，但是当两者不一致时会使信息接收者感到迷茫和迷惑。例如，如果项目经理告诉你他真心想知道你的困难，而当你告诉他情况时他却在浏览自己的信件，这种相互冲突的信号会形成沟通障碍。

2. 克服项目沟通障碍的方法

对于上述项目沟通障碍，项目管理者必须设法努力去克服。克服沟通障碍的方法很多，对项目管理者来说有以下一些有用的方法。

1）合理地选择沟通方式和环境

沟通的方式和沟通的环境不当，可能会带来"话不投机半句多"的问题和其他的一些沟通障碍。因此，必须合理地选择沟通方式和环境。例如，既可以选择召开团队大会的方式，也可以选择下达相应文件的方式；既可以选择个别谈话的方式，也可以选择电话沟通的方式；既可以选择在办公室中进行沟通，也可以选择在团队成员家中进行沟通，或者选择在会议室，以及宾馆饭店中进行沟通。

2）正确安排沟通次序和时间

在项目沟通中，需要通过合理地安排沟通顺序和时间去克服一些项目沟通中的障碍。例如，在调查项目客户需求时，对于究竟是先与客户组织的领导进行沟通，还是先与客户组织的下级进行沟通，就必须正确地进行安排，否则，会造成客户组织对于沟通的消极对待甚至是抵制；与项目客户领导进行的沟通是安排在上午还是安排在下午也必须正确地计划，否则，同样会影响沟通的效果，甚至造成沟通障碍。一般情况下，通过沟通双方的洽商是能够合理地安排沟通的时间和次序的。

3）管制信息流

如果对于信息不予管制，则过量的信息很可能使沟通系统负荷过度，而降低沟通的效率。因此，有必要建立一套控制系统，使沟通系统中的重要信息能得以优先传递，并有效降低无效信息的混入。也就是说，对信息流的管制实际上是控制信息的质与量。

4）驾驭语言与词汇

由于语言和词汇可能成为沟通障碍，因此，项目管理者在编码和组织信息时应该适当地选择语言和措辞，以使信息清楚明确和易于理解。有效的沟通不仅是信息发送和接收，而且需要对信息的充分理解。因此，项目管理者要很好地驾驭语言，并注意使用与接收者接受能力一致的词汇，以提高理解效果。

5）积极使用非言语提示

研究沟通管理的学者认为，非语言沟通有时比语言沟通更重要，因为在沟通过程中人们很注意你的行动和表情，所以在项目沟通中要积极使用非语言沟通的提示，并要确保这些提示和语言相匹配，以起到强化语言沟通的作用。项目管理者必须克服因情绪驱使造成非语言提示与所要传递的信息不一致的问题，因为这会造成信息的失真或沟通受阻。

6）充分运用反馈

很多项目沟通问题是由于误解造成的，如果项目管理者在沟通过程中正确地使用反馈则会减少沟通障碍的发生。反馈可以是言语的，也可以是非言语的。反馈不仅包括回应还包括直接提问和对信息进行概括等，有时甚至包括用实际行动提供信息反馈。例如，当面对一群人发布信息时通过观察听众眼神和其他非言语信号，可以了解其是否在接收信息。

7）抑制情绪

情绪能使信息的传递严重受阻或失真。在强烈的情绪主导下，信息发送者可能无法清晰和准确地表述自己的意思，而接收者可能曲解所接收的信息。失真的信息反过来会进一步煽动这种情绪。最好的方法就是暂停进一步的沟通，直至恢复平静。

### 8.1.3 项目沟通计划编制和实施

在项目沟通管理中，需制订科学合理的项目沟通计划。项目沟通计划是对于项目全过程的沟通工作、沟通方法、沟通渠道等各个方面的计划与安排。就大多数项目而言，沟通计划是项目初期阶段工作的一个部分，当然项目沟通计划也需要根据实际实施结果进行检查和必要的修订。因此，项目沟通计划管理工作是贯穿项目全过程的一项工作。项目沟通计划包括 4 个方面的具体工作，如图 8－4 所示。

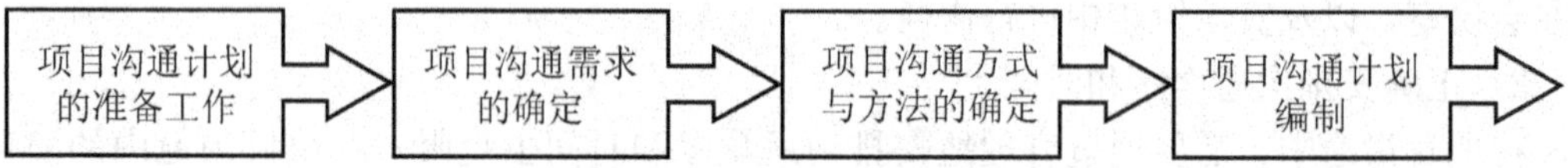


**图 8－4　沟通计划流程**

#### 1. 项目沟通计划的准备工作

在编制项目沟通计划之前，首先要完成收集信息和加工处理信息的工作。

1）收集信息

信息收集是编制项目沟通计划的第一步，也是进行项目沟通管理决策的前提条件。在编制项目沟通计划之前应该首先收集有关的各种信息，主要包括以下几个方面。

（1）项目沟通内容方面的信息。这是通过对项目利益相关者的信息需求调查而获得的一类信息，包括项目团队内部“上情下达”和“下情上达”两个方面的信息需求，项目团队与外部环境及其他项目相关利益者之间的“外情内达”和“内情外达”两个方面的信息需求，以及项目团队内部各个职能组织和群体之间的“左情右达”、“右情左达”方面的信息需求。

(2) 项目沟通所需方法和手段的信息。在收集项目沟通信息需求的同时还需要收集有关项目沟通方式、方法、手段和渠道等方面的信息。这包括哪些信息需求需要使用口头沟通的方式去满足，哪些需要使用书面沟通的方式去满足；哪些需要使用面谈或会议的方法，哪些需要使用书面报告和报表的方法；哪些需要使用电子信息工具，以及需要哪些信息沟通渠道和媒介等。

(3) 项目沟通时间和频率方面的信息。在明确了项目组织的信息需求和沟通手段要求之后，还必须确定信息沟通的具体时间要求和频率。其中，沟通时间要求是指一次沟通持续的时间长短(如一次会议开多长时间)，沟通频率则是指同一种沟通多长时间间隔进行一次(如各种报表是一季度一次还是一月一次)。因为信息都是有时效性的，所以这方面的信息对于制订沟通计划同样是十分必要的，没有时间和频率的安排，项目沟通计划不能成为有用的计划。

(4) 项目信息来源与最终用户的信息。项目沟通计划的编制还需要有各种项目信息来源和最终用户方面的信息。这是有关谁是信息生成者、发布者、接收者等方面的信息。对于项目沟通计划而言，必须清楚地知道项目信息来源与最终用户方面的信息。因为信息来源涉及的是信息生成者和发布者的责任，而信息最终用户所涉及的是信息接收者的责任，包括接收、理解和使用信息的责任，以及信息保密的责任等。

2) 所获信息的加工处理

对收集到的信息进行加工和处理也是编制项目沟通计划的重要一环，而且只有经过加工处理后的信息才能作为编制项目沟通计划的有效信息使用。这种信息的加工处理需要遵循准确、系统和可靠的原则与要求。对收集的各种信息进行加工处理主要是指归纳、整理、汇总、分类和提取等必要的信息处理工作。同时，在信息加工与处理中如果发现有信息缺口或各种信息之间出现矛盾时，还要进一步追加调查和信息收集，以填补信息缺口。这是确保项目沟通计划编制所需信息准确性的一条可靠途径。

### 2. 项目沟通需求的确定

项目沟通需求的确定是在信息收集与加工处理的基础上，对项目组织的信息需求做出的全面决策。这种项目沟通需求的确定涉及对于所需信息内容、格式、类型、传递方式、更新频率、信息来源等方面的决策。例如，项目业主究竟需要哪些项目信息；这些信息是以报表还是以报告的形式提供，这些信息是数值型还是字符型的；这些信息哪些需要通过面谈传递，哪些通过会议或电子邮件传递；这些报告或报表多长时间报告一次；这些信息是由项目经理报告还是由项目财务主管或项目技术主管报告等。项目沟通需求确定所涉及的内容包括以下几项。

1) 项目组织管理方面的信息需求

项目组织管理方面的信息需求是有关项目团队组织、项目团队的上级组织和项目全部利益者相关等方面的组织信息需求，包括有关组织结构、相互关系、主要责任与权利、主要的规章制度、主要的人力资源情况等方面的信息需求。

2）项目内部管理方面的信息需求

项目内部管理方面的信息需求是有关项目团队内部开展管理中所需的各个方面信息，包括项目团队内部各种职能的管理、各种资源的管理、各种工作过程的管理等方面的信息需求。

3）项目技术方面的信息需求

项目技术方面的信息需求是有关项目技术工作及技术资料方面的信息需求，包括整个项目产出物的技术信息和资料、项目管理工作和业务工作技术方面的信息需求等。

4）项目实施方面的信息需求

项目实施方面的信息是有关整个项目工期进度计划及其完成情况方面的信息需求、整个项目实际产出物质量和工作质量方面的信息需求、整个项目的资金与预算控制方面的信息需求等有关项目实施的情况的统计信息需求。

5）项目与公众关系的信息需求

项目与公众关系的信息需求包括两个方面的信息需求，一个是项目组织所需的各种公众信息(包括国家、地区、当地社区的政治、经济、社会、风俗、文化等方面的信息)；另一个是社会公众需要了解的项目信息(包括环保、项目带来的好处、项目的重要性等)。

在所有这些项目沟通需求的确定中，对项目团队的信息需求要进行仔细、全面、客观的分析和确定，因为这关系到项目的成败。对于项目业主/客户的信息需求也需进行全面的分析和确定，以掌握和了解其信息需求和动机，因为项目就是为满足其要求和期望才开展的。

**阅读材料**

## 沟通管理不良，软件开发陷混乱泥潭

几个月前，公司委派苏剑负责一个难啃的骨头式软件开发项目。公司把苏剑从一线开发设计组调到项目需求组，主要负责客户需求调研、确认和沟通的管理工作。对于此项工作苏剑原来认为压力并不大，因为对于软件开发的需求调研苏剑可谓轻车熟路，加之自己有一线开发和设计的经验，工作起来应该会是一帆风顺的。但没有想到的是，才过了一个月左右，苏剑却发现自己陷入了沟通管理的困境之中。

在苏剑的多年开发经验中，苏剑深知沟通不当不仅会造成需求失真，而且还会给项目带来严重的成本损害，甚至会导致项目失败。例如，如果需求在一开始就不明确，项目将会无可避免的面临不断的变更，从而导致工期滞后和成本倍增，并最终可能导致项目失败。而且任何一个需求分析上的错误，都将会在以后的项目工作中要付出50～100倍的代价来补偿。因此，在项目的开始阶段时，苏剑先在项目需求组内召开了2次头脑风暴会议，然后带着问题到该客户各部门进行实地调研需求。在经过艰苦的实地考察和了解后，总结出了一份详细的需求调查报告。但是，在开发组进行开发的一个月后，客户方又提出了对需求的重大更改。由于客户坚持更改，开发组只好调整了开发计划。在之后的6个月里，由于客户新的变更还是会不断地提出，频繁的需求变更最终使该软件开发项目不得不以宣布项目失败而收尾。

在总结和反思项目失败的原因时，苏剑意识到自己在处理需求沟通管理时犯了一个很大的错误。按照一般的软件开发项目规律，客户方应该有一个项目统一的接口人，开发方的需求调研组只需要与该客户接口人交接和沟通就行。这样不但可以避免与客户方的多头沟通，而且可以保证开发方的根本利益。但是，本项目的客户方根本就没有一个统一的项目接口人，使得苏剑的项目需求组在涉及需求确认或变更时，都需要和客户方的多个部门进行不断的沟通和确认。最惨的是这种多头沟通不但没有获得客户高层领导的认可，而且多头沟通的结果往往是相互重复或相互矛盾的。在苏剑意识到自己陷入了与客户沟通管理的泥潭之中时，但却已经回天无力了。

（资料来源：http：//www.csai.cn）

3. 项目沟通方式与方法的确定

在项目沟通中，不同信息的沟通需要采取不同的沟通方式和方法。因此，在编制项目沟通计划过程中还必须明确各种信息需求的沟通方式和方法。不同的沟通方式和方法会直接影响到项目信息传递的准确性、可靠性、及时性和完整性。究竟项目组织需要采用哪种沟通方式与方法需要根据项目实际需求和客观条件决定。一般来讲，影响项目选择沟通方式方法的因素主要有以下几个方面。

1）沟通需求的紧迫程度

项目的成功必须依靠大量的、不断更新的信息沟通，但有些沟通要求时间紧迫，而有些可以暂缓。因此，在确定沟通方式与方法时要充分考虑这一因素，对于急迫的信息沟通需求要选用更为快捷的沟通方式。

2）沟通方式方法的有效性

采用什么样的方式方法最有助于满足项目沟通需要是确定项目沟通方式的关键因素之一。例如，会议沟通方式适合于研究和集体决策，公告的沟通方式适合于规章制度的发布或各种项目事务的通告。

3）项目相关人员的能力和习惯

沟通方式方法的选择还必须充分考虑项目参与者的经历、知识水平、接收与理解能力和在沟通方面的习惯做法。这包括现有的能力和习惯，以及需要进行广泛的学习和培训提高和改进的能力与习惯。

4）项目本身的规模

如果项目的规模小、工作量不大、生命周期很短，一般可以选用现有人们习惯的和便于实施的沟通方式与方法；如果项目规模大、生命周期长就不能如此了，就需要采取一些先进而有效的项目沟通方式和方法了。

4. 项目沟通计划编制

在完成了上述项目沟通需求信息收集、加工处理和项目沟通需求确定并选定了项目沟通方式方法以后就可以编制项目沟通计划了。一般而言，项目沟通计划编制的结果是一份项目沟通计划书。项目沟通计划书一般包括以下内容。

1）信息的收集和归档格式的规定

项目沟通计划书中要规定采用何种方法收集和存储沟通所需不同类型的信息，已经发布的信息经过更新和更正后如何进行反馈和传播，以及这些工作的程序等。

2）信息发布格式与权限的规定

项目沟通计划书中要注明各种信息的流向、信息的最终用户和信息发布与使用权限，以及各种不同类型信息的发布方式等。项目信息发布格式与权限的要求和项目组织结构图所表述的权限、责任和汇报关系要一致。

3）对所发布信息的规定和描述

项目沟通计划书中要对所发布信息进行必要的规定和描述，包括所发布信息的内容、详尽程度、信息的来源、信息生成时参考的文献、信息相关术语的定义、获得信息的方法、信息储存的要求等。

4）更新或修订项目沟通管理计划的规定

项目沟通计划书中需要注明对更新与修订该计划书的规定，包括根据项目需要更新项目沟通计划书的周期和内容，以及更新和修订项目沟通计划的方法和程序。

5）约束条件与假设前提条件

约束条件与假设前提条件包括两项内容：其一是项目沟通计划的各种约束条件；其二是项目沟通计划的假设前提条件。前者是在编制项目沟通计划时限制项目沟通的各种因素，后者是那些开展项目沟通的假定实际存在并作为制订计划依据的前提条件。

项目沟通计划格式举例如图 8-5 所示。

××××××项目

沟通计划

<table>
<tr><th rowspan="2">项目利益相关者</th><th colspan="3">沟通需求</th><th colspan="2">信息搜集</th><th colspan="2">信息归档</th><th colspan="2">信息发布</th><th rowspan="2">备注</th></tr>
<tr><th>需要的信息</th><th>需要的时间</th><th>需要的方式</th><th>搜集方式</th><th>收集人</th><th>归档格式</th><th>负责人</th><th>发布方式</th><th>发布人</th></tr>
<tr><td rowspan="3"></td><td></td><td></td><td></td><td></td><td></td><td></td><td></td><td></td><td></td><td></td></tr>
<tr><td></td><td></td><td></td><td></td><td></td><td></td><td></td><td></td><td></td><td></td></tr>
<tr><td></td><td></td><td></td><td></td><td></td><td></td><td></td><td></td><td></td><td></td></tr>
<tr><td rowspan="3"></td><td></td><td></td><td></td><td></td><td></td><td></td><td></td><td></td><td></td><td></td></tr>
<tr><td></td><td></td><td></td><td></td><td></td><td></td><td></td><td></td><td></td><td></td></tr>
<tr><td></td><td></td><td></td><td></td><td></td><td></td><td></td><td></td><td></td><td></td></tr>
<tr><td rowspan="4"></td><td></td><td></td><td></td><td></td><td></td><td></td><td></td><td></td><td></td><td></td></tr>
<tr><td></td><td></td><td></td><td></td><td></td><td></td><td></td><td></td><td></td><td></td></tr>
<tr><td></td><td></td><td></td><td></td><td></td><td></td><td></td><td></td><td></td><td></td></tr>
<tr><td></td><td></td><td></td><td></td><td></td><td></td><td></td><td></td><td></td><td></td></tr>
</table>

**图 8-5 项目沟通计划格式举例**

### 8.1.4 项目报告

在项目沟通中，报告是传递项目信息使用最多的方式，是项目沟通中最为重要的信息传递和沟通方法。因此，任何项目管理人员都必须了解、熟悉和掌握基本的项目报告方法。

1. 项目报告的分类

不管是项目的口头报告还是书面报告，各自都有按照不同分类标志的一系列分类。其中最为重要和最适用的分类有以下几种。

1）按项目报告作用分类

根据用途划分的项目报告有如下3种。

（1）汇报性报告。这种报告的核心内容是汇报项目整体或某个部分的实际情况或发生的问题。这种报告一般采用“白描”的方法，只要将事情的本来面貌叙述清楚即可，不需要加入各种各样的分析和评论，因为这种报告的关键是说明事实而不是要说服对方或征得对方的认可。这是在项目沟通中使用最多的一种报告。这类报告通常附有相应项目实际情况的原始记录文件作为附件材料。

（2）说服性报告。这种报告的目的是通过报告去证明一种观点、一个计划、一个方案或其他事情的正确性，并说服对方接收报告者提出的观点、计划或方案等。在项目管理中，这种报告也是经常使用的，而且其重要性比汇报性报告要高，因为汇报性报告只是说明问题的，而说服性报告是用来解决问题或者商量解决方案的。说服性报告中包括白描性的事实叙述，同时必须包括解释性和论证性的叙述。这种报告也需要附一些项目记录或其他资料作为附件以说明情况或提供支持。

（3）敲定性报告。这种报告的目的是通过报告去敲定一件事情，这是一种需要做出决策的报告，如敲定一件事情是做还是不做、敲定一个计划目标究竟是多大等。这种报告是一种请示或商量应该如何办理事情和解决问题的报告，报告者需要在报告过程中提出自己的意见、观点和建议，并说明相应的理由。在敲定性报告中白描性的事实叙述很少，解释性和论证性的叙述也不多，主要是征询性的叙述和说明，因为这种报告的关键是敲定事情和做出决策。

2）按照报告的格式划分

通常按照报告的格式，可将项目报告划分成项目报表和项目文字性报告。

（1）项目报表。项目报表是项目沟通过程中用统计语言编写的一种项目报告，十分简练。它按照固定的报表格式和固定的报告期，分别报告项目的工期、质量、成本、安全等各种报告期中发生的情况和各种对比数据。项目报表通常可以是单独的报告，也可以与一定的说明性文字报告一起使用，以分析和说明报表的一些细节和问题与问题的原因。

（2）项目文字性报告。这主要是使用文字说明实际情况或项目问题的书面报告。它是以一种报告格式和语言书写的项目报告，这种项目报告没有固定的报告格式，多数根据报告的问题和事情决定格式。这种书面报告有定期和不定期之分，而且也可以是分别涉及项目的工期、质量、成本、安全等具体问题或情况的报告，但这种书面报告着重讨论的不是事实数据，而是事实的说明和原因的分析。

3）按照项目报告的用途划分

按照书面报告的用途划分也会有许多种项目书面报告种类，最为常用的是项目绩效报告和工作终结报告两类。

（1）项目绩效报告。项目的绩效报告是在整个项目实现过程中，按照一定的报告期给出有关项目各方面工作的实际进展情况的报告。项目绩效报告既包括由项目团队成员向项目经理或项目管理者的报告，也包括由项目经理向项目业主/客户的报告，或由项目经理向项目组织的上层管理者的报告。项目绩效报告通常会有一个特定报告期。这种报告期可以是一周、一个月、一个季度或任何一个合适的周期。项目绩效报告中主要包含以下几方面内容。

① 自上次报告以来的绩效成果。这部分应该报告本报告期中已实现的关键项目目标，也可以包括项目的一些特定目标的完成(或没有完成)情况。

② 项目实施的计划完成情况。这是有关项目成本、进度、质量和工作范围的实际完成情况的报告，以及实际完成情况与项目计划目标和标准所进行的比较。

③ 前期问题的解决情况。如果前一期的项目绩效报告中曾经提出一些需要解决的项目问题，则在本期报告中应该给出解决的结果并应该说明原因，不管已经解决还是没解决都应该报告情况。

④ 本期新发生的问题。这是有关本报告期所发生的新问题报告，问题可以包括技术问题、进度问题、成本问题、人员问题和其他任何与项目相关的问题。

⑤ 计划采取的改进措施。这部分应详细说明在下一个报告期内为解决每一个问题所要采取的改进措施，包括解释这些措施是否会使项目目标受到威胁等，以及项目管理和工作中所要采取的改进措施。

⑥ 下一报告期要达到的目标。这是有关下一个报告期预期目标的说明和规定。这些预期目标要与最新更新或修订的项目计划相一致。

项目绩效报告格式举例如图 8-6 所示。

(2) 工作终结报告。项目的工作终结报告通常是一个项目或一个项目阶段的总结。它不是绩效报告的累积，也不是对某个项目整个过程中发生事情的详尽描述，它是当项目或项目阶段的目标达成后，或中止后，需要对项目或项目阶段进行的总结。项目工作终结报告的工作包括搜集整理项目记录、分析说明项目成果和效率等。项目或项目阶段的工作终结报告不能拖到项目全部完成后才开始进行准备，而应该在每个项目阶段中进行适当的总结，以保证重要的、有用的信息不被遗失。项目或项目阶段的工作终结报告包括以下几个方面的内容。

① 项目业主/客户对项目或项目阶段的最初要求。这包括在项目定义阶段提出的各种项目业主/客户的期望与要求，以及项目团队对各项工作的期望和要求。

② 项目或项目阶段最初确定的主要目标。这包括各种项目计划和合同书中所包括的项目或项目阶段的既定目标和具体目标值，以及这些目标的改动和修订情况。

③ 项目或项目阶段作业的简要描述。这包括对于项目或项目阶段的任务、资源、进度、成本、质量等方面的简要描述，以及相关的约束条件和假设前提等方面的说明。

④ 项目或项目阶段结果和预期的对比。这包括项目或项目阶段成果所体现的各种实际利益，主要是项目对于业主或客户带来的实际利益，以及这些实际利益与项目定义阶段确定的预期利益之间的比较。

⑤ 项目或项目阶段目标的实现程度说明。这包括项目具体实现的结果与目标比较所实现的程度等方面的说明和比较分析。如果项目或项目阶段未能实现预期的目标需要对造成这种结果的原因做详细的说明。

××煤矿工程项目

项目月报

(××年××月 1～30 日)

一、项目执行情况总体描述

1. 本月重大事件回顾

⋮

2. 计划总体执行情况

| | 本月计划完成 | 本月实际完成 | 偏差 |
|---|---|---|---|
| 设计工作 | | | |
| 矿建工作 | | | |
| 土建工作 | | | |
| 安装工作 | | | |
| 设备供应 | | | |

二、本月完成的主要项目工作

1. 设计工作

⋮

2. 矿建工作

⋮

3. 土建工作

⋮

4. 安装工作

⋮

5. 设备供应

⋮

三、本月存在的主要问题及解决办法

1.

2.

四、下月主要工作

1.

2.

**图 8-6 项目绩效报告格式举例**

⑥ 善后事宜的说明。这部分内容包括需要进一步解决的问题和为了维护、提高或扩大项目成果项目业主/客户在将来应考虑采取的措施和应开展的活动等。

⑦ 提供给业主/客户的所有交付物说明。这是项目或项目阶段交付的项目产出物的描述，包括项目或项目阶段生成的设备、材料、软件、设施、技术等，以及相应的图纸、图样、技术说明书和报告等软件及其一览表。

⑧ 项目成果的最后测试数据。这包括对于项目产出物的测试过程、测试参数、测试方法和测试结果等各方面的最后测试数据汇总。这些都是为项目业主/客户接收和使用项目而提供的。

⑨ 项目或项目阶段的经验与教训。这主要是有关项目或项目阶段所犯错误或失误的经验总结，以及由此带来的各方面可吸取的教训说明。

#### 2. 项目报告的编写

在准备各种项目报告时都需要考虑下列原则，以便提供有用和有价值的项目信息。

1）项目报告要简明

不要试图以报告长度来打动报告接收者，报告的长短不等于项目进展或完成的好坏，而且报告简明才会有更大的被阅读的机会。因此，应尽量使各种项目报告简洁明了。

2）报告内容和形式要保持一致

要保证报告内容与形式保持一致，就需要根据报告内容选用报告的格式和语言。在报告中要突出要点，要尽量使用短句和容易理解的句子，要使用简单的语言，让各类收听或阅读报告的人都能明白。

3）借助图表进行简要和充分的表达

图表在项目报告中要充分使用，因为许多事物是用一般语言很难描述清楚的，或者至少是效果不佳，但是图表却可以很好地说明问题。

4）报告方式与报告接收者要相符

项目报告有对内的有对外的，有为项目团队使用的，有为项目业主/客户服务的，因为报告接收者不同，所以报告的方式也要求有所不同，并且要求与报告接收者相符合。

### 8.1.5 项目会议沟通

项目沟通有许多种方式和方法，这些不同的沟通方式和方法都是项目沟通管理的对象和范畴。其中，项目会议沟通的管理也是项目沟通管理的一个重要部分。

#### 1. 项目会议的类型

项目沟通中最常用的会议有 3 种：项目情况评审会议、项目问题解决会议和项目技术评审会议。项目沟通管理的一项重要内容就是开展对于这些项目会议沟通的管理。

1）项目情况评审会议

项目情况评审会议通常是由项目经理主持召开的，会议成员一般包括全部或部分项目团队成员，以及项目业主/客户或项目上级管理人员。这一会议的基本目的是通报情况、找出问题和制订下一步的行动计划。项目情况评审会议一般定期召开，以便及早发现问题和防止危及项目目标实现的意外情况发生。

一般项目情况评审会议的议程和内容主要包括自上次会议后所取得的成绩、各种计划指标的完成情况、项目各项工作存在的差异、项目工作的发展变化趋势、项目工作的发展结果预测、各种需要采取的措施、下一步行动的计划安排等。

通过项目情况评审会议获得信息和解决问题是项目管理者了解项目进展情况的一种最简捷的方式。当然，这种方式还需要与一对一的口头沟通和书面沟通结合使用。同时，项目情况评审会议的管理要求每次会议都要有交付物，包括会议纪要和决议、新的工作计划或报告等。

2）项目问题解决会议

当项目团队成员或项目业主/客户发现项目出现较大问题或潜在较大问题时，就应立即与有关人员协商并召开一个项目问题解决会议，而不是等到以后通过召开项目情况评审会议再去解决问题，那样可能会错过解决问题的时机。为了尽可能早地发现和解决问题，有很多情况下需要项目问题解决会议这种不定期的项目会议。这种会议的具体内容主要包括描述和说明项目存在的问题、找出项目问题的原因和影响因素、提出可行的问题解决方案、评价并选定满意的问题解决方案、重新修订项目相关计划等。

3）项目技术评审会议

在项目的全过程中，都需要召开项目技术评审会议，以确保项目业主/客户同意项目团队提出的各种技术方案。这种会议的内容与方法因项目所属专业领域的不同而会有很大的不同。但是，绝大多数项目一般会有两种技术评审会议：其一是项目技术初步评审会议；其二是项目技术终审会议。

项目技术初步评审会议是在项目团队完成最初的项目概念说明和项目初步技术方案设计以后所召开的对于项目初步设计的技术评审会议。这种会议的目的是在项目开始之前或项目的初期由项目业主/客户对项目的初步技术方案进行评审和确认。项目技术终审会议是在项目团队完成了项目的详细设计和说明，以及各种图纸和报告以后所进行的，是最终技术设计评审会议。这种会议的目的是在项目团队开始项目实施之前，由项目业主/客户对最终技术方案进行评审和确认。

**2. 项目会议沟通的方法与技巧**

**阅读材料**

### 关于会议的烦恼

老张是某个系统集成公司的项目经理。他身边的员工始终在抱怨公司的工作氛围不好、沟通不足。老张非常希望能够通过自己的努力未改善这一状况。因此，他要求项目组成员无论如何每周必须按时参加例会并发言，但对例会具体应如何进行，他却不知如何规定。很快项目组成员就开始抱怨例会目的不明、时间太长、效率太低、缺乏效果等，而且由于在例会上意见相左，很多组员开始相互争吵，甚至影响到了人际关系的融洽，为此他非常苦恼。应该怎样提高项目例会的效率呢？

在召开项目会议的过程中，项目管理者需要采取多种方法和技巧以管理会议和确保项目会议沟通的有效和成功，这包括会前、会中和会后的项目会议沟通管理。

1）会前的管理工作

项目会议的会前管理主要是对项目会议准备工作的管理。这是项目会议沟通成功的关键。在项目会议准备中，首先，要分析确定会议是否真正有必要；其次，要确定项目会议的目的；最后，要确定谁需要参加会议，一定要事先分发会议议程和通知，同时要准备和分发会议材料，提前安排会议场所。

2）会议期间的管理工作

在项目会议期间的管理同样很重要。这方面的管理方法与技巧主要包括保证按时开始会议，指定会议记录者做会议记录；开会后要首先说明会议目的和议程，积极掌握和控制会议；在会议结束时总结会议成果。另外，会议尽量不要超时，如没有完成所有议程，最好由涉及后续议程的人另外召开一个会议。

3）会后的管理工作

一般在会后应尽快整理会议记录并在一定时间之内公告项目会议成果，下发项目会议纪要文件。项目会议纪要文件应该写明会议做出的决定并列出行动计划，包括谁负责、预计完工日期和预期的交付物等。同时，项目会议纪要也可以列出参加和缺席会议的人员。特别需要注意的是，应将会议纪要分发给所有被邀请参加会议的人，不管这些人是否真正参加了会议。

## 8.2 项目冲突管理

**阅读材料**

### 研发项目中的冲突

一家半导体公司的研发部门和下属的两个工厂组成了一个暂时的合作团队，研发新的晶圆片技术。在合作过程中，由于各自工作目标、风格不同和沟通不良而引发了一连串的矛盾冲突，主要体现在3个方面。

(1) 高级管理层间的冲突。研发部门的副总管理风格是偏重于技术管理，其要求主要集中在技术层面，而工厂的副总是制造业的背景，工作作风强硬，着重看结果的进度与成功性如何。因此，两人就工作的安排和部署，以及对工程师的表现评议，常常出现很大的分歧以致公然争执。

(2) 因为不熟悉业务，工厂的管理者频繁地找搞研发的工程师了解其工作情况。在人手不足却要赶研发进度的前提下，研发工程师本已疲于奔命，还要花费额外的时间和精力准备资料应付不同外来管理人员的质询。工厂疾风暴雨式的工作和表达方式却并不能针对关键性的技术问题，提供建设性意见，反而引起工程师的反感，大大影响其工作热情和成绩。

(3) 研发工程师与工厂操作控制部门之间的矛盾。工厂生产线的严格控制增置了很多操作上的障碍，使得工程师在生产线上的操作困难重重。而工厂的操作控制部门却抱怨研发人员违反生产线的操作规则，影响了生产线的运行进度。

（资料来源：屠梅曾．项目管理[M]．上海：上海交通大学出版社，2006）

冲突是双方感知到矛盾与对立，是一方感觉到另一方对自己关心的事情产生或将要产生消极影响，因而与另一方产生互动的过程。项目冲突是组织冲突的一种特定表现形态，是项目内部或外部某些关系难以协调而导致的矛盾激化和行为对抗。项目冲突是项目内外某些关系不协调的结果，一定形态的项目冲突的发生表明该项目在某些方面存在着问题。项目冲突是组织结构的必然产物，在组织的任何层次都会发生，尤其是在组织结构更新之后或项目需要新资源的初期。

项目冲突管理(Project Conflict Management)是指识别冲突、分析冲突并解决冲突的过程。项目冲突管理的作用是引导项目冲突的结果向积极的、合作的，而非破坏性的方向发展。在这个过程中，项目经理是解决冲突的关键，其职责是在项目冲突发生时，分析冲突的来源和强度，并运用正确的方法来化解冲突。

### 8.2.1 项目冲突分析

深入认识和理解项目冲突，有利于项目内外关系的协调和对项目冲突进行有效管理。下面从项目冲突的来源和项目冲突强度两方面来分析项目冲突。

#### 1. 项目冲突的来源

在项目实施过程中，冲突来源于不同的方面。它既可能来源于项目内部，也可能来源于组织内的其他项目。常见的冲突来源可归纳如下。

1）项目进度冲突

项目进度冲突是指项目工作活动的完成次序、所需时间与项目进度计划不一致所产生的冲突。这主要是因为项目经理对这些部门只有有限的权力而产生的。例如，当项目团队需要本公司中其他团队来完成项目中某些辅助任务时，由于项目经理不易控制其他团队，这便导致项目进度不能如期推进。又如，当项目经理把项目的若干子项目承包给分包商完成时，也会发生类似的情形。

2）项目优先权冲突

项目优先权冲突是指项目参加者由于对实现项目目标完成的工作活动的先后次序的看法不同所产生的冲突。这种冲突之所以经常发生，是因为项目组织对当前的项目实施没有经验，所以项目优先权的形式与最初的预测相比就可能发生一定的变化。

优先权冲突可能发生在项目团队内部，也可能发生在项目团队与相关的职能部门之间。例如，财务部门的一位会计师被委派到项目团队中开发财务管理系统，工作量的突然增加，使他无法同时兼顾两方面的工作，当职能部门的需要和项目团队的需要发生冲突时，哪项工作应放在首位。再如，当同一团队的两个部门或两项活动同时需要某一先进设备时，谁有优先使用权。

3）人力资源冲突

人力资源冲突是指由于项目团队成员来自不同的职能部门所引起的有关人员支配方面的冲突。特别是在矩阵型组织结构中，这种冲突尤为突出。由于职能经理和项目经理都具有项目团队成员的支配权，很可能就用人问题产生冲突。

4）技术冲突

技术冲突是指在技术性能要求、实现手段和相关技术问题上产生的冲突。例如，项目的技术部门为了达到项目的技术性能要求，主张采用先进的新技术，而项目经理考虑到项目的成本、进度和风险等因素，建议采用较为成熟的技术方法。

5）管理程序冲突

管理程序冲突是围绕项目管理问题产生的冲突，包括可能发生于项目经理权力职责、报告关系、管理支持、状况审查、不同项目团队间或项目团队与协作方合作上的冲突。其中，项目经理如何发挥作用、如何与公司的高级管理层接触是管理冲突最主要的部分。

6）项目成员个性冲突

项目成员个性冲突是指由于项目团队成员的价值观不同、个性差异等造成的冲突。相对其他冲突来说，个性冲突的强度较小，但它却最难解决。个性冲突往往也会被沟通问题和技术争端所掩盖。例如，一个项目成员在技术方案上可能坚持与项目经理不一致的意见，但真正的争端却是个性间的相互冲突(故意作对)。

7）费用冲突

费用冲突一般是指在费用分配问题上产生的冲突。成本费用是项目管理目标能否完成的度量标准。当项目经理与其他部门磋商，让该部门完成项目的一些任务时，费用冲突经常就会发生。由于紧张的预算限制，项目经理希望尽量减少费用，但实际执行者都希望项目在预算中扩大他的那一部分。另外，技术问题(技术更新改造)和进度的调整也会引起费用的增加，从而引起冲突。

2. 项目冲突的强度

把握冲突的强度对有针对性的进行冲突管理非常关键。项目冲突平均强度是这样的：项目进度冲突强度最大；项目优先权的冲突占据第二位；人力资源冲突是第三位的冲突源；排在第四位的是技术冲突；管理程序冲突列在第五位；项目成员的个性冲突通常被项目经理认为是较低强度的冲突；费用是强度最低的一种冲突源。项目冲突平均强度如图 8-7 所示。

**图 8-7 项目冲突的平均强度图**

在项目生命周期的不同阶段，以上几种冲突源的强度也不尽相同，如图 8-8 所示。从图中可以看出，在项目定义与决策阶段，主要的冲突是优先权冲突、管理程序冲突和进度冲突；在项目计划与设计阶段，主要的冲突是优先权冲突、进度冲突和管理程序冲突；在项目实施与控制阶段，主要的冲突是进度冲突、技术冲突和人力资源冲突；在项目完工与交付阶段，主要的冲突是进度冲突、项目成员个性冲突和人力资源冲突。

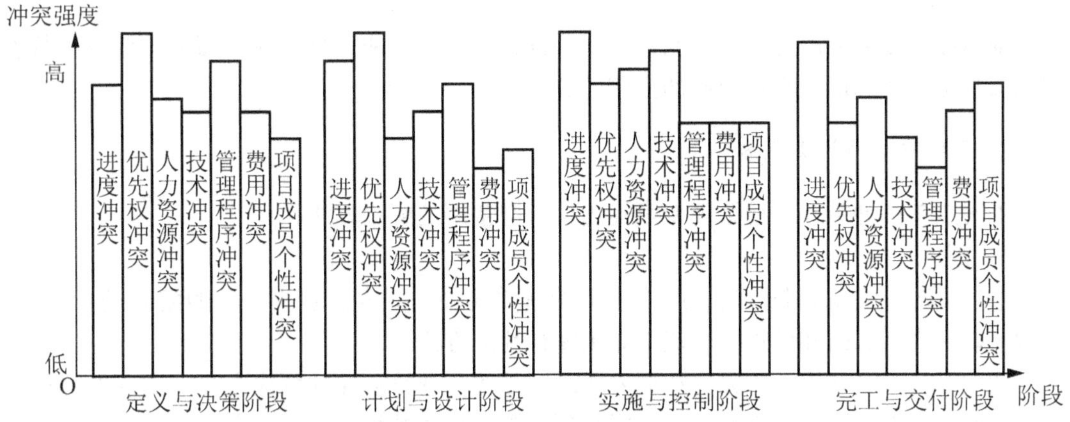


**图 8-8 项目生命周期中强度的相对分布**

### 8.2.2 项目冲突的解决方法

**看图学项目管理**

冲突现象普遍存在于项目中，甚至不可避免。冲突影响的好坏，取决于冲突管理的成效。冲突解决得好，可以加快任务的完成；解决得不好，则会使项目大打折扣，甚至迫使项目中止。

项目通常处于冲突的环境中，如果处理恰当，能极大地促进项目工作的完成。冲突管理是创造性的处理冲突的艺术，项目经理需在做好冲突防范、分析冲突来源的同时，运用正确的方法来解决冲突并通过冲突发现问题、解决问题，促进项目工作更好的开展。

1. 解决冲突的常见方式

1）沟通

事实上，许多冲突的发生是由于缺乏充分的沟通导致的。因此，事先的沟通有助于减少和避免不必要的冲突，增加对同一事物的共识。而冲突发生后的沟通和对话，则有利于控制冲突的进一步发展，有助于问题的解决，有助于改善团队成员间的工作关系和增强相互间的信任。

2）建立冲突解决程序

建立冲突解决程序是解决冲突非常有效的方法，通常通过使用责任分配图来拟定冲突解决程序。

3）借助上级

解决冲突时找上级在理论上看来是最好的办法，因为项目经理和职能经理都将不再处在支配地位。然而，这是一种不现实的行为规则，似乎职能经理和项目经理解决不了自己的问题，同时不能指望共同上级一直解决下级冲突。

4）直接接触

面对面可以充分展开各自的胸怀，畅所欲言，把问题和意见摆在桌面上，双方进行思想的直接碰撞和回应，求得矛盾的立刻解决。

2. 项目冲突的解决策略

面对众多的冲突，项目管理专家提出了一些常用的解决方法。

1）面对

直接面对冲突是克服分歧、解决冲突的有效途径。双方以解决问题的姿态进行谈判，正视分歧并进行思想和信息的交流，寻求整合性的方法。

适用场合：当双方意愿无法达成妥协时，寻找一种整合性的解决方法；当双方的目标明确之时，听取不同意见者的高见；因感到有损于彼此关系而精诚合作。

2）妥协

妥协是中等程度的合作和维护权益，双方进行谈判，在一定程度上做了让步，它对非原则问题较为适用，但往往会损害另一方的利益。

适用场合：目标重要，但不值得努力去做，或者继续坚持己见会弊大于利；彼此旗鼓相当，从而导致互相排他的目标；暂时化解冲突防止问题复杂化；因时间紧迫而采取的权宜之计；合作或竞争未成功时采取的预备策略。

3）缓和

项目团体之间的和谐关系胜于利益的争夺，因而在冲突中忽略双方的差异，找出一致的一面。这种解决方式具有自我牺牲精神，为达到合作而牺牲自己的利益。这种方式的弱点是只能暂时解决问题，它常常得到好评，但也被认为是软弱的解决方式。

适用场合：发现是自己一方的错，决定更改为更好的立场，以显示出胸襟和气度；问题对对方比对自己一方更加重要，就应满足对方从而维持合作；为今后的合作建立信誉；当要被战胜和失败之时使损失最小化；当和谐与稳定特别重要之时；为了使下属吃一堑、长一智。

4）强制

这种解决方式强调维护自己的利益而不愿合作，以牺牲别人利益换取自己的利益。“强制”以权力为中心，动用包括职位、说服力等一切权力，来实现自己的主张。这种方式不能触及冲突的根本原因，不能从根本上说服对方，具有暂时性，而且往往得不到好评。

适用场合：处于紧急状态，需要迅速、果断行动；需实施新行动的重大问题，如费用削减，推行新的规则、法律。

5）撤出

撤出是忽略冲突并且希望冲突尽快解决，项目团队之间既不合作，也不维护自己的利益。这种方式是维护暂时平衡的一种方法，但不能最终解决问题。

适用场合：当问题很平常，或者更重要的问题刻不容缓时；当认识到愿望无法满足时；解决冲突弊大于利时；为了使双方冷静和恢复理智时；当收集信息比立即决定更迫切时；当第三方能更加有效地解决冲突时；当问题不相干或其他问题出现时。

## 本章小结

有效的项目沟通是确保项目信息合理收集、传输和处理所需而实施的一系列过程。项目沟通应遵循准确性、及时性、完整性及充分运用非正式沟通等原则。项目沟通应选择合适的沟通方式和沟通渠道，从而使沟通顺利进行。沟通时机选择不当、信息不完备、噪声干扰、虚饰、语言词汇问题等都会成为沟通中的障碍，应采取一定的方法解决。项目沟通计划是对于项目全过程的沟通工作、沟通方法、沟通渠道等各个方面的计划与安排，包括项目沟通计划的准备工作、项目沟通需求的确定、项目沟通方式与方法的确定、项目沟通计划的编制等工作。项目报告和项目会议也是项目常用的沟通方式。

在项目环境中，冲突是不可避免的。常见的项目冲突来源包括进度冲突、优先权冲突、人力资源冲突、技术冲突、管理程序冲突、项目成员个性冲突、费用冲突等。解决冲突的基本策略包括面对、妥协、缓和、强制和撤出。

## 习　　题

**一、单项选择题**

1. 通过报告去证明一种观点、一个计划、一个方案或其他事情的正确性，并说服对方接收报告者提出的观点、计划或方案等，这种报告是(　　)。

A. 汇报性报告　　B. 说服性报告　　C. 敲定性报告　　D. 输出性报告

2. 目的是通报情况、找出问题和制订下一步的行动计划，这种会议是(　　)。

A. 项目情况评审会议　　B. 项目问题解决会议

C. 项目技术评审会议　　D. 项目验收会议

3. (　　)是解决冲突的关键。

A. 项目管理专家　　B. 客户　　C. 团队成员　　D. 项目经理

**二、多项选择题**

1. 以下是解决冲突常用的方法的是(　　)。

A. 面对　　B. 妥协　　C. 强制　　D. 撤出　　E. 缓和

2. 在编制项目沟通计划之前应该首先收集有关的各种信息，这主要包括(　　)。

A. 项目沟通内容方面的信息

B. 项目沟通所需方法和手段的信息

C. 项目沟通时间和频率方面的信息

D. 项目信息来源与最终用户的信息

E. 项目的工期和成本信息

**三、判断题**

1. 沟通是人与人之间、群体与群体之间思想与感情的传递和反馈的过程。　　(　　)

2. 信息收集是编制项目沟通计划的第一步。 ( )

3. 沟通不畅容易造成双方的误解，引发冲突。 ( )

4. 冲突不利于项目的进展，必须采取强制的手段去解决。 ( )

## 四、简答题

1. 正式沟通和非正式沟通的渠道有哪些？

2. 项目沟通中主要有哪些障碍？如何克服沟通障碍？

3. 项目冲突的来源有哪些？解决项目冲突的策略有哪些？

## 五、论述题

1. 举例说明和论述“冲突并非百害无益”。

2. 下面有几种关于冲突的观点，你支持哪些？反对哪些？为什么？

A. 应力求避免冲突，因为它会制造麻烦

B. 如果冲突能带来有益的结果，应该加以正确引导，促使其正确发展下去

C. 如果你和团队中另一位成员发生冲突，为了维护和谐的工作环境，应该采用妥协的冲突解决方式

D. 项目经理在关于某项工作任务的成本预算中与其团队队员小张发生了分歧，因为项目经理是主管，小张应该采取回避的方式

## 案例分析

### 梅耶制造的设备进度计划

埃迪·特纳尔正得意于他被提升的好消息，他被提升为分部门主管，负责新的工程研究实验室所有活动的进度计划。这个新的研究室是梅耶制造的必要部分。工程、制造和质量控制部门的执行负责人都急需一种新的测试设备。高层管理者感到这种新的设备将缓解以前存在的许多问题。

新的组织结构如图 8－9 所示，需要改变使用研究室的政策。这位新的分部门经理，经他的部门经理批准，将全权负责为新的设备的使用建立优先权。由于上层管理者认为在制造、工程和质量控制之间将会有不可避免的冲突，因此，需要新的政策来改变。

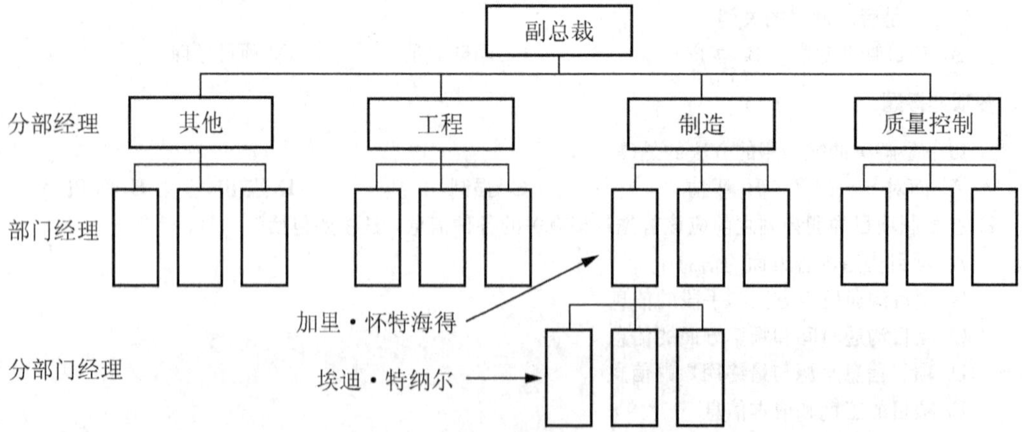


图 8－9 梅耶制造组织结构

经过一个月的运行之后，埃迪发现他的工作是不可能的。因此，他去见了他的部门经理加里·怀特海得。

埃迪："我花费大量时间试图让所有的部门经理满意，如果我把设备的主要使用时间给工程部，那么质量控制和制造部则说我徇私。想象一下吧！甚至连我自己的人也说我对其他部门负责人徇私情。我只是不能使每个人都满意。"

加里："好的，埃迪，你知道这个问题是由工作而引起的，你会把工作做好的。"

埃迪："问题是我只是一个分部门主管却必须与部门经理打交道。这些部门经理看不起我，好像我是他的仆人，如果我是一个部门经理，那么他会对我尊敬一些。我真正想说的是我想让您每星期发一次备忘录给这些部门经理，告诉他们新的优先权。他们不会像对我一样与您争论，我可以为您提供所有必要信息，您所要做的一切就是签上您的名字。"

加里："决定优先权和安排设备进度计划是你的工作，不是我。这是一个新的岗位，我想让你去应付它。因为我选择你，所以我知道你能做到，我不想干预。"

在接下来的两个星期里，冲突继续恶化。埃迪感到自己已不能收拾局面了。部门经理根本不尊重上级授予他的权力。在这两个星期内，埃迪在每周开始的时候都给加里发备忘录询问他是否同意优先权目录表。但这两个备忘录没有任何反应，于是埃迪亲自去见了加里商讨不断恶化的局面。

埃迪："加里，我已经发给您两个备忘录，想让您看看我在建立的每周的优先权和进度计划表上有没有犯什么错误。您收到我的备忘录了吗?"

加里："是的，我收到了你的备忘录，但是正像我以前告诉你的，在为你做工作以外，我还有很多的问题要考虑，如果你不能胜任这项工作，请告诉我，我将寻找其他合格人选。"

埃迪回到办公室后仔细思量他的处境，最后，他做出决定，下星期他准备在他的签名下面留一块空白给加里签名，并把两人的签名的文件副本送给所有的分部经理。"现在，让我们看看将会怎样吧!"埃迪说。

问题：

1. 埃迪遇到了哪些冲突问题?

2. 这些冲突产生的原因是什么?

3. 埃迪使用了何种方法解决这些冲突？结果怎样?

4. 埃迪的处理方法对吗？如果是你，你会怎样处理这些冲突?

# 第9章 项目风险管理

## 学习目标

| 知识目标 | 技能目标 |
|---|---|
| （1）了解风险与风险管理 | （1）学会利用风险管理的过程进行项目风险管理 |
| （2）了解项目风险的概念、分类及特征 | （2）学会利用风险应对措施进行项目风险的应对 |
| （3）了解项目风险管理的定义、过程与目标 | （3）掌握项目风险的分类与特征 |
| （4）了解项目风险识别的概念、内容与方法 | （4）掌握风险识别的内容与依据 |
| （5）了解项目风险评价的概念、依据与方法 | （5）掌握风险评价的概念与内容 |
| （6）了解项目风险应对的概念、内涵与措施 | （6）熟悉风险识别的相关方法 |
| （7）了解项目风险监控的目标、内容和步骤 | （7）熟悉风险评价的相关方法 |

## 知识结构

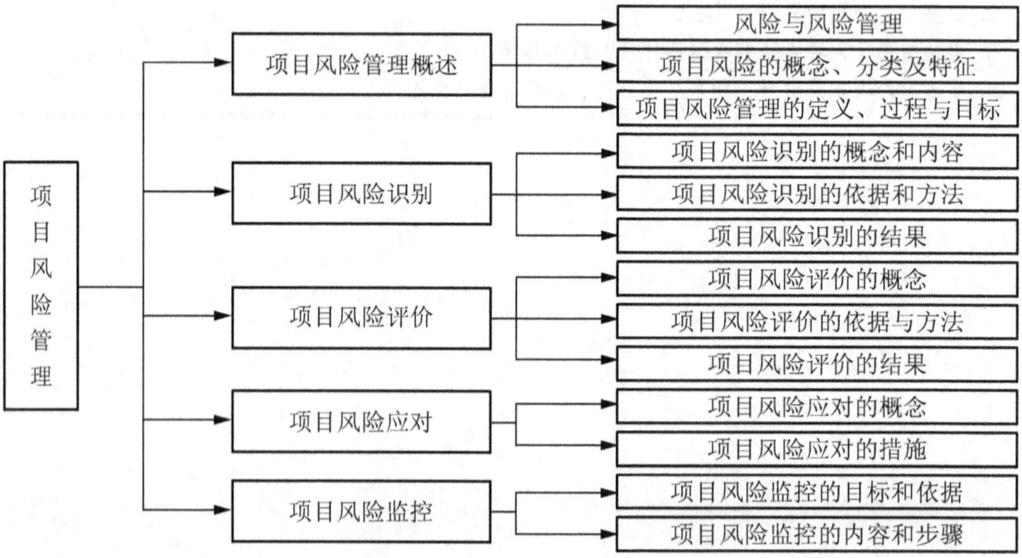

**导入案例**

## 研究开发项目失败启示录

某建筑软件企业(以下简称“P公司”)主营业务是工程造价软件与施工工具性软件，公司产品占据了南方某省绝大部分市场，并且已经进入全国30余个省(直辖市、自治区)，在全国拥有较大影响。2010年3月，为满足建筑行业职业培训行业的巨大需求，同时从源头树立本公司施工安全产品的形象，占据行业制高点，该公司启动了一个名为“建筑行业土木工程施工课程体系实训项目”的产品开发项目，主要是利用建筑沙盘、道具、视频、文件演示软件等手段，对土木工程施工课程体系进行实训，以期拉近课程理论与实践操作的距离，面向对象为本、专科院校土木工程类专业毕业生以及建筑行业培训人员。通过前期市场调研，以及行业内专家论证，该项目拥有较大的市场需求，开发项目具备可行性。

P公司构筑了企业内部的项目管理组织体系，项目发起人为公司董事长M总，下设主管项目经理与项目管理人员负责项目的具体实施。经协商，确定产品方案、演示文件、培训教材由合作方(某大学项目团队)负责研发，建筑沙盘、道具等由某建筑模型公司根据产品方案进行试制，P公司项目团队从中协调，并负责施工工具式软件的嵌入。项目于2010年7月正式启动。

在项目实施过程中，合作方(某大学项目团队)很快给出了产品方案并通过了专家论证。但是，在建筑沙盘的试制过程中，沙盘公司发现，要满足产品的方案要求，沙盘和道具(包括教师演示大沙盘、6个学生操作沙盘，以及钢筋、混凝土等教学道具)的成本价在15万元以上，这大大超出了P公司的预算。要知道，在前期的调研中，众多潜在客户的心理价位大都在20万以下。

由于P公司项目部缺乏专业施工人员，为配合参与方的工作，同时也能对相关技术方案进行把关，P公司招聘了一个建筑施工方面的工程师。但是，项目正式开始之后才发现，这个工程师根本没有相应的施工经验，仅仅是在一家企业基建部工作过两年，根本无法起到协调和把关的作用，在许多问题上拖延与推诿，导致项目研发进度严重滞后于计划。

在项目工期拖延3个月之后，P公司研发已久的施工塔吊安全监控产品成功上市，并取得了建筑行业的肯定。于是，在M总的建议之下，公司重心转移到该项目上。随着2011年3月份P公司成功收购一家西部的塔吊监控硬件制造企业，该项目团队大部分人员转向塔吊监控项目，仅留一个项目经理进行沟通协调。于是，在持续将近1年时间，花费研究成本近40万之后，该研究开发项目无限期搁置。

在上述案例中，项目失败的主要原因是什么？要对上述项目进行风险管理，应该怎么做？

从上述案例中可以看出，该公司对土木工程施工课程体系实训项目市场调研不足，成本、进度等风险因素重视程度不够，最终造成了项目的夭折。由于项目一次性、临时性、创新性与独特性的特点，以及项目实现过程中项目环境的动态变化，使得项目在实现过程中存在着各种各样的风险。项目风险管理的成功与否，直接关系到项目目标的达成，关系到项目利益相关者的满意程度。因此，在项目管理中必须积极开展项目风险管理。

# 9.1 项目风险管理概述

项目管理人员都知道项目存在风险，但并不是每一个人都认真思考过风险的含义，以及如何进行项目的风险管理。要做好项目风险管理工作，必须弄清楚什么是风险、什么是风险管理。

阅读材料

## 风险管理的发展

“风险”一词的由来，最为普遍的一种说法是，在远古时期，以打鱼捕捞为生的渔民，每次出海前都要祈祷，祈求神灵保佑自己能够平安归来，其中主要的祈祷内容就是让神灵保佑自己在出海时能够风平浪静、满载而归。渔民在长期的捕捞实践中，深深地体会到“风”给其带来的无法预测无法确定的危险。渔民认识到，在出海捕捞打鱼的生活中，“风”即意味着“险”。因此有了“风险”一词的由来。

风险管理最早由美国管理协会提出与倡导，最先应用于保险行业，20世纪60年代逐渐学术化与职业化，目前已经渗透到社会的各个领域。目前，主要发达国家已经建立相应的风险管理学术研究机构，如美国风险与保险管理协会(Risk and Insurance Management Society，RIMS)、日本风险管理协会(Japan Risk Management Society，JRMS)等。

1983年在RIMS年会上，各国专家学者经过广泛深入的讨论，通过了“危险性风险管理101准则”，作为各国风险管理的一般原则。目前，风险管理已经走向全球，成为全球范围内的国际性运动，风险管理的研究与应用已经达到了一个新的高度。

(资料来源：王家远，刘春乐．建设项目风险管理[M]. 北京：中国水利水电出版社，2004)

### 9.1.1 风险与风险管理

1. 风险

从不同的角度来考察项目风险，可以得到风险不同的含义。无论是保险学、经济学或者管理学等，由于着重点的不同，对风险的理解，以及处理风险的方法都会有所差别。从本质上讲，风险来源于不确定性，而不确定性则来源于信息的缺乏。一般来说，风险包含以下3个方面的含义。

1）风险的不确定性

不确定性可能会产生损失，也可能带来收益，还可能是其他后果。风险有一种不确定性，是人们不希望的后果发生的潜在可能性。相反，不确定性不一定是风险，有时候不确定性的后果对事件或者活动来说是正面的。

2）风险必然导致不良后果

从保险业的角度出发，往往更加强调风险所导致的不良后果而不是其经济收益。基于这种考虑，风险可以被认为是一种必然会导致不良后果的不确定性，或者说一种损失或者损害的不确定性。不产生不良后果的不确定性一般不称为一种风险。

3）风险反映预期与后果之间的差异

行动和事件的后果同人们的预期之间总是存在着不一致或者偏差，这种不一致性或者偏差越大，风险也越大。因此，风险可以通过预期与后果之间的差异来进行度量。

综上所述，可以给风险定义如下：在一定的时间和空间条件下，活动或者事件的不良后果发生的客观不确定性。

该定义需要注意以下几点。

(1) 风险是客观存在的，不以人的意志为转移。

(2) 风险的大小可以度量。也就是说，损失的大小及其发生的可能性均可以进行度量。

(3) 风险可能随着环境的变化而发生变化。风险的存在与客观环境和一定的时空条件有关，当这些条件发生变化时，风险的性质、大小也可能发生变化。例如，100万的成本超支对于总成本为100万元的研究开发项目来说是难以承受的，但是对于总造价为100亿的工程建设项目来说，该成本超支风险有时可以忽略。

**看图学项目管理**

俗话说“福祸旦夕”，风险会随着环境的变化而变化。小的风险可能转变成大的风险，大的风险也可能转变成小的风险，甚至还可以转变成收益。

2. 风险管理

所谓风险管理，是指对风险进行认识、分析乃至采取防范与处理措施等一系列组织和管理过程。具体来说，就是指风险管理的主体通过风险识别、风险分析与风险评估，对风险采取主动行动，合理使用回避、减少、分散或者转移等方法和技术对活动或者事件所涉及的风险实施有效的控制，妥善地处理风险事件所造成的不利后果，以合理的成本保证安全、可靠地实现预定的目标的过程。

风险管理是一个系统的、完整的过程，履行的是一种管理的功能。风险管理不是一个孤立的分配给某一管理部门的管理活动，而是健全的管理过程中的一个方面。同时，在管理的实施过程中，又必须有人负责风险管理的协调和组织，否则，风险管理的具体措施难以落实。另外，风险管理的基础是调查研究、调查和收集资料，必要时还要进行试验，同时利用众多系统工程与管理技术与手段来协助进行风险的分析与评估等。

风险管理包含对未来可能发生事件的控制，是预见式的、事前的而不仅是反应式的、事后的。同时，风险管理不仅要减少风险事件发生的可能性，还要减少其对项目产生的不良影响。

### 9.1.2 项目风险的概念、分类和特征

#### 1. 项目风险的概念

项目风险就是造成项目达不到预期目标甚至失败的可能性。具体来说，项目风险是指由于项目环境的不确定性，以及项目利益相关者主观上不能准确预见或者控制影响因素，使项目的最终结果与项目利益相关者的期望产生背离，从而给项目利益相关者带来损失的可能性。

项目的一次性特征使其不确定性要比其他经济活动大许多，因而项目风险的可预测性也就差很多。重复性的活动或者事件中，可以根据历史资料，以及同行业的经验数据预测出大多数风险。而项目的一次性、临时性等特点使得这种预测复杂得多，其原因如下。

(1) 项目持续时间短，人员流动性大，不便于人们摸索和掌握其内在的相关规律。

(2) 项目各组成部分存在着复杂的非线性关系。例如，质量与成本、进度之间的关系就不是简单的线性关系，从数学上基本上无法找到上述3者的帕累托最优解。

(3) 项目环境动态变化，难以预测与处理。例如，自然环境的变化无常、国际经济形式的随机变幻、国家政权的动荡更替等。

(4) 项目参与人目标诉求不一致。在大多数情况下，项目参与人的目标诉求并不一致。例如，业主希望以较低的成本、较快的速度获得高质量的建筑产品，而施工方希望获得较高的利润率，在这种情况下，双方的行为就难以预测了。

#### 2. 项目风险的分类

项目风险可以按照不同的分类方法进行分类，理解和掌握项目风险的分类有助于人们更为全面地识别风险，更为准确地探讨风险带来的影响。

1) 按风险后果划分

按风险后果划分，项目风险可以分成纯粹风险与投机风险。纯粹风险是指不能带来机会、无获利可能的风险，其造成的损失是绝对的损失，有时又称静态风险，如福岛大地震就是纯粹风险。既可能带来机会、获得利益，又隐含威胁、造成损失的风险称为投机风险，如开发房地产项目就面临投机风险。

**看图学项目管理**

2）按项目范围划分

按项目范围划分，可以分为系统风险与非系统风险。项目所处的外部环境产生的风险，被称为系统风险，系统风险是项目组织无法回避也无法控制的，只能被动应对，力求减少风险损失。项目内部原因产生的风险，被称为非系统风险。非系统风险是项目组织有可能主动预防和控制的，这取决于组织的风险管理水平。

3）按风险的来源划分

按照风险的来源划分，项目风险可以分为自然风险与人为风险(包含行为风险、技术风险、组织风险、经济风险，政治风险等)。

4）按风险的影响范围划分

按风险的影响范围划分，可以分为整体风险与局部风险。

5）按风险是否可控划分

按照风险是否可控划分，可以分为可控风险与不可控风险。

### 3. 项目风险的特征

项目风险具有如下特征。

1）项目风险存在的客观性

风险的存在不以人的意志为转移，不论风险主体是否意识到风险的存在，只要项目风险的诱因存在，一旦条件形成，风险就会导致损失。

2）风险发生的随机性

风险事件往往是偶然的，这就造成了预测它的困难。然而这正是风险之所以存在的理由，如果风险的发生都变成规律性的，后果都变成了必然性的，就不再是风险了。例如，人们已经确认吃砒霜必然致命，砒霜就不再是风险而是危险了。

3）风险后果的相对性

风险在某种程度上是相对于当事人的承受能力而言的。例如，赌博输了1000元钱，对于一个年收入只有2000元的人就是巨大的风险，而对于一个年收入逾百万元的人，可能只是个娱乐游戏。

4）风险发展的渐变性

风险的内因和外因都有一个从量变到质变的演变过程。例如，地震海啸是突发的，但这是地壳长期运动的结果；项目的质量事故看起来是突发的，但这是管理松弛所酿成的苦果。风险的渐变性，使人们有可能采取抽样过去的方法来推断未来，通过分析量变的进程去捕捉风险临近的脚步。

## 9.1.3 项目风险管理的定义、过程和目标

### 1. 项目风险管理的定义

项目风险管理是指由项目管理团队通过风险识别、项目分析与评估，并以此为基础合理使用多种管理方法、技术和手段，对项目活动涉及的风险实行有效地应对与控制，以期以最小的项目成本实现项目总体目标的一系列专项管理工作。

风险管理是项目管理的一部分，其目的是保证项目总体目标的实现。同时，项目的风险来源、风险的形成过程与风险成因、风险的影响范围及其破坏力错综复杂，单凭单一的项目管理技术和措施难以处理和解决，必须运用多种管理方法、手段和措施，才能以最小的成本将各种不利后果降到最低。因此，项目风险管理是一种综合管理活动，其理论与实践涉及自然科学、社会科学、工程技术、系统科学与管理科学等多种学科。

2. 项目风险管理的过程

项目风险管理的主要过程如图 9-1 所示，包括如下几个方面。

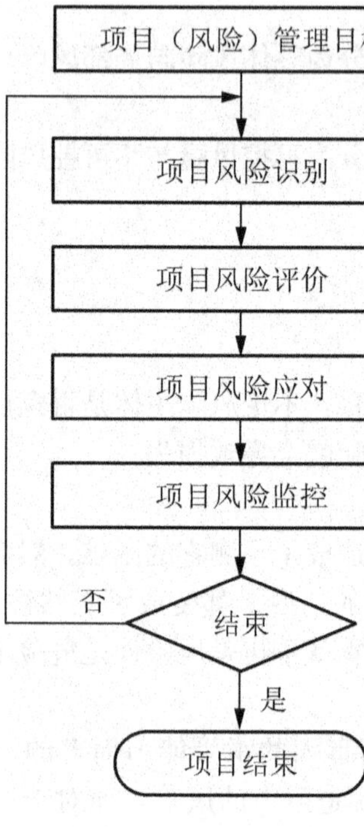


**图 9-1 项目风险管理过程**

1）项目风险识别

项目风险识别是项目风险管理的第一步，是指在项目目标的约束条件下，运用一定的方法判断在项目生命周期中面临的和潜在的风险，并记录每个风险因素所具有的特点。其目的就是通过对影响项目实施过程的各种因素进行分析，找出可能的风险因素，为下一步风险分析与评估打下基础。

项目风险识别是一项复杂的系统工程，需要运用科学的方法进行多层次、多角度的认识与分析。同时，风险识别是一个连续的过程，需要在项目全生命周期不断进行。

2）项目风险评价

项目风险评价是指对项目风险和项目风险的后果及其相互作用进行评估和定量分析的项目风险管理工作。项目风险评价的任务是对项目风险发生的可能性大小、项目风险后果的严重程度等做出定量的估计或做出最新情况的统计分析描述。

3）项目风险应对

风险被识别、分析、评价之后，需要综合考虑项目的目标、规模和风险承受能力，以一定的方法和原则为指导，对项目面临的风险采取适当的措施，以降低风险发生的概率或者风险事故发生所带来的损失程度。风险应对措施一般分为风险回避、风险减轻与分散、风险自留与利用、风险转移等。

4）项目风险监控

项目风险监控是指根据项目风险识别、分析、应对措施所展开的对整个项目全过程中各种风险的监督与控制工作。风险因素和风险管理过程并非一成不变，随着项目进展及项目环境的改变，影响项目目标的各种因素也会发生改变。因此，只有适时地对风险新的变化进行跟踪，才可能发现新的风险因素，并及时对风险管理计划和措施进行修改和完善。

### 3. 项目风险管理的目标

对项目而言，实施项目风险管理的主要作用是提高项目实施成功率，促进项目总体目标的达成。根据项目风险管理的过程划分，可以将项目风险管理的目标分解为4个可行的阶段性目标。

1）尽早、尽量全面地识别项目的各种风险

这是风险识别过程的管理目标。在项目的开始阶段，不确定性因素较多，风险发生的概率较大，而此时处理风险的成本较低。因此，项目风险被认识得越早、越全面，项目团队就越有对付它的主动权，其成本收益也就越高。

2）尽力避免风险事件的发生

风险事件的发生必然会发生不良后果，对项目目标的达成造成障碍。因此，防患于未然，尽力避免风险事件的发生可以取得最大的风险管理效果。

3）尽量降低风险造成的损害

既然风险已经发生，完全避免损失已经不太可能，只能强调尽量，即最大限度地减少风险的危害性。

4）尽责总结风险带来的教训，为后续工作打下基础

良好的风险管理总结有利于管理经验的形成，能够为组织风险管理水平的提高打下良好的基础。

### 4. 项目风险管理的成本效益

实施项目风险管理将会增加项目管理的成本，将其称为项目的风险成本。同时，项目风险管理能够阐明风险并且使其明确化，通过运用一系列的管理技术措施来帮助降低风险所造成的损失，从而降低风险总体成本，从某种意义上来说可以带来收益，这部分收益称为风险收益。

风险管理有助于控制风险，但所承担的成本要多于简单凭直觉做出的决定。因此，进行项目风险管理必须进行成本效益分析。图9－2给出了项目风险管理的成本效益模型。从图中可以看出，项目风险管理的成本效益取决于风险管理所付出的成本、风险管理的收

益，以及个人凭直觉决策所能带来的收益3者之间的关系。只有当项目风险管理成本效益为正值的时候，风险管理才有实施的必要性。

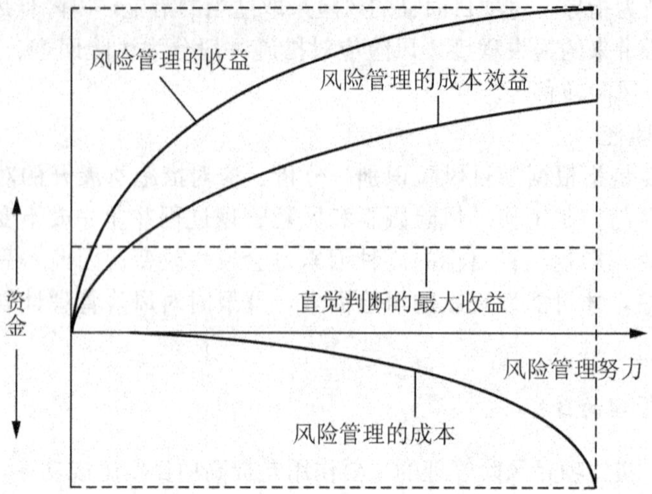


**图9-2 风险管理的成本效益**

## 9.2 项目风险识别

项目风险识别是一项贯穿项目全过程的项目风险管理工作，其目标是尽可能早、尽可能全面地识别项目究竟存在哪些风险、这些风险具有怎样的基本特征、这些风险对项目目标的达成具有何等影响等。

### 9.2.1 项目风险识别的概念和内容

#### 1. 项目风险识别的概念

项目风险识别是风险管理的基础，是指项目风险管理人员在收集资料和调查研究之后，运用各种方法对潜在的及存在的各种风险进行系统的识别和归纳，其根本任务是识别项目究竟存在什么风险及这些风险具有什么特征。

项目风险识别直接影响风险管理的决策质量进而影响整个风险管理的最终绩效，只有全面、正确地识别所面临的风险，评估风险和选择风险的应对方法才具有实际意义。任何一种风险因素在识别阶段被忽略，尤其是重大风险被忽略，都可能导致整个风险管理的失败，从而造成不可估量的经济损失。增强风险意识，认真识别风险，是衡量风险程度、采取有效的风险控制措施，以及进行风险管理正确决策的前提条件。

#### 2. 项目风险识别的内容

项目风险识别是项目风险管理中的首要工作，其主要工作内容包括如下几个方面。

1）识别并确定项目有哪些潜在的风险

这是项目风险识别的第一项工作目标，因为只有识别和确定项目可能会遇到哪些风险，才能够进一步分析这些风险的性质和后果，所以在项目风险识别中首先要全面分析项目发展变化的可能性，进而识别出项目的各种风险并汇总成项目风险清单。

2）识别引起项目风险的主要影响因素

这是项目风险识别的第二项工作目标，因为只有识别各个项目风险的主要影响因素才能把握项目风险的发展变化规律，才有可能对项目风险进行应对和控制，所以在项目风险识别中要全面分析各个项目风险的主要影响因素及其对项目风险的影响方式、影响方向和影响力度等。

3）识别项目风险可能引起的后果

这是项目风险识别的第三项工作目标，因为只有识别各个项目风险可能带来的后果及其严重程度才能够全面地认识项目风险，项目风险识别的根本目的是找到项目风险及消减项目风险不利后果的方法，所以识别项目风险可能引起的后果是项目风险识别的主要内容。

### 9.2.2 项目风险识别的依据和方法

#### 1. 项目风险识别的依据

要正确地识别项目的风险，首先要具备全面真实的项目相关资料，并认真、仔细地对这些资料进行分析研究。一般来说，项目风险识别的依据包括以下内容。

1）项目产出物的描述文件

这是项目风险识别的主要依据之一，因为项目风险识别中最重要的是识别项目能否按时、按质、按量、按预算生成项目的产出物和实现项目的目标，所以项目风险识别首先要根据项目产出物描述和要求识别出各种影响项目产出物质量、数量和交货期的项目风险。

2）项目计划

项目目标、任务、范围、进度计划、质量计划、成本计划、资源计划等涉及项目实施过程的计划和方案都是进行项目风险识别的依据，特别是这些计划中的假设条件与约束条件、不同项目利益相关主体的利益诉求等。

3）历史资料

以往相关项目或者近似项目的历史资料、统计及出版资料都是风险识别的重要信息和依据；同时，项目风险管理人员的知识和经验也是进行项目风险识别的重要依据。

#### 2. 项目风险识别的方法

从原则上来说，风险识别既可以从原因查结果，也可以从结果反过来查原因。因此，风险识别的方法很多。目前，比较常用的方法包括德尔菲(Delphi)法、头脑风暴(Brain Storming)法、情景分析法、流程图法、核对表法几种。

1）德尔菲法

德尔菲法，也称专家调查法，起源于20世纪40年代末期，其实质是一种反馈匿名函询法。目前已经在经济、社会、工程技术等领域广泛使用。

德尔菲法的应用程序：项目风险管理人员选定与该项目相关领域的专家作为被调查者，且与其建立直接的函询联系；通过函询进行调查，收集意见以后加以综合整理，然后将综合整理之后的信息通过匿名的方式返还给专家并再次征求意见；反复多次，直到专家的意见趋于一致，一致的意见作为最后预测与判断的依据。德尔菲法通常要进行2～5轮的调查才能得到一致的结果。

德尔菲法进行项目风险识别的重要环节是制定函询调查表，调查表的好坏直接关系到预测和判断结果。因此，德尔菲法对制定调查表的风险管理人员要求较高。同时，德尔菲法实质上是一种以多数意见作为正确意见方法，容易偏于保守，可能妨碍新思想、新观点的产生。因此，专家个人素质及相关经历亦较重要，必须选择该领域内具有丰富实践经验的专家进行调查。

2）头脑风暴法

头脑风暴法是在解决问题的时候常用的一种方法，具体来说就是团队的全体成员自发地提出主张和想法。它借助于专家的经验，通过会议，集思广益来获取信息。头脑风暴法直观、思维发散，往往能够产生富有创造性的想法。

头脑风暴法的应用步骤较为简单，专家依次说出自己的主意，其他人不予评论、不予非难，直到团队所有成员再无新想法或者限定时间已到为止。讨论结束后，风险管理人员根据记录结果，整理得到相关方案。

在应用头脑风暴法时，应该遵循两个基本原则：不进行讨论，没有判断性评论。同时，为了把握会议进程，避免讨论脱离主题、漫无边际，要求主持人事先制定好提示列表，及时引导专家的讨论方向。

**应用举例 9-1**

一个项目小组需要举办培训班项目，其WBS如图9-3所示。

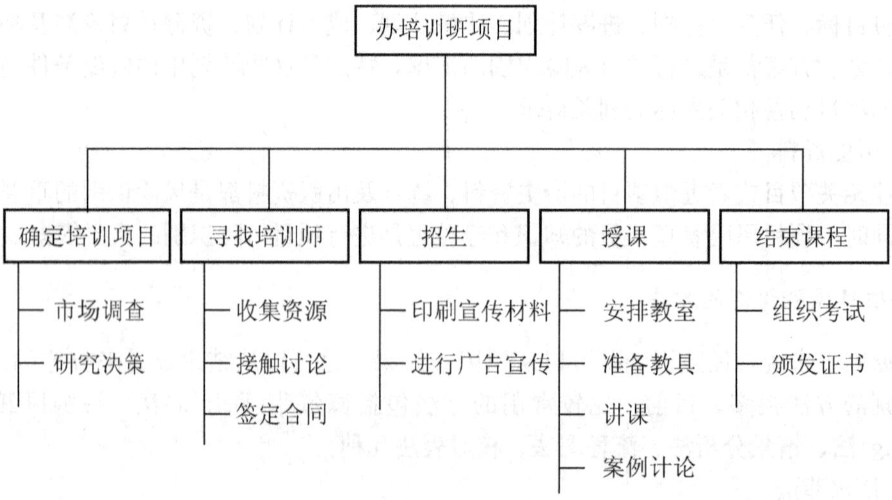


**图9-3　办培训班项目的WBS**

项目小组可以利用头脑风暴法，对项目 WBS 中每项任务进行讨论，从而识别出所有可能的风险，并且初步确定每种风险的应对办法，见表 9－1。

**表 9－1　培训班项目的风险**

| WBS | 风　险 | 对　策 |
|---|---|---|
| 确定培训项目 | 项目选题不当，可能招不来学生，就会白忙乎半天，甚至亏本 | 事先进行比较广泛的市场调查 |
| 寻找培训师 | 培训师哪天可能生病，或者有事不能来 | 寻找另一个备用老师 |
| 招生 | 可能没有学员报名 | 进行广告促销活动 |
| 授课 | 投影仪可能出现问题 | 准备一台备用投影仪 |
| 结束课程 | 学员不满意，大闹课堂 | 对学员进行安抚，提供补救措施，同时改进培训班的教学及组织质量 |

3）情景分析法

情景分析法是一种假设分析方法，首先总结整个项目系统内外的经验和教训，根据项目发展趋势，预先设计出多种未来情景，对整个过程做出自始至终的情景描述；与此同时，结合各种技术、经济和社会因素的影响，对项目的风险进行预测和识别。情景分析法是一种适用于对可变因素较多的项目进行风险预测和识别的系统技术，它在假定关键影响因素有可能发生的基础上，构造多种情景，提出多种未来的可能结果，以便采取措施防患于未然。

情景分析法特别适于提醒决策者注意某种措施和政策可能引起的风险或者不确定性的后果，以及某些关键因素对未来进程的影响与风险监控的范围。

4）流程图法

流程图法是项目风险识别中的一种非常有用的结构化方法。借助于流程图，这种方法可以帮助项目风险识别人员去分析和了解项目风险所处的具体项目环节、项目各个环节之间存在的风险，以及项目风险的起因和影响。例如，图 9－4 是办培训班项目的流程，运用流程图法分析该项目的风险时，可以按流程分别分析各个环节可能存在的风险及影响。运用这种方法完成的项目风险识别结果，还可以为后面项目实施中的风险控制提供依据。

5）核对表法

核对表法是一种十分常用和有效的风险识别方法，它主要利用核对表来作为风险识别的工具。这种方法的实质就是把人们所经历过的风险事件及其来源罗列出来，写成一张核对表，然后项目管理人员根据本项目的实际情况，在核对表上预测和识别本项目的风险。

核对表法利用人们思考问题时的联想习惯，在过去经验的启示下，对未来可能发生的风险进行预测。该方法的优点是使风险识别工作变得较为简单、容易掌握；缺点是受制于项目的可比性，风险描述不够详尽、容易发生风险遗漏。

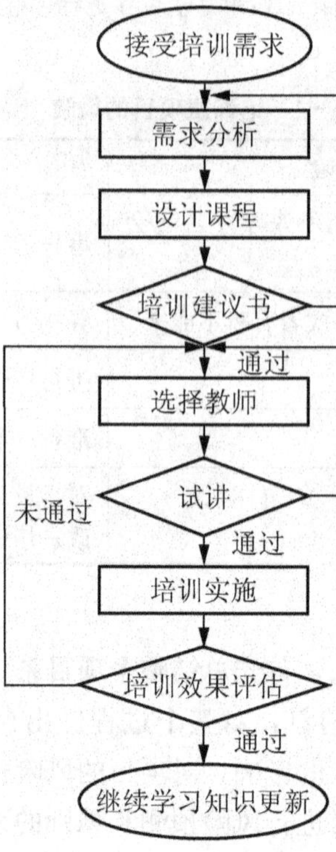


**图 9-4　办培训班项目的流程**

**阅读材料**

## 快餐店的启示

一个朋友给我讲了一段他亲身的经历。他和妻子曾在广州一个高层写字楼附近买下了一个快餐店，专为这座大楼里的办公室送午餐。在论证这个项目的风险时，他和妻子几乎把所有可能发生的问题都想到了。最后结论是，这个项目所有的风险都是可控的，即使有些不确定因素，在巨大的需求和效益面前也显得微不足道。但意想不到的是，快餐店在一个月之内就遭致惨败。

"你猜猜看，"我的朋友微笑地看着我，说："能猜到我们失败的原因吗？"是客户需求不足？是饭菜的质量问题？是劳动力不足的问题？是服务态度问题？是收款的问题？是原料供应问题？是周转资金的问题？是产权争议问题？是竞争对手的问题？是卫生检疫问题？是税务问题？是法律许可的问题？是宗教信仰或风俗习惯问题？我绞尽脑汁，穷尽罗列了所有可以想到的原因。可是这位朋友微笑着连连摇头，最后我实在黔驴技穷，只好跟着他一起摇头："对不起，实在猜不到。"

朋友的脸色从微笑转为苦笑，道："谁都不会想到，我的滑铁卢竟是电梯。中午上下班的时间是电梯运营高峰，保安不允许我们的送餐员与客户及物业工作人员争抢电梯，营业第一天我们花了两个半小时才把餐盒送到20以上的楼层，送到时饭菜早就凉透了。客户的脸色可想而知，钱就别想收了，赔礼道歉还要挨一顿骂，后面的订单被一笔勾销了。后来我们曾经想过各种办法突破这个瓶颈，包括用人力爬楼梯。但是你想想看，空手爬20层楼都够呛，更不用说双手拎着几十份连汤带水的餐盒了。每天中午这一个小时就和冲锋打仗似的，几天下来人都累瘫了。一个月之后，由于送餐不准时，所有的客户都不再订我们的餐了，快餐店只好关门。”

（资料来源：房西苑．资本的游戏[M]．北京：机械工业出版社，2008）

### 9.2.3 项目风险识别的结果

风险识别之后要把识别结果整理起来，写成书面文件，作为风险分析与评估的基础。风险识别的结果主要包括以下几个方面。

#### 1. 识别出的各种项目风险

识别出的各种项目风险是项目风险识别工作最重要的成果。人们通常将这种识别出的项目风险罗列出来，并称其为项目风险清单。项目风险清单所包括的项目风险都是可能影响项目最终结果的各种可能发生并能造成损失的事件。项目风险清单的列表要尽可能详尽和易于理解。项目风险清单包括的信息有：项目风险的性质和内容、项目风险可能造成的损失、项目风险可能影响的范围、项目风险发生的可能时间范围、项目风险可能带来的关联风险等。表9－2给出了风险清单的一种典型格式。

**表9－2 典型风险清单格式**

<table>
<tr><td colspan="3">风险清单</td><td>编号：</td><td>日期：</td></tr>
<tr><td colspan="3">项目名称：</td><td>审核：</td><td>批准：</td></tr>
<tr><td>序号</td><td>风险因素</td><td>可能造成的后果</td><td>发生的可能概率</td><td>可能采取的行动</td></tr>
<tr><td>1</td><td></td><td></td><td></td><td></td></tr>
<tr><td>2</td><td></td><td></td><td></td><td></td></tr>
</table>

#### 2. 潜在的项目风险

潜在的项目风险是一些相对独立而且无法明确识别的项目风险，如各种不可预见的天灾人祸。潜在的项目风险与已识别出的项目风险不同，潜在的项目风险没有任何迹象表明未来会发生，只是人们想象到的一种主观判断性项目风险。潜在的项目风险也可能会发展成真正的项目风险。因此，对可能性较高或者一旦发生则损失相对较大的潜在项目风险也应该严密跟踪和严格评估。

#### 3. 各种项目风险的征兆

项目风险的征兆是指那些指示项目风险发展变化的现象或标志。例如，士气低落可能会使项目工效低，从而可能会出现工期拖延，因而它是项目工期风险的征兆；国家或地区发生通货膨胀，可能会使项目所需资源的价格上涨，从而可能出现突破项目预算的风险，因而同样是项目预算风险的征兆。

# 9.3 项目风险评价

项目实施全过程存在各种各样的风险因素，这些风险因素将对项目目标的实现产生影响。风险识别仅仅从定性的角度去了解和认识风险因素。要把握风险，就必须在识别风险的基础上对其进行进一步的分析与评估。一方面，风险分析与评估能够更为清楚地认识这些风险因素可能带来的后果；另一方面，风险分析与评估的风险量化过程可以帮助人们更清楚地辨识主要风险因素，其量化分析的结果有助于项目管理者采取更有针对性的对策和措施，从而减少风险对项目目标的不利影响。

## 9.3.1 项目风险评价的概念

项目风险评价是对于项目风险的影响和后果所进行的评价和估量。项目风险评价包括对项目风险发生可能性大小(概率大小)的评价和估量、对项目风险后果严重程度的评价和估量、对项目风险影响范围大小的评价和估量以及对项目风险发生时间的评价和估量等方面。项目风险评价的主要作用是根据这种评价去制定项目风险的应对措施和开展项目风险的控制。项目风险评价的主要内容如下。

### 1. 项目风险发生可能性的评价

项目风险评价的首要任务是分析和估计项目风险发生的概率，即项目风险发生可能性的大小。一个项目风险的发生概率越高，造成项目损失的可能性就越大，对它的控制就应该越严格。因此，在项目风险评价中首先要确定和分析项目风险发生可能性的大小。

### 2. 项目风险后果严重程度的评价

项目风险评价的第二项任务是分析和估计项目风险后果的严重程度，即项目风险可能带来损失的大小。即使是一个项目风险的发生概率不大，但是如果它一旦发生，其后果就十分严重，那么对它的控制也需要严格，否则，这种风险的发生会给整个项目造成严重的影响。

### 3. 项目风险影响范围的评价

项目风险评价的第三项任务是分析和估计项目风险影响所涉及的项目范围，即项目风险可能影响到项目的哪些方面和哪些工作。即使是一个项目风险的发生概率和严重程度都不大，但是如果它一旦发生，会影响到项目的各个方面和许多工作，那么也需要对它进行严格的控制，以防止因它影响整个项目的工作和活动。

### 4. 项目风险发生时间的评价

项目风险评价的第四项任务是分析和估计项目风险发生的时间，即项目风险可能在项目的哪个阶段和什么时间发生。对项目风险的控制是根据项目风险发生的时间进行安排的，一般是优先控制先发生的项目风险，而后发生的项目风险可以延后采取措施，通过监视和观察其发展进程做进一步的风险识别和风险控制。

### 9.3.2 项目风险评价的依据和方法

#### 1. 项目风险评价的依据

项目风险分析与评价的主要依据如下。

(1) 风险管理规划。

(2) 风险识别的成果，如风险清单等。

(3) 项目进展情况。风险的不确定性常常与项目所处的生命周期阶段有关。在项目初期，项目风险症状往往表现不明显。随着项目的不断推进，项目风险及发现风险的可能性会逐渐提高。

(4) 项目类型。一般来说，技术含量高、复杂性强的项目的风险程度比普通、重复的项目要高。

(5) 历史统计资料与市场资料。历史统计资料用于确定风险发生的概率，市场资料能够帮助风险管理人员确定风险发生后的预期损失。

#### 2. 项目风险评价的主要方法

由于项目风险管理是一种综合管理活动，其理论与实践涉及自然科学、社会科学、工程技术、系统科学与管理科学等多种学科。因此，许多自然、社会科学与工程技术的分析与评价方法均能在项目风险分析与评价中得到应用。本书仅介绍以下几类主要方法。

1) 期望损益法

期望损益法是利用项目损失期望值来度量项目风险的一种方法。这种方法首先要分析和估计项目风险发生概率的大小和项目风险发生所带来的损失的大小，然后将两者相乘求出项目风险损失的期望值，最后利用风险损失的期望值来度量和评价风险。其具体做法如下。

(1) 项目风险发生概率及其分布的确定。这是风险分析与评价中最基本的内容，一般需要根据历史信息资料确定。当没有足够的历史信息资料的时候，项目管理者就需要利用理论和经验估计来确定项目风险发生的概率。由于项目具有一次性和独特性的特点，项目管理人员往往无法找到大量的信息资料而只能依靠有限的历史资料及自身的经验来确定项目风险发生的概率。这种凭经验和主观判断所确定的项目风险的发生概率被称为主观概率，是一种用较少信息量做出主观估计的方法。

(2) 项目风险造成损失的确定。在这一步，需要明确项目风险所造成的损失的性质、大小(一般用期望损益与方差表示)与时间分布等相关情况。项目风险所造成的损失也可以用分布函数表示。

(3) 项目风险期望损益的计算。项目风险期望损益一般通过项目风险发生概率与项目风险所造成的损失相乘得到，计算公式为

$$E = \sum_{i=1}^{n}(P_i \times L_i) + \sum_{j=1}^{m}(P_j \times O_j) \tag{9-1}$$

式中，$E$ 代表风险期望损益，$P$ 代表项目风险发生概率，$L$ 代表项目风险的损失值，$O$ 代表项目风险的收益值，$i$、$j$ 代表项目第 $i$、$j$ 种项目的不确定性。

(4) 利用项目风险期望损益进行项目风险分析与评估。

2) 模拟仿真法

模拟仿真法是利用计算机仿真模型、度量模型与软件系统评价项目风险的一种方法。这种方法多数使用模特卡罗模拟或者三角模拟等具体技术方法。它通过系统仿真模拟项目风险事件发生时的各种条件和影响因素，然后借助于计算机模拟仿真给出项目风险概率和损失大小的统计规律与结果。例如，在模特卡罗模拟中，机枪射击命中率为 1/6，就可以利用掷骰子的方式来模拟。

有关模拟仿真的模型和软件系统非常多，在项目风险评价过程中应用较多的有系统动力学仿真、风险评审技术(Venture Evaluation Review Technique，VERT)等。模拟仿真法大多数用于大型或者复杂项目的风险评价中，中小型项目多使用损失期望值法。

**阅读材料**

## VERT

VERT 是一种以管理系统为对象，以随机网络仿真为手段的风险定量分析技术，亦称风险协调技术。它能针对系统的各种随机因素，构造出适当的网络模型，并通过仿真来评估系统研制或开发等过程的风险程度，为风险决策提供依据。VERT 是在 PERT、图形评审技术(Graphical Evaluation Review Technique，GERT)和排队图形评审技术(Queue Graphical Evaluation and Review Technique，Q－GERT)的基础上发展起来的，是适应某些高度不确定性和风险性的决策问题而开发的一种网络仿真系统。在 20 世纪 80 年代初期，VERT 首先在美国大型系统研制计划和评估中得到应用。VERT 在本质上仍属于随机网络仿真技术，按照项目的实施过程，建立对应的随机网络模型。根据每项活动或任务的性质，在网络节点上设置多种输入和输出逻辑功能，使网络模型能够充分反映实际过程的逻辑关系和随机约束。同时，VERT 还在每项活动中提供多种赋值功能，建模人员可对每项活动赋给时间周期、费用和性能指标，并且能够同时对这 3 项指标进行仿真运行。因此，VERT 仿真可以给出在不同性能指标下，相应时间周期和费用的概率分布、项目在技术上获得成功或失败的概率等。这种将时间、费用、性能联系起来进行综合性仿真的方法，为多目标决策提供了强有力的工具。

目前，VERT 模拟仿真技术广泛应用于作战指挥、军事演习项目、大型复杂项目风险评价等领域。我国从 20 世纪 80 年代开始对 VERT 模拟仿真技术进行研究与开发，并将其应用于航空航天项目与军事指挥等领域。同时，许多研究学者对其在其他领域的应用也进行了探索，如大型复杂建设项目风险分析等。

3) 敏感性分析

敏感性分析是一种分析项目风险事件对项目影响的量化分析方法。它研究在项目生命周期内当某个风险因素发生变化的时候，项目目标或者相关考核指标的变化幅度和变化情况。这种方法能够给出哪些项目风险因素的变化能够显著影响项目目标和结果，帮助人们识别和评价项目的敏感性风险因素，从而对其实施重点管理与控制。敏感性分析是项目常用的不确定性分析方法，在建设项目经济评价、可行性研究中广泛使用。

4）专家法

在许多大型和复杂的项目管理中，项目管理人员都会邀请各方面的专家运用自己的经验就项目范围、项目工期、项目成本、项目质量等各方面的项目风险做出估计与评价，作为其他风险评价方法的替代或者辅助。这种利用专家经验直观地估计项目风险的方法称为专家法。

专家法的风险评价结果通常比较准确和可靠，甚至有时比期望值计算和模拟仿真方法确定的风险评价结果还要准确和可靠。这是因为项目管理专家的经验通常是自身阅历和教训所形成的，是一种比较可靠的知识型信息数据。

5）决策树法

决策树是把影响项目风险的有关因素，如风险的状态、风险发生概率、风险的后果，绘制出一个从左至右展开的树状图。决策树用树状图表示项目所有可供选择的行动方案、行动方案之间的关系、行动方案的后果，以及这些后果发生的概率。利用决策树可以计算出可供选择的行动方案后果的数学期望，进而对项目的风险进行评价，做出该项目应该就此止步，还是继续进行的决策。

在决策树中，树根表示构想项目的初步决策，称为“决策点”。从树根向右画出若干树枝，每条树枝都代表一个行动方案，称为“方案枝”。方案枝右端叫“状态结点”。从每个状态结点向右又伸出两个或更多的小树枝，代表该方案的两种或更多的后果，每条小树枝上都注明该种后果出现的概率，故称“概率枝”。小树枝右端是树叶，树叶处注明该种后果的大小。后果若是正的，表示收益；若是负的，表示损失。

决策树的优点在于能够进行多级决策，并且能够使项目管理者有步骤、有层次地进行决策。同时，决策树也存在一些缺点，它不能把所有的因素全部考虑进去，如果分级太多，决策树图就会很复杂。

**应用举例 9-2**

某项目准备投入生产两种产品甲和乙，分别需要投资 55 万元和 60 万元。两种产品的生产年限是一样的。经过市场调研，预测新产品上市后，畅销的概率为 60%，滞销的概率为 40%。甲、乙两种产品在不同情况下的收益见表 9-3。试根据决策树风险评估方法，决定应该选择投产何种产品。

**表 9-3 甲、乙产品的收益情况表** （单位：万元）

| 情况<br>产品 | 畅销(60%) | 滞销(40%) |
|---|---|---|
| 甲产品 | 180 | −100 |
| 乙产品 | 200 | −140 |

根据以上信息，可以运用决策树法进行分析。首先，画出该项目的决策树，如图 9-5 所示。

然后计算各状态节点处的风险后果，结果如下。

$$状态节点\ 1=180\times60\%+(-100)\times40\%=68(万元)$$

$$状态节点\ 2=200\times60\%+(-140)\times40\%=64(万元)$$

$$决策节点\ 0=\max\{68-55,\ 64-60\}=13(万元)$$

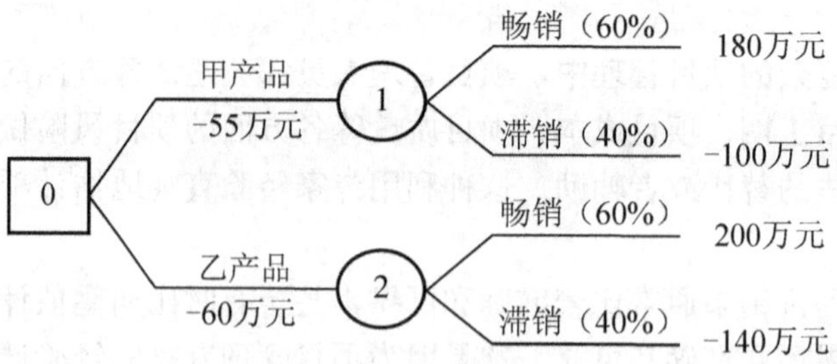


**图 9-5　某项目的决策**

所以，应选择投产甲产品。

6）风险分析矩阵

在进行风险分析与评估的过程中，通常利用风险分析矩阵来评价每项风险的重要性及其紧迫程度。风险分析矩阵给出了各类项目风险的概率和后果的组合，并事先规定非常重要风险、重要风险、一般风险、低风险的评价标准。然后根据组织偏好人们可以使用描述性文字或者数字表示这种风险分析与评价的结果。表 9-4 给出了一种典型的风险分析矩阵评价标准。

**表 9-4　典型风险分析矩阵评价标准**

| 风险后果 / 风险可接受性 / 发生可能性 | 灾难的 | 关键的 | 严重的 | 次重要的 | 可忽略的 |
|---|---|---|---|---|---|
| 经常 | 不可接受的 | 不可接受的 | 不可接受的 | 不希望有的 | 不希望有的 |
| 很可能 | 不可接受的 | 不可接受的 | 不希望有的 | 不希望有的 | 可接受的 |
| 偶然的 | 不可接受的 | 不希望有的 | 不希望有的 | 可接受的 | 可接受的 |
| 极少见的 | 不希望有的 | 不希望有的 | 可接受的 | 可接受的 | 可忽略的 |
| 不可能的 | 不希望有的 | 可接受的 | 可接受的 | 可忽略的 | 可忽略的 |

**不可接受的**：无法忍受的，必须消除或者转移的；
**不希望有的**：必须采取合理的行动，详细调查和判断，必要的监测；
**可以接受的**：加入风险可以管理的话，可以接受；
**可以忽略的**：不需要进一步的考虑

**阅读材料**

## 产品安装项目风险评价

Screen Scrapers 公司是一家软件公司，它生产浏览主机屏幕(即所谓的绿光屏)的软件产品，并将其转换为基于浏览器的屏幕。基于浏览器的屏幕看起来与其他兼容 Windows 的屏幕并无差别，都有按钮、滚动条和下拉式列表。

Screen Scrapers 公司设计的这款产品曾经非常受欢迎。但如今刚入职的员工对于绿光屏几乎一无所知。绿光屏既笨重又难以摆弄，而且屏幕与屏幕之间或程序与程序之间存在不兼容性。在一个程序中，F5 键可能指返回上一页，而在另一个程序中，F5 键可能意味着清屏。新用户很容易就被弄糊涂了，犯了很多错误，并且不得不就如何操纵所有的屏幕而在信签上写满注释。

你所在的公司采购了 Screen Scrapers 公司的产品并任命你为负责安装的项目经理。你在这个项目中已经取得了相当的进展，目前正处于风险识别和量化的阶段。你决定利用德尔菲方法来识别潜在的风险并确定每一个风险因素的概率和影响等级。公司内部的某些专家和公司外部的某些行业成员能够为德尔菲座谈会提供支持。你把小组成员集合起来了，并通过电子邮件的方式把项目摘要发送出去，要求专家回复你所提出的关于风险的问题。一轮过后，你所编排的风险列表见表 9-5。

**表 9-5 风险列表**

| |
|---|
| 与主机连接的风险 |
| 供应商的服务期限——他们的业务稳定吗？ |
| 软件与现行系统之间的兼容性 |
| 硬件兼容性风险 |
| 供应商的售后服务 |
| 为产品维护培训 IT 职员 |

你把这张表格返回给德尔菲小组的成员，并要求他们为每一种风险指定从“非常高”、“高”、“中”、“低”到“非常低”的发生概率及影响程度。德尔菲小组成员根据风险管理团队所设计的概率尺度指定了发生概率和影响程度。你根据每一种风险的影响程度和发生概率得到了风险评级矩阵。概率尺度的数值见表 9-6，风险评级矩阵见表 9-7。

**表 9-6 概率尺度表**

| 非常低 | 低 | 中 | 高 | 非常高 |
|---|---|---|---|---|
| 0.05 | 0.2 | 0.4 | 0.6 | 0.8 |

**表 9-7 风险评级矩阵**

| 风险因素 | 概率 | 影响 | 风险评分 |
|---|---|---|---|
| 与主机连接 | 0.8 | 0.8 | 0.64 |
| 供应商的服务期限 | 0.4 | 0.8 | 0.32 |
| 软件兼容性 | 0.4 | 0.4 | 0.16 |
| 硬件兼容性 | 0.4 | 0.3 | 0.12 |
| 供应商的售后服务 | 0.2 | 0.5 | 0.10 |
| 培训 | 0.2 | 0.3 | 0.06 |

表 9-8 为风险概率/影响矩阵，显示风险等级的阈值，根据风险概率/影响矩阵，可以评定风险的等级。例如，与主机连接风险事件发生的概率为 0.8，风险评分为 0.64，那么风险的评级为高。对每一个风险都做这样的评级，就能得到风险等级表，见表 9-9。

**表 9-8 风险概率/影响矩阵**

| 概率 \ 影响 | 0.05 | 0.2 | 0.4 | 0.6 | 0.8 |
|---|---|---|---|---|---|
| 0.8 | <u>0.04</u> | <u>0.16</u> | 0.32 | 0.48 | 0.64 |
| 0.6 | <u>0.03</u> | <u>0.12</u> | 0.24 | 0.36 | 0.48 |
| 0.4 | [0.02] | <u>0.08</u> | <u>0.16</u> | 0.24 | 0.32 |
| 0.2 | [0.01] | [0.04] | [0.08] | <u>0.12</u> | <u>0.16</u> |

注：加方框数字表示低风险级别，划横线数字表示中等风险级别，波浪线表示高风险级别

表 9-9　风险等级表

| 风险因素 | 风险等级 |
|---|---|
| 与主机连接 | 高 |
| 供应商的服务期限 | 高 |
| 软件兼容性 | 中 |
| 硬件兼容性 | 中 |
| 供应商的售后服务 | 低 |
| 培训 | 低 |

（资料来源：赫尔德曼．PMP项目管理专家全息教程[M].2版．爱丁，等译．北京：电子工业出版社，2004年）

### 9.3.3　项目风险评价的结果

通过项目风险评价，项目风险管理人员可以确定风险等级及风险排序结果。常见项目风险评价结果包括以下几种。

1. 项目整体风险等级

通过比较项目间的风险等级，对该项目的整体风险程度做出评价。项目的整体风险等级将用于支持各种项目资源的投入策略及项目继续实施或者取消的决策。

2. 项目风险评价表

项目风险评价表将按照高、中、低类别的方式对风险和风险状况做出详细的表示，风险表可以表述到WBS的最底层。风险表还可以按照项目风险的紧迫程度、项目的费用风险、进度风险、功能风险和质量风险等类别单独做出风险排序和评估。对重要风险的风险概率和影响程度要有单独的评估结果并给出详细说明。

3. 附加分析计划表

对高等或者中等程度的项目风险应该列为重点监测对象，做出更为详尽的分析与评价，其中应该包括对进行下一步的风险应对计划的建议与分析。

## 9.4　项目风险应对

项目风险应对是项目风险计划、项目风险识别、项目风险评价之后的实质性控制项目风险的环节，是上述风险管理努力转化为风险控制成果的关键环节。通过风险应对措施，项目管理人员可以降低、分散或者转移风险，从而确保项目目标的达成。

### 9.4.1　项目风险应对的概念

项目风险应对是指针对风险量化结果，为降低项目风险的负面效应，根据风险性质和决策主体的风险态度，以及对风险的承受能力而制定的回避、承受、降低或者分担风险等相应防范计划的一系列过程。

众所周知，风险与机遇并存。例如，在进行风险决策时，人们可以考虑风险自留，从而节省购买保险的费用，但需要承担一旦风险发生时所造成的损失；当然，人们也可以考虑购买保险来避免风险造成的损失，但必须付出额外的保险费。因此，风险决策过程，或者说风险应对措施的确定是一个复杂的系统工程，需要结合不同风险承担主体的风险态度和风险承受能力来统筹考虑。优化决策既要考虑项目的风险，同时也要考虑承担一定的风险可能会给项目带来机遇和潜在的收益。

不同的人对事物的认识和感知是不同的，对风险环境所采取的态度也是不一样的。因此，在决定风险应对计划的时候，项目管理团队或者人员的风险态度是起决定性作用的关键因素。诺贝尔经济学奖获得者阿罗(Arrow)将人们对风险的态度分为冒险型、保守型和中庸型3种，利用效用理论，这3种不同类型的人的风险效用曲线如图9-6所示。线条A代表冒险型投资者的心理函数曲线，可以看出他对效益预期敏感，而对损失预期不敏感，属于追求高利润而敢于冒风险的乐观主义者；线条C代表保守型投资者的心理函数曲线，可以看出他对损失预期敏感，而对效益预期不敏感，属于那种不求大利，但求安全的悲观主义者；而线条B代表中庸型投资者，他心中的那杆秤比较接近标准度量衡的客观值。图中可以看出，同样面对500万元的效益预期，A的风险承受底线是300万元，B是250万元，而C只有180万元。

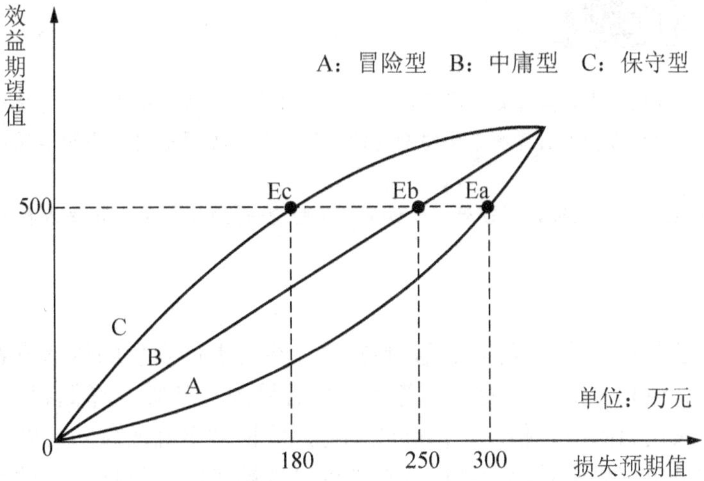


**图9-6　三种不同类型的人的风险效用曲线**

### 9.4.2　项目风险应对的措施

风险应对可以从改变风险后果的性质、风险发生的概率，以及风险后果大小3个方面提出多种策略。对不同的项目风险可以采取不同的处置方法和应对策略，对同一个项目所面临的各种风险，可综合运用各种策略组合进行处理。风险应对的措施主要有如下几种。

1. 风险回避

风险回避是指当项目的潜在风险发生可能性太大，不利后果太严重，又没有其他有效的对策来降低该风险的时候，主动放弃项目或者改变项目目标与行动方案，从而规避风险的一种策略。从风险管理的角度看，风险回避也就是拒绝承担风险，这是一种最彻底的消除风险的方法。同时，由于放弃了原有项目，也就放弃了原有项目可能带来的收益，因此，这也是最消极的一种风险应对措施。

在以下几种情况下，项目管理人员通常需要考虑采用风险回避应对措施。

(1) 客观上不需要的项目，没有必要冒险。

(2) 项目风险事件发生概率很大且后果损失也很大的项目。

(3) 发生损失概率并不算大，但当风险事件发生之后产生的损失是灾难性的、无法弥补、项目无法承受的。例如，在人口稠密地区建设核电站，一旦发生核泄漏，将危及成千上万人的生命安全。

**应用举例 9-1**

美国某州政府招标进行该州一主干河流的清淤工程，需拓宽河道、增加河流抵御洪水的能力，这本是一个对公众有利的项目。但该河流上游是一个湖泊，是许多动物栖息的自然保护区。河道拓宽，上游湖泊水位下降，改变了动物的生存环境。因此，在工程进行不到两个月的时候，动物保护组织向州政府提出了抗议，州政府被迫终止了工程项目。

从上面的案例中可以看出，虽然该工程已经进入施工阶段，州政府终止工程意味着承包商面临巨额索赔，但是，州政府的行为一方面保护了动物栖息的家园，另一方面赢得了当地居民的信任，避免了一次政治危机。

(资料来源：王家远，刘春乐．建设项目风险管理[M]．北京：中国水利水电出版社，2004)

2. 风险减轻

通常把风险控制行为称为风险减轻，包括减少风险事件发生的概率或者控制风险的损失，其目标是降低风险发生的可能性或者将风险后果的不利影响降低到可以承受的范围。在某些情况下，采用风险减轻措施可能会收到比风险回避更好的风险效果。

项目管理人员应用风险减轻策略的前提条件是能够了解和把握风险的有关情况，同时拥有减轻项目风险的相关资源。因此，虽然风险的影响有时候很难估计，但有效的风险识别与评价仍然是非常用的，对于不是十分明确的风险，要将其减轻困难是很大的。同时，在进行风险减轻之前，必须要将风险降低的程度具体化，即要确定风险降低后的可接受水平。另外，风险减轻并不能完全消除项目风险，还会存在残余的风险。残余的风险同样需要进行适当的识别与管理。

在进行风险减轻行动的时候，将所有的风险都减轻是不现实的。因此，必须有所侧重，集中力量专攻重点风险因素。有时高风险是由于风险耦合作用而引起的，一个风险降低了，其他一系列风险也会降低。

**应用举例 9-2**

在建筑施工现场，人们将安全帽、安全网、安全带称为建筑"三宝"。建筑"三宝"是建筑行业降低施工安全风险的有效手段。据统计，在施工安全事故中，高处坠落、物体打击两种施工安全事故占总安全事故的比例一直居高不下。为了有效防止这两种安全事故，降低建设施工项目的安全风险，人们发明了安全帽、安全网、安全带。安全帽、安全带能够降低高空坠落、物体打击的伤亡率，降低了施工安全风险的后果；安全网能够降低高空坠落与高空坠物的概率，从而降低了高空坠落、物体打击两类安全风险发生的概率。三者的结合使用能够有效降低上述施工安全风险。

3. 风险分散

风险分散是指通过增加风险承担者，将风险各个部分分配给不同的项目参与方，或者说将一项大的项目风险在时间上、空间上、承担者上进行分散，以达到减轻项目总体风险的目的，如河流分洪道的设置、抗震救灾全民大捐款等，都是风险分散的典型案例。做风险分散分配的时候必须掌握一个原则，那就是风险必须分配给最有能力控制风险且有最好的控制动机的一方。参与方缺乏控制能力，就无法做到合理控制该风险，最终反而会使该风险扩大化；参与方缺乏控制该风险的动机，就算其有能力控制风险，也不一定会去认真控制，俗话说得好，"无利不起早"。同时，风险的分散也就意味着风险控制权的分散。如果试图把风险分配给他人但又不想转移对该风险的控制权，那将会导致风险成本的全面增加。

**应用举例 9-3**

项目经理发现一大群民工正围着自己的助理小张吵吵嚷嚷。他站在门外听了一会儿，这群民工大部分是来讨工资的，另一部分民工要求增加劳动安全措施，还有人反映伙食待遇太差，一个小伙子大声嚷着抗议管理人员打骂工人。小张被一大群人围着，百口难辩，急了不得不提高嗓门。民工见他也大喊大叫，纷纷指责他态度不好，对他推推搡搡地扬言要揍他。

眼看就要酿成暴力事件了，总经理突然推开门走进来。民工一看领导来了，立刻撇下小张，向他围过来。总经理大声宣布："工友们，刚才我听到你们反映了4个问题，一是欠薪的问题，二是劳动安全问题，三是生活待遇问题，四是管理人员工作态度问题。我说的没错吧?"

民工齐声说："没错"。总经理接着说"这4个问题我们分头解决。讨工资的人跟我去会议室，由我亲自处理；反映安全问题的留下，小张你接待一下；财务老王你来处理一下生活待遇问题，带他们到财务室去；反映管理人员打人到隔壁房间找李副总，告诉他我授权他处理。"

一分钟之后，办公室的人群被分成了4拨，一场危机顷刻化解。

(资料来源：房西苑，周蓉翌．项目管理融会贯通[M]. 北京：机械工业出版社，2010)

4. 风险自留

有些时候，项目管理人员可以把风险事件的不利后果自己承担起来，并做好相应的准备工作。在项目管理实践中，一方面，许多项目风险发生的概率很小，且造成的损失也很小，采用风险回避、降低、分散或者说转移的手段都难以发挥其效果，以至于项目管理团队不得不自己承担这样的风险。另一方面，有时必须承担一定的风险才能够获得较好的收益。因此，项目管理人员也可以在对风险做出比较准确的评估的基础上，量力而行，采取适当的财务准备，主动地承担全部或者一部分风险。

风险自留是一种建立在风险分析与评价的基础上的财务技术，主要依靠风险管理主体自身的财力去弥补财务上的损失。因此，必须对项目风险有充分的认识，对风险后果有比较准确的评估。总的原则是，如果采用风险自留的方案，所承担的损失必须少于或者等于所获得的收益。

**应用举例 9-4**

在做酒店预订服务(网络或者电话)的风险分析中，一个被识别出来的风险是，会员预订了酒店，但是中途爽约或改变日程，不去住。

风险识别出来了，怎么办？现实中人们曾经设想过各种各样的办法，如让旅客先交押金，或者只能使用信用卡，或者记录黑名单等，但是这些减轻风险的方法最终都被一一否决了。一个道理很简单，你不能给客户找任何一点麻烦，只要有一点麻烦，就会造成客户流失。风险倒是没有了，但同时也没有生意了。

怎么办呢？只有一条出路，硬着头皮顶着。人们计算了一下，客户爽约的情况大约占整个预订量的15%左右，只能把这当成正常损耗计入成本。当然，还是采取了一些风险减轻措施，如事先口头叮嘱客户，只能为他保留房间至下午六点，如果六点钟赶不到，除非他事先打电话确认，否则房间被酒店租出，我方概不负责。这样既解脱了酒店的义务，也堵住了旅客的口。不过，酒店很难有100%住满的情况，即使旅客过了六点钟赶到，一般酒店也不会刁难他。

（资料来源：房西苑，周蓉翌．项目管理融会贯通[M]. 北京：机械工业出版社，2010）

5. 风险转移

风险转移又称风险合伙分担，其目的不是降低项目风险发生概率和不利后果的大小，而是借助合同或者协议，在风险事件发生时将损失的一部分转移到项目之外的第三方。采用风险转移方式来应对风险的代价取决于风险的大小。当项目资源有限，不能实行减轻或者分散，或者说风险发生的频率不是很高，但潜在的损失很大的时候，可以采取此种风险应对策略。

要注意的是，所谓风险的转移，是指通过某种方式将某些风险的后果连同对风险应对的权力和责任转移给他人。转移本身并不能消除风险，只是将风险管理的责任和可能从风险管理中获取的利益移交给了他人。因此，实施这种策略要遵循两个基本原则：第一，必须要让承担风险者获得相应的回报；第二，对于各种具体风险，谁最有能力管理就转移给谁。

风险转移主要通过以下方式进行。

(1) 保证担保。例如，建筑施工项目承包商请银行或者其他非银行金融机构向项目业主承诺为承包商在投标、履行合同、归还预付款等工作中的违约或者失误承担间接责任。

(2) 保险。保险是一种非常有效的风险转移方式，是在项目实施过程中引入了另一种由市场利益驱动的风险转移机制。通过保险，将项目可能会遇到的某些类型的风险转移给盈利性质的保险公司来承担。当然，这种风险的转移是有偿的，投保人需要按照合同约定支付保险费。

(3) 出售。以买卖契约的方式转移风险。也就是说，项目所有权转移的同时，项目风险的承担主体也发生了改变。

(4) 发包。通过从项目组织外部获取货物、工程或者服务而把风险转移出去的风险应对方式。服务外包、工程分包就是典型的通过发包方式将风险转移出去的方法。

**应用举例 9-5**

在为一家酒店集团做一个融资项目时，项目管理人员仔细研究了该酒店集团的利润结构，发现最盈利的部门是客房部，它以不到总成本20%的投入为酒店贡献了将近80%的收入，风险最大的部门是餐饮部，它以超过总成本50%的投入只换来了10%左右的收入。于是，项目经理向董事会提出建议，转型为汽车旅馆式的快捷酒店，砍掉所有餐饮项目，只提供无需后厨的简单早餐。

董事长很欣赏这个建议，但是面有难色。因为餐饮服务是酒店评星级的重要标准，砍掉了餐饮部门，固然卸下了一个亏损包袱，但是同时也就丧失了星级。

“为什么不把餐厅承包出去呢?”项目经理说，“既转移了风险、降低了成本，又保住了星级，还能稳稳当当地获得一笔房租收入。何乐不为?”

是啊，为什么不呢？董事长自言自语道。后来他采纳了这个建议，于是酒店盈利率大幅度上升。

(资料来源：房西苑，周蓉翌．项目管理融会贯通[M]．北京：机械工业出版社，2010)

## 9.5 项目风险监控

### 9.5.1 项目风险监控的目标和依据

项目风险监控是指在整个项目过程中，跟踪已识别的风险，监测剩余风险并不断识别新的风险，修订风险管理计划，保证其切实执行，并评估这些计划对降低风险效果的一系列风险管理与控制过程。在项目的实施过程中，无论采用什么样的风险控制措施，都很难将风险完全消除，而且原有的风险消除之后，还可能产生新的风险。因此，定期对风险进行监控就是一项必不可少的工作内容。

#### 1. 项目风险监控的目标

项目风险监控的主要目标如下。

(1) 努力及早地识别项目的风险。

(2) 努力避免项目风险事件的发生。

(3) 积极消除项目风险事件的不利后果。

(4) 充分吸取项目风险管理的经验和教训。

### 2. 项目风险监控的依据

(1) 项目风险管理计划。项目风险管理活动都是依据这一计划开展的，但是在发现新的风险之后要立即更新项目风险管理计划。因此，项目风险监控工作都是依据不断更新的项目风险管理计划开展的。

(2) 项目实际风险发展变化情况。项目风险实际情况的发展变化也是项目风险监控最重要的依据之一。

## 9.5.2 项目风险监控的内容和步骤

### 1. 项目风险监控的内容

风险管理计划实施后，人们的风险控制行动必然会对风险的发展产生相应的效果，其过程是一个不断认识项目风险的特性及不断修订项目风险管理计划和行为的过程。对于这一过程的监控，主要包括以下内容。

(1) 评估风险控制行动产生的效果。

(2) 及时发现和度量新的风险因素。

(3) 跟踪、评估残余风险的变化和程度。

(4) 监控潜在风险的发展、监测项目风险发生的征兆。

(5) 提供启动风险应急变化的时机和依据。

### 2. 项目风险监控的步骤

项目风险监控的步骤如下。

(1) 建立项目风险监控体系。主要包括项目风险监控的方针、项目风险控制的程序及项目风险控制的管理体制，如项目风险责任制度、项目风险信息报告制度、项目风险控制决策制度、项目风险控制的沟通程序等。

(2) 确定要监控的具体项目风险。根据风险评价的结果，确定需要监控的具体项目风险。

(3) 确定项目风险的监控责任。分配和落实具体风险监控责任的工作，要求所有需要监控的风险都要落实到人，做到风险监控、人人有责。

(4) 确定项目风险监控的行动时间。要求根据风险特征确定执行风险监控的时间与进度安排，确保项目风险监控能够及时有效。

(5) 制定各具体项目风险的控制方案。负责具体项目风险监控的项目管理人员，应该根据风险的特性与风险控制进度安排，制定各具体项目风险的控制方案。

(6) 实施具体项目风险的控制方案。按照确定的具体项目风险控制方案，开展项目风险控制活动。必要时，根据风险发展与变化情况，不断修订项目风险控制方案与应对措施。

(7) 跟踪具体项目风险的控制结果。收集风险事件控制工作的信息并给出反馈，从而指导项目风险控制方案的具体实施。

## 本章小结

项目风险管理是指由项目管理团队通过风险识别、项目分析与评估，并以此为基础合理使用多种管理方法、技术和手段，对项目活动涉及的风险实行有效地应对与控制，以期以最小的项目成本实现项目总体目标的一系列专项管理工作。本章从风险与风险管理出发，阐述了项目风险与项目风险管理的定义，分析了项目风险管理的过程，介绍了风险识别、风险分析与评价、风险应对、风险监控的概念、内容、程序与方法。

## 习　　题

### 一、名词解释

1. 项目风险　　2. 项目风险管理
3. 风险回避　　4. 项目风险监控

### 二、单项选择题

1. 下面属于风险识别的方法的是(　　)。
A. 期望损益法　B. 模拟仿真法　C. 敏感性分析法　D. 德尔菲法
2. 购买保险是(　　)风险的例子。
A. 减轻　B. 转移　C. 自留　D. 回避
3. 对于风险事件发生概率很大且后果损失也很大的项目，常采用的风险应对的措施是(　　)。
A. 减轻　B. 转移　C. 自留　D. 回避

### 三、多项选择题

1. 项目风险管理的过程包括(　　)。
A. 风险识别　B. 风险计划　C. 风险评价　D. 风险应对　E. 风险监控
2. 按照项目范围进行划分，项目风险可以分为(　　)。
A. 系统风险　B. 纯粹风险　C. 投机风险　D. 整体风险　E. 非系统风险

### 四、简答题

1. 项目风险的特征有哪些？
2. 项目风险管理的成本效益原则是什么？
3. 什么是项目风险识别？其识别的主要内容是什么？
4. 什么是风险评价？常用的风险评价方法包括哪些？

**案例分析**

### 某电信公司项目风险管理

2000年，国内一家省级电信公司(H公司)打算上某项目，经过发布需求建议书(Requirement For

Payment, RFP)，以及谈判和评估，最终选定A公司为其提供IP电话设备。B公司作为A公司的代理商，成为了该项目的系统集成商。李先生是该项目的项目经理。

该项目的施工周期是3个月。由A公司负责提供主要设备，B公司负责全面的项目管理和系统集成工作，包括提供一些主机的附属设备和支持设备，并且负责项目的整体运作和管理。A公司和B公司之间的关系是一次性付账。这就意味着A公司不承担任何风险，而B公司虽然有很大的利润，但是也承担了全部的风险。

3个月后整套系统安装完成。但自系统试运行之日起，不断有问题暴露出来。H公司要求B公司负责解决，可其中很多问题涉及A公司的设备问题，因而B公司要求A公司予以配合。但由于开发周期的原因，A公司无法马上达到新的技术指标并满足新的功能。于是，项目持续延期。为完成此项目，B公司只好不断将A公司的最新升级系统(软件升级)提供给H公司，甚至派人常驻在H公司(外地)。

又经过了3个月，H公司终于通过了最初验收。在B公司同意承担系统升级工作直到完全满足RFP的基础上，H公司支付了10%的验收款。然而，2002年底，A公司由于内部原因暂时中断了在中国的业务，其产品的支持力度大幅下降，结果致使该项目的收尾工作至今无法完成。

问题：

1. 分析该项目存在的主要问题和原因。

2. 如果你是李经理，你觉得应如何进行该项目的风险管理?

# 第10章 项目资源管理

## 学习目标

| 知识目标 | 技能目标 |
| --- | --- |
| (1) 了解项目资源的分类<br>(2) 了解项目资源计划编制的依据<br>(3) 掌握项目资源计划编制的方法<br>(4) 掌握在工期和资源约束下的资源均衡和配置方法 | (1) 能够运用资源负荷图、资源甘特图等方法编制资源计划<br>(2) 掌握工期约束下的资源均衡方法<br>(3) 掌握资源约束条件下的资源分配技术 |

## 知识结构

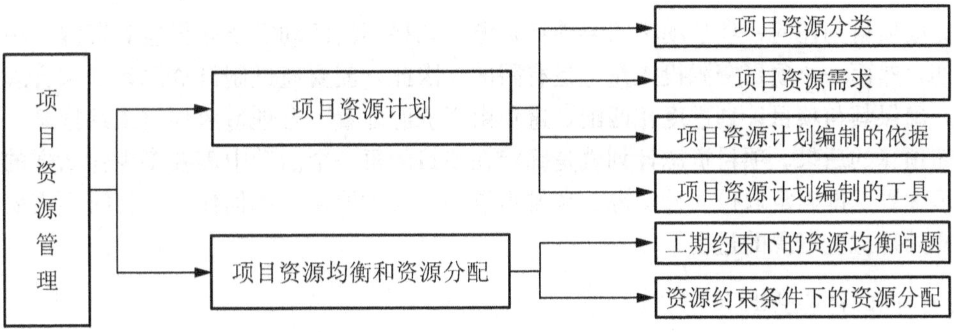

导入案例

## 成功的项目管理

美国东部的一个金融服务公司发现，公司内部重要的战略型大项目，总是远远落后进度计划并超过预算。在项目的开始和进行过程中，预算就已经开始超支、进度基准计划也开始落后，延迟变得非常严重，以致公司需要从项目管理顾问公司聘请专家以获得帮助。顾问公司在调查公司的运转情况后确信，造成特定项目和公司项目管理实践中出现问题的主要根源是未能准确预测资源需求，项目的领导在没有考虑资源可用性的情况下，就制订了要求过高的进度计划。用其中一位顾问的话来描述就是："没有足够的全职人力资源来分配项目。"由于过多的外界责任，没有人愿意直接承担项目中的工作，人们修改了配置，所有人在工作中都落后于进度计划。

根据识别出的问题，顾问所做的第一步是，让高层领导重新检查项目团队的工作分配情况，将核心团队成员从其他工作中解脱出来，使其能全职投入到项目中。然后，项目其他支持成员也从多任务处理中解放出来，并以全职或基本全职的形式参与到项目中。公司还根据顾问提出的其他建议做出了相应的变更，最后的结果是项目进度和活动历时估计与实际的资源需求和可用性相一致。

（资料来源：杰克·吉多，詹姆斯·P. 克莱门斯. 成功的项目管理[M]. 张金成，译. 北京：电子工业出版社，2005）

# 10.1 项目资源计划

完成项目的任何一项活动都需要消耗资源，如果不按活动需要来供应其资源，项目就要延期，然而一个项目资源投入量总是有限的。因此，就要通过制订资源计划来合理安排资源，确保其与项目计划进度相匹配，避免由于资源配置不合理造成项目工期拖延、实际成本超预算的后果。项目资源计划就是确定在项目的每一个活动中需要多少什么样的资源并合理配置，即确定取得何种资源、从哪里取得、何时取得、如何使用、何时不需要，以及怎样处理这些资源的过程。

## 10.1.1 项目资源分类

资源是人们创造出产品(即形成生产力)所需的各种要素，又称生产要素。项目资源是对项目实施中使用的人力、材料、设备、技术、资金和基础设施等的总称。在项目管理中，对所使用的资源进行分类的方法很多，常见的有以下 3 种分类方法。

1）根据会计学原理对项目所需要的资源进行分类

根据会计学原理对项目所需要的资源进行分类，可将项目实施所需要的资源分为劳动力成本(人力资源)、材料成本及诸如分包、借款等其他"生产成本"。这种分类方法对于预算和会计核算非常适用。但其主要缺点是未包含诸如信息之类的无形资源，也没有体现项目资源管理的主要方面，如资源的可得性。

2）根据项目所需要的资源的可获得性进行分类

根据项目所需要的资源的可获得性进行分类，主要分为可以重复使用的资源，如普通劳动力和设备，这类资源可以用于相同范围的项目的各个时间阶段；消耗性的资源，这类资源在项目的开始阶段，往往是以总数形式出现的，并且将随着时间的推移而被消耗掉，如各种材料或计算机的机时；双重限制资源，这类资源在项目的各个阶段的使用数量是有限制的，并且在整个项目的进行过程中此类资源总体的使用量也是有限的，一个项目所需要的资金就是一种双重限制资源。基于这种分类，利用可重复资源的目标就是减少停机时间或增大利用率；利用消耗性资源的一个目标就是增加效率，即投入产出比。

3）根据项目进行中所需要的资源的特点进行分类

根据项目进行中所需要的资源的特点进行分类，可分为两类。其中一类为没有限制的资源，这类资源在项目的实施过程中，对成本来说没有数量的限制，如未经过培训的劳动力或者通用设备；另一类是价格非常昂贵或者在整个项目的工期内，不可能完全得到的资源，如项目实施过程中使用的特殊试验设备或参与多个项目的技术专家。这类资源还包括在整个项目中只能取得某一固定数量的资源。例如，需要很长订货时间的稀缺原材料，由于交货期比较长，在项目开始实施之前，此类材料的预订数量要能够满足项目整个工期的要求，因为此类材料的供应是有限制的。

一般情况下，在制订计划的过程中，对于那些消耗性的资源和有限制的、需要定期使用的资源，应该给予单独考虑。也就是说，在制订项目计划时，既要保证对没有约束的资源的有效使用，又要强调对有约束资源的使用进行严格的控制。

但是在项目的开始阶段，把项目所需要的各种资源准确地分配到各个活动中去，常常是不可能做到的事情。这是因为在最初的阶段，潜在的不确定性掩盖了项目的各个活动对资源的需求。从这个意义上来说，资源计划的制订应该是一个连续不断的过程，它贯穿于项目的整个生命周期。

### 10.1.2 项目的资源需求

**阅读材料**

#### 管理"怪人"

经过在太阳微系统公司的成功职业生涯后，埃里克·施密特(Eric Schmidt)接管了挣扎中的Novell公司，并在两年内使它发生了巨变。他成功的关键之一是能够管理那些负责开发硬件、软件这些电子企业支柱技术的"怪人"。他用"怪人"(Geek)这个词来描述这些统治数码世界的技术专家。

对于将"怪人"分配到项目中，施密特有一些有趣的想法。他认为将"怪人"集中到项目中，与其他"怪人"一起工作，会产生有效的竞争压力。"怪人"很在乎其他"怪人"怎么看待自己，善于判断技术工作的质量，迅速对他人的工作给予赞扬或批评。某些"怪人"有令人不堪忍受的傲慢，但施密特认为这些"怪人"在项目中共同工作是控制"怪人"的最好办法——使其互相控制。

同时，施密特认为"怪人"太多也会坏事。他的意思是，在开发团队中"怪人"太多就倾向于太注重技术，可能会忽视期限要求，延误就难以避免了。为了克服这一倾向，他建议只在小团队中使用"怪人"。他建议将大项目分成较小的更好管理的项目，小的"怪人"团队就可以分配到这些项目上，这能使项目按时完成和团队间互相负责。

（资料来源：克利福德·格雷，埃里克·拉森．项目管理教程[M]．黄涛，等译．北京：人民邮电出版社，2005）

在实际工作中，项目的生命周期影响着项目对资源的需求。在项目的初始阶段，工作重点是设计，这项工作需要受过高等培训的人员，如系统分析师、财务计划员和设计工程师来承担。在接下来的阶段中，实施工作逐渐成为工作重点，而且对各种设备和材料的需求额在不断增加。资源需求与项目生命周期的各个阶段的关系可以用图形清楚地表示出来。图 10－1 表示在某项目生命期的各个阶段，对劳动力和材料这两种资源的需求状况。

在图 10－1 中，曲线(a)表示随着时间的变化，该项目对工程师的需求变化情况。从该条曲线的变化趋势可以看出，项目对工程师的需求在项目的高级开发阶段达到最高点。曲线(b)表示对非技术人员的需求，在项目的详细设计和生产两个阶段达到了最高点。曲线(c)表示该项目在各阶段对各种材料的需求变化情况，同曲线(b)的情形类似，项目对材料需求的最高点也发生在详细设计和生产两个阶段。

在大多数情况下，项目管理人员可以通过认真仔细的计划制订和控制工作，来改变图 10－1 中各条曲线的形状。利用进度计划中的时差是一种改变项目对资源的需求状况的有效方法。由于项目的某项活动总是可以在计划确定的范围内开始，因此，通过尝试采用不同的分配方式，就可以达到较高资源利用率和较低的成本支出。

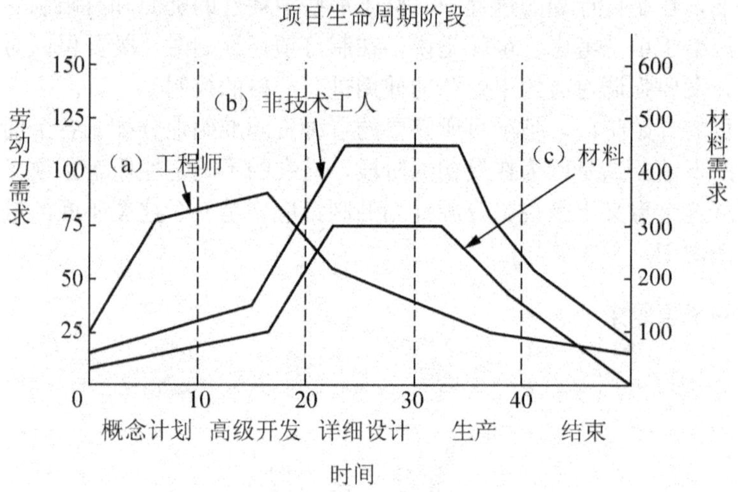


**图 10－1 项目生命周期典型资源需求状况**

### 10.1.3 项目资源计划编制的依据

项目资源计划是通过分析和识别项目的资源需求，确定项目所需资源的种类、数量、质量和投入时间，从而制订出科学、合理的项目资源供应计划的项目管理活动。项目资源计划的编制只有与项目质量和进度计划综合考虑，才能做到科学、合理和可行。项目资源计划编制的依据主要有以下几方面。

#### 1. 工作分解结构

一个项目的工作分解结构列出了为完成该项目所要做的工作内容。每一项工作内容都需要消耗不同种类、数量和质量的资源。因此，工作分解结构是项目资源计划编制的主要依据之一。

2. 项目范围计划

项目范围计划包括对项目目标、项目产出物和项目工作范围等内容的全面说明和描述，以及计划安排。这些内容对项目所需资源的种类、数量和质量有重要影响。因此，项目范围计划也是项目资源计划编制的依据之一。

3. 项目进度计划

项目进度计划是控制项目进程的最主要的纲领性文件，它规定了项目各项活动的开始和结束时间，因而也就决定了各种项目资源的投入时间和投入资源。因此，资源计划必须以进度计划为依据来制订，以使项目组织能够适时地、有计划地安排合适的资源。

4. 项目资源描述

项目资源描述是对项目所需资源的种类、数量和质量的描述和说明，具体包括项目需要哪些种类的资源、这些资源的特性和要求是什么、项目什么时候需要这些资源等。要制订一个科学合理的资源计划，必须考虑项目资源描述。

5. 历史资料

历史资料是指已经完成的同类项目的资源需求和使用情况，其对本项目的资源计划编制有重要的参考作用。

6. 资源库信息

资源库是项目所拥有的可供使用的资源的描述集合。它既包括项目实施组织自身所拥有的资源，也包括整个社会能够为项目提供的各种资源。只有在掌握了这方面的信息以后，项目管理人员才能够做出切实可行的项目资源计划。

7. 组织的方针政策

组织的方针政策包括的内容很广。其中，组织在人力资源、设备和材料的选用、获得资源的手段与方式等方面的方针政策，会对项目资源计划产生影响，如项目中劳务人员是外包还是本企业职工、设备是租赁还是购买，都会对资源计划产生影响。

### 10.1.4 项目资源计划编制的工具

项目资源计划编制的工具主要是一些方便资源统计或说明的图表，常用的有以下几种。

1. 资源数据表

资源数据表是用来说明完成项目中的各种资源在各时间段上数量需求情况，见表10-1。

表 10-1 资源数据表

| 需求资源种类 | 需求资源总量 | 项目进度阶段(时间) | | | | | 备注 |
|---|---|---|---|---|---|---|---|
| | | 1 | 2 | 3 | …… | 4 | |
| 资源 1<br>资源 2<br>资源 3<br>资源 4<br>……<br>资源 $n$ | | | | | | | |

2. 资源计划矩阵

资源计划矩阵是项目 WBS 的直接产品，即根据 WBS 对项目资源进行分析、汇总，见表 10-2。资源计划矩阵能够说明完成项目中的工作所要用到的各种资源的情况，但是不能表明资源的投入时间。

表 10-2 资源计划矩阵

| WBS 结果 | 资源需求量 | | | | 备注 |
|---|---|---|---|---|---|
| | 资源 1 | 资源 2 | …… | 资源 $n$ | |
| 工作包 1 | | | | | |
| 工作包 2 | | | | | |
| 工作包 3 | | | | | |
| …… | | | | | |
| 工作包 $n$ | | | | | |

3. 资源甘特图

资源甘特图用以反映资源在项目周期内各个项目阶段被占用的情况，是资源数据表的更加直观的形式，如图 10-2 所示。

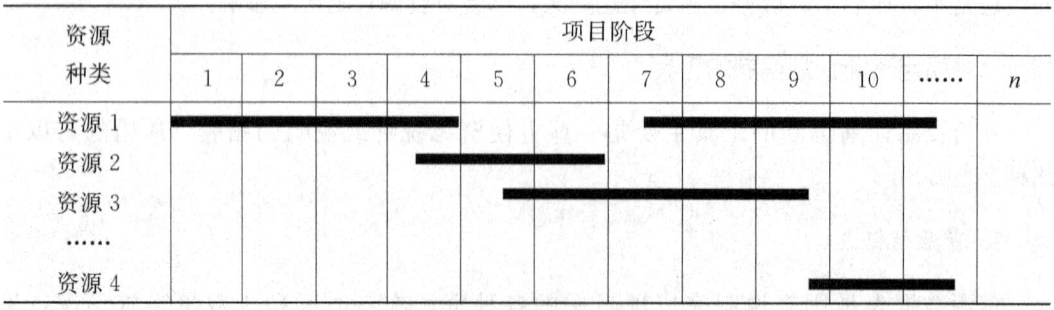


图 10-2 资源甘特图

4. 资源负荷图

资源负荷图用以给出在项目周期内各个阶段所需要的某种资源的数量。图 10-3 为某项目的人力资源负荷图，图中横坐标是项目进度，纵坐标为各阶段需要的劳动力资源的数量，用工时数表示。

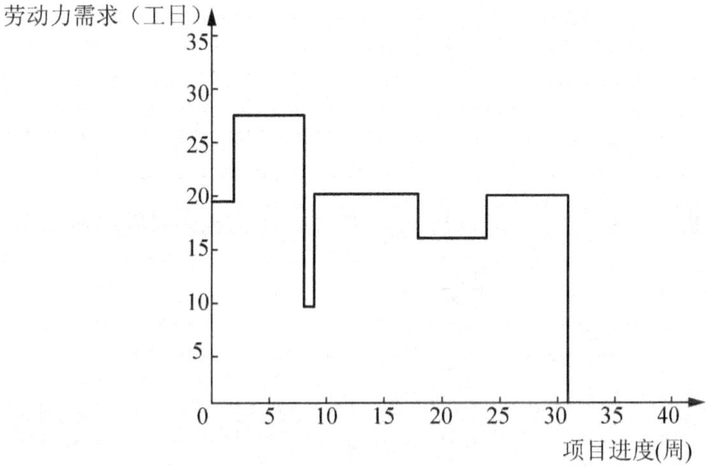


图 10-3 人力资源负荷图

## 10.2 项目资源均衡和资源分配

资源均衡是制订使资源需求波动最小化的进度计划的一种方法。这种方法是为了尽可能均衡地利用资源并满足项目的进度计划要求。因为对于劳动力来说，资源的成本将随着雇佣人数和培训人员的需要而增加；对于材料来说，使用量的波动意味着短缺需求的增加，因而要更加重视材料计划的制订与控制工作。

要保证项目进度计划的顺利执行就必须保证项目资源的合理配置，项目资源的分配受项目总工期和其中每一项活动历时的限制。当项目资源分配比例不均衡时，就要在不影响工期的前提下，在系统内部对资源分配进行调整，即为了保持资源需求均衡水平而推迟那些非关键活动(即时差为正值)的最早开始时间，但只能推迟到所有时差为正值的活动不再有正时差为止，否则，会使项目超过预定完工日期。当资源的分配超出了系统所能供给的最大资源限量时，要对导致资源冲突的活动的时间安排进行调整，从而更新初始进度计划。

### 10.2.1 工期约束下的资源均衡问题

为了便于研究项目的资源需求和活动的进度安排之间的关系，假定在下面讨论的项目中只使用一种资源，即劳动力资源。以表 10-3 的项目为例检查一下项目的资源需求是否均衡。

表 10-3　项目中的资源需求

| 活动 | 紧前活动 | 持续时间/周 | 每周需要的工日 | 需要的总工日 |
|---|---|---|---|---|
| A | — | 8 | 16 | 128 |
| B | — | 6 | 8 | 48 |
| C | A | 10 | 6 | 60 |
| D | A、B | 9 | 4 | 36 |
| E | — | 9 | 10 | 90 |
| F | C、D、E | 6 | 18 | 108 |
| G | F | 7 | 14 | 98 |

图 10-4 为根据活动逻辑关系表绘制的网络图，并将相关时间参数计算结果标于图上。

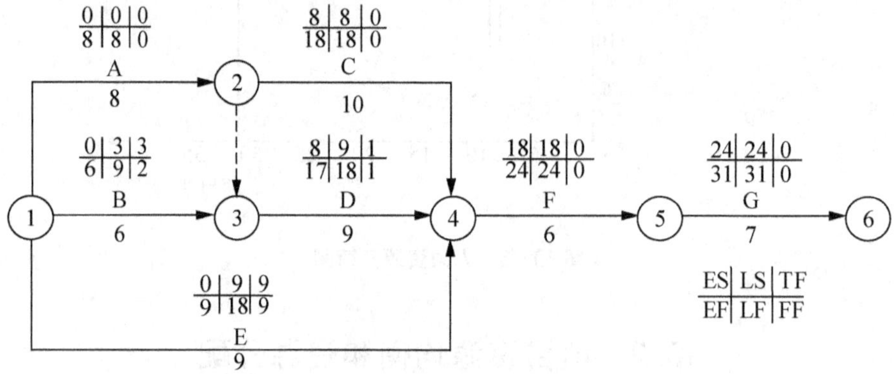


图 10-4　项目网络图

图 10-5 为该项目各活动按活动最早开始时间进行的进度计划的甘特图和资源负荷图。从图中可以看出，如果项目各活动按活动最早开始时间进行，则在项目的早期阶段，该计划对资源的需求量最大。在该项目中，最早的 6 个星期，每周共需要 34 个工日。如果每周工作 5 天，那么该项目在最初的 6 个星期中，每天需要 34/5=6.8 个工日，即 7 个专业人员。项目经理可以通过安排加班、两班轮换或者使用临时工等方法，保证满足每天对专业人员的需求。在该项目中，对资源的最低需求出现在第 17 周，每周只需 6 个工日。因此，本项目的最早开始计划使项目对资源需求的变化范围很大，最高位每周需 34 个工日，最低位每周 6 个工日，变化范围为 34−6=28 个工日。

由于进度计划的确定影响着项目对资源的需求，因此，在该项目中，项目均沿活动最早开始时间进行的甘特图与沿活动最迟开始时间进行的甘特图之间存在着一定的差别。图 10-6 给出了该项目活动按照最迟开始时间进行的甘特图和资源负荷图。从图 10-6 中可以看出，在最迟开始计划中，对资源需求的最高点从最早开始进度计划的第 1 周到第 6 周，转移到了第 3 周到第 8 周，并且资源使用的最大值也从每周 34 个工日减少到每周 24 个工日，最小值变成了每周 14 个工日，这样，在最迟开始计划中，该项目的资源需求的变化范围减小到了 24−14=10 个工日。

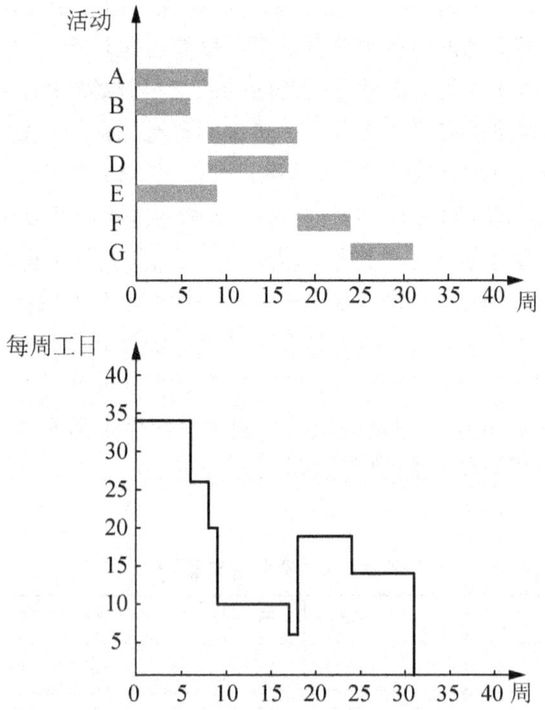


**图 10-5　最早开始进度计划的甘特图和资源负荷图**

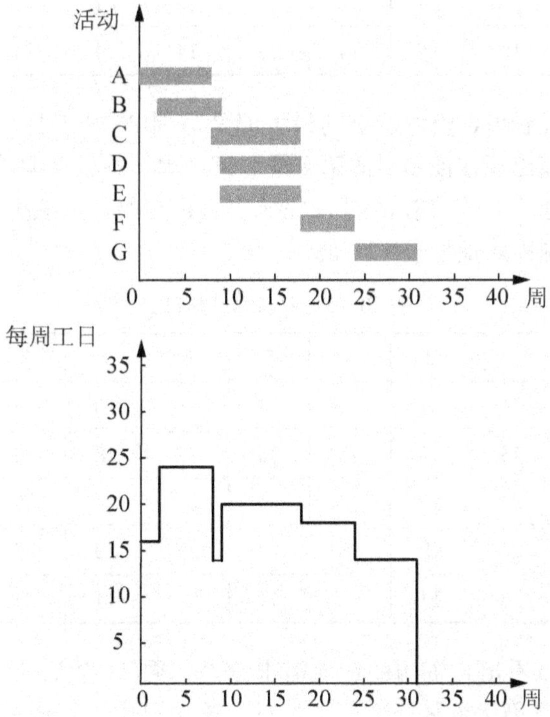


**图 10-6　最迟开始进度计划的甘特图和资源负荷图**

由此可见，在这两种项目进程下，总工期都是31周，但对于劳动力的需求差别却很大。如何能够在保证工期不变的情况下调整资源需求，就是资源均衡。这是一个反复试验法，即为了保持资源需求均衡水平而推迟那些非关键活动的最早开始时间，当然只能推迟非关键活动，否则，会使项目超过进度安排。下面进一步说明资源均衡的一般操作步骤。

（1）计算各阶段平均的工日数。整个项目总共需要568个工日。由于该项目的工期是31周，因此，每周需要568/31＝18.3个工日，为方便起见，以每周19个工日计。

（2）以最早开始进度计划和非关键活动为依据，从那些具有最大自由时差的活动开始，逐渐推迟某个活动的开始时间。在每一次变更以后，检查重新形成的资源需求图，使变更后的资源需求逐步接近计算的平均值。挑选资源变动最小的计划作为资源均衡的结果。

在该项目中，从图10-4可以看出活动E有9周的自由时差，是所有活动中最大的自由时差。因此，首先从E开始，把它的最早开始时间向后推迟6周，使其在活动B结束之后，再开始。这样第1周至第6周的资源需求减少了10个单位。各活动在不同的时间阶段对资源的需求量见表10-4。

**表10-4 资源需求量(一)**

| 时间/(周) | 1 | 2 | 3 | 4 | 5 | 6 | 7 | 8 | 9 | 10 | 11 |
|---|---|---|---|---|---|---|---|---|---|---|---|
| 需求量/工日 | 24 | 24 | 24 | 24 | 24 | 24 | 26 | 26 | 20 | 20 | 20 |
| 时间/(周) | 12 | 13 | 14 | 15 | 16 | 17 | 18 | 19 | 20 | 21 | 22 |
| 需求量/工日 | 20 | 20 | 20 | 20 | 10 | 10 | 6 | 18 | 18 | 18 | 18 |
| 时间/(周) | 23 | 24 | 25 | 26 | 27 | 28 | 29 | 30 | 31 | | |
| 需求量/工日 | 18 | 18 | 14 | 14 | 14 | 14 | 14 | 14 | 14 | | |

从表10-4中可以看出，资源需求的最大值是每周26个工日，最小值为每周6个工日。由于需求的最大值出现在该项目的第7周和第8周，并且E具有更进一步向后退出的潜力，所以，可以考虑将E安排在活动A完成之后再开始，以减少资源需求的波动范围，节约资源。这时，资源需求量见表10-5。

**表10-5 资源需求量(二)**

| 时间/(周) | 1 | 2 | 3 | 4 | 5 | 6 | 7 | 8 | 9 | 10 | 11 |
|---|---|---|---|---|---|---|---|---|---|---|---|
| 需求量/工日 | 24 | 24 | 24 | 24 | 24 | 24 | 16 | 16 | 20 | 20 | 20 |
| 时间/(周) | 12 | 13 | 14 | 15 | 16 | 17 | 18 | 19 | 20 | 21 | 22 |
| 需求量/工日 | 20 | 20 | 20 | 20 | 20 | 20 | 6 | 18 | 18 | 18 | 18 |
| 时间/(周) | 23 | 24 | 25 | 26 | 27 | 28 | 29 | 30 | 31 | | |
| 需求量/工日 | 18 | 18 | 14 | 14 | 14 | 14 | 14 | 14 | 14 | | |

从表10-5中可以看出，资源的最大需求量是每周24个工日，发生在第1周至第6周；最小的资源需求量仍然是每周6个工作日。该项目中，资源需求的变化范围减少至24－6＝18个工日。

活动B有2周的自由时差，如果将活动B作为第二个调整对象，把它向后推迟1周或者2周，其结果只能使第7周和第8周的资源需求量从每周16个工日，增加到每周24个工日，并没有使该项目的资源需求量的波动范围减小。因此，不能将活动B作为第二个调整对象。

现在，把注意力转向最后一个具有积极意义的自由时差的活动D，按计划活动D将在第9周开始，如果将活动D的开始时间向后推迟1周，那么，可以得到新的资源需求表，见表10-6。

表10-6 资源需求量(三)

| 时间/(周) | 1 | 2 | 3 | 4 | 5 | 6 | 7 | 8 | 9 | 10 | 11 |
|---|---|---|---|---|---|---|---|---|---|---|---|
| 需求量/工日 | 24 | 24 | 24 | 24 | 24 | 24 | 16 | 16 | 16 | 20 | 20 |
| 时间/(周) | 12 | 13 | 14 | 15 | 16 | 17 | 18 | 19 | 20 | 21 | 22 |
| 需求量/工日 | 20 | 20 | 20 | 20 | 20 | 20 | 10 | 18 | 18 | 18 | 18 |
| 时间/(周) | 23 | 24 | 25 | 26 | 27 | 28 | 29 | 30 | 31 | | |
| 需求量/工日 | 18 | 18 | 14 | 14 | 14 | 14 | 14 | 14 | 14 | | |

从表10-6中可以看出，资源需求的最大值仍是每周24个工日，但最小的资源需求量变为每周10个工日。因此，该项目资源需求的变化范围减少至24－10＝14个工日。这个变化范围同其他的调整方案相比，是比较小的。从这个角度来说，在该项目中，在不延长整个项目工期的情况下，做到了使资源需求的变化最小化，最大限度地达到了资源的均衡使用。

图10-7是与表10-6相对应的项目的甘特图和资源负荷图。

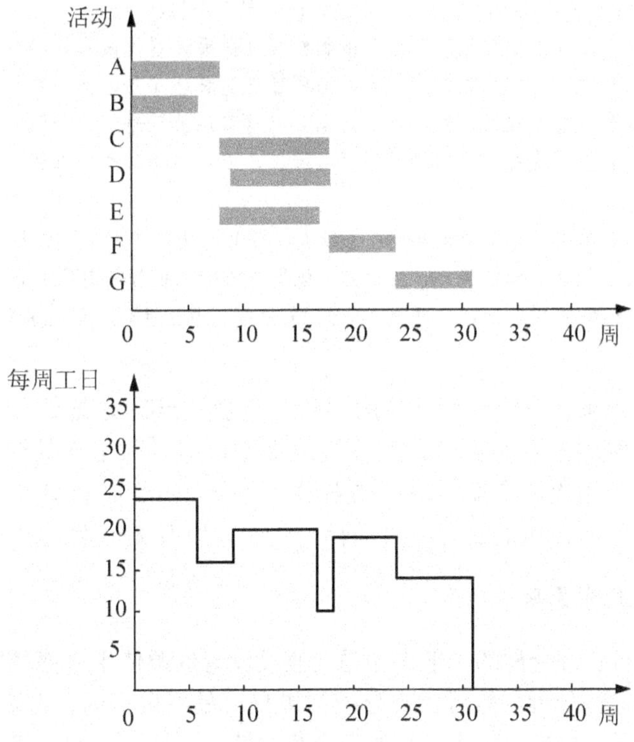


图10-7 实行资源均衡后的甘特图和资源负荷图

对于规模较小的项目来说，上述的操作步骤是非常实用和有效的，但对于需找最优方案来说，并不是十分可靠的方法。为了改善这种状况，可以采用一个类似的办法，从最迟开始进度计划着手，检查有时差的活动向项目开始方向移动时的影响。在某些项目中，管理人员的任务也许是在一定的范围内保持资源的最大使用，而不仅仅是保持资源均衡。如果通过重新调整项目中的关键活动不能满足要求，那么可以通过适当延长一个或几个活动的工期，来减少每日的资源需求。

如果几个项目共同使用多种不同类型的资源，并且活动的数目很大时，资源的均衡问题就会更加复杂。针对这种情况，人们已经开发出多种成熟的应用软件，用来解决项目管理中的资源均衡问题。

### 10.2.2 资源约束条件下的资源分配

**阅读材料**

#### 明尼苏达州运输局项目计划

明尼苏达州运输局(DOT)负责高速公路、桥梁、机场、航道、公路和自行车道的设施建设和维护。在任何一个时间点上，一般都会有1100个项目——典型的类似高速公路的开发项目在同期进行中，而每年高速公路翻修的项目又在300个左右。项目包括大约50 000美元的油漆工作和上百万美元的高速公路交会处理工作。这些项目在日常管理当中全部是计算机来处理项目管理进度系统(Project Management and Scheduling System，PMSS)，该系统以WBS为基础，将任务分解成100个左右，由75个职能小组来完成。其中，40个小组是内部组织，其他的由外部咨询公司来承担。

PMSS围绕3个重点区域进行处理：进度、资金和人力资源计划。该系统支持跨年度多项目之间的工作进程和资源储备的计划、协调和控制，因为有的项目可能长达4年之久。系统可以自动将相关的工作计划和资金储备与资源储备合成在一起，反之，也可以将资源按照进度进行调配。另外，还可以给系统或报告加设限制条件，如避免在拥堵路段进行项目施工，或顺序排列路基铺设、平整和轧道等各子项目的工作。

PMSS为项目管理者提供了工作进程当中各个时点、各个地点的“整体规划图”。同时它加强了各部门对活动、资金、人力和设备的掌控能力，且以各种配置方式输出报告来满足不同关注者的信息需求。

(资料来源：杰克·R. 梅瑞狄斯，小塞缪尔·J. 曼特尔. 项目管理：管理新视角[M]. 北京：电子工业出版社，2006)

很多项目都受到来自资源约束条件的制约，特别是当某类资源有限，而又没有找到好的替代品时，这种现象更为普遍。其直接结果是可能导致工作的延期完成或者中断，从而使项目原有的计划无法按期实现。如果出现资金周转方面的困难，那么对各种资源的使用，包括可以继续使用的资源、可消耗的资源，以及无约束的资源都会受到限制。

1. 资源分配的优先原则

在项目中，进行资源分配的一般途径是先假设没有资源使用方面的限制，并从一条简单的关键线路着手进行分析，然后检查分配结果是否是不可行的。在资源分配的过程中，经常会出现资源的需求量超过可供利用的资源量的情况。资源分配的优先原则适用于项目的各个工作共同竞争某种稀缺资源的情况。根据优先原则，在项目中具有最低优先权的工作将被向后延期，一直到有了充足的可供使用的资源。这种逻辑关系常被用来解决项目中存在的一些不可行问题。

根据优先原则确定的常见的优先工作次序为：①具有最小时差的工作；②最迟完成时间最小的工作；③需要资源量最多或最少的工作；④工期较短或工期较长的工作。

2. 资源分配的方法

在资源使用的约束条件下，通常运用关键线路法不能求得项目的完成日期。因为在项目的进行中，经常出现这样的情况：在项目一个或者多个节点上，发生资源的需求超过了实际可以利用的资源的现象，同时，该项目的非关键活动的时差又不足以解决上述问题。在资源约束条件下，为了避免产生延期，可以采取以下的几种技术。

1）用较低的资源使用量完成活动

这种技术知识对那些工期可以延长、用较少的资源就能完成的活动有效。以10.2.1节中活动B为例，假定对于活动A和活动B来说，每周仅有22个工日可供利用。活动A是关键活动，按计划它要占用16个工日(每周)，那么活动B每周只有6个工日可供利用。由于活动B总共需要6周×8工日/周＝48个工日，因此，可以安排活动B每周6个工日，用8周的时间完成。需要注意的是，这项技术对在活动实施过程中的每个阶段，都要有一个资源的最小量的情况是不适用的。

2）分解活动

对于项目中，活动原有的逻辑关系变化影响不太大的情况，可以把某些活动分解成一些子活动。这项技术对于那些可以进行活动分解，并且分解后的各子活动之间的时间间隔相对较短的项目来说，是非常富有吸引力的。运用这项技术，可以保证某个活动，在它的第一个子活动顺利完成之后，仍按原有的计划来进行。也就是说，第二个子活动不对原有的逻辑关系产生影响。

3）调整网络

当网络只是以结束到开始的逻辑关系为基础时，引入其他类型的逻辑关系，将有助于对有约束的资源进行管理。例如，如果用开始到开始的逻辑关系代替结束到开始的逻辑关系，就有可能消除由于资源的缺乏而造成的延误。项目管理人员通过认真分析活动之间的真正的逻辑约束并且运用各种类型的逻辑关系来模拟这些约束，就可以解决项目中存在的一些矛盾。

4）使用可以更换的资源

这个方案适用于某些资源，如分包商和劳动力机构都是额外的劳动力来源的情况。当然，这样做的成本可能相应高一些。因此，最适合的方法就是把费用超支与进度拖延相比较，加以协调考虑。

如果上面介绍的这些技术或方法还是不能解决问题的话，只能延长项目中的一个或几个活动总时差，这将最终导致整个项目的延期完成。下面仍然以前面的案例为例，假设该项目的资源约束为每周19个工日，项目的关键活动有A、C、F、G。首先从A开始分配资源，因为活动A占用了19个工日中的16个工日，活动B只能在活动A完成之后再开始。活动B的紧后工作是活动D，这种逻辑关系导致了活动D、F，以及G的延期完成。工期延长到了40周，原来的关键工作也发生了变化，如图10-8所示。

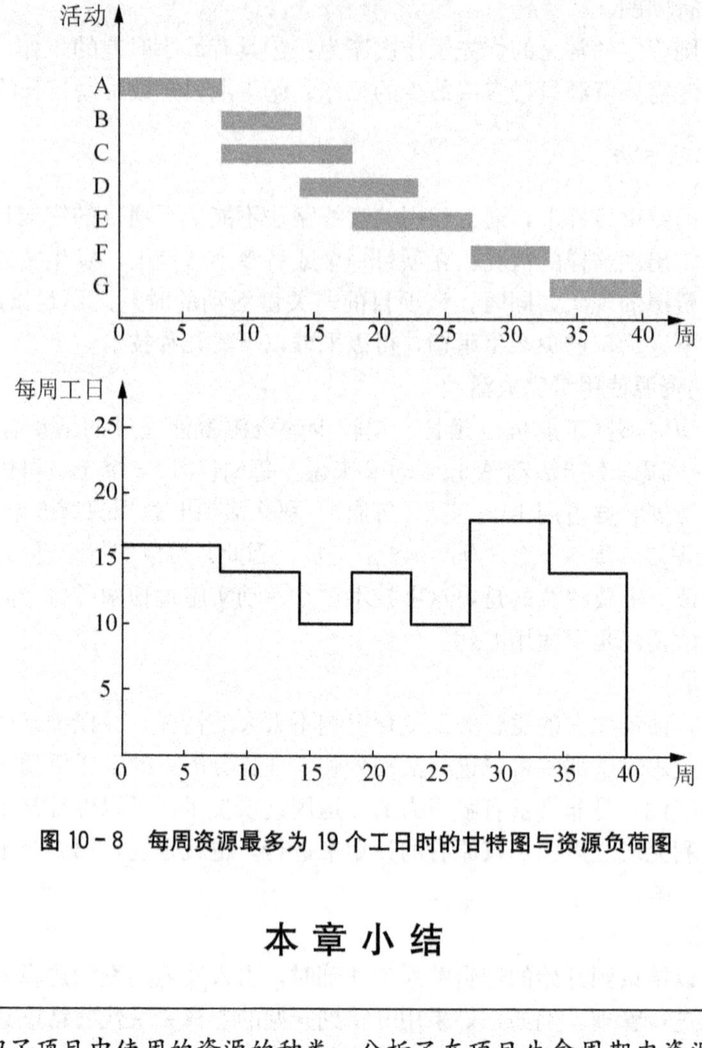


图10-8　每周资源最多为19个工日时的甘特图与资源负荷图

## 本章小结

> 本章介绍了项目中使用的资源的种类，分析了在项目生命周期内资源需求的特点，介绍了编制项目资源计划的依据，以及常用的4种编制工具，这些工具包括资源数据表、资源计划矩阵、资源甘特图和资源负荷图。项目通常要受到时间和资源的约束，资源管理的两个重要内容就是在工期约束条件下进行资源平衡和资源约束条件下的资源分配，本章对其方法进行了介绍。

## 习　题

1. 列举你熟悉的某类项目中使用的资源，用本章中的分类方法对资源分类。
2. 什么是资源约束？请结合项目实际，举出几个例子。

3. 在平衡计划时，特别是当活动会消耗多种资源时，你估计会有哪些困难？

4. 假设一个项目由 11 项活动组成，有关每项活动的逻辑关系、持续时间，以及需要的工人数见表 10－7。

表 10－7　某项目的资源需要

| 活动 | 紧前工作 | 持续时间/周 | 工人数/个 |
|---|---|---|---|
| A | — | 8 | 6 |
| B | A | 6 | 5 |
| C | A | 6 | 3 |
| D | B | 7 | 5 |
| E | D | 6 | 6 |
| F | C | 7 | 3 |
| G | E、F | 4 | 4 |
| H | F | 3 | 2 |
| I | F | 2 | 1 |
| J | H，I | 3 | 3 |
| K | J、G | 3 | 2 |

(1) 画出双代号网络图，计算关键线路、总时差和自由时差。

(2) 分别按最早开始和最迟开始时间画出甘特图进度计划，最多需要多少工人？

(3) 分别按最早开始和最迟开始时间画出资源需要曲线。

(4) 试用本章介绍的方法最大限度均衡资源(需要的工人)。

(5) 假设只有 8 个工人可供调动，试进行资源均衡并画出相应的甘特图和资源负荷图。

## 案例分析

### 如何调配资源

西安某厂属国有大型企业，建厂几十年来，一直为航空工业提供某种关键部件，近年来由于竞争激烈，效益不佳。2011 年 10 月 1 日，适逢建厂 40 周年，工厂领导决定召开一个庆祝大会，可以借此邀请上级及同行业的领导参加，也可以邀请新闻媒体的记者参加，以增大宣传的力度，扩大该厂在同行业的影响。由于这次庆祝活动规模大、任务繁重，经厂领导研究决定，一位项目管理专家被任命为本次活动的项目经理，负责庆祝大会的计划和实施工作。

在一次由厂领导和项目经理参加的协调会上，工厂领导在发言中提到：“这次庆祝活动关系到我厂的声誉，组织这次活动，一定要做到严肃认真、周到细致、稳妥可靠、万无一失。”

“可是我现在得到的信息仅仅是让我来负责这次庆祝活动，我本人不是职能部门的领导，我无权直接从一些部门中抽调所需要的人员，关于项目组的建设所需要的人员，请领导给予大力支持。”项目经理在谈到困难时提出了上述意见。

“关于这次庆祝活动，厂领导的意见是统一的，就是要重点保障庆祝活动的顺利实施，你所需要的人员可以提出来，我们会想尽一切办法保障项目组的建设。”厂领导在协调会上进行了表态。

“我需要负责接待的人员，他要做的工作包括机场和车站的接送工作，还有饮食、住宿安置等工作。”项目经理首先提出了要调用的人员。

“这可以由外事处抽调人员参与项目组。”

“我需要负责会场布置的人员，他要做的工作包括音响及灯光布置、主席台及观众席设置、会场宣传标语的制作和悬挂等工作。”

“这可以由宣传处抽调人员参与项目组。”

“当然，为了本次庆祝活动的顺利进行，保卫人员也是不可缺少的。”

“这可以由保卫处抽调人员参与项目组。”

“除了上述工作外，在庆祝大会召开后，来宾参观工厂的活动也要有专人负责环境卫生工作，等等，我想只要有领导的大力支持，项目组的组建看来问题不大，只是……”

“还有什么问题尽管说，我们会认真考虑的。”

“只是我现在所提出的庆祝大会的工作内容可能还不周全，能否在会后进行进一步的交流?”

“当然可以。”

协调会在这种友好的气氛中结束了。

问题：

1. 请根据上面文字描述给出的信息，制作此项庆祝活动的WBS图，要求不少于3个层次，所包含的任务数量不少于15个，并对每项任务进行编码。

2. 如果距厂庆40年还有30天，项目经理应如何分配时间资源和人力资源?

# 第11章　项目采购与合同管理

## 学习目标

| 知识目标 | 技能目标 |
| --- | --- |
| (1) 了解项目采购的内涵与主要过程<br>(2) 了解项目采购计划<br>(3) 了解项目采购的过程<br>(4) 了解招标投标的概念、特征和原则<br>(5) 了解项目合同的概念与类型<br>(6) 了解项目合同管理的依据和内容 | (1) 熟悉采购管理的主要过程<br>(2) 学会制订采购计划<br>(3) 熟悉招标投标的程序<br>(4) 熟悉招标方和投标方在招投标过程中的工作内容<br>(5) 熟悉项目合同的类型及选择 |

## 知识结构

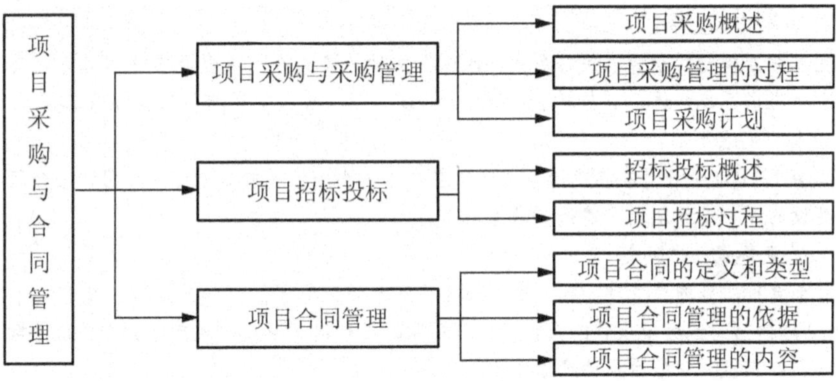

导入案例

## 中小企业网建设的招标

某中小企业信息网是由该省中小企业局主办的全省范围内中小企业信息服务网，于2004年6月经省政府批准筹建。在有关部门完成项目设计后，经过中小企业局办公会研究和有关专家咨询，决定采取公开招标的方式完成网络建设项目，项目预算为50万元，建设期为30天。在项目的完成过程中，该中小企业局采取竞争性竞标与招标采购综合评比百分制计分相结合的方法，取得了明显的节支效果。该项目中标额为45万元，比预算节约了5万元，建设时间28天，并于当年8月1日开通运行。该企业招标的过程如下。

1. 成立项目领导小组

为确保项目的顺利实施，成立了由该省政府主管领导为组长，该中小企业局主管领导为副组长的领导小组，并成立了由相关领导、政府采购中心人员、设计单位人员和有关专家组成的项目竞标办公室。

2. 项目发布

该中小企业局通过当地知名报纸进行了项目竞争招标信息的发布，共接到省内外申请竞标企业8家。

3. 资格预审

对申请竞标的8家企业进行了严格的资金、信誉、业绩审核，初步筛选了5家资质较好的企业参与该项目的竞争。

4. 确定竞标办法

由于该项目既包含设备采购、安装部分，又包含基础施工及网络软件开发等内容，需求复杂，不适合采用简单的价格竞标。因此，采取了综合评比打分法的成交原则，即对不同品牌的设备性能、数量、软件开发、施工组织设计及企业综合实力进行量化评价后，再将最终价格竞标的价格得分计入总分，得分最高者为成交竞标企业。

5. 发出竞争性竞标文件

中小企业局按照确定的竞标办法起草竞争性竞标文件，该文件除包含通常的内容外，还发布了评价的内容及标准。在向5家初选企业发放了竞争性竞标文件后，还收取了相应的竞标保证金。

6. 召开竞标预备会

竞标预备会于2004年6月在指定地点召开，在会上中小企业局向5家竞标公司详细介绍了该省中小企业信息网建设的项目设计规划、建设要求等信息。

7. 竞标企业竞标资料的递交

为保证整个竞标过程的严密性，在竞标办公室正式开会讨论评价计分方法前，要求竞标企业于2004年6月27日9时前密封递交该项目的竞标资料。在竞标资料递交截止时间前，其中3家竞标公司按要求递交了竞标资料，其他两家先后申请退出竞标。

8. 竞标前讨论评价计分方法

为保证选出最优方案和最有实力的竞标企业，并最大限度地节约开支，2004年6月29日和30日，中小企业局组织该项目竞标办公室成员进行了项目设计方案的讨论和现场勘察。之后，竞标办公室成员在封闭状态下召开了有关该项目评价计分方法的讨论会。最终，竞标办公室成员共同讨论并确定了评分细则，并由竞标办公室成员在该评分方法上签名，以示负责。

9. 竞争性竞标

竞争性竞标会于2004年7月1日在会议室召开，3家竞标企业及竞标办公室成员参加了会议，并请当地公证处对竞争性竞标的全过程进行了现场公证。

竞争性竞标会分两步进行。

(1) 第一轮是技术竞标。首先，由竞标企业按照抽签确定的顺序对设备及网络软件的质量、性能及施工组织设计等进行讲解，竞标办公室依据项目设计方案、竞争性竞标文件、预备会纪要、打分方法等对竞标企业所提供的竞标资料、设备及方案进行符合性评价。在技术竞标过程中，有1家竞标企业被竞标办公室确认为竞标无效(即废标)。

(2) 第二轮是商务竞标。在技术竞标入围的两家竞标企业进行了价格竞标。在最后一轮价格竞标并书面报价后，竞标办公室依据竞标文件、预备会纪要、竞标原则、评分方法等对竞标企业提供的竞标资料进行详细的评价打分，最后选定得分最高的A公司为成交单位，并且该公司的报价也是最低的。

10. 合同履行及验收

2004年7月28日项目完工后，竞标办公室请项目领导小组成员对项目进行了验收，验收结果完全符合项目设计方案要求，8月1日该项目正式开通运行，运行状况良好。

(资料来源：王立国．项目管理教程[M]. 北京：机械工业出版社，2008)

采购是项目执行中的一个关键步骤，项目采购管理是处理从项目组织外部获取货物和服务的一个知识领域。项目采购往往涉及相当大的金额，不具有重复性，采购的时间须与项目实施进度相适应，而且往往要考虑整个生命期的费用，采购的货物与服务质量还关系到项目的质量与好坏。因此，在项目实施过程中应高度重视项目采购工作。通过项目采购工作，买卖双方签订合同之后，还需要在项目实施过程中开展合同管理，处理好项目采购合同规定的供应工作，以保证项目合同的顺利实施。

## 11.1 项目采购管理

采购是从项目组织外部获得产品或服务的一个过程，任何项目的实施都离不开采购活动，如工程项目需要选定承包商来提供施工服务、技术项目需要聘请咨询专家来提供服务等，这些项目的投入物是通过采购来获得的。大量的项目实践证明，有效的项目采购管理是项目成功的关键，任何项目组织都必须开展有效的项目采购管理。

**阅读材料**

### 世界银行的《采购指南》

由世界银行制定的《采购指南》，全称为《国际复兴开发银行贷款和国际开发协会信贷采购指南》于1964年首次出版。此后，世界银行又对其进行了不断的修改和补充，使其日臻完善。世界银行是联合国系统的一个专门发展机构，宗旨是为发展中国家提供中长期资金支持和技术援助，项目采购是其一种主要的贷款形式。世界银行贷款项目在采购中必须遵守4条原则：①在项目实施包括有关货物和过程的采购中必须注意经济效益；②世界银行愿为所有合格的投标者提供竞争合同的机会；③世界银行愿意促进借款国本国承包业和制造业的发展；④采购过程要有较高的透明度。《采购指南》适用于全部和部分由世界银行贷款资助的项目中有关货物、工程和相关服务(不包括咨询服务)的采购。

(资料来源：吴守荣．项目采购管理[M]. 北京：机械工业出版社，2009)

### 11.1.1 项目采购概述

#### 1. 项目采购与项目采购管理的定义

PMI 将项目采购定义为“为达到项目范围而从执行组织外部获取货物或服务所需的过程”。世界银行将项目采购分为工程采购(Procurement of Works)、货物采购(Procurement of Goods)和咨询服务项目采购(Procurement of Consulting Services)。因此，这里的“采购”不同于一般概念上的购买商品，它是指以不同方式通过努力从项目外部获得货物、工程项目和咨询服务的整个采办过程。

项目采购管理是指整个项目过程中从外部寻求和采购各种项目所需资源(商品和劳务)的管理过程。任何一个项目的实施都需要有一定的资源投入，包括人员、材料、工具、设备、资金等各方面的投入。这些项目所需的资源可以分为两类：一类是有形的商品，另一类是无形的劳务。其中，有形的商品包括各种原材料、设备、工具、机器、仪器、能源等实物；无形的劳务包括各种项目实施、项目管理、专家咨询、中介服务等，最主要的是承包商和分包商所承担的项目实施劳务和服务。大量的项目管理实践证明，有效的项目采购管理是项目成功的关键，任何项目组织都必须开展有效的项目采购管理。

#### 2. 项目采购的类型

1) 按对象分类

项目采购按对象的不同可分为货物采购、工程采购、咨询服务采购，如图 11-1 所示。

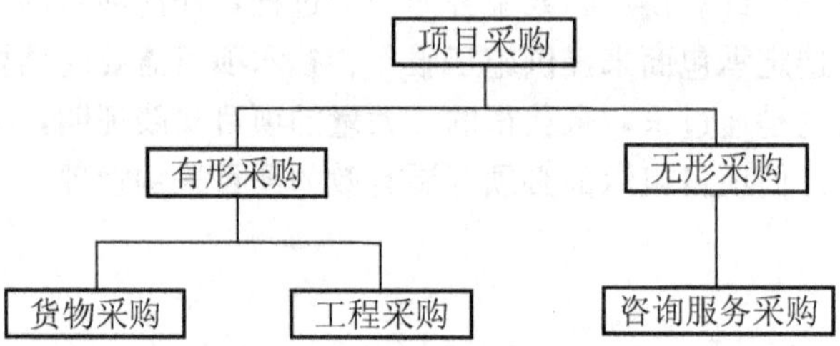


**图 11-1 项目采购按对象分类**

(1) 货物采购。货物采购属于有形采购，是指购买项目所需的各种机器、设备、仪器、仪表等物料，还包括与之相关的运输、安装、测试、维修等服务。

(2) 工程采购。工程采购也属于有形采购，是指选择合格的承包单位来完成项目的施工任务，同时还包括与之相关的人员培训和维修等服务。

(3) 咨询服务采购。咨询服务采购属于无形采购，是指聘请咨询公司或咨询专家来完成项目所需的各种服务，例如，项目的可行性研究、项目的设计工作、项目管理、施工监理、技术支持和人员培训等服务。

2) 按采购方式分类

项目采购按照采购方式的不同可以分为招标采购和非招标采购，如图 11-2 所示。

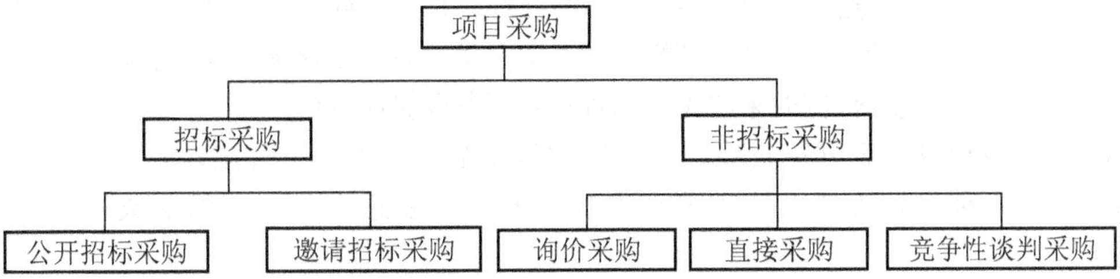


**图 11-2 项目采购按采购方式分类**

(1) 招标采购。

招标采购是由招标人发出招标公告或发出投标邀请书邀请潜在的投标人进行投标，然后由招标人对投标人所提出的投标文件进行综合评价，从而确定中标人，并与之签订采购合同的一种采购方式。按照《中华人民共和国招标投标法》(简称《招标投标法》)和《中华人民共和国政府采购法》，招标采购又分为公开招标采购和邀请招标采购。公开招标采购是向所有的潜在的合格投标人提供一个公平竞争的机会来竞标。邀请招标采购是为了减轻招标采购的工作量和成本，只邀请比较熟悉的投标人来竞标。

① 公开招标采购。公开招标采购是指招标人通过报刊、广播或电视等公开传播媒介介绍、发布招标公告或信息而进行招标，是一种无限制的竞争方式。公开招标的优点是招标人有较大的选择范围，可在众多的投标人中选定报价合理、交货期较短、信誉良好的供应方，有助于打破垄断，实行公平竞争。

② 邀请招标采购。邀请招标采购是为了减轻招标采购的工作量和成本，只邀请比较熟悉的投标人来竞标。采用邀请招标采购方式的，应当向 3 个以上具备产品制造或提供能力、资信良好的法人或者其他组织发出投标邀请书。该方式适用于采购合同金额不大，或所需特定产品的供应方数目有限，或需要尽早地交货等情况，但限制了竞争范围，有可能会失去技术上和报价上有竞争力的投标人。

总之，通过招标采购可以帮助招标人以合理的最低价格获得符合质量、工期要求的货物、工程和咨询服务，可以使符合要求的投标人都有机会参与投标，能够公开办理各种手续以避免贪污、贿赂的行为。当然，招标采购也存在一些缺点。例如，手续较繁琐，不够机动灵活；耗费的人力、物力、财力和时间也较多；投标人有可能将手续费等附加费用转移到投标报价中去；可能发生抢标、围标等现象。

(2) 非招标采购。

非招标采购类似于日常工作的采购活动，在现实生活中的应用非常广泛。非招标采购一般适用单价较低、有固定标准的产品的采购，主要包括询价采购、直接采购和竞争性谈判等。

① 询价采购。询价采购适用于对合同价值较低的标准化货物或服务的采购，一般是通过对国内外若干家(不少于 3 个)供应商的报价进行比较分析，综合评价各供应商的条件和价格，并最终选择一个供应商签订采购合同。

② 直接采购。直接采购是指直接与供应商签订采购合同，这是一种非竞争性采购方

式。这种采购方式一般适用于以下情况：增购与现有采购合同类似的货物或服务，而且合同价格也较低；所需的产品设计比较简单或属于专卖性质；在特殊情况下急需采购的货物或服务；要求从指定的供应商采购关键性货物或服务以保证质量。

③ 竞争性谈判。竞争性谈判是指购货方与多个供应商进行直接谈判并从中选择满意供应商的一种采购方式。这种采购方式主要用于紧急情况下的采购或特殊产品的采购。

3. 项目采购管理的利益主体

在项目采购管理中，主要涉及 4 个方面的利益主体，即项目业主/客户、项目实施组织(承包商或项目团队)、供应商、项目分包商或专业咨询服务专家。这 4 个利益主体在项目采购管理中的关系如图 11-3 所示。图中实线表示“委托—代理”关系及其方向和项目资金的流向；虚线则表示项目采购中的责任关系。

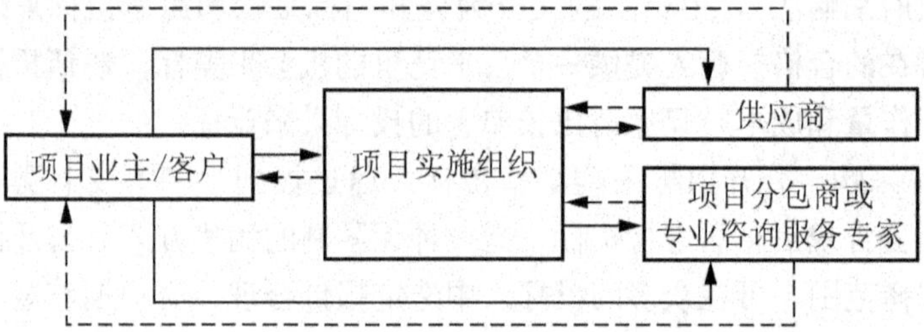


**图 11-3　项目采购管理中各角色的关系**

(1) 项目业主/客户。

项目业主/客户是项目的发起人和项目最终成果的购买者，与项目实施组织之间存在着合同关系。在这种合同中项目实施组织以卖方的形式出现，向项目业主/客户提供服务和项目产品，项目业主/客户则以买方出现。

(2) 项目实施组织。

项目实施组织是指承包商或项目团队，是项目业主/客户的代理人和服务提供者。他们为项目业主/客户完成项目货物和部分服务的采购，然后从项目业主/客户那里获得补偿。

(3) 供应商。

供应商是为项目组织提供项目所需货物和部分服务的卖主，既可以直接与业主/客户交易，也可以与承包商或项目团队交易，并提供项目所需的货物和服务。

(4) 项目分包商或专业咨询服务专家。

项目分包商或专业咨询服务专家是专门从事某个方面专业服务的企业或独立工作者。当项目组织缺少某种专长人才或资源去完成某些项目任务时，组织可以雇用各种分包商或专家来完成这些任务。分包商或专家可以直接对项目实施组织负责，也可以直接对项目业主/客户负责。

### 11.1.2 项目采购管理的过程

项目采购管理是由一系列管理阶段和过程构成的。在项目采购管理中业主起着重要的作用。因此，本节从项目业主角度来讨论项目采购管理过程。项目采购管理的工作包括编制采购计划、制订询价计划、询价、供应商选择、合同管理和合同收尾等6个方面。

1. 编制采购计划

为满足项目实施需要，就必须根据项目计划和资源需求确定出项目在什么时间需要采购什么产品和怎样采购这些产品，并据此编制出详细可行的项目采购计划。项目采购计划是项目采购管理的核心文件，是项目采购管理的根本依据之一。

2. 制订询价计划

为了保证能够按时、按质、按量获得外部资源，必须制订出项目的询价计划。所谓询价计划就是合同何时开始询价、订货、签订合同，以确保采购的各种资源能够在需要的时候到位。在制订询价计划时可以借助标准表格。标准表格包括标准合同、标准采购项目说明、全部或部分标准投标文件。同时，还应听取一些专家的意见。

3. 询价

询价是根据项目采购计划和询价计划等采购工作文件所开展的寻找供应商，并向可能的供应商发出询价信，以及项目具体所需资源的要求说明文件，邀请可能的供应商给出报价的过程。项目任何一种商品的采购都必须首先进行询价，以便能够“货比三家”，最终以优越的条件与选定的供应商签约。

询价的方法主要包括两种：一是投标者会议，投标者会议指在提出建议前与潜在卖方的碰头会，投标者会议确保所有潜在卖方对采购有一个清晰、共同的理解(技术要求，合同要求等)，对问题的答复有可能作为修订条款包含到采购单证文件里去；二是广告，现有的潜在卖方名单常常通过在普通出版物(如报纸)或专门出版物(如专业刊物)上做广告而得到扩充。在一些国家某些类型的采购项目要求向大众公开，大多数国家要求政府合同下的子合同向大众公开。

在这一过程中，所有可能的卖主都应处于完全平等的地位。询价的结果是获得若干供应商提供的报价单或建议书。建议书是供应商准备的说明其提供所要求产品的能力和意愿的文档，是按照有关采购文档的要求准备的。

4. 供应商选择

项目组织在收到报价单或建议书之后，就应该根据相应的标准进行评价，从中选择合意的供应商。一般来讲，供应商的选择标准在项目采购计划的制订过程中就应该设计出来。采购评价标准既有客观评价的标准指标，又有主观的评价标准指标。采购评价标准通常是项目采购计划文件的一个重要组成部分。

在供应商选择的决策过程中，除了成本或价格以外，还需要评价许多因素。价格可能是决定现货采购的首要因素。但是，如果供应商不能按时交货，则最低建议价格不一定是最低成本。

供应商的建议书通常分为技术部分和商务部分，项目组织可以设置相应的指标对两部分分别进行评价。根据评价的结果项目组织可以列出合格卖主的清单，然后对所有供应商排序以确定谈判顺序，最后选择一个供应商与其签订一份标准合同。当然，也可能需要多个供应商。

5. 合同管理

合同管理是指与选择的供应商进行有关合同的谈判以达成协议，认真按照签订的合同办事，来实施采购管理计划，以实现合同双方双赢的目标；审查采购进展情况、分析变化、执行双方同意的变更，以保证在合同的法律框架内实现项目目标；明确潜在的、可觉察的和实际存在的合同争议，并采取适当措施尽可能避免合同争议发展成为法律争端等工作。

6. 合同收尾

合同收尾是在项目采购合同全部履行完毕，或者因故中断以后所开展的各种采购结算和交接决算的过程，包括对采购的货物和服务进行最后验收、确认合同已经完成可以移交，以及解决所有项目进展中遗留的合同问题等一系列管理工作。

### 11.1.3 项目采购计划

采购计划是确定怎样从组织外部采购商品和劳务，以便最好地满足项目需要的过程。它是对项目整个采购工作的总体安排，需要考虑是否采购、采购什么、采购多少、怎样采购，以及何时采购等问题。项目采购计划的主要工作见表 11－1。

表 11－1 项目采购计划的主要工作

| 依据 | 方法 | 结果 |
|---|---|---|
| • 项目范围说明书<br>• 产品说明书<br>• 采购活动所需的资源<br>• 市场状况<br>• 其他计划的结果<br>• 基本假设和约束条件 | • 自制或外购分析<br>• 短期租赁或长期租赁分析<br>• 采购专家<br>• 经济采购订货模型 | • 采购管理计划<br>• 工作说明书<br>• 自制或外购决策 |

1. 项目采购计划的依据

1）项目范围说明书

项目范围说明书说明了项目目前的界限范围。范围说明书应当包括对项目的描述、定义，以及详细说明需要采购的商品和劳务类项目的参考图表及其他信息，具体包括项目的设计说明书、执行说明书和功能说明书。项目范围说明书为采购计划提供了必须考虑的有关项目需求和策略的重要信息。

2）产品说明书

项目的产品说明书对项目可交付成果的功能、质量标准、特性等相关情况进行了描述，提供了所需的原材料、机器设备、工艺等质量和技术要求方面的信息。因此，项目的产品说明书应作为编制采购计划的依据。

3）采购活动所需的资源

项目组织在进行采购活动过程中，需要耗费一定的资源，如在检验供应商提供的样品时，就需邀请相关的专家进行试验测试等。

4）市场状况

编制项目采购计划必须掌握有关项目所需要商品和劳务的市场信息，包括市场上有何种商品可以买到、从何处购买，以及采购的条款和条件是怎样的。

5）其他计划的结果

在进行采购计划时，需要参考专项计划的结果，包括项目工期计划、成本计划、质量计划、资金计划以及人员配备计划等。

6）基本假设和约束条件

制订采购计划时需对项目采购过程中存在的诸多变化不定的因素做出合理的推断，即进行基本假设，如不知道项目将来实际采购资源的价格时就需要假定一个价格。约束条件限制了组织选择的因素，最普遍的约束条件之一是资金。在进行采购计划时，一定要考虑项目资金和其他约束条件。

### 2. 项目采购计划的工具和方法

1）自制或外购分析

自制或外购分析是利用平衡点分析法进行决策，以确定通过自制还是购买方式获得某种商品更为经济的过程。

**应用举例 11-1**

某项目需要A产品1000件。如果外购，则购价为10元/件；如果自制，单位产品可变成本为6元/件，但需增加一台价值为6000元的专用设备。问题：(1)产品是自制还是外购？(2)如果需要A产品2000件，应该如何选择？

解：(1)外购成本＝10×1000＝10 000(元)

自制成本＝6×1000＋6000＝12 000(元)

由于外购成本小于自制成本，因此，应该选择外购。

(2) 如果需要A产品2000件，则外购成本＝10×2000＝20 000(元)

自制成本＝6×2000＋6000＝18 000(元)

由于外购成本大于自制成本，因此，应该选择自制。

通过以上分析可以发现，在产品需求量不同的情况下，决策是不同的，设$x$表示产品A的需求量，则外购的成本函数为$y=10x$，自制的成本函数为$y=6x+6000$，如图11-4所示。当用量在0～1500件时，外购为宜；当用量大于1500件时，自制为宜。

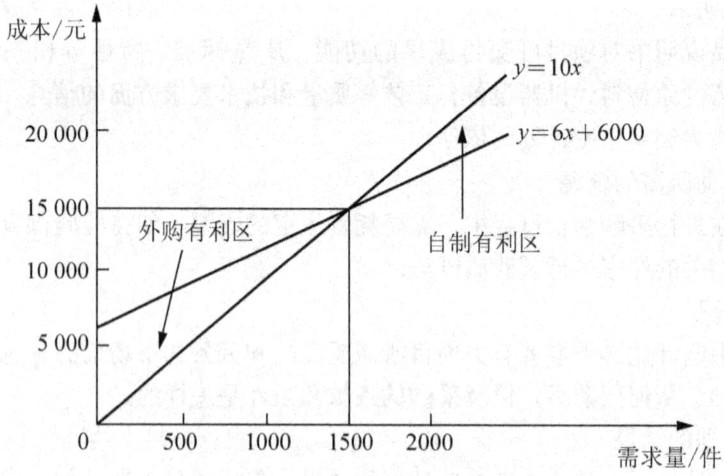


图 11-4 自制/外购决策分析

2）短期租赁或长期租赁分析

租赁是项目获得外部资源(如机器、设备)的一种常用方式。至于进行长期租赁还是短期租赁，则通常取决于财务上的考虑。应该根据项目对租赁品的预计使用时间、租金大小求得长期租赁与短期租赁的成本平衡点，进而决定选用哪种租赁方式。

**应用举例 11-2**

某项目若短期租赁一种设备，租金按天计算，每天 100 元；如果长期租赁，租金每天为 60 元，但必须在开始时交纳固定手续费 6000 元。

在这种情况下，进行短期或长期租赁选择，也要根据项目对设备的预计使用时间来确定，分析短、长期租赁的成本转折点如下：

设在预计租期为 $x$ 天时，长、短期租赁费用相等。

则 $100x=6000+60x$

得 $x=150$(天)

因此，若公司预计租用设备不超过 150 天，应该选择短期租赁，如果预计租赁时间超过 150 天时，应该选择长期租赁。

3）采购专家

采购专家是具有某项专业知识或经过专业训练的团体和个人。咨询公司、行业团队、承包商以及企业内部的其他单位(如合同部)可能都具备用于采购的专业知识。组织可以聘请采购专家作为顾问，甚至邀请采购专家直接参与采购过程。

4）经济采购订货模型

如果一个项目所需资源的类目、数量和供应商都已经确定，剩下的问题就是决定采购的时间和采购的批量。按照采购管理的目的，需要通过合理的采购批量和采购时间，使订购成本和库存成本之和最小，这个批量叫做经济订货量或经济批量。确定经济订货量之后，就可以很容易地找出最适宜的进货时间。

经济订货量的基本模型存在以下假设条件。

(1) 项目组织能及时补充物料。

(2) 能集中到货，而不是陆续入库。

(3) 不允许缺货。

(4) 物料单价不变，不考虑现金折扣。

(5) 项目组织现金充足，不会因现金短缺而影响采购。

(6) 采购数量稳定，并且能预测。

(7) 市场供应充足。

假设每次订货费用为$K$，采购数量为$D$，年单位储存成本为$A$，经济订货量为$Q$，则

$$库存成本和订购成本之和=\frac{QA}{2}+\frac{DK}{Q} \tag{11-1}$$

要使订购成本和库存成本之和最小，必须满足：

$$Q=\sqrt{\frac{2KD}{A}} \tag{11-2}$$

这是经济订货量的基本模型，它还可以推导出一些其他形式。

每年最佳订货次数公式为

$$N=\frac{D}{Q}=\frac{D}{\sqrt{\frac{2KD}{A}}}=\sqrt{\frac{DA}{2K}} \tag{11-3}$$

最佳订货周期公式为

$$t=\frac{1}{N}=\frac{1}{\sqrt{\frac{DA}{2K}}}=\sqrt{\frac{2K}{DA}} \tag{11-4}$$

总成本公式为

$$TC=\frac{A\sqrt{\frac{2KD}{A}}}{2}+\frac{DK}{\sqrt{\frac{2KD}{A}}}=\sqrt{2KDA} \tag{11-5}$$

经济订货量的基本模型是在前述假设条件下建立的，但现实生活中能够满足这些假设条件的情况很少。事实上，物料可能陆续入库，使库存量陆续增加，尤其是产成品入库，总是陆续供应和陆续耗用的。在这种情况下，就要对基本模型加以修改。假设每批订货数为$a$，每日送货量为$P$，物料每日耗用量为$d$，故送货期内的全部耗用量为$dQ/P$，经过推导可以得到陆续供应和使用情况下的经济订货量公式为

$$Q=\sqrt{\frac{2KDP}{A(P-d)}} \tag{11-6}$$

**应用举例 11-3**

某项目要采购某种物料6400件，该物料的每件年单位储存成本为2元，每次订货费用为16元。要求计算并回答下列问题。

(1) 如何确定该种物料的经济订货量？

(2) 该种物料的最佳订货周期是多少天？

(3) 如果该种物料是陆续供应和耗用的，假设其每日送货量为 30 件，每日耗用量为 10 件，则如何确定该种物料的经济订货量？

解：(1) $Q=\sqrt{\frac{2KD}{A}}=\sqrt{\frac{2\times16\times6400}{2}}=320$(件)

(2) $N=\sqrt{\frac{DA}{2K}}=\sqrt{\frac{6400\times2}{2\times16}}=20$(次)

$t=\frac{360}{20}$天$=18$(天)

(3) $Q=\sqrt{\frac{2KDP}{A(P-d)}}=\sqrt{\frac{2\times16\times6400\times30}{2\times(30-10)}}=392$(件)

经过上述计算可以得出：该种物料的经济订货量为 320 件；该种物料的最佳订货周期为 18 天；如果该种物料是陆续供应和耗用的，该种物料的经济订货量为 392 件。

3. 项目采购计划的结果

1) 采购管理计划

采购管理计划应当说明如何管理其采购过程(从询价计划编制到合同收尾)，即全面描述未来所需开展的采购工作的计划和安排。例如，采购合同的类型是什么？如果需要使用独立估算作评价标准，那么有谁适合去做独立估算？如果项目执行组织没有采购部，那么项目管理班子应当采取什么措施？如果需要采购文档，应从何处获得？当有多个卖主时，如何对其进行管理？项目采购如何与项目的其他方面进行协调？

根据项目需要，采购管理计划可以是正式的，也可以是非正式的；可以非常详细，也可以很粗略。采购管理计划是项目管理计划的一个从属组成部分。

2) 工作说明书

工作说明书(Statements of Work，SOW)是清晰地规定项目采购细节的文档，目的是让潜在的卖方确定其是否有能力提供所需的产品或服务。工作说明书的详细程度随采购项目的性质、买方的需求或合同形式的不同而不同。

工作说明书应力求清晰、完整、简练。它应包括对所有附带服务的描述，如与所采购物品相关的绩效报告和售后技术支持等。某些应用领域对工作说明书有内容和格式上的具体要求。每项采购项目都要求有工作说明书，但也可以将多个产品或服务归集为一个采购项目，并入一个合同工作说明书中。

在采购过程中，工作说明书可能被修改和细化。例如，承包商或供应商可能向项目实施组织或项目班子建议使用效率比工作说明书规定更高的方法或成本更低的产品。

3) 自制或外购决策文件

自制或外购决策文件说明了产品、服务或成果是由项目团队自制还是外购，还包括是否购买保险或履约保函。自制或外购决策文件可简要说明决策的原因和依据。

## 11.2 项目招标投标

招标投标是大宗物资采购和工程采购中广泛使用的一种采购方式，本节重点介绍项目招标投标的相关工作内容。

### 11.2.1 招标投标概述

#### 1. 招标投标的概念与特征

招标投标是由招标人和投标人经过要约、承诺、择优选定，最终形成协议和合同关系的、平等主体之间的一种交易方式，是法人之间达成有偿、具有约束力的法律行为。

招标投标是商品经济发展到一定阶段的产物，是一种具有竞争性的采购方式，能为采购者带来经济、有质量的工程、货物或服务。因此，在政府及公共领域推行招标投标制，有利于节约国有资金、提高采购质量。

招标投标具有平等性、竞争性和开放性等基本特征。

1）平等性

招标投标的平等性，应从商品经济的本质属性来分析，商品经济的基本法则是等价交换。招标投标是独立法人之间的经济活动，按照平等、自愿、互利的原则和规范的程序进行，双方享有同等的权利和义务，受到法律的保护和监督。招标方应为所有投标人提供同等条件，使其展开公平竞争。

2）竞争性

招标投标的核心是竞争，按规定每一次招标必须有3家以上投标，这就形成了投标人之间的竞争，投标人以各自的实力、信誉、服务、报价等优势来战胜其他的投标人。招标人在投标人中间“择优选择”，有选择就有竞争。

3）开放性

常规使用的招标投标活动，须在公开发行的报刊杂志上刊登招标公告，打破行业、部门、地区甚至国家的界限，打破所有制的封锁、干扰和垄断，在最大限度的范围内让所有符合条件的投标者前来投标，进行自由竞争。

#### 2. 招标投标活动应遵循的基本原则

招标投标行为是市场经济的产物，并随着市场的发展而发展，因而必须遵循市场经济活动的基本原则。招标投标活动应当遵循公开、公平、公正和诚实信用的原则。

1）公开原则

公开原则就是要求招标投标活动具有高透明度，实行招标信息、招标程序公开，即发布招标通告、公开开标、公开中标结果，使每一个投标人获得同等的信息、获悉招标的一切条件和要求。

2）公平原则

公平原则就是要求给予所有投标人平等的机会，使其享有同等的权利并履行相应的义务，不歧视任何一方。

3）公正原则

公正原则就是要求评标时按事先公布的标准对待所有的投标人。

鉴于“三公”原则在招标投标活动中的重要性，我国的《招标投标法》始终以其为主线，在相关条款中予以具体体现。

4）诚实信用原则

诚实信用原则是民事活动的基本原则之一。这条原则的含义是，招标投标当事人应以诚实、守信的态度行使权利、履行义务，以维持双方的利益平衡，以及自身利益和社会利益的平衡。在当事人之间的利益关系中，诚信原则要求尊重他人利益，以对待自己事务的态度对待他人事务，保证彼此都能得到应得的利益。在当事人与社会利益关系中，诚信原则要求当事人不得通过自己的活动损害第三人和社会的利益，必须在法律范围内以符合其社会经济目的的方式行使自己的权利。从这一原则出发，我国的《招标投标法》规定了不得规避招标、串通投标、泄露标底、骗取中标、非法允许转包合同等诸多义务，要求当事人遵守，并规定了相应的罚则。

### 3. 招标投标的一般程序

招标投标活动一般分为4个部分。

1）招标准备

招标准备基本分为以下8个步骤：①具有招标条件的单位填写招标申请书，报有关部门审批；②批准后，组织招标班子和评标委员会；③编制招标文件和标底；④发布招标公告；⑤审定投标单位；⑥发放招标文件；⑦组织标前会议；⑧接受投标文件。

2）投标准备

根据招标公告或招标单位的邀请，投标单位选择符合本单位能力的项目，向招标单位提交投标意向，并提供资格证明文件和资料；资格预审通过后，组织投标班子，跟踪投标项目，购买招标文件；参加招标会议；编制投标文件，并在规定时间内报送给招标单位。

3）开标评标

按照招标公告规定的时间、地点，由招标投标方派代表参加并在有公证人在场的情况下当众开标；招标方对投标者做资格后审、询标、评标；投标方做好询标解答准备，接受询标质疑，等待评标决标。

4）决标签约

评标委员会提出评标意见，报送决定单位确定；依据决标内容向中标单位发出《中标通知书》；中标单位在接到通知书后，在规定的期限内与招标单位签订合同。

## 11.2.2 项目招标过程

项目招标指招标方通过发布招标信息，征集项目的投标人，并对投标人及其投标书进行审查、评比和评选的过程。这是一个公平竞争、优中选优的过程。项目招标过程包括以下主要内容。

1）招标准备阶段

（1）成立招标机构。业主在决定进行某项目的采购以后，为了使招标工作得以顺利进行，达到预期的目的，需要成立一个专门的机构，负责招标工作的整个过程。具体人员可根据采购项目的具体性质和要求而定。招标机构的职责是审定招标项目；拟定招标方案和招标文件；组织投标、开标、评标和定标；组织签订合同。

（2）落实招标项目应当具备的条件。在招标正式开始之前，招标人除了要成立相应的招标机构并对招标工作进行总体策划外，还应完成两项重要的准备工作：一是履行项目审批手续，二是落实资金来源。

① 履行项目审批手续。根据现行的投融资管理体制，强制招标项目大多需要按照国家有关规定履行项目审批手续。只有经过有关部门的审核批准且资金来源已经落实后，才能进行招标。

② 落实资金来源。由于一些项目的周期比较长，中标合同的履行期限也比较长，招标人应当确认招标项目的相应资金来源已经落实。

(3) 确定招标方式。在招标正式开始之前，还应确定采用哪种方式进行招标。如前所述，在招标活动中，公开招标和邀请招标是最常采用的两种方式。一般情况下多采用公开招标，邀请招标只有在招标项目符合一定条件时才可以采用。具体采用哪种招标方式要根据项目的规模、要求等情况来确定。

(4) 编制招标文件。招标人应当根据招标项目的特点和需要来编制招标文件。招标文件是招标的法律依据，也是投标人投标和准备标书的依据。如果招标文件准备不充分、考虑不周，就会影响整个招标过程，出现条件不合理、双方权利义务不清等不良现象。因此，招标文件一定力求完整和准确。

(5) 编制标底。招标人在招标前都会估计预计需要的资金，这样可以确定筹集资金的数量。因此，标底是招标人对招标项目的预期价格。当然，招标人根据项目的招标特点，可以在招标前预设标底，也可以不设标底。编制标底时，首先要保证其准确；其次要做好保密工作，对于泄露标底的有关人员要追究其法律责任。

(6) 招标备案。在招标准备过程中，招标人应向主管部门办理招标备案。

2) 招标投标阶段

(1) 发布招标公告或投标邀请书。招标备案后，招标人根据招标方式开始发布招标公告或投标邀请书。招标人采用公开招标方式的，应当发布招标公告。招标公告是指采用公开招标方式的招标人(包括招标代理机构)向所有潜在的投标人发出的一种通告。投标邀请书是指采用邀请招标方式的招标人，向3个以上具备承担招标项目能力、资信良好的特定法人或者其他组织发出的参加投标的邀请。

(2) 进行资格预审。招标人可以根据招标项目本身的要求，对潜在的投标人进行资格审查。资格审查分为资格预审和资格后审两种。资格预审是指招标开始之前或者开始初期，由招标人对申请参加投标的所有潜在投标人进行资质条件、业绩、信誉、技术、资金等多方面情况的资格审查。只有在资格审查中被认定为合格的潜在投标人，才可以参加投标。资格后审是在投标后(一般是在开标后)进行的资格审查，资格后审是在招标文件中加入资格审查的内容，投标人在填报投标文件的同时，按要求填写资格审查资料。评标委员会在正式评标前先对投标人进行资格审查，再对资格审查合格的投标人进行评标，对不合格的投标人不进行评标。两种审查的内容基本相同，通常公开招标采用资格预审，邀请招标则采用资格后审。

资格预审委员会结束评审后，即向所有申请投标并报送资格预审资料的投标人发出合格或不合格的通知。不合格通知仅仅向投标申请人告知其资格预审不合格，并不详细说明为什么不合格，这是招标人的权利。所有资格预审合格的投标人接到的是批准通知书，必须在规定的时间内到指定的地点购买标书，准备参加投标。

(3) 发布招标文件。经过资格预审之后，招标人可以按照合格投标人名单发放招标文件。采用邀请招标方式的，直接向被邀请人发放招标文件。招标文件既是全面反映业主意图的技术经济文件，又是投标人编制标书的主要依据。因此，招标文件的内容必须正确，原则上不能修改或补充。如果必须修改或补充的，须报相关主管部门备案。同时，招标文件要澄清、修改或补充的内容应以书面形式通知所有招标文件收受人，并且作为招标文件的组成部分。

(4) 组织踏勘现场和召开标前会议。组织踏勘现场是指招标人组织投标人对项目实施现场的经济、地理、地质、气候等客观条件和环境进行的现场调查。其目的在于让投标人了解现场场地情况和周围环境情况，收集有关信息，使投标人能够结合现场条件编制投标文件。同时要求投标人依据自己的实地考察确定投标的原则和策略，避免合同履行过程中出现以不了解现场情况为由推卸应承担的合同责任。但踏勘项目现场不一定是必需的，是否实行要根据招标项目的具体情况而定。

按照惯例，对于大型采购项目尤其是大型工程的招标，招标人通常在投标人购买招标文件后安排一次投标人会议，即标前会议。会议召开的时间和地点在招标文件中应该有所规定。标前会议的目的在于招标人解答投标人提出的招标文件和踏勘现场中的疑问和问题，包括会议前投标人书面提出的和在答疑会上口头提出的质疑。标前会议后，招标人应整理会议记录和解答内容，并以书面的形式将所有的问题及解答向所有获得招标文件的投标人发放。这些文件常被视为招标文件的补充，成为招标文件的组成部分。若标前会议的解答内容与已发放的招标文件有不一致之处，以会议记录的解答为准。

(5) 接受投标文件。投标人应当按照招标文件的要求编制投标文件。投标文件应当对招标文件提出的实质性要求和条件做出响应，如拟派出项目负责人与主要技术人员的简历、业绩和拟用于完成招标项目的机械设备等，以及中标后将中标项目的部分非主体、非关键性工作分包的情况等。

投标人必须在投标截止时间前将投标文件及投标保证金或保函送达指定的地点，并按规定进行密封。在招标文件要求提交投标文件的截止时间后送达的投标文件，招标人应当拒收。投标人少于3个的，招标人应当重新招标。招标人在收到投标文件及其担保后应向投标人出具标明签收人和签收时间的凭证，并妥善保存投标文件，不得开启。投标人在要求提交投标文件的截止时间前，可以补充、修改或者撤回已提交的投标文件并书面通知招标人。补充、修改的内容为投标文件的组成部分。

3) 定标签约阶段

(1) 开标。开标就是招标人按招标文件或投标邀请书规定的时间、地点将投标人的投标书当众拆开，宣布投标人名称、投标报价、交货期、交货方式等的总称。

(2) 评标。投标文件一经拆开，即转送评标委员会进行评价，以选择最有利的投标。评标是审查确定中标人的必经程序，它直接关系到招标人能否得到最有利的投标，是保证招标成功的重要环节。

在资格后审后，评标工作主要对投标书进行以下几方面的评审。

① 投标文件的符合性鉴定。评标委员会对所有的投标文件都要进行符合性鉴定，核

查投标文件是否按照招标文件的规定和要求编制、签署，投标文件是否实质上响应招标文件的要求。

② 技术标和商务标评审。技术标评审的目的是确认备选的中标人完成本项目的能力，以及其方案的可靠性。商务标评审的目的是从成本、财务和经济分析等方面评审投标报价的正确性、合理性、经济效益和风险等，估量授标给不同投标人带来的后果。

(3) 定标及发出中标通知书。定标又称决标，即在评标完成后确定中标人，是业主对满意的合同要约人做出承诺的法律行为。招标人可以根据评标委员会提出的书面评标报告和推荐的中标候选人确定中标人，也可以授权委托评标委员会直接确定中标人。招标人可以以电话、电报、电传等快捷的方式通知中标人，发出中标通知书。中标通知书对招标人和中标人都具有法律约束力。招标人对未中标的投标人也应发出评标结果。

(4) 签订合同。中标人接到中标通知书以后，应立即向招标人提交履约担保，用履约担保换回投标保证金，并在规定的时间内与招标人签订合同。

至此，招投标工作全部结束，中标人便可着手准备项目的实施。招标人应将开标、评标过程中的有关纪要、资料、评标报告、中标人的投标文件的副本报招标管理机构备案。

**阅读材料**

## 健康万岁公司人力资源系统的供应商选择

阿曼达是健康万岁公司的项目经理。健康万岁公司是一个全国连锁的健身房，它拥有最新、最好的健身器材，并提供有氧课程和游泳池等运动设施。

健康万岁公司打算改造自己的人力资源系统。该公司在招标书中特别强调了一些要求，包括新系统的运作平台必须与公司现行的运作系统兼容；硬件必须符合公司的标准；投标价格必须包含现有人力资源数据的转换费用；此次投标必须包括对公司程序员的培训。

该公司正在进行供应商的选择。本月初公司公布了招标书，现在已经收到一些投标书，公司打算应用选择标准和加权计分的方法来选择供应商。

选择标准之一规定：供应商必须具备操作类似项目的经验。有4家供应商符合这一标准，并进入加权评分选择模型。

评估委员会对符合最初选择标准的4家供应商进行了评估，表11-2显示了评估结果。

**表11-2 加权评分结果**

| 标准 | 加权值系数 | 供应商A的得分 | 供应商A的评分 | 供应商B的得分 | 供应商B的评分 | 供应商C的得分 | 供应商C的评分 | 供应商D的得分 | 供应商D的评分 |
|---|---|---|---|---|---|---|---|---|---|
| 平台 | 30% | 60 | 18 | 40 | 12 | 80 | 24 | 60 | 18 |
| 硬件 | 20% | 60 | 12 | 60 | 12 | 80 | 16 | 60 | 12 |
| 数据转换 | 30% | 60 | 18 | 80 | 24 | 80 | 24 | 40 | 12 |
| 客户培训 | 20% | 80 | 16 | 60 | 12 | 60 | 12 | 80 | 16 |
| 总分 | 100% | — | 64 | — | 60 | — | 76 | — | 58 |

显然供应商C是中标者。在加权评分模型中，供应商C的投标分数领先于其他公司。

最后，阿曼达打电话通知了C供应商这个好消息，并对其他供应商的参与表示感谢。

（资料来源：赫尔德曼．PMP项目管理专家全息教程[M].2版．爱丁，译．北京：电子工业出版社，2004）

## 11.3 项目合同管理

项目采购买卖双方签订合同之后，项目采购管理就进入了合同管理的阶段。项目合同管理是确保供应商或承包商兑现合同要求、提供合格的货物和劳务的工作。

### 11.3.1 项目合同的定义和类型

#### 1. 项目合同的定义

项目合同是指项目业主与承包商之间为完成一定的目标，明确双方之间的权利义务关系而达成的协议。项目合同的内容主要包括以下方面：①当事人的名称、姓名、地址；②采购产品的名称、技术性能以及质量要求、数量、时间要求；③合同价格、计价方法和补偿条件；④双方的责任和权利；⑤双方的违约责任；⑥合同变更的控制方法。

#### 2. 项目合同的类型

项目合同按不同的分法可分为不同的类型。

1）按签约各方的关系进行分类

按签约各方的关系不同，项目合同可分为以下几种。

（1）项目总承包合同。项目总承包合同是项目组织与承包商之间签订的合同，所包含的范围包括项目的全过程。

（2）项目分包合同。项目分包合同是总承包商将中标项目的一部分内容包给分包商，为此而在总承包商与分承包商之间签订的合同。一般不允许将项目的全部内容分包出去。对于允许分包的内容，一般在合同条件中应有规定。签订分包合同后，承包商仍应全部履行与业主签订的合同所规定的责任和义务。

（3）货物购销合同。货物购销合同是项目组织为从组织外部获得货物而与供应商签订的合同。

（4）转包合同。转包合同是一种承包权的转让。承包商之间签订的转包合同，明确由另一承包商承担原承包商与项目组织签订的合同所规定的权利、义务和风险，而原承包商从转包合同中获取一定的报酬。

（5）劳务分包合同。通常称劳务分包合同为包工不包料合同或称为包清工合同。劳务分包商在合同实施过程中，不承担材料涨价的风险。

（6）联合承包合同。联合承包合同是指两个或两个以上合作单位之间，以承包人的名义，为共同承担项目的全部工作而签订的合同。

2）按合同计价方式进行分类

按计价方式不同，项目合同可分为以下几种。

(1) 固定总价合同。这种类型的合同将产品或服务的总价固定下来。使用此种合同时，产品或服务必须在所有方面都已明确，签约双方不会有不同的理解和要求。否则，买卖双方都会有风险。买方可能得不到希望的产品或服务，或者可能要支付额外的费用才能得到该产品，而卖方可能因实际情况变化而多付出劳务或资源并遭受损失。

一般项目固定总价合同对于作为买方的业主来说风险相对较低，因为不管作为卖方的承包商、供应商或分包商为项目花费了多少成本，项目业主只需按合同的固定价格付款。然而，当承包商、供应商或分包商提供产品的实际成本高于合同总价时，就会出现亏损和损失。因此，在选择签订项目固定总价合同时，买方通常会要求卖方提出精确而合理的项目成本预算。一般而言，项目的固定总价合同对于一个经过仔细界定的项目来说是比较合适的。当然，项目固定总价合同也可以增加奖惩条款，如提前或推迟交付项目或资源，将会得到的奖励或惩罚等，以便达到或超过预订的项目目标。

(2) 单价合同。在这种类型的合同中，卖方从项目中得到的总报酬将直接与货物或劳务的总量相关。付给承包商的报酬是按其提供的产品总量与这些产品单位价格相乘计算得到的。例如，一个专业咨询和管理服务的单位价格合同可规定每小时咨询服务的费用是1700元，合同总价按照服务小时数乘上单位价格1700元计算。这种合同比较适合项目需要采购的产品数量不确定而且较少的情况，实际上是一种按件或按时付费的合同。

这种项目合同对于项目采购活动的买主而言具有较高的风险，因为不管是计时还是计件付费，如果没有准确的质量评价和绩效评估标准，是很难保证计时和计件付费的科学性和有效性的。因此，这种类型的项目合同一般用于那些工作内容比较确定、项目的物质和劳务消耗定额，以及绩效评估标准比较明确的项目工作。

(3) 成本加酬金合同。这种类型的合同要求买方给卖方支付其提供的货物或劳务的实际成本，并且外加一定比例的规定利润。这些需要支付的项目成本一般分为直接成本(项目直接开支的费用，如项目人员的薪水、材料费、设备费等)和间接成本(由实施组织分摊到该项目上作为经营费用的费用，如承包商行政人员的工资)。间接成本在计算时一般都取直接成本的某个百分比。

项目成本加酬金合同对于买方来说风险相对较大，因为项目所发生的成本最终是全额补偿的，所以卖方在成本控制方面如果放松的话，项目的实际成本就可能超过预算而使项目买主受到损失。成本加酬金合同适合不确定性较大的项目采购工作，这种合同也会有相应的奖励或惩罚条款，如若项目结算成本超出预计成本一定比例，买方将扣罚卖方的结算金额等。

3) 合同类型的选择

一个具体的项目采购工作究竟应该采取哪种类型的合同是很难按照某种公式或者模式确定出来的。项目合同类型的选择取决于合同双方的利益偏好，也受客观条件的影响。只要会谈双方所签订的合同条款是双方合意的表达(是双方一致同意的)并且与国家或地区的法律、法规没有抵触(是合法的合同)都具有法律效力，对双方都具有法律约束力。此外，有些合同需要经过政府有关部门的批准。政府相关的规定也是考虑选用项目合同类型的因素之一。

### 11.3.2 项目合同管理的依据

项目合同管理与控制主要依据以下信息开展。

1. 项目合同信息

项目合同包括项目货物采购合同和项目承包合同。项目合同明确规定了项目业主和供应商或承包商的权利与义务，以及有关采购货物或劳务的具体交付计划和安排。项目合同信息是项目业主和供应商或承包商开展项目合同管理的依据之一。

2. 项目合同履约信息

项目合同履约信息是供应商或承包商提供货物、劳务和履约的实际情况信息，是关于供应商或承包商已经交付了哪些货物或劳务、还没交付哪些，以及这些货物或劳务的质量和采购成本等方面的信息。项目组织根据这些信息监控供应商或承包商的合同履约情况。

3. 项目合同变更请求信息

在项目实施和货物与劳务的供应过程中，可能会因各种原因而需要对项目合同进行变更。例如，项目实施进度计划的调整、供应商或承包商因自身不能履约都可能导致某些合同条款的变更。项目合同变更请求信息也是项目合同管理中十分重要的依据之一。

4. 供应商或承包商工作进展信息

供应商或承包商在发出货物或提供劳务以后，必须及时向项目业主提交发货单或完工单，以便请求对已完成供货或劳务的付款。项目业主、承包商或供应商都应该将发货单或完工单及其他的支持性文件作为项目合同管理的重要信息和依据之一进行管理。

5. 项目业主的支付记录

项目业主的支付记录也是项目采购合同管理的直接依据之一。项目业主必须及时地按照合同约定向供应商或承包商付款。在项目合同终结之后还要对项目支付情况和记录做必要的审计，其中买卖之间的相关往来函电资料也是项目合同管理的重要信息。

### 11.3.3 项目合同管理的内容

项目合同管理的实质是对项目承发包合同、货物采购合同或劳务承发包合同的履约管理，项目合同管理的内容主要有以下几个方面。

1. 采购合同的实施

合同管理的主要内容是为实现项目采购计划而开展的合同的实施管理。项目组织应根据合同规定，监督和控制供应商或承包商的商品与劳务供应工作。

2. 报告供应的实施情况

项目组织要跟踪评价供应商或承包商的工作，这也被称为资源供应绩效报告管理。这些工作产生的供应绩效报告书能够为项目管理者提供有关供应商或承包商如何有效地达成合同目标的信息。这些信息是项目组织监控供应商或承包商提供资源的成本、进度，以及质量和技术成果的依据。

3. 采购质量控制

采购质量控制是保证项目所使用的资源符合质量要求的重要手段。在采购或承发包合同中一般都对交付物的检查和验收进行了规定。

4. 合同变更的控制

在采购合同的实施过程中，很可能由于合同双方的各种因素需要对合同条款进行变更。合同的变更会对双方的利益产生影响，需要合同双方对于变更达成一致的意见。一般合同中，都有合同变更控制办法的规定，此外，国家有关法律对这种合同的变更也规定了一些法定程序。

5. 纠纷的解决

合同双方的争议和经济纠纷常常是因为合同变更引起的。一般情况下，合同纠纷的处理原则是，如果合同中有处理争议的条款，那么就按照合同条款中的办法处理；如果没有此类条款，那么双方可以请双方约定的第三方进行调解；如果双方对于第三方的调解不能达成一致，那么就应交付仲裁或诉讼来解决。

6. 项目组织内部对变更的认可

项目采购或承发包合同一旦发生变更，项目组织就必须要让所有需要知道的组织内部人员了解和清楚这种变更，以及这种变更对整个项目所带来的影响，以确保合同的变更得到组织内部人员的认可，从而不会影响项目组织的士气和整个项目的工作。采购合同变更的控制系统应该与全项目变更控制系统相结合。

7. 支付系统管理

对供应商或承包商的支付通常是由项目组织的可支付账户控制系统管理的。在有众多采购需求的较大项目中，项目组织可以开发自己的支付控制系统。项目组织通常应根据合同的规定，按照供应商或承包商提交的发货单或完工单对供应商或承包商进行付款活动，并严格管理这些支付活动。

## 本章小结

项目采购与合同管理是项目管理最重要的环节之一，本章介绍了项目采购与合同管理的相关概念，对项目采购进行了分类，阐述了项目采购管理的过程及采购计划的编制。招标投标是项目采购最重要的方式之一，本章较为详细地介绍了招标投标的概念、特征与原则，以及招标投标工作的一般程序。最后，对项目合同及合同管理进行了介绍，分析了项目合同的类型，阐述了项目合同管理的主要内容。

# 习　　题

## 一、名词解释

1. 项目采购　　2. 招标投标　　3. 项目合同

## 二、单项选择题

1.(　　)是投标评标的依据，是构成合同的重要组成部分。

A. 采购计划　　B. 招标文件　　C. 建议书　　D. 投标书

2. 招标方式中，邀请招标与公开招标比较，其缺点主要有(　　)等。

A. 选择面窄，排斥了某些有竞争实力的潜在投标人　　B. 招标时间长

C. 招标费用高　　D. 评标工作量较大

## 三、多项选择题

1. 项目采购计划的结果包括(　　)。

A. 采购专家　　B. 采购管理计划　　C. 工作说明书

D. 自制或外购决策　E. 采购合同

2. 按合同计价方式进行分类，项目合同可分为(　　)。

A. 单项合同　　B. 总价合同　　C. 单价合同

D. 交钥匙合同　　E. 成本加酬金合同

## 四、简答题

1. 采购管理的主要过程包括哪些？

2. 什么是固定总价合同？固定总价合同的适用范围如何？

## 五、论述题

1. 论述招标采购的优缺点。

2. 论述项目合同管理的主要内容。

## 案例分析

### 信息系统项目采购管理

在某行业信息化工程建设中，C公司已经承接了该行业全国80%的项目，各省的建设方案全部采用由C公司提供的成熟方案，该成熟方案包括网络建设方案、网络设备选型、主机选型、存储备份设备选型、安全方案、行业应用软件方案等，各省项目的平均合同价格大约在1500万～2000万元。但该行业某省公司(A单位)在进行方案选择的时候，有C公司提供的成熟方案和D公司提供的建设方案等可供选择。由于C公司在该行业有很多成熟的应用，因此，A单位倾向于选择C公司作为中标单位，但由于A单位的信息科技领导有比较丰富的信息系统建设经验，认为某品牌的设备有某些缺陷，而另一品牌的设备有某些优点，于是要求C公司将方案按照A单位领导意图进行修改。

C公司按照A单位的要求，将建设方案中主机设备选型更改为由另外一个厂家生产的小型机服务器，这样，C公司如愿以偿地获得了项目建设合同。

C公司在与A单位签订项目建设合同之后，虽然C公司也组建了项目小组，选派经验丰富的高级工

程师负责整个项目的实施，在项目正式实施前，制订了项目进度计划、质量保证计划、成本控制计划，但随着项目的展开，问题逐步暴露了出来，以前成熟的网络建设方案、存储方案、安全方案，由于部分设备选型的变更，C公司不得不面对因对设备不熟悉所带来的技术问题，解决这些技术问题，耗费了大量的时间，在一定程度上阻碍了项目的进展。

更为严重的问题是，由于小型机主机设备品牌型号的变更，导致操作系统的变更，而操作系统的变更又使C公司不得不专门为A单位的这个项目进行应用软件移植，为此，C公司为进行软件移植而安排的软件开发工程师为12人左右。由于应用软件系统规模较大，需要进行移植的软件代码量也很大，在C公司开发人员的辛苦努力下，应用软件移植工作算是完成了，但C公司也为进行软件移植付出了很大的代价。

由于行业应用的特点，功能需求时常在发生变化，该省的系统虽然投入了运行，但根据行业发展的需要，该省也必须实现变更后的所有功能需求。可是项目已经验收，C公司所留下来的软件维护人员只够维护一个通用版本的软件功能修改，即只能照顾到那些使用同一版本的省份，该省的软件功能的修改维护工作无法跟上，而且由于C公司同时维护两个应用软件版本，软件人员时常出现失误，使该省的应用受到较大的影响。

由于C公司的维护工作跟不上，使该省在行业评比中常常被中国总公司通报批评，于是，A单位根据项目建设合同的约束，要求C公司按照承诺的维护条约执行，否则，将通过法律途径追究C公司的责任。

问题：

1. 请分析A单位的建设方案选择存在哪些问题，请你帮助A单位进行项目建设决策。
2. C公司在此项目的投标中存在哪些问题？你认为C公司还有更好的选择吗？为什么？

# 参考文献


[1] 白思俊．现代项目管理[M]. 北京：机械工业出版社，2010.

[2] 戚安邦．项目管理学[M]. 北京：科学出版社，2007.

[3] 卢有杰．现代项目管理学[M]. 北京：首都经济贸易大学出版社，2004.

[4] [美]杰克·吉多，詹姆斯·克莱门斯．成功的项目管理[M]. 张金成，译．北京：电子工业出版社，2009.

[5] [美]凯文·福斯伯格，哈尔·穆兹，霍华德·科特曼．可视化项目管理[M]. 许江林，刘景梅，译．北京：电子工业出版社，2006.

[6] 骆珣．项目管理教程[M]. 北京：机械工业出版社，2003.

[7] 房西苑，周蓉翌．项目管理实战教程[M]. 北京：企业管理出版社，2007.

[8] [美]杰克·R. 梅瑞狄斯，小塞缪尔·J. 曼特尔．项目管理：管理新视角[M]. 7版．周晓红，译. 北京：电子工业出版社，2006.

[9] 周小桥．突出重围——项目管理实战[M]. 北京：清华大学出版社，2003.

[10] 张立友，汪晓．项目管理实战剖析与PMP攻略[M]. 北京：机械工业出版社，2007.

[11] 王长峰，李建平，纪建悦．现代项目管理概论[M]. 北京：机械工业出版社，2008.

[12] 段世霞，马歆．项目管理[M]. 上海：立信会计出版社，2008.

[13] 周跃进．项目管理[M]. 北京：机械工业出版社，2007.

[14] 赵春雷．项目管理[M]. 北京：科学出版社，2006.

[15] [美]赫尔德曼．PMP项目管理专家全息教程[M]. 2版．爱丁，译．北京：电子工业出版社，2004.

[16] 关老健．项目管理教程新编[M]. 广州：中山大学出版社，2006.

[17] 陈池波，崔元峰．项目管理[M]. 武汉：武汉大学出版社，2006.

[18] 池仁勇．项目管理[M]. 北京：清华大学出版社，2009.

[19] [美]亚伯拉罕·施塔布，乔纳森·F. 巴德，什洛莫·格洛伯森．项目管理流程、方法和经济学[M]. 丁慧平，译．北京：中国人民大学出版社，2007.

[20] [美]S. 托马斯·福特斯．质量管理集成的方法[M]. 何桢，译．北京：中国人民大学出版社，2006.

[21] 毕星．项目管理[M]. 上海：复旦大学出版社，2005.

[22] 房西苑，周蓉翌．项目管理融会贯通[M]. 北京：机械工业出版社，2010.

[23] [美]克利福德·格雷，埃里克·拉森[美]. 项目管理教程[M]. 徐涛，张杨，译．北京：人民邮电出版社，2005.

[24] 鲁耀斌．项目管理：过程、方法与实务[M]. 大连：东北财经大学出版社，2008.

[25] 宋伟．项目管理学[M]. 北京：人民邮电出版社，2009.

[26] 屠梅曾．项目管理[M]. 上海：上海交通大学出版社，2006.

[27] 伍春来，王振雨．项目管理[M]. 北京：经济管理出版社，2004.

[28] 赵涛，潘欣鹏．项目范围管理[M]. 北京：中国纺织出版社，2004.

[29] 赵涛，潘欣鹏．项目时间管理[M]. 北京：中国纺织出版社，2005.

[30] 王祖和．项目质量管理[M]. 北京：机械工业出版社，2004.

[31] 熊英，王宏伟．项目质量管理[M]. 武汉：湖北科学技术出版社，2008.

[32] 房西苑．资本的游戏[M]. 北京：机械工业出版社，2008.

[33] 施骞，马国丰．现代项目质量管理[M]. 北京：清华大学出版社，2009.

[34] 林师健．项目成本管理[M]. 北京：对外经济贸易大学出版社，2007.

[35] 王卓甫．工程项目管理——理论、方法与应用[M]. 北京：中国水利水电出版社，2007.

[36] 王家远，刘春乐．建设项目风险管理[M]. 北京：中国水利水电出版社/知识产权出版社，2004.

[37] 吴守荣．项目采购管理[M]. 北京：机械工业出版社，2009.

[38] 李爱民．项目采购管理[M]. 北京：对外经济贸易出版社，2007.

[39] 焦媛媛．项目采购管理[M]. 天津：南开大学出版社，2006.

[40] 王立国．项目管理教程[M]. 北京：机械工业出版社，2008.